樂 府

·

心里滿了，就从口中溢出

马鸦印第安人

［美］罗伯特·H. 路威　　　［美］丽·王·布莱克　　［美］弗雷德·布莱克
Robert H. Lowie　　　　　Li Wang Blake　　　　Fred Blake

著　　　　　　　　　　　　译

SPM 南方传媒　广东人民出版社
·广州·

2024年版译者序

  《森林人》（*The Forest People*）和《乌鸦印第安人》（*The Crow Indians*）两本书的第一版中译本是分别于 2008 年和 2009 年由民族出版社出版的，当时翻译的主要原因是回报国际著名人类学研究的温纳－格伦基金会（Wenner-Gren Foundation）授予我的博士后研究资助（2004 年）。由于我的专业并不是人类学，所以当时能够得到这个奖项实属幸运。在夏威夷大学完成规定的一年人类学进修以后，我最终决定选择将汉语教学作为未来的职业，所以又改学了语言学。我和我先生——夏威夷大学人类学系的布莱克教授便决定翻译几本经典的人类学著作，作为回报温纳－格伦基金会资助的一种方式。另外一种是我决定全力帮助我先生完成他对于中国纸钱风俗的文化人类学研究，并成书出版（*Burning Money: The Material Spirit of the Chinese Lifeworld*, University of Hawaiʻi Press, 2010；中译本：《烧钱：中国人生活世界中的物质精神》，江苏人民出版社，2019 年）。《森林人》和《乌鸦印第安人》就是当时我先生所开列目录中的前两本。

  2022 年 2 月 28 日，我收到了北京乐府文化传媒有限公司负责版权业务的章石女士的电子邮件，表示乐府文化有意重新出版《森林人》和《乌鸦印第安人》两本译著。时隔十四年，我非常感谢乐府文化再版这两本书。这十四年也有恍若隔世的感觉，最大的变故是我先生布莱克教授不幸于 2017 年 4 月 19 日去世。书的再版因之对我（我们）来说也有特殊的意义，这是纪念他的最好方式。因此，对于出版团队的工作，仅是感谢还远远不够。

这十四年，由于所从事的工作，我与人类学也渐行渐远，所幸的是 2008 年由我先生撰写的译者序（见本书《2009 年版译者序》）对于两本书的内容和意义都做了言简意赅的介绍和说明，是优秀的导读，我也就无须越俎代庖了。我来美国前所读的一本书是人类学家列维 - 斯特劳斯的代表作《忧郁的热带》(*Tristes Tropiques*)，当时对人类学产生兴趣也是多多少少由于这本书的影响。《忧郁的热带》中写道："人类学像数学或音乐一样，是极少数真正的召唤之一。人们可以在自己身上发现这种召唤，即使是从来没有人教过他。"的确，人类学家不是单纯的旅行者、探险家、考古学家、文学家，从某种意义上讲，人类学家集所有这些于一身，而他们最基本的身份是观察家和思想家（如果理论家的称号稍显枯燥的话）。因为我最终没有把人类学作为自己的职业归宿，所以这两本书其实也是我真正意义上研读西方人类学经典的启蒙著作，而它们也给予了我截然不同的翻译体验。从翻译的角度而言，《森林人》的文学化表述虽然颇受争议，但确实给翻译带来了更多驾驭表达和遣词造句的乐趣，当然文学和文化人类学存在着基本研究方法上的区别。经典的传统民族志比文学更胜一筹的地方是前者旨在深度诠释文化、理解整体的文化模式体系和价值。《森林人》中栩栩如生的描述无疑赋予了森林人即俾格米人和森林最强烈的感染力和美感，也撩拨起每一位读者对于异域的想象力。俾格米人和森林所缔结的是一种更深层次的文化和社会情感，这些森林人对于森林的情感与其说是爱，不如说是依赖、融入和托付。

如果说翻译《森林人》是一种享受，那么翻译《乌鸦印第安人》则要挣扎得多。路威通过科学般严谨、细致入微的观察呈现出印第安人的生活画卷——部落语言、氏族甄别、亲属称谓、传说文学、仪式宗教，不遗巨细的记录和描述，显示了人类学作为一种系统化的基本人文学科对于观察和记录的准确性的严格要求，表现出缜密的学术规范。不过在文字表达上，这种翔实和周密很大程度抵消了整部著作的可读性。路威显然是一位人类学的客观观察者，而并没有试图与乌鸦印第安人中的一员换位思考，或是试图成为乌鸦印第安人文化的渲染者；他致力于精确复原和解读乌鸦印第安人生活和生产方式、文化和信仰的总体模式。在第一版的翻译过程中，我经常不得不打电话或者通过电子邮件跟我先生讨论特定词汇的英文含义，因为那时他正在故乡圣路易斯度假。而当时我刚到美国，生活和事业还不稳定，甚至难以相信自己能够在几个月的时间内完成两本书的翻译，多亏有我先生我才多了几分逐字逐句继续下去的定力和耐力。所以在这两本书之间，我反倒是希望读者能花更多的时间去体味乌鸦印第安人的生活和生产方式，他们整个生产、生活、信仰体系的立体场景，以及人类学家对细节的极致描述。

翻译和重译这两部著作带来的另外一种体验是基于我个人的生活经历的对于感情和婚姻的反思和理解。我是一个希望能不断创造和提升的人，凡事都试图实现既定的目标，感情和婚姻也是如此。我跟我先生在一起的短暂的十三年中，我们共同完成了一个又一个项目，可以大到做一个研究课题、到中国讲学，可以小到种下一棵果树、花草。在撰写这篇序言的时候，我和我先生所种下的一棵苗圃中原本最赢弱的番石榴如今结出硕大、甜糯的粉红色果实。我一直笃信那一定是夏威夷全岛最不可思议的果实。我似乎从未想过有一天所有的这一切经营会戛然而止……现在没有我先生在我身边，我一方面感谢生活、感谢乐府文化能给我机会让我在某种程度上延续我们共同的事业和计划，另一方面也深深地、真切地感到这一次翻译时他真的已经不在我的身边……生活的善待和生活的残酷原本并不是那么泾渭分明的。我知道我正在逐渐习惯和适应没有他在我生活中的事实，甚至习惯这种生活本身，但是我不曾习惯的是失去了另一个头脑、另一只手臂来共同成就一件事情时所带来的双倍的安全感、自信和双倍的欣慰——就像撰写这篇序言的当下。如果他在我的身边，也许我（我们）会有更多的灵感、思想和文字以飨读者；而现在我只希望乐府文化精心编辑的第二版能够弥补我自己的不足和缺憾，更好地彰显传统人类学经典的魅力，这也一定会是我先生的愿望和祝福。

丽·王·布莱克

2022 年 12 月 31 日，于美国夏威夷檀香山

2009 年版译者序

罗伯特·亨利·路威（Robert Henry Lowie）的《乌鸦印第安人》是一部全面、细致地描述欧洲人定居前在北美大平原上生息繁衍的印第安原住民的一支——乌鸦印第安人——的著作。作为一本经典的民族志，从 1935 年首次出版以来，此书几经再版，最新的 2004 年的版本中附有由从事文学研究的乌鸦印第安人菲诺舍·鲍厄勒（Phenocia Bauerle）撰写的导言。显然，由路威对于乌鸦印第安人生活的描述而引发的研究经久不衰，并且已经超出了人类学领域，引起了其他社会学科的关注，如社会学、历史学、美国研究，以及时下乌鸦印第安人自己的文学批判和反思。

路威初识乌鸦印第安人是 1907 年在蒙大拿州东南的保留地中，在路威为美国自然历史博物馆（American Museum of Natural History）工作期间，他已经历了数次田野调查，对加拿大、美国北部平原的几个原住民群体进行了调查研究；从 1910 年到 1916 年，路威又对乌鸦印第安人进行了八次田野考察，1931 年又进行了一次。路威的著作发扬了他的导师弗朗兹·博厄斯（Franz Boas）的文化历史学派的传统，他将这本书献给博厄斯，上面写有乌鸦印第安人的碑文："生命不息。"

路威是从历史的角度来研究乌鸦印第安人的，这种视角确立了一种不同于当时盛行的欧裔美国人对于平原印第安人的观点。当时的主流观点认为，平原印第安人一直以边界整齐划一的部落的形式生活，其文化一成不变，直至遭遇美国军队、被迫受制于美国联邦政府的监管、文化遭受破坏时，这种状况才发生了变化。在路威看来，欧洲文化的影响是物质文化方面的，马匹、铁农具、玻璃珠饰、织布等用品在乌鸦人[1]的家乡沦为保留地的两个或三个世纪之前就已经源源而入并开始与乌鸦传统同化、合一。"简言之，不管来自白人的影响最终导致多大程度的破坏，但它并不是唯一的破坏因素。在数千年的历史中，原住民种族之间已经在相互借鉴。试图把一种文化作为完完全全的原生本土文化剥离出来，显然是过于简单化了。"（参见本书《导言》）比如，根据语言和其他证据，路威猜测在数百年向西部的跋涉中，乌鸦印第安人从希达察（Hidatsa）村庄人中分离出来，希达察人原本是苏人（Sioux）[或称达科他人（Dakota）] 的分支。路威就乌鸦印第安人的一些特点（语言、神话、艺术、技艺、组织和仪式等）与其他平原印第安人部落进行了对比，以便推断出一定历史时期内的文化引入、融合、分化等情况。

路威特别注意了非亲属基础上的社会组织，尤其是军事会以及宗教组织烟草会和太阳舞会等。路威用这些发现批判进化论，指出进化论只看到了"原始社会"的亲属关系。作为博厄斯的

---

[1]　乌鸦人（Crow）即乌鸦印第安人（Crow Indian）。——编者注

学生，路威把对于美国原住民的研究从像刘易斯·亨利·摩尔根（Lewis Henry Morgan）那样的社会进化论者的理论中解脱出来。摩尔根把不同的文化视为进化发展的不同阶段；而博厄斯和他的学生（他们中的许多人是德国移民，深受德国唯心主义的影响）则强调每一种文化都有其自身的历史。不过，在博厄斯的阵营中还存在着不同的研究和描述文化历史的思路，比如，鲁思·本尼迪克特（Ruth Benedict）认为每一种文化都紧密地围绕着一种本质的精神来塑造，这与路威的分析和比较人类文化研究相反：路威认为文化的边界是多孔的、可穿透的，文化特征是实证的、经验主义的，能通过文化适应的过程扩散到地理上邻近的地区。没有哪一种或者哪一套文化特征是决定性的，所有的文化方面都是平等的；没有哪一系列的文化特征是由一个更根本的精神或一个凌驾于其上的系统而被理论化或建构的，这些文化特征中没有哪一个处于特权或理论规约的地位。路威不试图将文化编织进一个一致的、连贯的体系——如本尼迪克特所说的那种文化模式、文化精神，更不试图诉诸拉德克利夫–布朗（Radcliffe-Brown）那样的功能系统理论。路威用这样一句名言来陈述他这种相反的观点："文化是无计划的混杂，所谓的文明是碎片和补丁拼缀而成的百衲衣。"

正如路威没有给予任何文化特征以优先权，他也没有给予任何材料类型以优先权。他把他观察到的正在进行的活动、访谈者回忆起来的材料与传说和神话结合起来，以说明乌鸦印第安人的信仰、价值、规范的关键问题。在路威进行研究的时代，许多前保留地的文化特征依然或多或少地存在着，如语言和社会组织的人际关系形态〔回避妻子的母亲、戏谑亲属（joking-relatives）等〕，路威的报道人[1]都回忆了关于保留地时期之前的第一手资料。这些资料结合了丰富的神话和传说，对于复原许多因保留地生活而消失了的文化特征，比如奇袭和太阳舞等重大仪式，起到至关重要的作用。正是这许许多多由曾经亲身经历过的人讲述的回忆和故事成为路威描述的基础。在书中，他审慎地参考和吸收了不同报道人对于风俗习惯等的陈述。

需要指出的是这些来自不同个体的材料在路威的叙述中常常是逐字逐句记录的，并没有经过加工润色。此外，路威采用了一种谈话的方式，加之他使用了一些美国过时的习语、口语和指代不甚明确的代词，有时就连英语读者也很难理解材料中这些繁多的细节。而且，路威似乎要陈列他所收集到的资料的每一部分乃至细枝末节，偶尔甚至达到使他的论述要点变得模糊不清的程度。同时，还有对于像烟草仪式、太阳舞仪式中行动细节的记叙。不过，这也正是路威所致力于的分析和比较人类文化研究的记录方式的特征。尽管有这样的瑕疵，但路威还是使读者相当多地了解到在他进行田野调查时期的乌鸦印第安人的生活和文化。另一方面，这些细节作为一种严谨、缜密的民族志研究规范，有助于文化人类学者了解和借鉴。在路威看来，连记录一条生皮袋子上的菱形或三角形图案的准确排列方式都是非常重要的，因为这些表面看来琐碎的细节在界定

---

1 报道人（informant）指人类学者在田野调查中结识的能帮他们了解当地文化的当地人。——编者注

部落特征方面具有非常重要的科学价值，而这正是一位训练有素的观察者所应具备的研究素养。

驾驭语言是博厄斯的教育原则。在这方面，路威非常坦诚，从来没有对他的乌鸦语水平夸大其词，而是坦率地承认只是到了在工作中可以与他们对话的程度。尽管如此，他一直坚持语言在文化中的重要性，他不完全相信自己乌鸦语的纯熟程度，在研究中一直都雇用乌鸦印第安人做翻译。

对于另一种文化面面俱到、甚至涉及以前繁盛时期的全方位描述随着路威一代人的逝去而不再流行了。路威去世（1957 年）后的几十年，分析和比较人类文化研究峰回路转，被称为"后现代主义"和"文化研究"的新理论成为占统治地位的学术思潮，它质疑人类学（及所有社会科学）的有效性和目的。其支持者们的一个特有的论调是质疑用建立在欧洲基础之上的知识体系来描述非欧洲文化现实的权威性。尽管有这些新的观点，但无论我们居于何种立场，《乌鸦印第安人》都是一部对于一个曾经在北美大平原自由地繁衍生息的民族有创意的、审慎的、不朽的记录。

尽管开篇中提到乌鸦印第安人出身的学者菲诺舍·鲍厄勒对于路威记录的准确性提出了一些疑问，但她对于这本书却依然有着一种宗教般的虔诚："我注意到在我家的藏书中，《乌鸦印第安人》静静地置于书架上……它就像某种神灵那样寓居在那里……""……在我研读有关乌鸦印第安人的文学和研究材料的过程中，他的文字一直伴随着我……这本书我已经拥有了好多本，尽管我常常会忘记把正在阅读的一本放在了哪儿，但我总是终归会找到它，把它重新放回书架，让它在那里延续生命的历程，而这段生命的历程恍若神灵。"[1]

弗雷德·布莱克、丽·王·布莱克

1　Lowie, Robert Harry. *The Crow Indians*. Lincoln: University of Nebraska Press, pp. v, 2004. ——译注

目　录

1956 年版前言

由于这本书的主题是原住民乌鸦人文化，而随着老一代的逝世和教育的普及，这种文化已经不可避免地解体了，因此对比前一版，再版中除了一些最新的统计事实和对两种外来宗教运动的简要介绍以外，基本上没有什么补充。

对于以下数据，我代表沃尔特·U. 弗尔曼（Walter U. Fuhriman）感谢密苏里河流域调查项目（蒙大拿州比林斯）主任 W.H. 法默（W. H. Farmer）先生提供的下列资料（参见 1953 年 10 月 26 日的信函）：当时乌鸦印第安人的常住人口为 2 309 人，另有 926 名有资格登记为该部落成员的非常住人口。常住人口中的绝大多数是纯血统的，77.8% 的常住人口至少有四分之三的家庭成员是印第安人，而在非常住人口中，该比例仅为 17.7%。400 户常住家庭的现金收入总计为 1 712 308 美元，平均家庭收入为 3 643 美元，中位数为 2 706 美元。

至于新的宗教信仰，它们属于太阳舞（Sun Dance）宗教，但并不是本书所描述的太阳舞仪式的复兴，而是 1941 年由肖松尼人（Shoshone，怀俄明州温德河）引荐的一种形式，以及 1912 年从毗邻的夏延人（Cheyenne）那里借鉴来的"佩约特仙人掌信仰"[1]。不过，即使在我上次访问保留地时（1931 年），这种宗教所引起的关注还非常有限。有致幻作用但对人体无害的仙人掌"按钮"的使用与其他部落的做法基本一致，有关描述屡见不鲜。这种宗教信仰体现着本土观念和基督教思想的奇特融合。

更生动地反映出现代化变迁的实际上是罗伯特·黄尾（Robert Yellowtail）的职业生涯（见边码 xxii 页）。自从辞去保留地总监（superintendent）的职位以来，他一直积极地参与蒙大拿州的政治活动，甚至参加了美国国会的竞选，并宣布竞选参议员。

罗伯特·亨利·路威

1956 年，于加利福尼亚州伯克利

---

1 佩约特仙人掌信仰（Peyote faith）：佩约特仙人掌是一种小型、无刺的仙人掌，其中的致幻成分是麦司卡林。佩约特仙人掌在地表之上的部分被称为"冠"，圆盘状的外观形似按钮，这些"按钮"被切下来用于信仰仪式。佩约特仙人掌信仰是一种源自北墨西哥和美国西南部原住民的民族宗教实践，其核心是通过仙人掌中的麦司卡林获得灵性体验。信仰者相信仙人掌是神圣的，在这一信仰体系中，仙人掌被视为神圣的草药，被用来参与仪式、祭祀和祈祷。信仰者通过食用仙人掌或饮用仙人掌提取物来实现与神灵的联系，并且认为这种体验具有宗教意义。——译注

1935 年版前言

1907 年，受美国自然历史博物馆的克拉克·威斯勒[1] 博士的委托，我对乌鸦印第安人做了初次调查。这次勘察激发了我开展系统调查的愿望，于是接下来又做了一系列探险考察。这些考察收集到的样品被展示或保存在美国自然历史博物馆中，博物馆还将这些考察的学术成果发表在一系列人类学论文中（见附录一）。但是对大多数的公众而言，这些成果至今一直没有面世，尽管我在更普及的专题文章中提到过它们。

著名的社会学家托马斯[2] 博士敦促我，要使那些对人类行为有着浓厚兴趣的人能够更容易地获得这些资料。后来我对乌鸦人宗教的描述又得到已故的瑞典大主教纳撒尼尔·瑟德尔布罗姆（Nathaniel Söderblom）博士的充分鼓励。他在《上帝信仰的源起》（*Das Werden des Gottesglaubens*）的最新版本中证明，我的资料具有供广大非专业人士阅读的潜力。后来我的朋友威廉·劳埃德·沃

1　克拉克·威斯勒（Clark Wissler, 1870—1947），美国人类学家，以北美民族志见长，主要关注点是平原印第安人。他曾任纽约的美国自然历史博物馆馆长一职长达四十年，并在耶鲁大学执教。——译注

2　指威廉·艾萨克·托马斯（William Isaac Thomas, 1863—1947），美国社会学家，芝加哥学派的主要代表人物之一，1927 年当选为美国社会学会主席。——译注

纳（William Lloyd Warner）教授认为，如果能够从专题论文必需的大量细节中抽取出实质性的内容，那么即使对于人类学研究者来说，这样的总结也是大有裨益的。

美国原住民语言委员会（Committee on American Native Languages）的一项研究资助使我在 1931 年得以再次走访乌鸦人以便从事进一步的语言学研究，该委员会由美国学术协会理事会（American Council of Learned Societies）资助。这次重新接触无疑促使我撰写了此书。

根据我的设想，此书面向的读者包括人类学家（不仅是那些主要研究平原地区的），另外还有社会学家、历史学家，以及其他不受学术专门化细节的过多限制、渴望了解不同人类社会模式的社会科学研究者，最后还有那些对作为人类一员的原住民感兴趣的业外人士。

在这本书中，我不追求语音的精确化，因此在翻译原住民的词汇时，我省去了几乎所有的变音符号。元音大体上接近西班牙语。"x"代表德语"ach"中的"ch"；"c"代表英语"shall"中的"sh"；"ky"接近于"nature"中腭音化的"t"，但是发音位置更靠后些；"t""k""p"后面的单引号表示强送气音。

谨向克拉克·威斯勒博士致谢，感谢他允许我重新复制插图，这些插图起初是为我在美国自然历史博物馆人类学论文的学术出版物而绘制的。我感谢美国自然历史博物馆的贝拉·魏茨纳（Bella Weitzner）女士提供给我相关的图片。我还要感谢美国民族学局（Bureau of American Ethnology）的马修·D. 斯特林（Matthew D. Stirling）先生，感谢他允许我使用几张照片，包括那张出色的"法物乌鸦"的照片。

导言

1833 年 6 月，一位经过科学训练的德国探险家——维德－新维 德的马克西米利安（Maximilian）王子，到达了克拉克堡，它是上密苏里地区的一个贸易站，位于现在的北达科他。在它的后面坐落着曼丹印第安人（Mandan Indian）村庄"Mih-Tutta-Hang-kusch"，紧邻友好的希达察人。这两个部落正在作为主人款待一群乌鸦人，后者有七十顶帐篷，首领是"烂肚子"（Rotten-belly）。这些印第安客人有着矫健的男子体形和别具一格的长发。他们没有马刺而是甩着麋鹿角制成的马鞭，骑在马上来来往往；这些马由红布和美洲狮皮装饰，十分华丽。他们的营地里挤满了马匹，因为担心敌方抢劫，所以总是把马圈在近在咫尺的地方。人们搭建起圆锥形的帐篷，但没有依照特殊的顺序；帐篷的柱子上没有悬挂头皮，这位王子只看见像三角旗那样的红布在风中飘舞着。

穿过这片定居点，马克西米利安和他的队伍被一群群如恶狼般凶猛的野狗袭击，他们只能费力地不断扔出石头来制止这些野狗们的进攻。在"烂肚子"的帐篷中，人们生起一小堆火，重要的人物聚拢在周围。他们每个人的身上都脱得只剩下了腰布。首领本人正在哀悼，他穿着最寒酸的衣服，头发剪得短短的，上面涂着黏土。

他坐在冲着入口的地方——这是上座的位置，马克西米利安王子被安排坐在这位首领旁边的野牛皮上。"烂肚子"点燃了一根长长的、烟斗杆扁平的达科他式烟斗，他为每位客人举着这支烟斗，让客人们都吸几口。这根烟斗从右向左绕着帐篷传递。

乌鸦人这种傲然的姿态给马克西米利安留下了深刻的印象，他们的技艺也同样令他难忘。他钦佩女人们的豪猪刚毛刺绣[1]、男人们的由麋鹿或大角羊的角做成的弓，一些弓还包着响尾蛇蛇皮。这支考察队的绘图员画了一只箭袋的草图，箭袋上饰有刚毛刺绣的玫瑰花图案。

从和希达察人一同居住了三十七年之久的白人夏博诺[2]那里，马克西米利安收集到了一些有关这对姐妹部落的情况，他又用通过其他方式获得的资料对此加以补充。他了解到，乌鸦人与希达察人密切相关，二者曾是同一民族。然而与那些上密苏里的村庄人形成对比的是，除了少量的烟草外，乌鸦人从来不种植任何作物。作为猎捕野牛及其他动物的猎手，他们游荡在黄石和比格霍恩地区，踪迹一直延伸到夏延河源头和落基山脉。他们估计有 1 000 到 1 200 名勇士，相应的总人口是在 3 250 到 3 560 人之间，住在 400 个帐

1 豪猪刚毛刺绣（porcupine-quill embroidery）：古代印第安原住民特别是东部沿海部落和平原部落的手工艺术。印第安刚毛刺绣指用软化和绘染的豪猪刚毛，将它们编织在皮子或桦树皮上。刚毛艺术品的最精美代表是平原印第安人的战服，每件都要一位技术娴熟的刚毛工耗费一年以上的时间来刺绣。过去常见的刚毛刺绣手工艺品还有法物包、鹿皮鞋、珠宝、桦树皮盒和篮子等。如今，这门古老的艺术已濒于绝迹。——译注

2 指图桑·夏博诺（Toussaint Charbonneau，1767—1843）。他是一位法裔加拿大探险家和商人，他的一位妻子萨卡加维亚（Sacagawea，也写作 Sakakawea、Sacajawea、Sacajewea）是肖松尼印第安妇女。夫妇二人曾参与刘易斯与克拉克远征。——译注

篷中。他们所拥有的马匹数量超过了上密苏里地区的其他任何一个部落，大约有 9 000 到 10 000 匹。狗多得难以计数——可怜的马克西米利安估计，他所看见的这伙人带着 500 到 600 只狗，但是不像其他一些部落，乌鸦人从来不吃狗肉。

马克西米利安的报道人指出乌鸦人性格冷漠：尽管他们从来不杀白人，但是对于抢劫白人他们却并不迟疑；他们的女人放荡起来只有阿里卡拉人（Arikara）能与之匹敌，性反常者很普遍。

男人们的会不少于八个，比如"公牛"（Bulls）、"小狐狸"（Kit-foxes）、"大乌鸦"（Ravens）和"大狗"（Big Dogs）。马克西米利安了解到，新成员必须购买成员资格，部分代价是交出他们的妻子，让与老会员。他也收集到了有关宗教习惯的一些线索：抽烟被严格地仪式化了，一个人一次最多吸三口。每个人总是把烟斗递给他左手的下一个人，仪式性地巡行一圈。如果有一双鞋（sic）挂在帐篷中的话，就绝不会有人抽烟。烟草是他们崇拜的三件最为神圣的东西之一，因此所有的孩子都戴着一个小烟草包作为驱邪项饰。其他两个伟大的超自然力量是太阳神和月亮神。如果一个人成功地杀死了一头白化母野牛的话，他总是会把它献给太阳神。死去的牛被放到在大草原上搭起来的架子上。

在政治关系方面，夏延人、黑脚人（Blackfoot）和达科他人与乌鸦人是敌对的；希达察人和曼丹人是乌鸦人的盟友，乌鸦人长期从他们那里获得欧洲的物品，用多余的马匹来进行实物交换。但是在马克西米利安考察前不久，一个特殊的站点卡斯（Cass）已经在黄石设立起来，用来管理乌鸦人的贸易。

以上是马克西米利安报告的要点。这个报告夸大了月亮神的重要性，他的向导以希达察人的眼光来审视这些男人们的会，并且以xv欧洲人的标准来评判印第安人的道德。但是除了这几点以外，后来的证据与马克西米利安的记录并不矛盾。

可信赖的当地传说将我们带回到更为遥远的时代。它描绘了一个和狗群一起徒步流浪、用弓箭追逐猎物的民族。这些传说提到了削成薄片的石刀，还有石锤和麋鹿角做的钻子。这些遗存一直保留到了有历史记录的时期。太阳舞包（bundle）里面的东西（见边码 300 页）包括一把小小的骨锥；还是在这同一个仪式中，人们会用一把石锤敲打一只鹿角楔子。我曾亲眼见过女人们用石杵捣烂水果。简而言之，乌鸦人最初是石器时代的狩猎者。尽管如此，在马克西米利安考察时，他们已经渐渐开始依赖铁器时代的技术。至少在二十五年前，白人贸易者就到来了，他们的工具领先于乌鸦人。肖松尼人带来了马匹还有西班牙的马笼头、马嚼子和毯子，乌鸦人每年拜访曼丹人和希达察人时，会交换到枪支、弹药、斧子、吊桶、锥子以及其他物品。于是铁工具、玻璃珠子和布料涌入了这个部落。1833 年，原住民技艺还没有遭受严重的破坏，尽管一些文明的标记正慢慢地渗透进来。

四轮马车在 1874 年之前还没有出现，第一批耕种器具大约是在同一时间开始使用的。然而，古老的生活方式即将消失，主要原因是野牛的灭绝。不再能够以捕猎为生的乌鸦人不可避免地或者变成农夫或者沦为乞丐。这种变化不仅仅触及食物的供应，而且还影响到更深的层面。曾经被用来做衣服和当帐篷（tipi）苫布的兽皮，现在不可避免地被印花布和帆布取代；紧接着，廉价又节省劳动力的设备让乌鸦人无可抵挡。火柴——甚至是较早的火镰——与钻木取火相比也有了长足的进步；用金属吊桶做饭比将滚烫的岩石放入盛着水的生皮袋中做饭要容易得多；彩色玻璃珠可以轻易地买到，无须再费力去寻找、涂饰豪猪刚毛来做刺绣装饰；最后，比起山上砍伐树木，将圆木拖回营地，将它们修整成柱子，再将大型猎物的兽皮缝制成帐篷苫布，建造一个木屋要容易得多，更不用说兽皮正变得越来越少。

到 1907 年，当我第一次走访位于蒙大拿州比灵斯东南的乌鸦人保留地时，这个过程已经基本上完成了。这些印第安人已经变成土地上的农夫，借助于政府等方面给予的帮助，他们竭尽全力地耕种。许多人仍旧穿着鹿皮鞋，有些人还坚持传统的衣着**式样** [1]，但是这些东西——除了节日场合的穿着外——都是来自白人的商店。帐篷在夏天仍旧很多，不过苫布是帆布的。民族学者也无须鉴定炉子、桌子和椅子的起源。呈现出的景象中，猎捕野牛时代的遗存只是零零星星。

但是语言、信仰或社会风俗方面的情况却**不一样**。当然，一些年轻人就读于卡莱尔、里弗赛德或汉普顿的学校，和拓荒者一样讲英语，但是成年男人和女人们实际上根本不懂英语；事实上，直到如今，许多上了年纪的乌鸦人也并没有多么显著的改变。再者，尽管蒙大拿的比灵斯、怀俄明的谢里登这样颇具规模的城镇近在咫

---

1 原书以英文斜体表示强调语气，这部分词句在中文版里以文字加粗的方式表现。——编者注

尺，也有铁路横贯保留地，可是这里的居民仍旧保留着绝大部分古代信仰和习惯。基督教（由几个不同教派的教会宣传）还没有树立起牢固的根基，甚至在经学校培养的一代人中，仍然有人坚信异教徒时期那些关于幻象的经历。"当你听一位老人给你讲述他们的经历时，"一位三十来岁的男人这样告诉我说，"你**就是会**相信他们。"

在春天，每个地区的烟草会都播种农作物神圣烟草。一位政府的农场主道出了他的心愿：要是这些印第安人对耕种更有用的庄稼也会这般不辞辛苦，那该有多好。洗发汗浴（vapor bath）通常被视为一种虔诚的行为。人人都知道自己的氏族（clan），很少会有人违反不与同氏族人结婚的规矩。男人们做梦也不会想到与他妻子的母亲说话。就是到了 1931 年，我的首席翻译还是连出现在他妻子的母亲名字中的印第安词语也不肯读出。一位主要是白人血统的男人告诉我说，他已经结婚十七年了，但是从来没有和他妻子的母亲说过话。他的小女儿却挑他的刺，指出他曾经忘了这个规矩。她时常取笑他的疏忽大意。

到 1907 年，战争当然已经平息了，但是崇战的心理并没有消失。男人们依然根据他们的勇猛程度来划分等级。他们骄傲地向富有同情心的询问者展示自己的伤疤；任何一场盛大聚会上，他们都会公开讲述自己的战功。所有老年和中年的男人都曾经属于某个军事会。有一些人在卡斯特或特里[1]的手下当侦察员；在印第安人事

---

1 乔治·阿姆斯特朗·卡斯特（George Armstrong Custer，1839—1876），美国内战和印第安战争的著名将领，美国骑兵指挥，他在二十三岁时就成为准将，以骁勇善战著称。阿尔弗雷德·豪·特里（Alfred Howe Terry，1827—1890），美国内战将军，在 1866 至 1869 年间和 1872 至 1886 年间，两次担任达科他地区的军事指挥官。——译注

务局，乌鸦人轻蔑地指着一位印第安警察，这名警察在 1887 年杀害了他们的预言家"包起他的尾巴"（Wraps-up-his-tail）。

简言之，在 1907 年和 1910 至 1916 年做田野调查期间，我所研究的乌鸦人文化在精神层面上依然充满了生机；甚至是 1931 年，当我在阔别很长一段时间后重返故地时，读过书的一代的成长以及汽车的出现也并没有完全抹杀这种文化，它依然是一种富有生机和活力的文化，以下各章所描述的就是这种文化。

那些在刚果内陆或新几内亚进行研究的人类学家轻视对残存在一个文明国度中的"原始"部落的研究。自然，这样的研究缺乏一种魅力，一种笼罩着那些奇特民族的魅力——在工业时代这些奇特的民族仍旧保持着他们原初的本色而没有被玷污。然而，一位探险家兼民族学者却是在各种艰难险阻下开展工作的，这些艰难险阻抵消了他的优势。在一个地图上没有标记的地区旅行，他不能像我们这些平原地区的工作者那样事先做好准备，像平原地区的工作者那样在前人的工作基础上高屋建瓴；他能够精确地界定他的问题，而这是他的对手力所不及的。从先前学者的经验中，他能够搞清楚将他要研究的部落与其相邻的部落区分开的至关重要的细节是什么。如果他询问在三根或四根柱子的基础上搭建帐篷是否是一种惯例，如果他留意到一条生皮袋子上描绘着排列精密的菱形或三角形图案，那是因为这些看起来琐碎的细节已经被证实在界定部落特征方面非常重要。一位训练有素的观察者比未受过教育的本地人、传教士或政府官员具有的优势是在可以获取、记录的数千条事实中，他准确地知道其中哪些在目前阶段具有科学价值。

还有一点并非总能得到理解。因为时下不存在一个纯粹的种族，也就不存在一种纯粹的文化。在远离白种人文明扩散的地方，刚果的俾格米人[1]已然受到了它的近邻班图人[2]的影响；一支澳大利亚人长途跋涉到其他地区；巴布亚人[3]的航海者把他们的陶器运送到距离产地数百千米远的地方。抽烟斗是乌鸦人的一种根深蒂固的风俗，但是他们所抽的烟草并不是他们种植的，他们的烟斗似乎全是从达科他人或者希达察人那里引入的，马克西米利安所记录的达科他式的红岩烟斗显然证实了这一点。简言之，不管来自白人的影响最终导致多大程度的破坏，但它并不是唯一的破坏因素。在数千年的历史中，原住民种族之间已经在相互借鉴。试图把一种文化作为完完全全的原生本土文化剥离出来，显然是过于简单化了。

另外，还存在一个普遍的、最为天真的误解，即最优秀的调查者在最为原始的部落中**能**直接观察到的是什么？当然，他能够记录这些人在土炉子里烤食物，用有丁字形柄的桨来划独木舟；然而，他不能直接体验"对妻子的母亲之禁忌"，他所能**看见**的只不过是某位老妇人不会同某个男人讲话。他不能猜测他们的关系，他无法亲眼看到这个规矩是否还牵扯其他人，比如这个女人的姐妹或者这

1　俾格米人（Pygmy）：至今为止居住在非洲赤道附近森林中最古老、最原始的部落人群，被认为是史前桑加文化的继承人。班图人的扩散迫使他们退入中非的热带森林中，这些地区现在由刚果（金）、卢旺达、喀麦隆等国家管理。——译注

2　班图人（Bantu）：班图人是非洲最大的人种集团，几乎占全非洲人口的三分之一，足迹遍及撒哈拉以南的非洲大陆。班图人在漫长时间里一直向东、向南扩张，他们的迁徙奠定了如今撒哈拉以南非洲民族分布的基本格局，影响十分深远。——译注

3　巴布亚人（Papuan）：巴布亚人分布在新几内亚岛及附近岛屿上。"巴布亚"一词是欧洲航海家对岛上居民的称呼，原意为"毛发丛生的人"。他们的文化约始于一万年前，延续至19世纪，在部分山区则延续至今。——译注

个男人的兄弟。他更难观察到与某种仪式相关的情感、一位丈夫对他妻子的情感，以及鼓舞一位战争领袖的动机。所有这些资料他都依赖报道人所告诉他的——无论是无意的自我吐露，还是在回答多少具有些技巧性的询问。简言之，他必须设计问题，引出答案，聆听原住民自发的、滔滔不绝的讲述，就像调研平原印第安人的民族学者和调研南方黑人定居地的社会学者所做的那样。交流沟通作为至关重要的问题由此摆在了我们的面前。

一位同偏远地区的原住民朝夕共处十年的传教士无疑会精通他们的语言；而一位可支配的时间仅有一两年的民族学者则做不到这一点。原住民语言有异常丰富的词汇，还有大量细微的语法区别和惯用语，因此想要充分理解就得花上数年的时间学习。所以，不借助于翻译（就像在处女地上的探险者不得已而为之的那样），同明智地使用翻译相比，前者的资料出现严重错误的概率就会多得多。另外，还有一些偶然的机会可能会听到谈话者说调查者的母语，这往往是非常重要的。当然，民族学者应该尽可能地学习语言——这并不是不切实际地幻想几个月过后便能够卓有成效地省去翻译，而是为了核实翻译们的准确程度。

从工作刚开始起，我便努力领会乌鸦人的语言，记录祈祷、歌曲和传说故事的语音。当我读给他们听时，我的原住民朋友们能够理解并兴致勃勃地让我一遍遍地重读。（我的首席翻译——一位严格而公正的评判员——宣布"我的乌鸦语发音很好，但是说话时带着外国口音"。）我知道几千个词，在语法学习方面取得了一些进步，能够和路人进行日常对话，可以独立询问简单的有关民族志的研究问题。不过，只有在我熟悉谈话主题的情况下，我才能明白乌鸦人的谈话，当然我绝对不敢说能用半吊子的乌鸦语发表讲话或者讲关于自己的事。我只有通过刻板地使用学过的结构才能避免出错。几年前，我试着将教科书上的一个简单故事翻译成乌鸦语：当我写下那故事的时候，每一个句子都被我的翻译做了改动。如果没有一位出色翻译的帮助，我做梦也不会想到去调查那些更加难以理解的民族学主题。

即使民族学者掌握了常用的词汇和错综复杂的语法，但他仍然可能领会了句子的每一部分，却还是完全没有搞明白这个句子所暗示的含义。拿下面的这句做个例子："过来（祈使语气），拿着你的绳子。"这句话的意思是什么呢？嗯，这是一句套话，是当一位小伙子保证给一位上了年纪的人一匹马用以回报对方代表自己做祈祷时常说的。你明白了之后就非常容易理解，但是你怎么能猜得出来呢？再如，1931年当我正根据口述记下一个文本的语音时，一位从未见过我的小伙子凑上来看我们在做什么。他一开始就亮出那条公理——乌鸦人的语言不能写；但是在那儿逗留了一段时间之后，他心悦诚服——事情正好相反。他最后恋恋不舍地离开了，一边还这样评论："一个白人——真是难以置信——正在说我们的语言。我到了，在那里**他们抓住了我的胳膊**。我原本只是匆匆忙忙地经过，可我却一直待在那儿直到现在。我现在回过神来了。如果我一直待下去，我会在那儿一直待到晚上。我得走了。"除非听者知道"抓住一个人的胳膊"是用于巫师竞赛的场合，用来表示对手拥有压倒性的力量，否则这句话就会让人感到莫名其妙。在上文的语境中，它的意思相当于："我中了魔，我着了迷，我出了神。"

换句话说，原住民生活的方方面面都有高度专门化的词汇，完备的语言知识触及生活的全部。每一道技术工序——比如说，刮皮子、拧出皮子里的水、熏皮子——都有一个独特的名称，它们对应一个特定的动作，而在英语中却没有相应的词。亲属称谓的分类和彼此的区别对于我们来讲非常陌生：女人用一个词指父亲，而男人则用另一个词来指父亲；我们称为堂兄弟姊妹（表兄弟姊妹）的人中，有一些被视为兄弟姐妹，而其他的一些则被视为父母和孩子（见边码 19 页）。社会习俗，比如说在某些亲戚间的禁忌和特许，更进一步地引入了一些词来对应这些我们缺乏的观念。宗教体验有着一套完备的专门术语：有表示幻象、神秘存在、巫术的术语，一些有隐含意义的活动常常有高度比喻性的用语。一位像梅佐凡蒂[1]那样的人，如果用一年的时间坚持不懈、专心致志地学习语言而不过问其他的事，可能会在与印第安人的日常交流中获得一定程度的语言知识。认为一个人在个把月便能达到那种程度的观念在我看来是十分荒谬的。我并不想打击说这种话的人的良好信念，可是我个人的经历让我确信这些人对于他们所能达到的语言程度缺乏正确的判断力。

因此，同那些研究刚果的俾格米人或巴布亚人的同事相比，美国的民族学者具有一个特别的优势。他通常能与相当数量的懂英语

___

1　指朱塞佩·加斯帕罗·梅佐凡蒂（Giuseppe Caspar Mezzofanti，1774—1849）。他生于意大利博洛尼亚，是意大利天主教红衣主教，也是一位通晓多种语言的人，据称他熟悉七十多种语言，可以流利地讲其中的三十多种语言。——译注

的印第安人直接交谈，他们偶然的评论会成为有价值的线索，有助于进一步提问年老的报道人。他常常可以训练这些有读写能力的原住民中的某个人做准确的翻译，并能与其他译者的翻译核对。自然，学习尽可能多的当地语言是有可能的，与此同时，**基于对他本人局限性的充分认识**，他将语言作为附加工具。

至于我自己的田野方法，我一直沿袭的是美国的那些惯例。在我对乌鸦人的研究中，我会雇用能够找到的最佳译者——他既精通他的本民族语言又精通英语。我会同他一道骑马或者驱车到最好的报道人那里，以便了解我当时在调查的文化方面的情况。这些翻译中的几个，像"灰牛"（Gray-bull），被证明是出色的信息来源；我一遍遍地给他们录音，也由此建立起某种私人关系。对于有难度的主题，像太阳舞、烟草会和军事会，我得到了所有能接触到的老年人的回忆或者看法。重要的神话是根据几位讲故事的人的叙述记录下来的，祈祷有时是同一个见证人在不同的年代口述的。

在我的几位翻译中，最突出的一位是我最出色的助手——詹姆斯·卡彭特（James Carpenter）。他是一位白人与一位派岗（Piegan）印第安女人的儿子，但是他从婴儿时起便在乌鸦人中成长，他对于收留他的部落的古老生活方式一直有着浓厚兴趣。在力求准确这一理想目标上，他像科学家一样谨慎。在工作日，在记录文本中同我一起度过了八个或十个小时后，他还能够自觉地在村庄中搜寻，以便获得那些还留有疑问的词语的翻译或者从胜任的权威人士那里获得补充信息。我甚至能够教给他一种简化的表示语音的书写体系，这样一来就能借助通信获得有价值的修改和补充。

　　我也充分地意识到，在观察印第安人生活方面，民族学者设计发明的所有技巧无法同一位娶了印第安女人且有才智的白人或是一位二十年来与印第安人保持密切交往的商人**可能**经历的相提并论。毕竟，作为参战方战斗是一回事，听勇士们的传说则是另一回事；与原住民女人谈情说爱是一回事，而观察她们并获取她们对于婚姻生活的描述是另一回事。尽管没有现存的关于早期乌鸦人的详尽、高质量的材料，但我还是充满感激地使用了较早期的或近期的资料。我坦然地承认我没能获得这些人记录的事情：柏克沃尔斯（Beckwourth）——一位爱吹嘘的白人和黑人的混血儿，勒弗尔治（Leforge）——一位娶了印第安人妻子的白人，林德曼（Linderman）——他以前是猎手后来成为作家。一直令我感到欣慰的是，在基本问题上，柯蒂斯（Curtis）先生的书证实了我的资料，这本书比我的一些专题论文更早发表，尽管不易得到。我承认目前的记述还不够完善，但是在条件许可的情况下已经做到尽可能真实，因此得到那些受教育的中年印第安人认可。这些人曾看过我的那些专论，眼下的记述正是建立在那些专论的基础上。

　　乌鸦人忍受着苦难，通常这是由原住民同白人文明接触造成的。这些猎捕野牛的猎手们发现转向用犁耕地非常困难，特别是在那些降水不稳定、收成没有保障的地区。然后是自从白人巧取豪夺开始——他们蚕食乌鸦人的旧领地或者是在交易中欺骗全然无知的乌鸦人——这里便一直不可避免地遭受着外来疾病的袭扰。然而，在最近一代人中，一种新的精神已经焕发了。如今的乌鸦人首领一直在当地或寄宿学校接受教育，他们意识到乌鸦人在过去所受的不

xxii

公正对待，清楚并维护他们的合法权利。他们向国会陈述他们的冤屈，并在华盛顿担任部落代表。

随着约翰·科利尔（John Collier）先生被任命为印第安人事务局局长，乌鸦人的历史已经进入一个新的阶段。作为一位对早期的行政官严厉的甚至有时是冷酷无情的批判者，科利尔先生是保留地受教育的居民们众望所归的领导人，被他们拥戴为救世主。但是这并不意味着他的计划都得到了一致赞同：印第安保留地的情况千差万别，已经到了令外来者们难以置信的程度，科利尔先生的一些观点在乌鸦人看来并不适用于他们的情况。但是引用一位为自己部落英勇作战的人的话来说，"他是我所知道的最人道的印第安人事务局局长"。

无论是代表乌鸦人还是整个印第安人来评判科利尔先生的实际业绩都为时尚早。然而他的一个政策已经产生了意义深远的心理效应。事务局颁布了让印第安人在情况允许时就业的政策，而且已经执行很长时间了——乌鸦人担任了警察、职员或教师。但是科利尔先生任命罗伯特·黄尾，一位在里弗赛德受过教育的乌鸦人，来做乌鸦人保留地的监管人。由于罗伯特·黄尾了解自己民族的背景，他能够使用他们自己的语言并采取一种适应他们接受能力的方式解释事务局的政策，以及为什么某些冤情不能立即得到纠正、补偿。无论科利尔先生的最终试验结果会怎样，既然乌鸦人被承认是享有充分权利的美国公民，让他们自己的成员之一共担责任无疑是明智的。每一位有着良好愿望的印第安人都将对科利尔先生大胆革新的结果拭目以待。

第一章

部落组织

在蒙大拿州比灵斯的东南部和怀俄明州谢里登的西北部，现在大约有 1800 名乌鸦印第安人生活在保留地中，这里紧邻他们昔日部落领土的中心地带。这片保留地还可以再进一步划分为几个部分，其中帐篷草（Lodge Grass）、大角羊（Bighorn）和普赖尔（Pryor）这几个地区是最重要的。不过，在这些地区之间自由的交流来往一直存在着，之所以演化出局部差别，是由于某些独特的人物的影响，比如说帐篷草的"法物乌鸦"（Medicine-crow）。"乌鸦"（Crow）[1] 这个名字所对应的他们自己的叫法是"Apsāruke"，早期的译者将其误译为"gens de corbeaux"（乌鸦人）或"Crow（or Kite）Indians"（"乌鸦印第安人"或"风筝印第安人"）。当地人给我的解释是，这个词是一种鸟的名字，而这种鸟在这一地区已经再也见不到了。娶了印第安妻子的白人男子勒弗尔治将它定义为"一

1　根据路威对于"Crow"这一名称由来的解释，虽然"Crow"很可能是印第安语的误译，但这个叫法已经约定俗成；而且据路威的调查，当地人也认为这支印第安人是以一种鸟来命名的，如果采用音译的话无法反映这种连带关系。另外由于本书中的大量人名（特别是绰号）、地名也一般采用意译，包括书中涉及的其他一些印第安部落也是沿用被广泛采用的意译，所以为了保持翻译风格的统一，本书采用"Crow"的意译，译作"乌鸦印第安人"或"乌鸦人"。它与国内某些译者采用音译的"克劳印第安人""克劳人""克劳族印第安人"完全是同一支印第安人。——译注

种奇特的尾部呈叉子状的鸟，样子像蓝松鸦或鹊"。传说中的这种鸟被归到内布拉斯加东部和堪萨斯的动物群系，乌鸦人当时也在那里生活。除了这一想象出的定位外，他的说法和我的资料基本上是吻合的。

在语言上，乌鸦语属苏语系（Siouan），从英语和俄语都属印欧语系（Indo-European）的层面上来说，乌鸦人和苏人即达科他人相关。针对上面两种情况，只有语文学家才能证明其中的联系。不过就像即便是最外行的人也能够听出英语与荷兰语或德语存在着某种联系一样，乌鸦语与希达察语彼此更接近些——这种密切关系或许有些像丹麦语和瑞典语间的关联。一位乌鸦人来客虽然不能立刻明白希达察人主人的谈话，但是他能够听出许多词语，这些词与其姐妹语言中的非常接近或者几乎相同，不久他就能够找到感觉了。与乌鸦人和达科他人相比，希达察人（尽管与前者更接近）被证明处于中间阶段，而乌鸦语已经远远地偏离了共同的语言来源。希达察语与乌鸦语酷似，以至这两个部落现在声称他们不可能在远古时代就已经分离了。据我猜测，这种分离发生在大约五百年前：那时乌鸦人向西迁移，在与他们先前的希达察亲属重新交流来往之前，乌鸦人在语言和风俗方面已经发生了变化。尽管如此，这两个部落有亲属关系的感觉是非常真切的，他们有时称对方基本上是同一个民族。

只有一种乌鸦语言，但并非只存在一个乌鸦人部族。这些印第安人自己提出三种细分方式。从前，沿着黄石河下游一直远至与密苏里河汇合处，游荡着"河乌鸦"（River Crow），在土话中更倒胃口的叫法是"河岸上的粪"（Dung-on-the-river-banks；minésepēre）。出于权宜之计，另外两个部族被混合在一起称为"山乌鸦"（Mountain Crow），它的当地名称分别是"主体"（Main Body；acarahō′，字面意思是"许多帐篷所在的地方"）和"踢在他们的腹部"（Kicked-in-their-bellies；ērarapī′o）。我了解到这后一支在春季加入"主体"，但他们冬季则是在怀俄明州的肖松尼一带度过的，即在风河（Wind River）地区，马克西米利安曾让整个部落在严寒的季节为他们的马匹在那里寻找牧场。这与我的一位报道人的讲述吻合，他描述说"主体"在冬季迁往盆地（Basin），而春季的活动范围是从野牛（Buffalo）、怀俄明一直到普赖尔地区。其他人则将活动局限在东至舌河（Tongue River）西至利文斯敦的范围。"踢在他们的腹部"似乎合情合理地被认为是新近从"主体"分离出来的一个旁支，从来没有完全确立起独立的地位。"山乌鸦"和"河乌鸦"因而被认为是这个部族的两个主要分支。由于显而易见的原因，前者与肖松尼人的接触更为频繁，而后者则与村庄部落以及阿西尼玻音人（Assiniboine）的来往更多。因此，一些较细微的区别产生了，比如说，马舞（Horse dance）是"河乌鸦"所独有的，他们是从阿西尼玻音人那里学来的。但从根本上看，乌鸦人是统一的民族，他们用"bī′ruke"（我们）来指自己，这就如同法国人可能会说的"nous autres"（我们这些人）。传说讲述了氏族间悲怆的长期争斗，但是在这方面，这两个主要的分支却从来没有敌对。能够回忆起来的对于团结最严重的打击是，"主体"在一次同达科他人的战斗中向"河乌鸦"求援，但是一无所获。在这次遭拒绝之后不久，"山乌鸦"打败了他们的敌人。他们杀死了十二个人，而他们自己却只有一个人挂了点轻伤。他们随即耀武扬威地班师回营，趾高气扬地大踏步从他们懦弱的同族人面前走过。女人们的哀痛也最终被胜利的欢颜所取代，她们编着下流的小曲，取笑那两位"河乌鸦"的首领。不过，这种误解只是暂时的。

这些分支是不同的政治单元。不过，我们该如何设想古代的"首领"呢？原住民语言中"batse´tse"（很可能源自"batse´"，即"人、男人"，以及"i´tse"，即"好的、勇敢的"）表示与军事功绩相配的身份名望，而并不必定暗示着管理职责。有四种标准的、值得赞扬的功绩：领导一次成功的奇袭，捕获敌人营地中被拴在桩子上的一匹马，第一个触到敌人［狭义上的棒击（coup）］，夺取敌人的弓或者枪。这四种功绩中至少每一种都获得过一次的男人被列为"batse´tse"，由这样的男人组成部落领导集团；相反，缺乏上述所有这些功绩的人则沦为无名之辈。在过去，大概只有达到或接近首领纪录的男人们才能组成部落议事会。无论如何，这个上层军事集团中的成员无须获得特殊的头衔，就能成为这个营地的首领。他既非统治者也非法官，并且通常并没有决定生与死的权力。他能决定的是他的部下将在何时何地安扎、移动他们的帐篷。另外，每年春天，他任命他的军事会（见边码 172 页）中的一个担任保安（ak'i´sate），有时会连续几次任命同一个军事会，因为并不存在固定的轮选规则。

保安的首要责任是管理共同的野牛狩猎。他们狠狠地鞭打那些过早进攻野牛群的人，折断他的武器并没收他非法杀死的猎物。他们也会拦住未在良辰吉日出征的作战队伍，指挥营地的迁移，努力用友好的方式解决这个分支中的内部纠纷，以及维持总体秩序。勒弗尔治曾经和两名印第安无赖一道，恶作剧地将一些野牛赶进了一个营地，在那里它们撕碎了几个帐篷。保安命令他们一个月不准进入营地。"那是一种痛苦的惩罚，但是我们留在了外面。要是我们违反了这个命令的话，我们会受到更严重的处置。"尽管他们的爱人偷偷地带出食物给他们，但是这些违纪者仍几度因为没有伙伴和缺少食物而处境不堪；除此之外，他们还得赔偿被毁坏的帐篷。

6　　　保安由这个营地的首领任命，他们要服从首领；据 19 世纪 30 年代的毛皮商人伦纳德讲，首领因此能够否决他们的每一个行动。不过，对于这种说法要有保留地接受。首领本人并非独裁者，而且保安通常只有在像上文提及的那些特殊场合才采取行动。除此以外，乌鸦人几乎感觉不到权威的分量。

　　据一位报道人讲，主要的首领会一直在位，直到他主动辞职为止。不过，"独树"（Lone-tree）的解释更令人信服，他说只要部落在其领导下诸事顺利，这位营地首领就会一直供职，直到事情发生变化时他才会离任。

　　在大型的聚会上还会出现另一种官员，他们是营地首领的助手，即通报者或传令官（acipēˊriraˋu）。他骑马奔过这一圈帐篷，大声地通报公众感兴趣的事，召唤年长者到某个好客的帐篷参加宴会，宣布某个同部族人的失踪或者战事的临近。他有时明确地作为首领的"传声筒"出现，在他通报前有言在先：他的话并不仅仅代表他个人的意见。在交战前，传令官鼓舞乌鸦人的斗志、宣布首领的命令，在大家都能看得到的地方展示精挑细选出的年轻勇士，并且在聚集起来的人群前颂扬这些勇士（见边码 231 页）。传令官是一位与众不同的人，他极有可能被选为一支幸运的作战队伍的首领。有时这个职位有必要被移交给在部族间的战争中幸存下来的男人，而这个人在五十年前则被认为是没有资格的。例如，1911 年在帐篷草的 7 月 4 日庆祝上，"白人追他"（White-man-runs-him）就任了这个职位。尽管他作为幸存的卡斯特侦察员获得了一些声望，但他还是未能逃脱恶意的评论："在从前"，我听到有人这么说，"我们本来不应该选像他那样的人来当传令官"。

尽管强调社会地位，但乌鸦人是民主化地组织起来的，因为显赫的地位取决于个人的价值；而且除了像共同打猎或重大仪式节庆那样的特殊场合外，大家都可以随心所欲地行动。

但这无疑是理想化的，现实有时会与之背道而驰：一位已经以某种方式获得权力的人可能会自私地将权力最大化。在理论上，不管是哪种不同寻常的成功都有其宗教根源，是借助于超自然的力量来实现的，但是也存在一个社会因素——一个庞大的家族。没有再比对乌鸦人说"你没有亲戚"更伤人的侮辱了，那意味着他是一个无足轻重的人；相反，一位精力旺盛、被四十来位和他有亲属关系的蛮勇年轻人簇拥着的男人，则可能轻而易举地支配数百人的群体。

在反映原住民风俗的半历史（semi-historical）传说中有两个母题以单独或彼此关联的状态反复出现：被遗弃的孤苦伶仃的孤儿借助超自然的神示一鸣惊人；营地中的欺凌弱小者仰仗超自然的保护

神和不计其数的随从，肆意蹂躏同族人的感情。传说把孤儿卑微的地位与一位父母双全的年轻人的好运做了鲜明的对比。这种区分还有言外之意：一位父母双全的男孩子还拥有其父亲的、母亲的兄弟姐妹以及他们的子女等众多亲戚，所有这些人在道义上负有援助和保护他的责任；而被剥夺了这种援助的、举目无亲的男孩子则沦为了笑柄。当他斗胆向一位神话般的美人求爱时，这位美人不屑一顾，还恶语伤人："想要娶我的人多的是，我不想要他们。你比所有其他人长得都要丑……你的脚就像熊掌一样。"另一个故事这样开头："有一位年轻人，父母都健在，家境殷实。他有一位伙伴，是一位穷苦的年轻人，这个人和他生活在一起。"这个穷苦的年轻人娶了一位好看的姑娘，他那位有钱的朋友马上就把她拐走了。还有一个例子，英雄"双尾"（Twined-tail）和他的两兄弟一开始是可怜的穷人，他们中的一个"像狼吃"（Eats-like-a-wolf）在扔环游戏中对抗"土牛"（Earth-bull）。"这个叫作'土牛'的人有许多亲戚，他的这些亲戚都是些欺凌弱小的人。在这场游戏中，围观'土牛'的人（支持者）很多，而却没有围观'像狼吃'的人。"因此，当这个没有朋友的选手得分的时候，他的对手会质疑分数而且得到对手亲信的支持。"'像狼吃'环顾四周寻找支持者，但是没有一个他能求助的人。"脏兮兮、穿得破破烂烂的"双尾"为他兄弟辩护，但是那位对手却嘲笑他的贫穷和可怜相。这话深深地伤害了"双尾"，他去了大山里，得到了一种超自然力量的护佑，由此在作战队伍中声名远扬。返回后，他和他的同伴们嘲笑他的宿敌。当"土牛"狂暴地向前冲的时候，"双尾"的一位随从说了一句极具有代表性的话把他击退:"亲戚众多的人强大有力。"

"独眼"(One-eye)的故事在几个方面具有启发意义。作为派岗氏族(Piegan clan)[1]的一位刀枪不入的首领,他对他的部下颐指气使,随意地劫掠他们的妻子和马匹。"独眼"的权势得自一位仁慈的神的赐福,而现在这位被保护人的邪恶令神感到非常愤慨。于是这位神便将权力移交给了被"独眼"欺凌的人,一位"没有父母"、不伤害无辜的少年。结果,"独眼"被击败并被处死了。

"独眼"对于他的群体的恫吓,乍一看起来让人联想起黑人君主的行为。不过,这里有一个本质的区别:对于一位西非专制君主来说,对于臣民的掠夺和虐待符合国家建构赋予的特权;然而,尽管在例外的情况下,某位乌鸦人会成为事实上的独裁者,但是他绝不会成为法律上的。讨伐"独眼"的人所做的第一件事就是打消民众的疑虑:**他**不会像"独眼"那样。为了证明这一点,他立刻将其妻子们和马匹归还。即使是"独眼",也并非一位彻头彻尾的独裁者。当他姐妹的丈夫提议与"潺潺流水"氏族(Whistling Water clan)讲和的时候,这位首领并没有武断地下达独裁的命令,而是向他的部下呼吁:"好吧,孩子们,做一个决定。如果你们赞同你们姐妹的丈夫的提议,那么就遵照他所说的决定吧。如果相反,你们认为既然他们的首领死了,我们就应该去那里折磨他们的话,那么就这样决定吧。现在请好好考虑一下。"自然,在仔细考虑之后,他们回答说:"现在我们要决定了。您是我们的首领,我们应该对您

1　注意区别派岗氏族与派岗印第安人,这里所说的派岗氏族是乌鸦人的一个氏族而不是派岗印第安人。关于派岗印第安人的信息,请见"词汇表"。——译注

的话言听计从。"但是，正是"独眼"召集他的部下商讨的这件事表明了专制主义与乌鸦人"实施权力"的观念是怎样地格格不入。这位首领的回应再一次验证了这一点。"好吧，孩子们，你们已经告诉我按我愿意的方法去做。我先让你们按**你们**愿意的方法去做，但是你们谢绝了。如果现在我按我的意愿去做，你们可不能再指指点点了。"

"独眼"的传说展现了一个社会组织，它不同于我们称为"乌鸦"的语言学上的单位，也不同于从政治角度进一步划分出的"河乌鸦"和"山乌鸦"群体。这两个群体中的每一个都由相同的十三个**氏族**的成员所组成；而我们的故事所展现的似乎是一个氏族——派岗氏族——的男性作为一个当地群体的核心，虽然偶尔有来自其他氏族的男性通过他们派岗氏族妻子的亲属关系来入伙，但是这种情况非常少见。不管怎样，历史时间内的乌鸦人氏族是能够精确界定的。它是母系的，因为一个家庭的孩子们都随他们母亲氏族的姓氏，它不仅仅包括通过母亲而产生血缘关系的个体们，而且也包括合法地拟作亲属的、原本不具有亲属关系的人。倘若只考虑血亲的话，一个人总是和他母亲、他母亲的兄弟姐妹、他母亲的母亲、他母亲的母亲的兄弟姐妹、他姐妹的孩子以及其他各种各样的亲属（比如他母亲的母亲的姐妹的孩子）在同一个氏族。另一方面，一位男子永远也不会属于他孩子们的氏族，这些孩子出生在他们母亲的群体里；即使这位男子领养了一个孩子，这个孩子也会自动地归入他真正的后代的氏族，也就是说孩子们母亲的氏族。按照乌鸦人世系血统的规定，一个孩子能够归属于其父亲的氏族只是在这种情况下——孩子母亲嫁给了她自己氏族里的一名男子，这种行为依照外婚制（exogamy）的习惯法是被禁止的。

这十三个外婚制的母系氏族以非常松散的六个无名联盟的形式结合在一起，分组方式请参看下面的图表：

Ⅰ	新建的帐篷	(acirārī´o)
	厚帐篷	(acitsi´te)
Ⅱ	疼唇帐篷	(acī´oce)
	嘴里的油脂	(ū´wutace`)
Ⅲ	不射击他们带来了猎物	(ū´sawatsi`a)
	系在一个结中	(xu´xkaraxtse)
	吃秽物的帐篷	(acpe´nuce)
Ⅳ	踢在他们的腹部	(ē`rarapī´o)
	坏战争荣誉	(ackya´pkawi`a)
Ⅴ	潺潺流水	(birikyō´oce)
	条纹帐篷	(acxatse´)
Ⅵ	派岗帐篷	(ackyā´mne)
	背信弃义帐篷	(acbatcu´a)

表 1[1]

存在的一些疑问是，最后两组名字是各表示两个有显著不同的

1　书后的《附录二》就氏族和氏族联盟给出了一些具体的细节。——原书注

氏族，还是仅仅为同一个氏族的不同名字。无论是哪种情况，这些群体的总数都至少是十一个。

同一氏族的亲属对彼此的责任显著地优先于他们对于任何更大团体的责任感。因此，一桩谋杀极易迅速升级为家族间的血海深仇。在"一人为全体，全体为一人"的原则下，受害者的族人要么会伺机杀死这名凶手，要么会杀死凶手的一个族人。

某些推测起来很可能是在 19 世纪上半叶发生的事件说明了原住民的这种观点。一位派岗氏族的年轻人"箭头"（Arrow-head）中了"潺潺流水"的埋伏而毙命。这个消息一传到他的大哥"大乌鸦脸"（Raven-face）那里，他便出发反击敌族，但却负了重伤。随后他去寻找幻象，获得了力量。而他的伙伴"脚抖"（Dangling-foot）虽然并不属于这敌对双方的任何一方，但却照看了"大乌鸦脸"的家庭。"大乌鸦脸"回来时，他和他的伙伴"脚抖"遭遇了"潺潺流水"的一支队伍，他们立刻决定杀死仇敌。"脚抖"这位神射手使这伙人落荒而逃，并杀死了"诚实"（Honest）——据这故事的一个版本，此人正是杀死"箭头"的凶手。"诚实"曾很明确地恳请"脚抖"不要卷入这场冲突，因为他不属于双方任何一个氏族。在另一则记述中，"诚实"甚至被剥去头皮[1]。这两个胜利者将他们的脸涂黑作为胜利的象征，就好像他们杀死的是一名夏延人或达科他人；他们还举行了胜利游行。"于是派岗氏族的人兴高采烈，他们报了仇。""诚实"的死显然被认为是为杀死"箭头"而赎罪。

1　印第安武士习惯将一块带有头发的头皮从敌人尸体上剥下，作为战利品或领取赏金的证物。——译注

这种团结一致似乎只依赖母系亲属。每个氏族在与其他氏族关系上的处理方式都如同一个独立的现代国家的做法；而在一场争斗中，那样的两派俨然是势不两立的敌对部落。不过必须严肃纠正上述观点。前面这个故事证明了一种独特的联合形式：一位中立者出于个人的友谊，代表冲突中的一方拿起了棍棒。正是他洗去了沉浸在悲痛中的氏族所蒙受的耻辱。无独有偶，关于相同事件的另外一个版本能够更好地说明这一点。当"大乌鸦脸"的胳膊被"潺潺流水"打得粉碎后，他的一位对手恰巧是他少年时代的朋友。这个人是一位神射手，他装作向"大乌鸦脸"射击，但是却故意射偏了。当他的同伴责备他时，他气呼呼地承认他是故意那样做的，并吩咐他们请便（"无论你们想做什么，动手吧！"）。简而言之，氏族忠诚**可能**会屈从于同伴间的友谊。

但是还有一种感情会起一定作用——一种朦胧的对于民族主义的期望。尽管这种期望极其微弱，但还是存在着的。在正常的情况下，氏族间**不会**开战，而是希望建立一个统一阵线来反抗敌对的外来者。保安会所代表的正是这样一种联合，他们会安抚受到侵害的部族人；中立氏族也代表着这样的联合，他们不断争取和解。在"潺潺流水"与派岗氏族长期争斗的初期，外来者扮演的角色是徒劳地向战士们恳求："这不好，别这样做，**我们是一家人**；我们的孩子全都沾亲带故，不要这样做。"类似地，在"脚抖"事件之后又出现进一步冲突的危险时，这些中立者还是在不断地敦促双方休战。然而，在那么多闲言碎语的指责下，"脚抖"厌烦极了，带着三四十只帐篷从主营地中分离了出去。事后证明了分离是在做傻事，因为这些分离者遭遇了夏延人的主体，几乎全军覆没。

这最后一个例子暗示了我们应如何描绘"独眼"的故事所表明的情况。介于乌鸦氏族的母系制和外婚制，那个传说所描述的当地群体的情况是无法想象成一种永恒状态的。道理很明显，"独眼"与他议事会中的人——他们中所有的人都被想象为是他们中外来者的姻亲兄弟——都是派岗氏族的人，而他们的妻子则一定属于其他氏族。然而，因为孩子随他们母亲的姓氏，这样下一代便不可能再是派岗氏族的人了。[1] 另一方面，氏族首领的地位源自他们的英勇，有时在他们的控制下会发生**暂时的**分裂（acdū′sau），从氏族的主要部分中分离出去，这是为了猎捕野牛所需。"洋葱"（Onion）和而后的"灰牛"是"吃秽物的帐篷"的首领，"许多棒击"（Plenty-coups）是"疼唇"的首领，"漂亮的鹰"（Pretty-eagle）是派岗氏族的首领。

"氏族"一词的在原住民语言中是"浮木聚集的帐篷"（ac-ambare′axi`a），这个概念显然是指氏族亲属紧密结合在一起就像都聚集在一个地点的浮木一样。当然，从上面的半传说（semi-legendary）描述的长期争斗中体现出的凝聚力，已经被史实所证实。当印第安警察"火熊"（Fire-bear）在 1887 年（见边码 xi 页）杀死了"包起他的尾巴"时，这位受害者的同氏族成员打算为他的死报仇雪恨。一些人说，正是为了对此加以防范，美国政府才继续雇用"火熊"。

---

1 在这里作者用"独眼"的故事给我们造成表面假象——以男性作为一个当地群体的核心，借此反证和强调乌鸦氏族实际上是母系制、外婚制。——译注

　　下面的例子说明了类似的困难是如何通过惯例法来协调的。苏人曾经偷走了营地中跑得最快的马，但是一位"潺潺流水"人又把它夺了回来。他和一位叫作"遍地是鸟"（Birds-all-over-the-ground）的"疼唇"人一起逃跑，但是"遍地是鸟"对于那匹马垂涎三尺，于是他趁同伴正在喝酒时杀死了他。追击的苏人听到报告赶到了现场，但是凶手骑上那匹快马逃走并且因马失而复得而获得了荣誉。然而后来通过一些苏人拜访者，乌鸦人了解到真相。受害者的父亲立即号啕痛哭，他的氏族准备复仇。然后，这位"疼唇"人赶着驮满礼物的马匹来到了那位老人那，请求他罢手。同样地，他们的首领也送给了"潺潺流水"的首领一根和平烟斗，"潺潺流水"的首领举行了一个议事会。鉴于这支烟斗，还因为这起事件发生在很久以前，他们决定尽释前嫌。"今天，"我在 1912 年写道，"那名凶手的行径得到了宽恕。"不过勒弗尔治认识这名罪犯，他称尽管人们容忍他，但是他们并不同他来往。

　　据勒弗尔治说，一个氏族的成员们将他们的帐篷彼此紧挨着建在一起，而且无论何时安扎营地，他们都固守着同样的相对位置。我的报道人们断然否定了这一点：他们断言，圆圈形并非营地的常规形状，而是为特殊场合预备的，氏族并不占据其中确定的位置。

　　同一氏族的成员经常在一起开宴会。当我初识这个部落的时候，他们经常以各种各样的方式互相帮助。比如，当他们中的一个成员加入烟草会时，其他人捐献入会费用。一个稍早些的事件很具有典型性。派岗印第安人偷走了一匹"斑点鱼"（Spotted-fish）最喜爱的马，但是四名乌鸦人又将它夺了回来。"斑点鱼"为此要给

12

他们四匹马以及其他一些财物，但除此以外他们还要求另加一件麋鹿牙礼装，"斑点鱼"拒绝再给这个添头。但是他的同氏族人凑齐了大量的财物，将那匹马给他买了回来。

既然以兄弟称呼一位氏族人，那么就像男人对待亲兄弟的妻子那样，这位氏族人的妻子也可以被同样放肆地对待，甚至是跟她开猥琐的玩笑（见边码 28 页）。而且，一位即使在其他情况下会忌妒的丈夫，也不会反对他的妻子与他氏族中的一名成员跳舞。当大角羊印第安人拜访帐篷草时，一位"疼唇"拜访者的妻子会从这个东道主地区的一位"疼唇"女人那里得到肉。如果这位妻子是独自来的，那么她就会回赠鹿皮鞋或诸如此类的东西；如果她的丈夫也一道来了，那么她的丈夫就会回送给他氏族女人的丈夫马匹和其他一些贵重的礼物。这种交换是沿袭亲兄弟和姐妹之间所形成的模式。

在古代，被一个群体所占据的土地是公有的，因此永远不会产生关于它的继承权的问题。在政府把土地分配给个人的情况下，乌鸦人倾向于把一个男人的兄弟和姐妹认作是他的继承人，即由他自己的氏族亲属而不是他的儿子继承。到了 1907 年，官员们还在对联邦与原住民在继承权观念上的悬殊差异进行调节。乌鸦人自然而然地将其对于马匹及其他财产的继承模式沿用到他们新的财产形式上。然而在临死时，一个人可能会大叫道他想给他的妻子或儿子一两匹马——这样的愿望会得到尊重，不过牧群的大部分都会归在他兄弟的名下。

圣物和仪式特权经常会传给长子，但是继承次序却并没有一定之规，并非一定要依据父系或母系。因此，"老妇人"（Old-woman）

从她父亲那里得到了混合烟草的特权（见边码 287 页）；但是她还觉得自己隶属于某个烟草分会，因为她的兄弟是其会员。有时完全相同的一套仪式器物会按两个原则传承。"驼背狼"（Humped-wolf）据说将他的法力传给了他的三个儿子和他一位姐妹的儿子。一个著名的太阳舞玩偶向一个女人显灵，要由她的儿子继承，儿子又传给了他弟弟。那么到目前为止，继承是母系的；但是下一个继承人是"来自上面的熊"（Bear-from-above）——他前任所有者的儿子。"来自上面的熊"一直持有这个玩偶直到他的妻子去世，那时他将玩偶和她埋葬在了一起。"尖角"（Sharp-horn）从一位兄弟那里继承了**他的**太阳舞玩偶，而"平头女人"（Flat-head-woman）则将箭包（Arrow bundle）传给了他的长女。另一种在烟草仪式上使用的法物（medicine）过去曾经是从母亲传给女儿，而"乌鸫"（Blackbird）分会的创立者则是从他父亲那里得到的乌鸫法物。"法物乌鸦"也有一个鹤的幻象，就像在他之前的他父亲一样。至于盾，我了解到主人可能会将其遗赠给儿子或者兄弟。如果上述临终处理都无法实现的话，他的一位仪式儿子就可能会大张旗鼓地哀悼这位主人的死亡，这样就会在道义上确立对它的拥有权，痛失亲人的家庭也会认可这种要求。

简而言之，神圣的财产，其中包括特权，优先保留在近亲的范围内，但是在母系和父系两个方向上都没有必须遵守的优先性偏见。需要说明的一点是，有些东西即使是在直系亲属群体内也并非自动传下去的：对于某种不太重要的特权，诸如使用一种特殊面部装饰样式的权利，一个人可能会给他的父辈一匹马作为代价。

在继承宗教形式的财产时，有一种观念与流行的单方面的母系或者父系传承相悖。它是一种根深蒂固的信念，即丈夫与妻子在仪式活动中是紧密联系在一起的，即便是存在着女性因处在特殊生理阶段而不能到场的情况。例如，尽管"平头女人"把他的箭包留给了他女儿，但是他女儿的丈夫充分地承担着共同管理的责任。丈夫和妻子通常一起被烟草会接纳。诸如此类的事情时有发生。又如，据说"法物乌鸦"可能从他父亲那儿继承了某种神圣的石头；不过实际上是他的母亲产生了关于这块石头的幻象，由此才使她的丈夫出了名。

从最严格的字面意义上来讲，法物包（medicine bundle）和其他神圣的特权也是"财产"，为了得到这些东西带来的好运，男人们总是不惜重金。实际上它们是迄今为止最宝贵的一种财产。除去它们之外，乌鸦人可能没有什么太多可以处置的东西，特别是在马被引入这片土地之前；因为哀悼者将他们所拥有的大部分东西分给了人们，而当一位伟大的首领去世的时候，甚至连他的帐篷也会被遗弃。

在带有竞争性质的娱乐中，双方之间很自然地以不同的氏族为界限。"灰牛"记得在"厚帐篷"同"不射击他们带来了猎物"之间有一场战绩记分的竞赛；而"被击中胳膊"（Shot-in-the-arm）则描述了在"潺潺流水"同"河乌鸦"的"嘴里的油脂"之间的这种竞赛。这两伙人面对面地坐在一个帐篷的两侧，一位"潺潺流水"方的代言人首先宣布他的每个同伴断了多少条被拴在桩子上的马匹的缰绳，他的同伴们帮着他计数。同时，他还讲述了他的族人为"山乌鸦"所立下的功绩。当双方都完成了各自的计数后，获胜一方的代表就在地上插一根棍子。接下去是历数从敌军那里缴获多少枪支、棒击数以及有多少人指挥的战争获胜（而不是他们领导过多少支获胜的队伍）。每个氏族劫走的已婚妇女人数也同样计算在内（见边码 186 页）。"被击中胳膊"属于"嘴里的油脂"氏族，根据他的描述，该氏族在这种竞赛的每一项上都大获全胜，由此被称作是"matdacpīˊo"。他又补充说，胜利者通常让他们的孩子分发礼物，但这并不是义务性的。另一方面，"灰牛"称失败者不得不带来干肉饼（pemmican）以款待他们的对手。

关于氏族的起源，并没有脍炙人口的传说，但是氏族的名字，包括一些没有在这里提到的，却常常有一些说明解释。因此，根据一个人的讲述，早先被称作"他们吃了他们自己的鼻涕"（They-eat-their-own-nasal-mucus）的男人们曾因放弃了一位受伤的同伴而被起了"派岗"的绰号，因为他们的行为就如同乌鸦人的对头派岗印第安人一样。一个更为常见的解释用来定义派岗氏族的恶劣行径，于是产生了"背信弃义帐篷"这个名字。"没有耳朵帐篷"（Earless Lodge）这个名字也给了派岗氏族，因为据说一位成员曾砍掉了他妻子的耳朵作为通奸的惩罚。"不射击他们带来了猎物"被称为"不混杂"（Not-Mixed），这是因为它主要由战争指挥者组成，也就是说，这些领袖与普通人"不混杂"在一处。"吃秽物的帐篷"，他们的这个名字源于他们的一位成员，他的妻子私奔了，但是被重新抓了回来，并被强迫吃粪便。我听说"坏护腿"（Bad Leggings）被重新起了个名字叫作"他们嘴里的油脂"，因为他们曾经离开了乌鸦人的大部队去寻找食物，杀死了肥壮的野牛。当他们向火里吐唾沫时，他们的唾沫就像牛的油脂那样燃烧了起来。这个传说的一个异本似乎同样有道理。一位贫苦的孤儿得到了一些油脂，他向一大堆火中吐痰，他的唾液混合着油脂使火苗乱蹿，旁观的人笑着打趣道："你的唾沫里一定有油。"在他结婚以后，人们给他的孩子们起了绰号"他们嘴里的油脂"。这个版本似乎违反了母系制的传承，但是它与用**父系**亲属的荒谬行径嘲笑别人这一既定风俗完全一致（见边码 21 页）。

至于氏族的联合，并没有令人信服的陈述来说明它们是如何产生的。据一些印第安人说，古老的氏族人口增加，然后产生分化；而其他的氏族——比如说"吃秽物的帐篷"和"系在一个结中"——人数则在减少，后来他们的成员们联合起来以便建立一个规模更大的群体。另一方面，对于这种联合关系本身的实质，印第安人的意见相当一致：他们之间互相帮助。从"老狗"（Old-dog）记事起，"他们嘴里的油脂"与"疼唇"的关系就一直非常亲密，他们互相邀请对方参加宴会，在猎捕野牛时宿营在一起。当一位"嘴里的油脂"的儿子立下战功时，除了他父亲的氏族，"疼唇"氏族也会演唱颂扬他的歌曲。"厚帐篷"与"新建的帐篷"的情形也类似。"胳膊绕在脖子上"（Arm-round-the-neck）解释说，当氏族中发生了不合常规的婚姻时，通过把基于对父系氏族的尊重转至与父系氏族有关联的氏族这一方法，在一定程度上解决了这种社会困境（见边码 20 页）。

由外婚产生的关系不太清楚。柯蒂斯先生认为，从前人们不仅在一个氏族内遵守这个规矩，而且也扩展到与其有关联的氏族。但是我得到的信息与这种观点相矛盾，至少这不是一种普遍原则。"大牛"（Big-ox）是一位有名的法师，他属于"不射击他们带来了猎物"，而他妻子中的一位是"系在一个结中"氏族的，另一位是"吃秽物"氏族的；"奔跑的乌鸦"（Blackbird-running）属于"踢在他们的腹部"，他娶了一位"坏战争荣誉"的女人；等等。一个男人谈到"新建的帐篷"和"厚帐篷"时强调："他们是两个，是分开的，他们一直都通婚。"除了最后两个外，他同意我名单上其他所有的氏族联盟。

我们似乎可以做一个合理的猜测：习俗因不同的主要氏族联盟而异。我们可以猜想，一些联盟的亲密无间已经达到了一定程度，以至相联系的氏族的成员间产生了一种亲情的感觉，这种感觉阻碍了婚姻；而与其他联盟的关系却从来没有达到这种程度。

尽管在部落生活中，氏族十分重要，但是除了对上文提到的长期争斗的描述外，它们在传说中并没有留下深刻的烙印。解释氏族名称来历的琐碎情节已经叙述过了。另外，还流传着各种各样表现"坏战争荣誉"之愚蠢的笑话。人们说"坏战争荣誉"真是脑筋有毛病。一次，一支乌鸦人作战队伍在一起扎营，遭到了派岗印第安人的进攻。除了一位年轻人外，其他所有的人都逃走了，这位年轻人爬上了一棵树。起初他没有被发现。随后敌人们割碎了帐篷开始盗走里面的东西。当他们中的一个人打开一个袋子拿出几张鹿皮时，这位"坏战争荣誉"的人说道："别拿走它！"敌人于是发现了他的行踪并杀死了他。还有一次，一位"坏战争荣誉"的人看见

17　另一位乌鸦人穿着用珠子装饰的鹿皮护腿，上面带有红色的流苏。他打听这护腿是怎么做的。这位主人告诉他，让他的妻子按相同的样式剪下绑腿，煮野牛骨头直到牛油漂浮在表面上，晾凉油脂，将护腿浸入油脂中，然后再把它们放在地上。"第二天，当你起床时，它们就会和我的一模一样了。"这位"坏战争荣誉"的人遵照这些指示去做了。可是当他起床时，他的护腿变得油乎乎的，他不知道该怎么处理它们才好。

　　"鹊"（Magpie），我认识这个人，他扮演着"坏战争荣誉的化身"（ackya′pkawi`a-kā′ce），有许多奇闻逸事是讲述他的所作所为。一次，他试图用一把干草叉去刺老鼠但是却刺中了他自己的脚。"鹊"的妻子告诉其他的印第安人"鹊"曾经是怎么样把他的鹿皮鞋穿错了脚，但是他很久都没有觉察这个差错，直到他把注意力集中到鞋子上；还有，他想叫"刘易斯·鹿皮鞋"，但是却喊出了他自己的名字。一次，他甚至把一位乌鸦人错认成了到保留地来的外地访客。他打着手势将这个人请到了他的家中，给他吃的东西，直到这个被误以为是外来者的人讲起了乌鸦语，他才察觉出自己的错误。

　　能够取笑一个男人是彻头彻尾的"坏战争荣誉"的人，主要是他的妻子、他兄弟的妻子、同氏族人的妻子以及他的戏谑亲属（joking-relatives，见边码 22 页）。"灰牛"避免取笑"鹊"，因为"鹊"的儿子"黄眉毛"（Yellow-brow）已经成了"灰牛"女儿的丈夫。

但是与因一个人**父系**亲属的所作所为而谴责这个人的风俗相吻合的是（见边码 21 页），乌鸦人也嘲笑"坏战争荣誉"成员的儿子。如果一位"坏战争荣誉"的儿子做出一些愚蠢举动的话，那些有特权责备他的人就会说："他就是那些告诉敌人不要拿走鹿皮的人之一。"或者说："他就是那些煮他们的护腿的人之一。""法物乌鸦"的父亲是一位"坏战争荣誉"的人，无论何时只要"法物乌鸦"做错了事，他的妻子都会嘲笑道："都怪你的父亲是'坏战争荣誉'的人。"它的意思就像我们所说的"有其父必有其子"或者"禀性难移"。

第二章

亲属和姻亲 [1]

1　关于本章以及相关各章中出现的乌鸦人亲属称谓的说明：作者行文中交叉使用了乌鸦语的称谓词汇和英语称谓词汇，造成了一定混乱。鉴于乌鸦人、美国人、中国人具有不同的亲属称谓体系，为了如实地反映乌鸦人的称谓特点，译者在翻译称谓时尽量使用描述性的方式以及乌鸦人的词汇，如用"母亲的母亲"而尽量不用中国人的称谓"外祖母"；实在难以使用描述性的方式时，会在对应的中国称谓外加上引号。——译注

尽管乌鸦人是母系氏族制，但是与父亲及父系所有亲属的关联依然密切。"法物乌鸦"是我所知道的最著名的人物之一。在他孩提时期，他的"父亲"和妻子吵架并和她分居了，这位"父亲"实际上是"法物乌鸦"父亲的一位兄弟，他续娶了"法物乌鸦"的母亲。在"大量鹰"（Plenty-hawk）讲到这些事件时，他描述说这个少年充满渴望地投奔了他的"父亲"——即使这有违他母亲的心愿。"'父亲，'他喊道，'我孤单极了。'他与'父亲'同吃同住。'父亲，这次不要把我送回家。'他说道。"这种依赖可能要一直持续到成年期。在所有我认识的乌鸦人中，"斑点兔子"（Spotted-rabbit）是长得最英俊的，他拥有最精良的马匹，同他的父母和睦地生活在一起。但是战争发生了，他的父亲被杀死了。从那以后，他开始送出他的马匹以交换"疯狗"（Crazy Dog）的标志（见边码331 页）：他决意一死了之。"因为我的父亲去世了，我将成为一名'疯狗'……当任何人呼喊自己的父亲时，我都会心慌意乱，因为我没有父亲。我只想去死，好追上我的父亲。"

另一方面，父亲对他的孩子也充满了慈爱。当一个人向另一个人乞求特别的恩惠时，常用的措辞是"你疼爱你的孩子"，即"看在你爱你孩子的分上，我向你恳求。"在神话老妇人的孙子[1]的一个异本中，主人公的母亲想要一具野牛畜体中所有的筋腱。她并没有直接请求她的丈夫，而是指点他们的小儿子为母子俩提出请求："当你父亲回家的时候，你让他做点儿什么，他总是照办，所以我想让你跟他说点儿事。"

在跟父亲说话或提到父亲时，儿子所用的称谓与女儿所用的不同。男性的呼格是"axe´"，而女性的则是"masā´ka"。在指称中，男人指"我父亲"用"biru´pxe"，而女人则用"masā´ke"。有一次，我闹了一个大笑话：我问一位姑娘"dī´rupxe cō？"（你父亲在哪儿？）我选用了这个词意味着我把她当成了男孩子。我本来应该问："di´sāke cō？"顺便提一句，尽管"biru´pxe"从来不出现在直接称呼中，但是它的指小词形式"我的小父亲"（biru´pxekyāta）则可能在这种场合使用，尽管它的意思发生了离奇有趣的变化。分享同一个女人宠爱的男人们用它来称呼彼此，不管这个女人是妻子还是情妇。因此，当"斑点兔子"作为一位特权人物与"双脸"（Two-faces）的妻子发生了风流韵事的时候，这位丈夫非但不憎恨反而把这位英雄认作是他的"iru´pxekyāta"。在另一个传说中，两个与对方妻子偷情的男人重归于好，也确立了与上文相同的关系。有时一位渴望得到某位长者神圣权力的年轻人会暂时把婚姻的权利让给长者。比如，"灰牛"曾经向法物的主人让出了自己的情妇，

19

1　老妇人的孙子（Old Woman's Grandchild）：虽然乌鸦语没有与英语对应的"孙子"一词，但作者在这里使用了英语"grandchild"。为了方便读者阅读，译者沿用"grandchild"的中文翻译"孙子"，包括在第七章这一词频繁出现时。"祖母"的翻译原则也相同。——译注

后来又让出了他的妻子。这位主人按辈分推算应该是"灰牛"的母亲的兄弟，但是从那以后，这两位男子互称为"biru´pxekyāta"。

乌鸦语中"父亲"这一称谓比英语有更广的外延，它适用于大多数的亲属称谓。正如勒弗尔治也注意到的，对于一个营地中某个特定人物的生物学后代有多少的问题，既不容易发现也不能精确地调查。成人通常疼爱孩子，这种感情会很自然地因亲近的关系得以强化，而且与是否是血亲无关。无论如何，上文中所提及的几个表示"父亲"的词当然还包括除某人亲生父亲外的以下亲属：父亲的兄弟、父亲的母亲的兄弟、父亲的姐妹的儿子。在姻亲关系中，父亲的姐妹的丈夫或母亲的姐妹的丈夫也适用"父亲"这个称谓。此外，养父或仪式父亲也依然是用"父亲"来称呼。

可能会显得奇怪的是，父亲的姐妹的儿子——用我们的词来说是"表兄弟"，一位和自己同代的人——会划归到"父亲"这一类。但这只是基于这样的一种观念：同一氏族的人在某种意义上是等量齐观的。根据母系世系，这样的一位"表兄弟"一定属于这位说话人的父亲的氏族，因而被划归为一类。我曾经听到"灰牛"在年届六十五岁的时候称呼一位二十来岁的翻译为"父亲"。

将**父亲**的母亲的兄弟包括进来的观念同样也可以得到解释。乌鸦语和希达察语属于少有的几个缺少与"父亲或母亲的兄弟"对应称谓的原始语言，而母亲的兄弟仅仅算作"哥哥"。但是我们已经搞清楚了，父亲的兄弟等同于父亲。因此，情况是这样：

　　　父亲的哥哥＝父亲

母亲的兄弟＝哥哥

∴父亲的母亲的兄弟＝父亲的哥哥＝父亲

男性和女性都用同样的两个词来称呼父亲的姐妹。这两个称谓的区别在于人们是称呼那个人，还是仅仅提到了那个人，而且这两个称谓的原则是截然不同的。父亲的姐妹与母亲或母亲的姐妹称谓一致，即"i'gya'"。但是"我父亲的姐妹走了"是"basbāxi'a kandē'ky"，而"我母亲走了"则是"masa'ke' kandē'ky"。换句话说，在称呼别人时，印第安人对于母亲的姐妹与父亲的姐妹不做氏族上的区分；但在提到别人时，却做了区别。实际上，父亲的姐妹"isbāxi'a"这个称谓包括了父亲氏族中从他自己那一辈以下的**所有**女性；就女性世系来看，这意味着一位"isbāxi'a"（这个词总是和一些表示领属关系的前缀一起使用）的女儿也是"isbāxi'a"。或者说，这同一个词被用于指父亲的姐妹、父亲的姐妹的女儿、父亲的姐妹的女儿的女儿，如此无限递推下去。

与相联系的苏人部落的比较表明，拿"父亲的姐妹"当作母亲来称呼是新近发展出来的。在古代，"父亲的姐妹"与母亲及母亲的姐妹是区别称呼的——就像在希达察语中的情形，甚至现代乌鸦人在语句中提到她们时，也还是做区别的。

对于任何父方的同氏族人，有一个通用的称谓，也就是"a'sa'ke"（复数为"ā'sa'kua"）。它不用于呼格，在称呼时，男女都代之以适宜的父亲称谓。但是有一个显著的例外，当一位乌鸦人向太阳神祈祷时，他会称这位神为"mā'sa'ka"。

一个人与其父亲族人的互动行为实际上很重要。他们极其尊重彼此。一个人不能够走在另一个人的前面，除非他已经赠送给另一个人礼物，引用"老狗"的话来说，他们被视为"像法物一样"。有时一位男人会邀请一群人或他所有的"āˊsaˈkua"参加一个宴会。在他们吃完饭后，一位离门最近的客人会被问道："你会给你的儿子一点什么呢？"他很可能会回复一句祈祷长寿的话，他或许回答"我梦见李子和苦樱桃¹都成熟了，我会把它们给孩子"，也就是"祝他平平安安，迎来李子和苦樱桃再一次成熟的时候！"。下一位"āˊsaˈke"可能会预言这位主人会击中一次棒击或杀死一名敌人。另一个可能会梦见一位极其年迈的人，并为这位款待者念出与梦中所见一致的长寿祝愿。当话全都说完了以后，这位主人会起身说道："如果在下一次战斗中我击中棒击，我就会送给某某一匹马；如果我看见苦樱桃花开满枝，我就会送给某某一条毯子。"诸如此类。

宴请父方的氏族或者赠送给他们礼物是非常合乎礼节的。一个广为流传的故事讲的是四个朋友（或弟兄），他们决定各自该怎样出人头地。第一位为了获得神示而要绝食和自我折磨；第二位要不断向太阳神祈祷；第三位要搭建一些汗屋（sweat-lodge）；第四位要供养他的"āˊsaˈkua"，为其上贡。那位寻求神示的人很快便功成名就，却在他最辉煌的时候被杀死了。接下来赢得声望的是那位向太阳神祈祷者的人，后来他也被杀死了。那位汗屋的建造者颐养天年，升到了首领的位置，然后去世了。第四位高寿，成为一位伟大

1　苦樱桃（chokeberry），即美洲稠李（拉丁名 *Prunus virginiana*），原产于北美洲，果实成熟时是紫红色。——译注

的首领，他拥有至高无上的权力。"从那以后，我们开始给我们的氏族'父亲'们送食物。"

然而，这种义务是相互的。当氏族"儿子"尊敬、款待并使他的"āˊsaʻkua"富足时，作为报答，他们也要代表"儿子"来祈祷，为他的功绩而高兴，负责为他赢得公众声誉。当一位少年在一场奇袭中立下功绩时，他的"āˊsaʻkua"会来到他的帐篷前，表演一段简短的舞蹈，为他唱赞歌。当"黄尾"射中他的第一只鹿时，原本准备举行同样的庆祝，但是由于旧风俗的废止，这个想法并没有实现。

通常一个婴儿的名字是某位"āˊsaʻke"赐予的，尽管这并非必要。一般来说，敬称源自父亲同氏族的某个成员；绰号常常并非是拥有这个绰号的人的特征，而是其父亲的同氏族人的某种特征或可笑的行为。像我已经解释过的，"坏战争荣誉"的男人们的儿子通常如此（见边码 17 页）。我还知道两个例子，有人根据某位女人的滑稽动作而给她兄弟的孩子们起了绰号。

这些由来已久的风俗习惯表明乌鸦人绝非忽视父亲及其亲属——这样说一点也不过分。母方的氏族关系在与他人的各种纽带中仅仅是合法、合乎伦理和感情化的一种。

但这并非全部。尽管有关战争功绩的较量是以氏族为界线的（见边码 14 页），不过对手也有可能分别是两个氏族的**儿子们**。有时某个氏族男人的儿子们与同一联盟中的氏族的儿子们一比高低，比如，"系在一个结中"的男人的儿子对抗那些"不射击他们带来了猎物"的男人的儿子。

22

最确凿无疑地体现父亲氏族重要性的是戏谑关系这种奇特的风俗，这种风俗据说是起源于"老人郊狼"（Old Man Coyote）。只有这样的人才能够成为"相互开玩笑的人"（"ī´watkusū`a"，单数为"ī´watkuce`"）：这些人的世系**倘若**是沿袭父系的话，他们原本会成为同一个氏族。换句话说，"ī´watkusū`a"是同氏族男性的儿子和女儿。

这种关系包括两方面，一种是滑稽的，一种是严肃的。一方面，"相互开玩笑的人"被允许在不受惩罚的情况下开实际的玩笑。例如，当一位男子认出一个棚子外面的马车属于他戏谑亲属的时候，他可能会一时兴起，倒换车的前后轮。换成平常，车主会表示愤慨；可是一旦他发现那人原来是戏谑亲属情况就不同了：当时他一定不能生气，而只能伺机报复。

"相互开玩笑的人"中的一方可能会嘲笑另外一个使自己出洋相的人。某个英俊的年轻男子娶了一位老姑娘。"火鼬"（Fire-weasel）的妻子——这男子的戏谑亲戚之一——随即指责他："你最好是娶一只青蛙、一只老鼠或者其他什么动物，而不是一位老姑娘。一位老姑娘有什么好的呢？"这位男子并没有回答，他只是坐在那里笑。当一位男人只守着一位妻子，总是穿着旧衣服，或者在奇袭后没有得到一件战利品两手空空而归时，是会受到嘲笑的。侮辱他的人可能会说："你是一个糟糕的人，无论你做什么，你都是一个糟糕的人。"即使没有什么正当的原因，"相互开玩笑的人"也可能会互相责备。一个男子会对一个女子说："你疯了，你这个淫妇。"而这个女人也会反唇相讥。面对女人，人们会说诸如此类的话："你真差劲，迷不住男人""你从来没有搭起过帐篷""你从来没有用珠子装饰过毯子""你三番五次地被劫走""你懒到了极点，你从来没有为你的丈夫做过珠饰品或者鹿皮鞋"。

最重要的是，当一个人做出某种极其讨厌的行为时，戏谑亲属便成为有特权的教导者和审查人。一个人所属的氏族可以庇护这个人免受社会的指责和诽谤；与其相反，戏谑亲属则故意通过对他不当行为的公开讥讽和挖苦来使他蒙羞。对于其他人来说，那样的嘲笑和指责是无礼的。至少在某种程度上，这种开玩笑的特权延伸到**同一联盟**的氏族的儿子身上。不过，这有可能会催生矛盾。比如，"牛舌"（Bull-tongue）属于"新建的帐篷"，他的父亲是一位"厚帐篷"的成员。因为这两个氏族在同一个联盟，通过这种扩展，所有"牛舌"的族人和他自己的女儿与"厚帐篷"成员的儿子、女儿都包括在戏谑关系之内，而这与对父方氏族的尊重相矛盾。当地人的观点似乎是，在这种情况下，只有开一些小的玩笑才得体。

一个离奇有趣的习俗是允许一位男子割掉一位"相互开玩笑的人"的一些头发。这与一位男子抛弃一位女子（见边码 57 页）时相仿，在割掉头发的同时还要送出一匹好马。实际上，一个失去了整条发辫的人会得到四匹马来作为补偿。据"独角"说，头发被交给一位首领，他将头发放在一只盾上或一件战袍上。一次，两个"相互开玩笑的人"，"烟"（Smoke）和"多毛"（Hairy），按照戏谑亲属的方式，正在为他们的棒击而争吵。突然"多毛"生气了，从"烟"的脑后割下了一条长辫子，为此把自己最好的马给了"烟"。一位"潺潺流水"人的儿子曾经遇到了一位女性"相互开玩

23

笑的人"，割掉了她的一绺头发，将头发系在一条长棍子上，举着它绕营地边奔跑还边唱歌。这位女人的两个儿子催促她报复。于是有一次趁这位"潺潺流水"人的儿子坐着的时候，这位女人偷偷地走到他背后，割掉了**他的**一些头发，然后又仿照他所做的那样表演了一番。她已经从那位男人那里得到许多礼物，现在她给了那个男人三匹马。在割发以后，卷入的人便不再相互开玩笑了。

头发被这样割掉是件不光彩的事，我听说人们宁可去死也不愿受到这种侮辱。女性"相互开玩笑的人"从来不割掉彼此的头发。一位在战役中救了部落同胞的人可以解除另一个人的割发之辱。如果他走到这位受辱者面前说道："在什么什么情况下，我救了一位乌鸦人，现在我也要救你一命。"那位打算割头发的人便会住手。

上文说的是一个人的父方氏族，再来说说他自己的氏族。母亲被称呼为"i'gya'"，说到母亲时则用"masa'ke'"，无论男女都是如此。正如已经谈到的，前一个称谓包括母亲的姐妹和父亲的姐妹，而作为指称时，一个不同的称谓将父亲的姐妹区别开来。这两个表示"母亲"的词包含着由婚姻缔结的某种联系：因为一位父亲的兄弟是"父亲"，所以这位"父亲"的妻子便自然而然地变成了"母亲"；而一位女人对丈夫的母亲的称呼和她对亲生母亲的称呼是一样的。

一位乌鸦母亲自然是对她的孩子倾注了她全部的母爱，为他们求情，在哀悼他们时悲伤之情表现得淋漓尽致。传说"斑点兔子"的母亲被列为最高超的哀悼者。当她的儿子被杀死时，有很长时间，她不让人安葬儿子。当这些印第安人迁移时，她就把儿子的尸体带在身边，将尸体放在离营地稍远些的地方，然后她会再一次在自己的胳膊上和头上划开很深的口子。"当她的号啕大哭声响遍了整个营地时，所有的人都掉下了眼泪。"

父母被称为"ak'e´"（或者"ak'se´"）。在提及他们的孩子时，他们不用特定的亲属称谓，而是用通称"孩子"，或者更常用"儿女"（dāk'，-rāk'），后者也用来指动物的幼崽。再加上表示男人或女人的词，这个词便有了性别的区分。因此，"barā´k'（e）"是"我的孩子"，"barā´k'-batse`"是"我儿子"，"barā´k'-bī`a"则是"我女儿"。

当父母的任何一方称呼这个孩子时，会用一个不同的词干，"我儿子"变成了"irō´oce"，而"我女儿"变成了"xū´utse"。顺理成章的，这些用于**称呼**和**提及**孩子的词不仅仅被生身父母所使用，而且那些与父母列为同一个等级的人也可以使用。所以，一个男人作为其兄弟的孩子们的"父亲"，分别叫这些"儿子"和"女儿"为"irō´oce"和"xū´utse"；相应地，一位女人用这些词来称呼其姐妹的儿女。更进一步，因为我父亲的姐妹的儿子是"我父亲"，所以这个人称呼我（他母亲的兄弟的孩子）为"儿子"或"女儿"。当这种将某人的同辈亲属上移或下挪一辈的奇特方式发生在年幼者身上时，给人的印象极为深刻。我听到一名四岁的男孩"日出"（Sunrise）把一位两岁的女孩"好臭鼬"（Good-skunk）唤作他的女儿。我问他道："darā´k'bīa cō？"（你女儿在哪儿？）他立即努了努嘴，朝"好臭鼬"那边努了努，就像印第安人常做的那样，而不是用食指指。实际上，"好臭鼬"是"日出"的母亲的兄弟的女儿，而"日出"则是"好臭鼬"的父亲的姐妹的儿子。

还有一些关于辈分的奇特例子。"我"母亲的兄弟和"我"母亲的母亲的兄弟一定要属于"我"的氏族，可能是由于这个缘故，他们被列为我的"哥哥"——乌鸦人将哥哥与弟弟、姐姐与妹妹明确地区分开来。而且不同的性别有各自表示这些亲属关系的方式：男人称呼其哥哥、母亲的兄弟或母亲的母亲的兄弟为"bīikya´"，而女人则称他们为"basā´are"。两个性别都用"matsū´ka"来称呼"弟弟"；因为母亲的兄弟被视为"哥哥"，这位"哥哥"自然将姐妹的儿子认作是"弟弟"。

姐妹也有长幼之分。男女都可以使用"basa'kā´ata"和"maku´-kāta"这两种形式中的一种指"我姐姐"。前者显然是"我母亲"的指小词，后者可能是希达察语"我母亲的母亲"（maku´）的爱称。姐姐称呼妹妹为"xū´utse"，正如父母称呼其女儿；哥哥则用"basa'tsī´ita"称呼妹妹，这个词也被母亲的兄弟用来称呼他的姐妹的女儿。当**谈到**自己的妹妹时，女孩用"basō´oka"。

所有这些称谓都可以依据性别对同一个氏族内的亲属使用。通常人们用"我的男人们"（bacbatse´）和"我的女人们"（bacbī´a）来指嫡亲或同氏族的兄弟姐妹。无论男女都以"baku´pe"（第一人称式，第三人称为"aku´pe"）划分出那些近亲。只是这意味着某种关系有多近并不确定。据某些人讲，母亲的姐妹的孩子或者父亲的兄弟的孩子可以被认为是近亲；但其他人则说"aku´pua"是指至少共有父或母的兄弟姐妹。而"平背"（Flat-back）更极端，他将这个词局限在亲兄弟或亲姐妹。无论是哪种情况，血缘兄弟关系**可以**用适宜的附加结构来表示，比如："isbī'a t'a'tse"指他"名副其实的"姐妹，"aku'ptā're"指他真正的姐妹。

近亲同胞互助的观点体现在氏族所有人中互助精神盛行，这种互助在近亲同胞之间达到了更高的境界。姐妹们互相帮助——有时嫁给同一个丈夫——为她们的兄弟制作鹿皮鞋或漂亮的衣服。得到赠送给新娘家马匹的人主要是新娘的兄弟。有一个故事动人地道出了两兄弟之间的骨肉亲情，这个故事讲述的是同仇敌忾的勇士们不愿意放弃一位伤残的勇士。这位伤残的勇士命令他的弟弟同其他人一道回家并安慰他们的父母。"这个男孩出发了，但却又回到他哥哥的身旁。他没有再往前走，而是哭了起来。'如果我在我哥哥还活着时离开了，这件事我会永远刻骨铭心。我不会走，我要留在他的身边。'于是他的战友们给了他……弹药……他返回去帮助那位伤残的哥哥。"

"哥哥"象征着保护。因此，传令官在战斗前鼓舞营地的士气时会请出一位勇士，他是因异常英勇而被选出来的，他将以"哥哥"的身份效忠人民（见边码232页）。我们也了解到，"拿着尾巴"（Holds-the-tail）总是送给他的弟弟"铁块大小"（Size-of-iron）各种各样的礼物，因为他爱他的弟弟。而当"铁块大小"被杀死时，"拿着尾巴"表演了乌鸦人太阳舞的最后一段来纪念他。一位"哥哥"极其在意年轻人的名声。在军事会的一次会议上，"小长耳大野兔"（Young-jackrabbit）拒绝了烟斗，那本是他承诺勇往直前、奋不顾身的见证；但是他的亲哥哥却抓住了他的头发，硬逼着"小长耳大野兔"触摸了那支烟斗杆。"他想要我死，""小长耳大野兔"

26

告诉我说，"这便是他为什么希望我吸那支烟斗。"这当然没有包含任何恶意，只不过是做哥哥的急不可待地盼望看到他的亲属成为一位伟大的人物。

同胞兄弟姐妹间的联系通常非常牢固。在一个传说中，这个营地的暴君"独眼"的亲妹妹毫不畏缩地严厉责骂了他，因为"独眼"污辱了她的丈夫（见边码 58 页）。这的确是一种极特殊的情况。通常一对兄妹在童年期过后，他们便不能再像过去那样自由交流了。从青春期开始，在某些重要的事情上他们可以互相交谈，但他们不应该闲聊或者单独待在一起。如果一名男子进入了其姐姐（妹妹）的丈夫的帐篷，并发现她正一个人单独待在那里，那么在传达完不得不说的重要消息后，他就会立即退出来。勒弗尔治记下了这条禁忌，他还补充说，即使是如今，姐妹和兄弟共乘同一辆马车时，她也不会坐在他的旁边，而是处之泰然地坐在后面的马车板上。这似乎是一条更为普遍的规矩，因为大约在二十年前，我曾驾驭过一位印第安人的马车，并与他的妻子和孩子搭伴。那个女人不愿意坐在我的旁边，而是坐在了勒弗尔治所描述的那个位置。

尽管有这种忌讳，但姐妹还是可以发挥她的影响力：她可以劝说男子不要娶她不喜欢的女人，并且有时还可能会让他与她非常看不上眼的妻子离异。

无论是在直接称呼还是在指称中，父亲的父母（或母亲的父母）都不会根据是父亲一方还是母亲一方而加以区别。男孩称呼他父亲的父亲（或母亲的父亲）为"axe′-isa`'ke"，女孩则称呼他为"masā′k-isa`'ka"；而当谈论到他时，男孩和女孩则分别使用

"miru´px-isa`´ke"和"masā´k-isa`´ke"。所有这些都只不过是"父亲"一词与"老男人"一词的合成词。对于父亲的母亲（或母亲的母亲），无论是在称呼还是在指称中，男女说话者都只用同一个词"masa'kā´are"。这词也非常容易分析，它由"我母亲"和"老妇人"两个词组成。前文提及的这些称谓还可以指与父亲的父母（或母亲的父母）同辈的亲属，比如父亲的父亲（或母亲的父亲）的兄弟和父亲的母亲（或母亲的母亲）的姐妹，或者母亲的父亲的姐妹。至于母亲的母亲的兄弟是根据其辈分被认作"miru´pxisa`´ke"（或"masā´k-isa`´ke"）还是根据其氏族被认作"哥哥"，似乎是可以随意选择的。

颇令人奇怪的是，父亲的父母（或母亲的父母）并没有特殊的称谓来称呼其隔代后人。不过，同孩子们的父母一样，他们用"irō´oce"称呼男孩，用"xū´utse"称呼女孩；而在**谈及**这些隔代的孩子们时，他们用"bacbāpi´te"，即"我的孙子（孙女）"。在一个流传最广的传说中，主人公名叫老妇人的孙子，不过，当他的养祖母跟他说话时，她总是称其为"儿子"。

当提到一个孩子时，他父亲的姐妹也可能用"bacbāpi´te"。这也不难理解，因为这个女人的儿子被那孩子称作"父亲"（见边码19页）。既然这个女人的儿子与父亲同辈，那么父亲的姐妹自然而然地会攀升到上一辈。

父亲的父母（或母亲的父母）有时会收养孩子，勒弗尔治甚至认为这是一种由来已久的既定风俗：一对年轻夫妇所生的第一个孩子刚一断奶，他们就要把孩子作为礼物送给孩子**父亲的**父母。

27

对于夫妇的称呼或指称在一定程度上依赖其婚姻的稳定性。在称呼时绝不会用特定的名词来称呼"我丈夫"（batsire′）或"我妻子"（bu′a）。如果这种结合是长期的，夫妻之间便直呼彼此的名字或称对方为"hē′ha"。在一个故事中，一位年轻人强奸了陷在泥里的一头母野牛然后离开了。这头母野牛后来生下了一名男婴，男婴长大以后，母子俩一起去寻找他的父亲。他们到达了营地，母野牛吩咐她儿子叫她以前的情人为父亲。这个男人问道："我怎么会是你的父亲？"这个男孩把他带到母亲那儿，她便责备起情人："你怎么不认你的孩子？印第安人的习惯是知道他们所有的孩子。""话虽如此，不过我还是单身，所以我不认识他。"她提起他们之间的调情，又补充了一句："你说过'hē′ha！'"他坐在那里沉思了一阵，记起了他和母野牛的私通，以及他是怎样称呼她为"hē′ha"的。然后他将这位母野牛带进了他的帐篷，他们随后便结了婚，永远生活在一起了。

当婚姻被认为尚不稳定的时候，在称呼或提到配偶时，他们会使用指示代词；但是他们好像不限于使用表示婚姻关系的词，比如，一位报道人的妻子在提到她丈夫时总是用"那个老头"。

这些情况显然表现出非常大的自由度，而且词意也会扩展。一名男子不仅称他的妻子而且称他妻子的姐妹为"hē′ha"，只要他妻子的姐妹还没有嫁人——因为她一旦嫁给另一个人后，人们就将用她的名字来称呼她，而当提起她时可能会用某某的妻子。一位女人可能会称呼她的丈夫或她姐妹的丈夫为"hira′"，而不是"hē′ha"，还有可能是"barū′aritse"；她也可能会用"男孩的父亲"来指她的丈夫。

有几个称呼显然是派生词。从"u´a"（意为"他的妻子"，"bu´a"意为"我的妻子"），我们得到了"bu´aka"（我兄弟的妻子或我母亲的兄弟的妻子）；当用于指称而不是称呼时，这个词中的最后一个字母"a"要换成"e"。在称呼时，可以使用丈夫或妻子的姐妹的名字。一位女人也可以对她姐妹的丈夫和她丈夫的兄弟都直呼其名，不过她也可以选择其他的方式：如果对方年长的话，她可能会把他认作是"哥哥"；如果对方年纪小的话，在**对他说话**时，有时会称其为"弟弟"甚至是"儿子"。当**提到**他时，"我的丈夫的兄弟"是"bactsite´"。一个男人用"我的年轻妻子"（bu´a-karicta）来指他妻子的妹妹，用"我的年长妻子"（bu´a-wā-ise´）来指他妻子的姐姐。

一位男子同他亲兄弟的妻子或同氏族人的妻子的关系非常亲密。同样地，他对他妻子的姐妹也极其放肆，比如可以撩起她的衣服让她暴露赤裸的身体，而她也可以以相应的方式取笑他。1916年，我在一位报道人的营地中待了很长时间，他一直都在抚弄和挑逗他妻子的妹妹，而她也以同样的方式来回敬他。就算他妻子或者我在场，再或者这个人前一次婚姻所生的已经长大成人的儿子在场，他们都丝毫不觉得窘迫。只有极其洁身自好的男人才会放弃对姻亲姐妹的这种特权（见边码 319 页）。不过，"灰牛"认为当他妻子的姐妹嫁给别的男人之后，停止那种举动是得体的。他仍然可以同她说说话，但是不再开玩笑，也不再同她调戏玩闹了。根据林德曼的说法，在那种情况下发展起来了一种真正的禁忌，甚至到了禁

29

止交谈的地步。

男人在他的姻亲兄弟面前异常慎重，他称呼对方时用"bā′aci"，提到对方时用"barā′ace"。这些称谓包括妻子母亲的兄弟，也包括妻子的兄弟和姐妹的丈夫，因为母亲的兄弟总是被认作"哥哥"。两位姐妹的丈夫应该极其友好，并互赠礼物。他们可以漫不经心地谈论私事以外的事，但是他们绝不允许互相发表带有猥亵意味的个人评论。显然，在姻亲兄弟的面前讲猥亵的神话并不会遭到反对，但是据勒弗尔治说，这也会被认为是大失体统。这种联系和忌讳所持续的时间有时甚至会比它们赖以为基础的婚姻还要长。另一方面，在被某个会（society）接纳以后，一位姻亲兄弟可能会转化为"儿子"。妻子的亲兄弟和她以哥哥（弟弟）相称的远亲之间是有区别的。最受尊重的是和她关系最近的"哥哥（弟弟）"，而同其他"哥哥（弟弟）"则可以开一些玩笑，特别是有关军事方面的问题。比如，"白人追他"娶了"老狗"族人中的一位姐妹，这两个男人会诙谐地跟对方说："你从来没有参加过作战队伍。"同样，"灰牛"也习以为常地与"责骂熊"（Scolds-the-bear）开玩笑，"责骂熊"处于劣势，不敢还嘴，因为"灰牛"作为一名勇士有着更高的威望。

即使是属于像姻亲兄弟这样远的亲属关系，私下里的性暗示也是被严格禁止的。我曾经冒充是"胳膊绕在脖子上"的姻亲兄弟，但是当我用正确的称呼叫他的时候却发错了音，结果被误当成暗指"胳膊绕在脖子上"的生殖器。假装扮演我姻亲兄弟的他，立刻轻轻地给了我一掌。连外来者也尊重这个忌讳。如果一位男人看见那位正挨他欺负的人的姻亲兄弟过来了，他就会立刻停止说下流话。如果这位说话人浑然不觉，旁观者便会警告他，否则那位姻亲本人会纠正这位开玩笑的人；这人会马上止住，感觉好像受到了严重的指责。如果一个男人想要当着他妻子同氏族人的面开别人的玩笑的话，这个男人的"姻亲兄弟"可能会被要求离开；否则他妻子的同氏族人就会打这个开玩笑的人，因为他当着他们的面说出那样的话。如果做不到的话，这个被笑话的人就会对这些姻亲兄弟说："揍他，要不我就揍**你们**。"

在姻亲姐妹之间没有对应的风俗。她们彼此之间不开玩笑，可能会以名字称呼彼此，或者年长的叫年纪小的为"女儿"，而年纪小的则叫这位年长的为"姐姐"（makúkata）。如果她们年纪相仿的话，她们则可能对彼此用"híra"这个称谓，这个词也可能被用于任何女伴。在指称时，"我丈夫的姐妹"是"bakúa"；"我兄弟的妻子"是"basbíakaricta"，即我年轻的姐妹（实际上这个词指的是女人）。一位女人可能会给她兄弟的妻子送礼物。她憎恶她的姻亲姐妹的不忠贞，可能会在与这位姻亲姐妹大吵一场以后说服她兄弟与妻子离异（见边码 26 页）。

在一个男人的同代人中，有一些关系他是绝对要回避的——他妻子的兄弟的妻子。比如，"熊鹤"（Bear-crane）有一个叫作"老鹤"（Old-crane）的儿子和一个女儿，这个女儿嫁给了"鸟"（Bird）。"鸟"和"老鹤"的妻子从来没有任何来往。他们彼此是"ucé"（复数是"usúa"）——一个适用于所有禁忌关系的通用词。勒弗尔治讲了一件典型的奇事。有一次他外出调情，无意中把一个女人的毯子拽到了一边，他轻轻地拍了拍她的肩膀，这才发现她原来是他妻子的兄弟的妻子。勒弗尔治的继母让他送去一件漂亮的上衣作为礼物，赔偿给这位被冒犯的女人的丈夫。

女人同她丈夫的父母的社会交往没有限制。她对待和称呼他们的方式就如同他们是她的亲生父母一样。在提及他们时，她或者用指父母的词，或者用"我的老男人""我的老妇人"之类的表述。

另一方面，有明确的禁忌禁止同妻子的母亲及她母亲的母亲交谈或发生任何亲密接触；反过来，一位女人从来不和她女儿的丈夫及她女儿的女儿的丈夫说话，也不正视他们。如果同时有几个没有亲缘关系的妻子的话，这种禁忌就会扩展至她们每个人的母亲和母亲的母亲。同时，这种禁忌不仅仅涉及女儿的丈夫还包括他的兄弟，尽管显然不包括他更远些的亲戚。而且，一个男人不准说出他妻子母亲的名字中的字。据勒弗尔治说，这位女人也从来不说出她女儿丈夫的名字中的字。从理论上讲，一个男人的"usu′a"也包括他的妻子的父亲，但是这方面的禁忌显然不是那么严格。

1907 年，我见证了有关这方面行为举止的一个很好的例子。我当时在大卫·斯图尔特（David Stewart）的帐篷中，他是我的翻译，我们想要向他妻子的母亲套出关于她年轻时玩的游戏的一些事。尽管她近在咫尺，但是斯图尔特并没有直接问她，而是把每个问题告诉他妻子，再由他的妻子先将这些问题重复给她的母亲，然后又将答案重复给他。1910 年，詹姆斯·卡彭特还是不跟他妻子的母亲或她母亲的母亲讲话，也不说乌鸦人的语言中"标明、写"这个字眼，因为他母亲的名字意思是"明显地标明"（Marksplainly）。直到 1931

年，他依然恪守这个禁忌。即使是以白人血统为主的男人也要恪守这个规矩，大概是为了尊重老妇人的感受（见边码 x 页）；而曾经存在于男人同他妻子的父亲间的任何禁忌，现在都已经不再起作用了。就连卡彭特这个对于所有传统的部落风俗都十分虔诚的人，在 1914 年时也已经开始同他妻子的父亲"平头女人"交谈了。说出他的名字也是被允许的行为，尽管当他在场时这样做不礼貌。然而直到现在，卡彭特女儿的丈夫只是在必要情况下才同他讲话。

这里所描述的禁忌并不被认为是出于敌意，而是源自高度尊重。不过一件有分量的礼物有时会解除这个禁忌。如果一个男人送给他妻子的父亲或母亲两三匹马，他们就不必服从这个禁忌了；而据一位报道人说，捐献一百美元可能就够了。此外，在男人的妻子死了以后，这个禁忌就不复存在了，此时她的母亲可以免除对这个男人的所有限制，称他为"儿子"；由此在他同她的关系上，他被认为要尽孝，即使他再婚也责无旁贷。女儿的丈夫也有可能先这样做。

这个过程中情况不一。有时虽然提供了礼物，但是人们仍然要遵守禁忌。比如，"灰牛"曾经送给他妻子的父亲一匹马，又给了他妻子的母亲一匹，但是从此以后只是同他妻子的父亲说话。同样是这位报道人，他送给了女儿的丈夫"黄眉毛"一匹或两匹马，说了一句接收仪式的惯用语："我也让你做我的孩子。"自此以后，他与"黄眉毛"交谈并和他一起抽烟，俨然就像对待他的亲生儿子，然而"灰牛"的妻子并不受这种安排的影响。

当丧妻或离异时，姻亲关系中的所有禁忌有可能会受到影响。"小鹤"（Young-crane）的女儿嫁给了"灰牛"的儿子"蚱蜢"
（Grasshopper）。当年轻的女儿去世以后，"小鹤"告诉了"灰牛"
自己的打算，以便对方安排好他的儿子。她送给了"蚱蜢"一匹小
马驹，同他交谈，自此以后就像对待亲生儿子一样待他，和他住
在一起并照看他的女儿。奇怪的是，尽管"蚱蜢"能够自然地同
"小鹤"交谈，但是同样受到姻亲禁忌限制的他的兄弟"白臀部"
（White-hip）和"口子"（Cuts）却不能那么做。尽管他们不再回避
她，但是除非必要他们不会同她讲话。"灰牛"告诉我，自从他的
最后一位妻子去世，他就不再回避他妻子**所有的**"兄弟们"了："我
妻子是我不同他们交谈的原因，所以既然她已经不在了，我就可以
和他们讲话。"不过，他的行为有些矛盾，因为他承认他仍然需
要回避他妻子的亲兄弟们的妻子，或者是同一类别的近亲。那么，
这里同样是关系的亲疏决定言谈举止。"灰牛"结过五次婚，在每
次离异之后，他便无须再回避他前妻的母亲了。

虽然任何对妻子的母亲有失体统的举止都会引起强烈的反感，
但是平原印第安人发挥了丰富的想象力，采用了与回避相反的做
法。在一个阿西尼玻音人和波尼人（Pawnee）共同讲述的乌鸦人的
故事中，一位猎手小便时问他的阴茎有没有看见野牛。阴茎态度肯
定地、没完没了地重复着答案，并威胁要一直这样重复下去直到他
妻子的母亲来摸阴茎为止。她同意来为她女儿的丈夫救急。更典型
的是阿拉帕霍人（Arapaho）讲述的一个乌鸦人的故事，在这个故
事中，"老人郊狼"狡猾地引诱他妻子的母亲陪他一道出征，并在
一位同谋的帮助下胁迫这位母亲投入了耍花招的人的怀抱。

第三章

从摇篮到坟墓

出生与幼年期

如果有女人分娩，印第安人把两根棍子插入她枕头前面的地上，在她的身体下面垫起软软的被子。她跪下去，将两腿宽宽地叉开，胳膊肘放在枕头上，抓住这两根棍子。据"灰牛"讲，过去所有的接生者曾经都是女人；但是在最近，一些男人被列为技术最高超的医生。妻子分娩时，丈夫不在场。实际上，通常任何男性都不允许待在帐篷中，甚至连男孩也包括在内，以防他们的出现会推迟分娩。除此之外，没有其他丈夫要遵守的禁忌。

"灰牛"的妻子从一位得到幻象的人那里学会了如何处理分娩，她付给这个人一匹马作为报酬并把这种知识当作秘密。她将一条根茎和一只角蜥放在一起，用它按摩待产的人的脊背。另一位见证人说，为了加快分娩，照料的人给产妇一种饮料，它是用某种烟草的汁做成的，能够使产妇的腹部以上保持紧绷。"麝鼠"（Muskrat）说她知道有两种根能减轻分娩的痛苦，这两种根是当她哀悼丈夫和一位兄弟时，分别出现在她的幻象中的。第一种情形是当她睡觉时，一位超自然的神灵朝她走过来说道："嚼那种烟草（batse′kice,

字面意思是'模仿男人'），你在生产时就不会受罪了。"她将烟草的叶子煮了，并喝下了浸液。但是除了治疗以外，她不得拔取这种植物。第二次她被赐给了一种叫作"bice´-waru´ci-se"（字面意思是"野牛不吃它"）的植物。她被告知，这种植物比前一种要有效得多。无论何时，任何一个人用它触到"麝鼠"的脸或身体时，她都会进入一种神志恍惚的状态，通过咀嚼那种烟草，她才能苏醒过来（见边码 265 页）。

一位在场的女人——而不是医生——割断脐带，只留下三指长。女孩的脐带脱落后，人们用一块布卷起来并放进一个有珠饰的袋子里，然后系在她的摇篮板[1]上。当她长到能够穿麋鹿牙礼装的年龄后，这个袋子就被系在麋鹿牙礼装的背上。

接生者可以得到丰厚的报酬。在我的一次调查中，"灰牛"夫妇如果同意为一名产妇接生的话，他们就可以得到一头母野牛。一次，"灰牛"的妻子成功地救治了一位妇女，先前喊来的两位医生都没有能使这位妇女把孩子生下来。这位病人的亲属送给"灰牛"的妻子一匹马、一条毯子、四条被子、一些崭新的印花布，还有一些钱。当"灰牛"的妻子分娩时，"灰牛"送给了接生者三匹马。

在分娩后，母亲会得到一份带肥肉的干肉饼，她只吃一次。有几天她不能吃做熟的肉也不被允许弯腰。

对于双胞胎并没有什么特别的信仰，"灰牛"从来没有听说有乌鸦人生三胞胎的。

---

1 摇篮板（cradleboard）：一种保护婴儿安全的木板或支架，大部分摇篮板外面包着毯子，见图 1。一些美洲原住民把它当作袖珍摇篮将婴儿背在背上。——译注

在分娩的两天后，母亲用一只烧热的锥子刺穿婴儿的耳朵，再把一根涂了油脂的棍子插入孔中；等伤口痊愈后，就穿入耳环。他们没有扎耳洞的仪式。乌鸦人的摇篮是一张一头宽一头窄的木板，上面覆盖着一层皮子，那只袋子由三对带有绳子的布片系在一起，布片上带有珠饰。这一特点将它与平原印第安人的摇篮板区别开来；它也不同于黑脚人、内兹佩尔塞人（NezPercé）、肖松尼人以及乌特人（Ute）中与它最近似的摇篮板，乌鸦人的摇篮板一端明显更尖些（图1）。

为了摇婴儿睡觉，女人们常常哼唱摇篮曲。摇篮曲源自梦中的神示，或者是一位前辈在偶然遇到某个母兽让幼兽入睡的场面或类似的情况时无意中听到的。"漂亮的盾"（Pretty-shield）最近告诉林德曼先生这样一首歌，那是她自己听到一只羚羊在失去了它的幼崽时唱的。在我所录的摇篮曲中，一首源自一头熊，另一首源自一条狗，第三首源自一只狼，第三首是最流行的。这首摇篮曲是一位母亲在哀悼她的孩子时得到的神示，那时正值动物们产崽的季节。在一个狼窝的上面，她看见了一只狼崽，已经长到了能出窝的大小，她听到狼崽们在唱一首歌。她返回了营地。过了一会，她生下了一个男婴和一个女婴，她常常给他们唱起这首歌，于是这对孩子记住了这首歌，并且在玩的时候唱起它，后来所有的孩子们都知道了这首歌。下面是它的歌词：

图 1

乌鸦人的摇篮板模型，它表现出尖形的顶端和带有珠饰的布片这些典型特征

awē´raxkēta　　bāwasā´acīwa,

在山坡上　　　我奔跑,

bacū´ca　　　daxē´tsixēre

我的膝盖　　　擦破了皮。

tsēt' ā´cu tsi´cikyāta[1], tsēt' ā´cu tsi´cikyāta,

狼　面具　的佩戴者,　狼　面具　的佩戴者,

awaku´saat　　　ē´rusak'

在远远的那一边　不能放松。

Īs　　　ara´papēi; awak'ō´wate　barappē´kyāta

他的脸　在发痒; 一年四季,　　他杀个不停,

ciwi-cī´kyatāwe.

他身上有厚厚的脂肪, 颜色变黄。

mi´cgy　iaxba´sūrake ōpī´rake, ha´ha, hu´hu, ha´ha, hu´hu.

那些狗　吃饱时　抽着烟, ha´ha, hu´hu, ha´ha, hu´hu。

　　歌词意译: 我正在山坡上奔跑, 擦破了膝盖。带着狼面具的人(或者那只红头狼)在远远的那边不能放松。他的脸在发痒, 他一年四季中杀个不停, 身上有厚厚的脂肪, 颜色变黄。那些狗吃饱的时候, 抽着烟。[2]

---

1 又作"hi´cikyāta", 这个词的意思可转化为"红头狼"。——原书注

2 这首摇篮曲隐晦地解释为狼羡慕狗, 那些狗吃饱后抽着烟。——原书注

童年时代

乌鸦人没有以责打来惩罚孩子的习惯。当孩子长时间哭个不停时，父母将其背朝下平放在地上，把水浇在他的鼻子上。如果以后遇到孩子哭闹起来的情况，他们便简洁地说："拿水来！"这常常就足以让孩子止住哭声。

通常孩子们过着自由而轻松的生活。"灰牛"最初的记忆中有打鸟和追蝴蝶的活动。冬天男孩子们常常徒步去打兔子，可能是和女孩子们结伴，他们要一直打个够。等靠近营地时，他们烧烤或者烹煮他们的猎物。打中了兔子的人会获得最好的部分，其他的人把兔子冲这位神射手的背扔过去。如果一个男孩子让兔子从灌木丛中逃脱了的话，他的同伴就会将他的上衣射穿一个洞，以此来告诫他今后要多加小心。男孩子们有时会分成几派，来比试谁射中的鸟多。无论哪方杀死了第一只鸟都会大叫一声宣布出来。失败方则不得不用他们的牙齿咬碎这只活鸟的头颅，咀嚼它的脚、腿和翅膀。竞赛的双方也收集鸟蛋，互相把鸟蛋掷向对方。

射箭是典型的男孩子们的游戏。在神话老妇人的孙子中，当那位老妇人想要搞清楚一名年幼的闯入者的性别时，她将两套"诱饵"放进她的园子中：一套是一副弓箭，另一套是一根简易曲棍球的球棒和一只球。因为弓箭不见了，她明白了那人一定是一个男孩。在初春，年轻人会说："让我们去射草靶子吧。"他们随后开始收集"pū´pua"草，做成一个草靶子，大约30厘米长，一端较厚，用筋腱将它们绑在一起；如果离营地远的话，就用柳树皮来绑。这

个靶子被放置在山坡上，大约 12 米开外。游戏者分成几方，并为
他们将要射出的箭下赌注。每一方都射出四支或五支箭，箭离靶子
最近的一方会取走所有对手们的箭。随后，他们将那捆草扔向空
中，努力射中它。据西姆斯（Simms）说，在远距离已经射中草靶
子的射手会用左手的食指和无名指拿住它，交叉放在箭上，摆好了
准备射箭的姿势，但是箭却指着下方。他抬起弓和箭，草靶子依然
在上面。他放开弓弦，射出了箭。如果他在空中射中草靶子，他便
赢得一支箭。据一位报道人说，那些将草靶子射飞的射手比让它滑
翔的射手稍逊一筹。一些游戏的参加者把箭射入包在草靶子外面的
东西上，但人们认为他们耍赖，禁止他们再参加游戏。

　　射箭还有几个不同的玩法，比如"射野牛粪（chip）"。一名男
孩子团一块野牛粪球，捅破中心，他的同伴们向它射箭。他们对箭
下赌注，谁射穿了中心或者离中心最近，谁就是获胜者。通常每方
有三四名参加比赛的人。在另一种射箭比赛中，一根生皮条上系着
一个野牛肺，一个男孩子在头顶上挥动它，其他参加比赛的人向它
射箭，装作他们正在追赶疯狂的野牛。

　　成年人也玩类似的游戏。有时有十名参加游戏的人，每方各五
人，加入"射箭"。也就是说，他们中的一个人先射出一支箭，其
他人射这支射出的箭。为了得分，人们必须射中它或者射得最接近
它。这个游戏用计数棒（baraki´ce）来记分，得到所有计数棒的人
获胜。一位报道人说，在这个游戏的最后，所有的箭都堆在一起，
射中了这一捆箭的神射手会将它们全部拿走。傍晚，两支箭可能会
摆成一个十字形，其他的箭靠在它们上。任何一支射向这个目标但

没碰到它的箭都会被添加进这一捆箭中。有时会有多达一百人参加，击中了这个目标的人会赢得所有的箭。一两个看守目标的人，包括男孩子们，会得到一些缺了箭头、缺了羽毛或者有其他损伤的箭作为报酬。

再回到青少年的娱乐活动上。男孩子们可能去小溪边，向空中扔石子。石子落下溅起水花，这时他们背诵"icbirikyū´bābirikyū´p"，尽量使最后一个音节正好在水花溅起来的同时发出。另一种消遣是将一个柳树皮圈扔到小溪中间，对峙的双方在两岸面对面地站着。每一方领头的人都会努力用一根带钩的棍子来够那个柳树皮圈，借此将他的对手拖下水中，参加游戏的人的衣服会弄得湿淋淋的。还有游泳时，男孩子们会把石子或枝条远远地抛向溪流，然后吩咐他们中的一个去把它们拿回来。如果这个人没有办到，其他人就会把这个人扔到水里，并说道："我要让他去找河狸。"

在春天，男孩子们会用枝条的末梢沾上泥巴，彼此互相甩打。在晚上，这个游戏变成把燃烧的煤块沾上泥巴，孩子们被击中的地方会出现一个肿块。

归来的猎手有时会给他的孩子们带回一只小野牛犊，孩子们或者假装猎捕它，或者在它的脖子上拴一条绳子把它当宠物养起来，更小的孩子两个人一组骑着它。在一次打猎后，男孩子们自己骑着马四处寻找失去了母亲的牛犊，用箭射死它们，把肉带回家，把牛皮送给他们的女玩伴，用来苫她们的玩具帐篷。

有一些娱乐活动是男孩子们和女孩子们都经常参加的，特别是他们从大约十岁起，开始模仿长辈们的生活。比如，当营地迁移时，孩子们在一起单独行进。家境富裕、有自己的小帐篷的女孩子们，模仿她们的母亲运输这些帐篷。男孩子们走近时，他们的传令官宣布说："男孩子们，让你们想要娶的女孩子骑马。"然后，他们会和他们心上的女孩子两人同骑一匹马。当大人们安扎下营地时，这支煞有介事的孩子旅行队也在远些的地方学着大人们的样儿安扎下来。他们还假装过起婚后的生活。男孩子们去他们的父母那儿给他们的"妻子"拿来食物。在拴好他们的马后，他们一起吃晚饭。天黑以后，他们各自回到营地中他们真正的家。这个叫作"小牛皮帐篷"（nā´xapāsu`a）的游戏被认为是"锤子"（Hammer）尤其常玩的（见边码 202 页）。"锤子"是一个模仿男性组织的男孩子们的团体。他们尽可能地模仿长辈，以至"小牛皮帐篷"的成员们分成对立的两派互相劫走对方的"妻子"。如果任何一个人将他被劫走的"妻子"带回来，对方就会夺走他所有同伴的毯子并把这些毯子绑在棍子上（见边码 189 页）。男孩子们也会表演作战队伍凯旋。如果他们中有谁杀死了一只郊狼或狼，他们就会带回猎物的一束毛，女孩子会拿着这张"头皮"跳舞。她们也拿着兔子的头或其他部分进行同样的表演，表演时把它们绑在长长的杆子上（真正的头皮舞则见边码 225 页）。

女孩子们可以拿着小小的盾玩耍——就像她们的母亲是保管真正盾牌的人。女孩子会做一个男娃娃玩偶，把它拿给一个过来玩的男孩子看并告诉他说："这就是你。"然后，这个男孩子会带给她一些食物。或者，她也许会拿着这只玩偶到她朋友的帐篷，把这只玩偶扔进里面说道:"嘿,这是你儿子。"这个男孩子的母亲随后会送给这个小女孩珠子或者其他礼物。几个女孩子可能会一道拜访一个男孩子,她们宣布说:"我们要去你那里。"然后男孩的家人会邀请她们进来,并拿给她们一些吃的东西。于是,这些拜访者和小男孩一起躺下,俨然她们就是他的"妻子"。当营地里食物充足的时候,那样一群女孩子可能会进入一个男孩子的帐篷,一个接着一个,跳着舞,唱着歌,每个人都从男孩子的母亲那里得到了一些干肉饼。有时一群男孩子一起拜访他们自己成员之一的家庭,在帐篷门口唱着庆祝胜利的歌曲。他们也会从住在帐篷里面的人那儿得到干肉饼。

当然,男孩子和女孩子并不总是能够和睦相处。"小鹤"回忆说,当女孩子们移动她们的模拟帐篷时,骑在马背上的男孩子会猛扑向她们,掀翻她们的帐篷,并携带帐篷逃跑。女孩子们紧紧追赶,或许能夺回她们的帐篷,晚上睡在里面。还有,女孩子们把狗聚拢到一起,带着这些狗溜圈,当男孩子们靠近时,狗会叫起来把他们吓走。在一个游戏中,男孩子们和女孩子们相互竞争。这个游戏是用大一张干兽皮来玩,兽皮的边缘打着孔,有一条绳子穿过这些孔。每队的一位代表站在这块兽皮上,在上面转着圈地跑,同时两人都朝相反的方向拉。如果任何一个人转晕并踏在兽皮外边的话,那么这一方就输了。另一种形式是晚上进行的,参加游戏的人连续四次将这两人向下悠,然后将他们抛向空中,还能够站起来的人就赢了。趁两人在空中时,女孩子有时会将男孩子推出去。

简易曲棍球是女性玩的游戏,但更确切地说它是成年女人的游戏，我会在另一个专题下描述它（见边码 101 页）。不过，女孩子们还有其他运动量大的、剧烈的娱乐活动，其中包括"踢球"。参加游戏的人把球踢到距离地面大约 60 厘米高的地方，然后再一次踢起来，只要她接住球的话就这样一直继续踢下去。可以在结果上压注。西姆斯先生为芝加哥的菲尔德博物馆[1]收集的球的样品中，有一个是用羚羊毛填充的膀胱，外面缠绕着筋腱；球的直径从 17.2 厘米到 21.6 厘米不等。在另一个"互相踢脚底板"游戏中，除了一个女孩子外，所有的女孩子都坐着，腿伸直。这个站着的游戏者闭着双眼，踢其他人的脚。然后她把被踢中的那个坐着的人背在背上，带到远处。这样，她一个接一个地背走这些人。等踢完之后，她可以睁开眼睛。

再回到男孩子们，这里有几项冬季运动。拿"awōˊxarua"来说，把八条或十条野牛肋骨——通常是母野牛的——扎紧在一起，再盖上一块生皮，这就成了一个平底雪橇，男孩子坐在上面靠惯性滑下山坡。这种娱乐不仅限于孩子，一位小伙子会让一个女人和他一起坐在平底雪橇上，用腿揽住她，并在他们滑下山坡时说道："我正带着她私奔。"如果这位女人是一个众所周知的荡妇，他就会将腿放在她的肩膀上。如果她不喜欢她同伴的话，她就会抓住他的头发使劲地将他扔出去。有时，孩子们会给这样滑下山坡的一对男女捣乱。

40

1　指芝加哥的菲尔德自然史博物馆（Field Museum of Natural History）：最早建立于 1893 年，至今该馆已收藏有超过 2000 万种标本及其他物品。它每年组织大量的展览、研究和教育项目。——译注

当雪有若干厘米深的时候，男孩子们喜欢在雪地上转陀螺（binna′ce），女孩子们也喜欢参加这个游戏。陀螺的顶部通常是圆柱体，到底部则变成圆锥。一条鹿皮鞭子系在一根棍子上，参加游戏的人用它扫开一片雪地，再用这根鞭子使陀螺旋转起来。男孩子们努力使陀螺一直转个不停，人人都想胜过对方，想让自己的陀螺旋转得最久。如果一只陀螺撞翻了另一只，它的主人就赢了，获胜者大喊"你被击倒了！"。一些人耍赖，他们用顶部是石头的陀螺来代替顶部是木头的。这些玩具本身也用作赌注。富裕的父母为他们的儿子们做出最好的陀螺，但这些蛇螺必须得看管好，以免它们被游戏伙伴们偷走。有时孩子们先抽动陀螺，让它转起来，然后再你追我赶地奔向远处的一个目标。总的来说赛跑很流行，尽管在稍后赛马变得更加流行了。

根据一些研究印第安人部落的作者描述，有一种游戏被称为雪蛇（snow-snake），这种游戏有几种不同的玩法。其中一种是剥下一根嫩柳枝，扭转树枝上的树皮，把它拿到火上烤，这样树枝上便交替出现一段被熏黑的地方和一段白色的地方，白的地方涂饰红色，这是财产标志的颜色。每名参加游戏的人有十或十五根这种棍子；玩家把标枪猛掷出去，好让标枪接触地面然后再飞起来。谁的标枪投得最远谁就赢了，胜者拿走对手的棍子。大卫·斯图尔特曾经赢了一百五十根。在这种情况下，走运的玩家如果自己捡走他赢得的所有棍子的话，他就会被认为是太小气。得体的做法是让那些穷苦的男孩子们为他捡棍子，并且把除了最长的棍子外其余的都交给这些男孩子们作为报酬。

这个叫"雪蛇"的消遣被认为是"扔角"（āc-xaru′ci-re′′kyua）的一种变形，在后者中使用的标枪是樱桃木的，比男人的手臂还要稍微长一些，末端是用角做的。这段角来自一头四岁的野牛或者麋鹿角中间的分叉，它们都经过煮制、刮削、上油，这样加工方便滑行。这个游戏在晒干的、坚硬的地面上进行，游戏场地要生长着针茅，还需要有微小的坡度。游戏者在空中挥动标枪，有角的一端冲前，把它投出去，让它飞得尽可能远，并且在撞到地面后还能再滑行一段。箭或者标枪本身是赌注。把最好的带角的标枪当作赌注的男孩，有时不愿意放弃标枪，试图带着标枪逃跑。在一个"老人郊狼"的故事中，那个耍花招的人交出他的标枪作为报酬，以此换取用魔法变出食物的力量。

41

无疑，孩子们在其他各种各样的游戏中直接模仿成人，但是"鹊"（i′pia-reksu`a，即"模拟喜鹊"）是独具特色的男孩子们的娱乐活动。当营地中有足够多的肉时，他们会集合起来，到有黑泥的地方去。他们用黑泥涂抹手、腿、身体和脸，直到他们无法被辨认出来。他们将头发卷起来，染成黑色，看起来就像是熊的耳朵。他们会挑选出跑得最快的人，对着他歌唱，然后在他的全身上下都涂上泥浆，并把他的腰布卷起来，这样就不会碍事。然后所有人都排好队，向营地冲去，肉正挂在营地里。人们知道将会发生什么，如果可能的话，他们会把自己的肉藏起来；但是男孩子们会抢夺一切他们能得到的东西，然后逃跑，老妇人们在他们的后面紧追不舍。接下来，这群人中的一位要返回去抢野牛粪。他们坐在河岸旁的树荫下，生起一堆火。他们把战利品放在火上烤，烤熟的食物堆放在树叶上，两名男孩子就地把它们切开。有人会问："谁得到肉？"如果是一些珍馐美味，比如舌头，抢到它的人就得到先品尝的机会。其他人会说："他是最棒的。"而他自己则会发誓："下一次，即使我挨上一顿痛打，我也要竭尽全力再得到一块好肉。""灰牛"讲，他们模仿军事会：四个偷到最上乘肉的人被挑选出来，每个人都举起自己的战利品，于是这些珍馐美味被放在场地中央新砍下的大树枝上，抢到这些肉的人围成一小圈享用它们。

等大家都吃完，传令官让一个人第一个站起来，其他人要把他们油乎乎的手往那人身上蹭。每个人都保存宴会上的一些油脂，或者是为了这个目的而特意熬的一些油脂。大家先都静静地坐一会，直到有一位（很可能是一个小男孩）走了神，站起身来。然后，大家伙全都一跃而起，一个大些的男孩子把油脂搓在自己的手上，再把手在这位犯规者的身上擦，其他人也照他的样做。当这个被大家捉弄的人跳进溪流以后，河水会冲掉油脂。然后他们可能会去追蝴蝶来打发时间。如果一个男孩子捉住了一只的话，他会将蝴蝶在他的胸上摩擦，因为那样做会使他成为一名飞毛腿。同时，营地中的女人会准备肉片，用来向那些返回的"窃贼们"投掷，而他们同样会用这些肉片向女人们还击。

另一种恶作剧是在夜里偷走帐篷外的两根柱子。帐篷里面的人会出来追赶，而窃贼得拼命地逃跑，因为如果被追上的话，他们就会失去毯子。这样做纯粹是恶作剧。

两个男孩子常常会建立起特别亲密的友谊，每个人都变成对方的"ī´rapa`tse"（伙伴）。这种亲密无间的关系一直会持续到成年时

42

期，而且可能会优先于对他人的忠诚（见边码 10 页）。志同道合的伙伴之间交换珍贵的礼物，一起参战，共享彼此的爱人——这种关系继而变成了特殊的"小父亲"关系（见边码 19 页）。实际上，这种联系甚至可能影响到下一代。一位伙伴的孩子们称"灰牛"为"父亲"，送给他的妻子礼物。在现代用法中，"ī´rapa`tse"一词的用法并不严格，相当于西方俚语中的"伙伴"。娶了姐妹的男人们虽然用它来称呼对方，但他们并不认为彼此是亲戚。

与之相应的，女人间的友谊不那么重要，但是一个女人的亲密女友可以用"hī´ra"这个称谓来称呼她。

名　字

个人的名字不会明显地区分氏族或性别。在一个孩子出生四天左右，父亲可能会给孩子起名字，但更普遍的做法是邀请一位有声望的人来起——通常是请一位著名的勇士。这个名字会反映这位起名字的人的一些经历。因此，无论女人男人，名字都带有一些对战功的回忆。例如，一个女人叫作"放跑拴在桩子上的骡子"（Cuts-the-picketed-mule），另一个人名字叫"抓住法物烟斗"（Captures-the-medicine-pipe），还有一个人叫"漂亮的敌人"（Pretty-enemy）。幻象的经历也同样会决定起名者的选择。因此，"法物乌鸦"把詹姆斯·卡彭特的一个女儿叫作"穿着她的礼装走路"（Walks-with-her-dress），因为他曾经看到一位有那样一个名字的超自然的神灵。女孩子有时由老妇人起名字，但这种方式绝非最主流的风俗。

下面说明人们遵循的步骤。一次，一个男人请"牛首领"（Bull-chief）给一个刚出生的女婴起名字，以此纪念那位勇士最艰苦的一次战斗。"牛首领"点燃一些野胡萝卜¹的根（见边码63页）当作熏香，他把这个女婴高高地举起来，象征祝愿她长大成人，最后给她起的名字是"抓住法物烟斗"。习惯上是把婴儿举起来四次，每一次都要比前一次略高些。香被举到靠近脸的地方，而脸被涂成红色。"牛首领"曾经猛冲进敌军，并夺走从他们的防御工事里伸出来的一支法物烟斗。这个纪念他功绩的名字被给予这个小女孩。还有一次，"牛首领"给一位男孩起了一个在梦中被暗示的名字。此外，他给自己的"bacbāpi´te"（孙子）所起的"他的棒击铤而走险"（His-coups-are-dangerous）这个名字，是为了表现在没有其他乌鸦人在他后面发动第二次棒击的危险情况下，他击中的一次棒击。

父母要么当场就付给起名字的人报酬，要么会说："要是这个男孩子真能走路了，他就会送给你一匹马。"如果这个男孩子显得体弱多病的话，这位起名字的人就会给他起一个新名字；如果后来这个婴儿的情况并没有好转的话，就会请另外一个人给这个婴儿再重新起一个名字。

女人们很少改变她们的名字，除非是某位同名的人去世了。

1　野胡萝卜（wild carrot）：拉丁名 *Daucus carota*，原产于欧洲和亚洲西南部气候温和的地区，现散布于美国各地。野胡萝卜为草本植物，茎直立，少分枝；叶片长圆形，顶端尖锐；有疏松的复伞形花序，花小，为白色、黄色或淡紫红色。——译注

"放跑拴在桩子上的骡子"先前和"法物乌鸦"的母亲同名，当"法物乌鸦"的母亲去世后，"放跑拴在桩子上的骡子"的儿子根据他的一个功绩——砍断绳索放跑了两只拴在桩子上的骡子——授予她名字。一位曾在舞蹈时"扔了"她丈夫的女人（见边码 57 页）买来了"Ara´xinetc"这个名字，那本来是一位著名男人的名字；后来"麝鼠"又用一匹马买走了这个名字。

据"灰牛"所说，男人们并不因同名的人去世而改变他们的名字，但是在取得一些值得称赞的功绩之后却常常会改名。我的这位访谈者从出生起大家便都叫他"最后的牛"（Last-bull），但是在他头一次棒击后，与他同氏族的人们以他父亲氏族中一位著名勇士的名字来称呼他，那位勇士得到了一匹马作为酬金。"牛首领"出生时的名字"牛鼬"（Bull-weasel）源自一位和他父亲同氏族的人，那人看见了一只鼬的幻象。不过，当"牛鼬"长大成人以后，他名不见经传，在一次奇袭中两手空空地回到家中。随后他的父亲又看到一个野牛的幻象，他把"牛鼬"叫进来对他说道："我要使你成为一名男子汉。"他吩咐儿子去洗澡，等"牛鼬"再进来后，父亲用香熏他。这之后他把儿子的全身都涂成黄色，在他的头上插一根鹰的红色翎毛，在他的胳膊上画两条斜线，一条是为棒击带来好运，一条是为缴获枪支带来好运。"这两样，"他说道，"是我们的人所喜欢的。如果你立下了这样的功绩，我就会重给你起个名字。等你头一次被公认为击中棒击并且还得到一支枪，或者就是在那时候，或者是在那以后，我会重新给你起个名字。'牛鼬'这个名字对你来说不好，所以你最好换了它。"这位年轻人和第一支作战队伍出发了，缴获了敌人的枪支并棒击了敌人。当他回来后，他的父亲叫他"牛首领"。他成为一位指挥者并被认为是一位非常勇敢的人。"熊起床"（Bear-gets-up）起先被叫作"许多狐狸"（Many-foxes），他也立下了值得赞扬的功绩，后来用了他父亲的一位去世的兄弟的名字。从那以后，他再也没有使用过他的第一个名字，尽管他愿意的话，是可以那样做的。

在日常的谈话中，绰号可能会取代正式的名字。有时这些名字得自一些特别的行为。例如，"老狗"这个名字被叫开是因为在出征途中，他牵着一条老狗，老狗运送他的鹿皮鞋。相应的，另一位男人被冠以"硬脖子狗"（Tough-necked Dog）的名号。还有一个人被叫作"小磨石"（Small-whetstone），因为他脖子上挂着那样的一块石头。毋庸置疑，有些绰号用了淫秽的字眼。

绰号经常并非来自要得到这个名字的人的个人特征，而是取自该人的父系氏族亲属的行为（见边码 21 页）。例如，某个女人装作和一个男人躺在一起，但只不过是躺在她打开的**生皮囊**（parfleche）旁。她私下里道出真相。她的花招被发现后，同住在这个帐篷的人给她一位兄弟的女儿起名为"同一条干皮子躺在一起"（Lying-with-a-dry-hide），而没有给她本人起这个名字。另一位女人曾经在一气之下把头撞在一根石棒上，因此，她的一位兄弟的孩子被起名为"撞她自己的头"（Hits-herself-over-the-head）。

性生活和婚姻

尽管男孩子和女孩子在青春期都不会经历任何成人仪式，但是女孩子在初次和随后的经期都会受到某些限制。从前，处于这种情况的女人会骑劣等的马，这显然是一种不洁的来源，因为她们不得接近受了伤或者要奔赴战场的男人。在这些时候，还有一种延续至今的禁忌是不准她们接近圣物。1931年的夏天，一位神圣包的主人将这个包放在自家后面的门廊上。他感觉那里被女来访者污染的可能性比较小，因为她们如今不再像以前那样公开自身的情况，这样人们便无法事先移走法物了。冬季时，这个包则被锁在一间内室里。

据"牛首领"和其他人讲，女孩子们常常在青春期前结婚。一些报道人甚至说，如果一位女孩子在她月经初潮时仍旧单身，就会被她的伙伴们取笑。"小鹤"很确定地告诉我说她在根本没有发育成熟时就嫁给了她姐姐的丈夫。

颇为蹊跷的是，关于女人们在来月经的时候是否得分居，大家各持己见。"在他嘴里的孩子"（Child-in-his-mouth）与他的妻子详细地描述了这个过程。他们断言，那样的女人住在一个特殊的帐篷中，有四天不许吃肉，她们维持生存的食物是野生植物的根。当月经结束以后，她们洗浴，取来新衣服，点燃常绿植物的叶子熏身体，再穿上衣服回家。然而，多数原住民断然否认使用月经帐篷的说法。另一方面，曾经与乌鸦人在一起生活了许多年的勒弗尔治谨慎地提到过柳枝遮盖的棚子，已婚的女人在"某个时期"在那里面住上几夜来恢复，在此之后，她们会洗个发汗浴，用香净化自己，然后返回自己的帐篷。

正如已经解释过的，同一氏族的成员间不应该结婚或者发生性关系。违反这个规定的人会受到嘲笑，人们说起来就好像是他娶了他的姐妹——哪怕只是带着一点点血缘关系的远亲或者根本就沾不上边。他们会说"ara´xuic kyawī´ky"（他生殖器以上的那部分身体是坏的）。这句话意味着"他是一个好色之徒"——这句话也被用于对本应避讳的女人举止轻浮的人。"灰牛"说在那样的婚姻中，孩子会同时属于父亲的和母亲的氏族。对此他觉得很可笑。这也有可能导致不伦不类的结果，因为通常个人对于父方的亲属和他自己的亲属承担的责任非常不同，相应的，两方对他也有着截然不同的态度。把两方面搅和在一起会乱了套。

在采访中讨论这个主题时"灰牛"的儿子也在场，他娶了一位同氏族的女人，他父亲认为他遭受嘲笑是理所应当的。在那种情况下，他的姻亲兄弟（见边码 29 页）就是和他自己同氏族的人，也就是他的"兄弟"，而这些"兄弟"们会称呼他为姻亲兄弟，以此取笑他。类似地，他们也会嘲笑他的妻子，称她是"我兄弟的妻子"。这里的意思显而易见：对待一位成年姐妹必须尊重，只有在必要的时候才能称呼她们；而对兄弟或同氏族男人的妻子，男子则可以自由地说猥亵的话。戏谑亲属（见边码 22 页）会巧妙地告诉这位丈夫他**没有**姻亲兄弟，他自己的臀部就是他的姻亲兄弟，"转过身来对你的姻亲兄弟说话吧"。

1912 年，报道人能回忆起来的违反外婚制的婚姻寥寥无几。

"灰牛"记得六个例子——其中三个发生在"嘴里的油脂"氏族，两个在"潺潺流水"氏族，一个在"厚帐篷"氏族。另外一位报道人又补充了"卷毛"（Curly）的父亲（属于"坏战争荣誉"）和"短尾狼"[Bobtail-wolf，属于"斑点帐篷"（Spotted Lodge）]。上了年纪的印第安人对于最近出现的情况感到很遗憾，他们谴责把男孩子和女孩子送到保留地以外的寄宿学校制度，在那里，他们的婚姻不再顾忌彼此间的任何氏族联系。

但是归属同一氏族并非唯一被禁止性交的关系，一个人不应该和任何与其有"父母"或"孩子"关系的人结婚。因为父亲的同氏族人全都是"父亲"，和他们中任何一人的联姻都会被禁止。尤其是一个女人不能和她父亲姐妹的儿子结婚——这个人她也称为"父亲"（见边码 19 页）。然而在这个问题上观点不一。"小鹤"对于这个规定严格遵守，正是由于这个原因她谢绝了"疼唇"人的提亲；当"小鹤"的一位丈夫又娶了一位"女儿"作为妻子时，"小鹤"怒不可遏地离开了——尽管那位新娶的妻子只是因为"小鹤"与丈夫的婚姻才和他牵扯上了"父女"关系（见边码 55 页）。"老妇人"证实了这种观点，即同父方氏族联姻与同自己氏族联姻一样糟糕，她自己就因为违反这个规矩而成为戏谑亲属打趣的笑柄。但是其他人并不持那样极端的观点。"一只蓝珠子"（One-blue-bead）的父亲和妻子都属于"系在一个结中"，也就是说他娶了一位"父亲的姐妹"，这位妻子在结婚前称他为"儿子"。拉尔夫·萨科（Ralph Saco）的母亲的父亲、父亲以及妻子全都属于"系在一个结中"，所以说，父亲和儿子都是从父方氏族娶了妻子。再有，"牛首领"

有两个妻子属于"新建的帐篷"氏族，而"牛首领"的父亲就属于这个氏族。

从所有我听到的相关陈述推断，与一位父方氏族的女人结婚不理想，但是**倘若**血缘关系不亲近，大家对此也没有什么可多说的。

性行为很大程度上受双重标准制约，但是这些标准与维多利亚时代的相当不同。也就是说，女人们因为贞洁无瑕而受到敬佩，但即使她们背离了这个理想，也不会受到排斥。在太阳舞中，给树刻凹痕这一光荣的职责仅被授予一位无可挑剔、忠贞不渝的已婚女人；还是在这一仪式中，人们要选一个同样忠贞的人领导寻找木柴的队伍（见边码 312、315 页）。即使是那些承担不太重要的宗教事务的人也不会举止轻浮。当我转述某位老妇人的话，称她担任过那个职务时，我的报道人对此嗤之以鼻：为什么会这么说？乌鸦人做梦都不会选一个总是和男人疯跑的女人。然而，即使是水性杨花的荡妇也永远不会被人排斥，她只是声名扫地而已。人类自身有很多弱点，没有一个人会十全十美。1931 年，"黄眉毛"主动就白人与印第安人在道德标准上的差异做了一些反思。"老人郊狼"，这位乌鸦人神话中的文化英雄和耍花招的人，是等同于上帝还是魔鬼呢？上帝定下十诫，"老人郊狼"却与之背道而驰。（在性生活中）唯一被印第安人认为神圣的是"bāwuroke´"，意为贞洁的女人；而对于其余的方面，人们则会参照"老人郊狼"的榜样，依从寻求快乐的本性行事。

1907 年，我在乌鸦印第安人事务局见到一位来访的苏人妇女，有人向我指出她是一位贞洁的老处女，她的族人对她都非常尊重。

我本人在乌鸦人中虽然从来没有遇到过类似的情形，但是勒弗尔治却证实了这一点。他描述了"一位女法师兼先知""双月"（Two-moons），她固执地拒绝嫁人，尽管她是技艺纯熟的制革工和做珠饰的能手。"大家都非常尊敬她，把她看作一位贞洁的处女。"一天，勒弗尔治问她什么时候会嫁给他。她环顾四周，问他是否看见一株常绿灌木的叶子。"好吧，天天都好好地看这些叶子，当这些叶子变黄时，就来我这请求我嫁给你。"最后一个句子才是她真正想说的，关于常绿植物变黄是一句谚语，象征着不可能。

48

从一个世纪以前开始，人们记录下乌鸦人的一个反常现象。马克西米利安提到了他们的许多"伯达奇[1]或者男性女人"，并且据此莫名其妙地认为乌鸦人的奇风异俗最为古怪。当然在每一代中似乎都有一些这样的反常例子，为太阳舞帐篷砍下第一棵树的任务就要专门交给一位"伯达奇"（bate′，见边码 312 页）。我唯一见过的代表"伯达奇"的人生活在大角羊地区。他当时大概五十岁，穿着鹿皮鞋，站直了的话约有 173 厘米高，体格魁梧。他打扮得活像个女人，要不是他造作的尖嗓音，他大概就被误当成一个女人了。我了解到，印第安人事务官三番五次地试图使他穿上男装，但是却遭到了其他乌鸦人的反对，他们说那违拗了他的本性。他享有在女性手工方面技艺超群的美誉；不过，我也了解到，在一次与达科他人的

1　伯达奇（berdache 或称 bardache）：北美印第安人男性的异装癖者或同性恋者，现在多称为"双灵"（two-spirit）。美洲印第安人没有为同性恋者规定柏拉图式的道德要求，但同性恋者通常被认为具有异常的能力。北美大多数地区存在着被法国人称为异性装扮的制度。这些人都是在青春期或之后穿上女装，从事妇女职业的男人。有时他们和其他男人结婚，同居过日子。——译注

遭遇战中，他曾英勇作战。"伯达奇"顺理成章地与女孩子们结伴并装作在男人中有爱人。从解剖学上看，据说一位"伯达奇"在出生时与正常的男婴并没有区别，但是当他长大以后，他柔声细气的嗓音将他同其他男孩子区别开来。

　　一位正常的男人应该恣情纵欲。在太阳舞中，领头出去寻找黏土的职责应该留给一位对他妻子忠诚的男人，他没有调戏姻亲姐妹之嫌；不过，一位报道人笑着评价说，根据他的了解，那样的人实在少得可怜，印第安人总是不得不求助于同一个表演者，让他反复担当这个职责。其实过于坚持贞操会使一位男人注定成为打趣的对象。如果他与一位妻子生活得太久了的话，他的戏谑亲属可能就会说："你好像挨着一个死东西。"（dī wace′ro′ckyusa′kēetak）。据"灰牛"的解释，女人就像是一群野牛，只忠于一位妻子的丈夫就像杀死了最后一只逃亡的野兽的猎手，猎手和它的畜体待在一起，因为他再也打不起精神去追赶其他的了。

　　极其勇敢的男人享有特权。当"斑点兔子"宣布了他的意愿，要像"疯狗"那样死去时（见边码 331 页），两位已婚的女人来到他的帐篷拜访他并与他一起睡觉；而她们的丈夫并不介意，他们中的一位甚至在这位英雄去世后鼓励他的妻子自残，就好像她已经是逝者的人了。"每天晚上，有两三个女人来和他睡觉。"自然，"斑点帐篷"氏族中一些忌妒他的成员密谋要杀害他，但是当他们看见"斑点兔子"走近时，便丧失了勇气。

　　事实上，许多丈夫忌妒心极强，他们逍遥自在，但绝不会心甘情愿地给予妻子自己享有的这种自由。大约二十年前，一位刚结婚不久的小伙子兴致勃勃地谈论着他与其他女人可能发生的私通。不过，当他想到妻子也可能做这种出格的事时，他却变得严肃起来。"你知道那样的话我会怎么做吗？"他问我，"我永远也不会再看她一眼，从此跟她一刀两断。"

在发现背叛行为证据后，每人的行动各不相同。比如，有一个奇特的习俗叫作"点女人的名"（biā arā′sasua），或者更有针对性的"点已婚女人的名"（bīa tsi′mbic dā′sasua）。当踏上征程或者敌方土地时，男人们会准备一些野牛香肠，在他们中传递。每个人都会掰下一截说道："我要带给某某一匹马。"说出情妇的名字后，他会吃掉他的那一截野牛香肠。这些不能是没有真凭实据的夸夸其谈，因为好运气取决于成员们的真诚。实际上，有些人会宣布："我想立下那样那样的一件功绩，就如同这个故事一样真实。"所以说，这队人中的男人可能会碰巧惊讶地了解到他们妻子的所作所为。一些人似乎并不介意，在他们返回后不会找麻烦，但是其他人则会离开他们不忠诚的伴侣。

虽说因人而异，但是妻子通常不会忌妒。"每个营地里都有情人，"娶了印第安妻子的白人勒弗尔治告诉我们说，"这是一种风俗，单身汉或者已婚的小伙子都是如此。"妻子甚至会自夸丈夫的魅力。勒弗尔治说："假如听到我的帐篷外面发出两声抓擦声，就是从我常挨着的那面墙的位置传过来的，这个迹象会让'樱桃'（Cherry）扬扬得意，因为它表示某位姑娘想要跟我说话。"她甚至会为这个竞争对手准备一顿丰盛的饭菜，再给她带上满满的礼物，送她回家。

公开调情是一种由来已久的风俗习惯，男人们骑在马背上，穿上一整套最华丽的衣服，以此吸引女人们的注意力。这个习俗还有一个专门的词语"bīˊetxasi`a"来表示，在那种场合所穿的一整套衣服叫作"ī wīˊakyuxasawe"。

有很多场合可以表明对爱人的青睐。在秋季，小伙子们会选择和伴侣一起到山里，在那里姑娘们砍下树，伴侣们为她们修剪、拖运。当勇士们从奇袭中回来的时候，他们会打扮起来，骑上他们最好的马，而且是与他们的爱人双双骑在同一匹马上。他们会去一些帐篷那儿，在帐篷前唱歌。同样，小伙子和他们的情人会一起出发采摘浆果或者采集野生大黄。当小伙子骑上马，给姑娘弄她想要的皮子时，这位姑娘可能也会牵着她爱人的快马直到他看见一群野牛。这些皮子被捆在马背上，爱人们骑着马回家，女人通常骑在追野牛的马上。在太阳舞的预备表演上也有类似的配合。

求爱采取各种各样的方式。求婚者有时在一位姑娘常常打水的地方等着她，直接向她求婚，可能紧接着他们就私奔了。在夜幕降临后，小伙子们常常在营地周围游逛，吹着笛子来讨他们情妇的欢心。一些人会冒险拔出帐篷外边某个地方的木销，那人相好的姑娘正睡在那个地方的里侧，他试着去摸她的私处——这种风俗称为"bīˊarusace"。任何人在这种胆大妄为的举动中被抓住的话，都会受到惩罚：住在帐篷里的人甩开他的胳膊，将一条毯子扔在胳膊上，把他两手都绑在一根长棍子的一端，然后放了他。

追逐女性是一回事，结婚是另一回事。一位情人可能会直接走近一位年轻女子，赠送给她一匹马，引诱她和他一起私奔。有时，那样的恋爱会产生稳定的结合。或者年轻人们在为野餐采摘浆果时，无需进一步的仪式就决定永远生活在一起。一名男子有时会请媒人，这种习俗称为"bī´a-kus-irāu"（向一位女人说媒）。但是，最光荣的方式——当然是从未来妻子的角度来看——是求婚者送马给姑娘的家人，特别是她的兄弟，并且送肉给她的母亲。通常，只有年轻、漂亮、品行端正的姑娘才会被买下来——无论她以前是否结过婚。正如"灰牛"所解释的，男人不会买一位荡妇。"'木块'（Lumpwood）成员从来没有为了带走我的最后一位妻子而来到我的帐篷门前。那种妻子是我们愿意出钱的。"他所指的是"木块"和"狐狸"（Fox）的成员特别享有的一种权利：他们劫走对方组织中那些曾经做过自己情妇的妻子（见边码 186 页）。

51

根据乌鸦人的观点，在购买基础上的夫妻关系更有可能持续下去，实际上，一位购买来的新娘使夫妻关系稳定变得更为可能。一位花钱买下姐妹中长姐的男子有权在几位妹妹长大后娶她们。在这里，姻亲基础上的姐妹通常也被看作是姐妹。同样，如果夫妻因不和而分开了，男人通常会续娶与她年龄最接近的妹妹。据勒弗尔治的描述，他的妻子有一位姻亲姐妹，她提出如果她通过太阳舞仪式上的贞洁检测就嫁给他（见边码 312 页）。"她一切都进行得非常顺利。第二天，她搬进了我们的帐篷，成了我的第二位妻子。她与'樱桃'相处融洽，彼此以姐妹相待并坚持说她们就是姐妹。"妻子的妹妹被别具一格地称为"小妻子"（u´a-kari`cta）。

尽管有这些风俗习惯，但是女人们绝对不是动产，并且通常不会被迫嫁给她们极其厌恶的男人。比如，寡妇与其亡夫兄弟结婚（levirate）的做法表明"保留住妻子的姐妹"是一个传统，但是一位寡妇并不是非得嫁给她丈夫的兄弟。至于同两个或两个以上的姐妹结婚这种情况——正是购买新娘这一行为证明了男子是负责任的，因为他很可能是一位出色的能养家的人，父母自然倾向于让他来照顾大女儿和她的妹妹。实际上，"买"无论如何都不是一个恰如其分的字眼。勒弗尔治给他新娘的亲兄弟以及两个过继的兄弟送礼物，而这些兄弟们也送勒弗尔治礼物；同时，这位姑娘从她的亲戚和朋友那里也得到了食物、衣服以及类似的东西。换句话说，嫁妆有时会抵消新郎付出的费用。"灰牛"解释说，与这种观点一致的是，对于从她丈夫那跑掉的女人的亲属来说，他们不会被要求退还给这位丈夫与当初送给他们的礼物价值相当的东西。但是"贝壳项链"（Shell-necklace）则持相反的观点。

鉴于女孩子们结婚的年龄很早，她们的长辈们能够并且将会影响她们的选择也就不足为奇了。不过，女孩子在一定程度上有自主权，这一点还是明显地反映在传说中。有一位女主人公不断地谢绝任何人的提婚；另一位则定下了一项不可思议的任务作为与她结婚的条件；第三位发誓说，只有把她被杀死的兄弟的一部分尸身带回来的求婚者，她才肯嫁。

同样能说明问题的是在一个准历史性质的传说中所描述的一幕。一位穷苦的少年，饱受首领"独眼"的虐待，通过神的相助发迹，拥有了权力，并等待复仇的机会。可是他没有耐性的同伴想要事情一蹴而就。同伴自行其是，代表他的朋友向"独眼"最漂亮的妻子求爱，但并没有让这位英雄知道。同伴对她说："'和他弟弟在

52

一起时击中了棒击'（Strikes-in-his-younger-brother's-company）和你差不多同岁。如果你们结婚，真是件美事。假如你拒绝而他生气了的话，那事情就糟了。"这位姑娘恳求征询她家人意见的机会，她回家去了。她的亲戚们都不知如何是好，因为他们既不想冒犯那位恃强凌弱的首领，也不想冒犯他年轻的对手，显然后者正处在走运的上升阶段。最后，她的一位兄弟大声地说："无论你怎么做都不会十全十美，就按照你心里所想的去做吧！"

在另一个传说中，一位女子傲慢地拒绝了她情人的求婚。一天夜里，安迪斯考普克（Andicicō´pc）注意到了一位漂亮的年轻姑娘，便向她求婚："噢，年轻的姑娘，我喜欢你，我想要你做我的爱人，我想让你做我的情妇。"在回答时，她提到了他母亲的名字，并问他是不是她的儿子。"是的，正是我。""尽管你是一位小伙子，"她答道，"但是当我看你的时候，真是让我不痛快。我绝不会同意的。别再多费口舌了，我不可能同意的。"在一些情形下，这位目空一切的美人可能会说"你这个年轻人一点也不中用"或者"你这个可怜虫"。然后，这个被拒绝的求婚者可能会立即起程，号啕大哭着去寻找幻象。一个超自然的存在可能会在他面前显灵——大多是伪装成一只麋鹿——吹着笛子，使所有的雌性动物都欢蹦乱跳地朝他跑过来。这位产生幻象的人回到营地，仿制和从神示中看到的一模一样的笛子，然后那个令他倾倒的女人会不可抵挡地为之着迷，并且立刻向他赶来。在与她睡觉后，第二天他就会将这个女人赶出去当众羞辱她。印第安人认为以上的陈述是对于真实习俗的描述，但它们与民间传说完全一模一样。

一位受到侮辱的爱人有一个比较容易报复的方法。他会编一首歌让那位随意抛弃情人的女子出洋相。这通常发生在出征途中，在歌曲开头则会说明说话者要道出实情（见边码 49 页）。这样的一首歌被认为会让做妻子的名誉扫地，但是单身女子却并不在意。

一次，"灰牛"以前的相好陪伴着她的丈夫出征。"灰牛"非常忌妒，走在他们的后面。他编了这样的歌词，以那位妻子的口吻说：

> 当你踏上征途的时候，我也会同去。

当这支队伍经过一个小小的隘口时，那个女人刚好走在了"灰牛"的前面，他说：

> "远处的一个黄人"（Yellow-one-far-away），走在前面。

我不能破解这句话里所隐藏的是什么含沙射影的口头攻击。

初冬时，在"灰牛"出名前，他的另一位情妇告诉一位女人说，她根本不认为他是一个男人，他的头上几乎没有头发。她将会离开他，和他一刀两断。在来年的春天，"灰牛"踏上了征途，他编了这首小曲来奚落那位背信弃义的情妇：

> "法物玩偶女人"（Medicine-doll-woman），你不知道

53

该怎样跳舞。（轻蔑地）装作拥有一只枪鞘。你的睾九正
奔拉下来。

"灰牛"的婚事可以让我们了解很多。在二十岁出头时，他从
一支作战队伍中归来后，在他的帐篷中发现了一位年轻的女人，于
是和她结了婚而没有举行任何仪式。她给"灰牛"生了一个男孩，
这个男孩死了。他们在一起生活了四年——直到她发现丈夫出去与
另一个女人一起采浆果，她怒气冲冲地叫她的丈夫同她的情敌结
婚。"灰牛"乐之不及，将她的东西扔到了帐篷外，然后她离开了，
"灰牛"于是娶了他的情妇，再也没有发生过任何纷扰。然而，一
年春天，这位新妻子被一个"木块"抢走了（见边码 50、186 页）。
当抢劫者来抓她时，她抱紧了丈夫。但是"灰牛"念念不忘乌鸦人
的礼仪，让她走开。"如果你结过婚的话，你会知道那是怎样的一
种感觉。""灰牛"对我说道。他忧伤郁闷，有四个晚上睡不着觉，
对失去妻子耿耿于怀。然后他四处寻找他可能劫走的"木块"的女
人来复仇。一位成员有两位妻子，她们中的一位已经藏了起来，另
一位欣然同意跟着"灰牛"，并带上了她的女儿。她的"木块"丈
夫伤心欲绝，成了一名"只求一死的疯狗"（Crazy-Dog-wishing-to-
die，见边码 331 页），待在家中，吟唱着死亡的歌。一天晚上，他
来到了"灰牛"的帐篷，摇着他的响铃，把他的手伸了进去。迫于
"疯狗"们的孤注一掷，"灰牛"提出将那位女人送回去。他遵守诺
言，把女人连同他最好的一匹马外加一件有五百颗麋鹿牙的礼装一
起送了回去。然而刚一达到目的，这位"木块"便扯下绶带，逃到

了山里。从那以后，人们都鄙视他。至于"灰牛"自己失去的那位妻子，有一年的时间"灰牛"都在回避她；即使他不找她，她也会自己去"灰牛"那儿；"灰牛"永远不会把她留在身边。

"灰牛"的一位兄弟被杀死了，他的母亲强迫他娶那位遗孀，一位贞洁的女人。最后，他屈服了。然后，他的另一位兄弟牵了一匹马并拿了一些财物送给遗孀的母亲。马是打算给未来妻子的父亲的，其余的礼物是给妻子的兄弟们的。在这次拜访之后的某个时间，妻子兄弟中的一位来到"灰牛"的帐篷外叫他。在他自己的两位兄弟的陪同下，我的朋友"灰牛"来到他新娘的帐篷中。在那里他发现新娘坐在一个有靠背的精致的床上。"灰牛"的兄弟们坐在后面，他们都得到了食物。吃完饭后，兄弟们离开了。"灰牛"仍留在那里同他的妻子躺在一起。他觉得有些不好意思，因为她从来没有做过他的情妇。

对于这个描述需要做一点说明。这里的"灰牛"远非装作一本正经，而是在一位贞洁的女人面前，他产生了敬畏之心，一种肃然起敬的羞涩油然而生；这位女人——而且身为兄弟的妻子——与她有轻浮、亲密的举动原本是理所当然的事。同样引人注目的是在劫妻的一幕中爱与责任之间的冲突。在这里，"灰牛"执意要显示一位竞争者的作风，按照规则来进行这场游戏，这种倾向战胜了情感，使他陷入一种尽管短暂但却非常强烈的丧失亲人的感觉中。一位原本勇猛异常的勇士被一名中了邪般的"疯狗"完全慑服了。类似的，"灰牛"在另一个场合（见边码 50 页）的自吹自擂也就变得可以理解了。他从痛苦的经历中体会到看着妻子从他的眼皮底下被抢走意味着什么；他对最后一位妻子充满了感激，这位妻子没有因她过去的行为而让他再次面临那种危险。

55 　　我们可以援引"小鹤"的经历来作为和"灰牛"的故事对应的女性版本。作为一位妹妹，她在青春期之前便嫁给了一位首领。除了她的大姐外，她的丈夫还有其他两位妻子——其中的一位属于"背信弃义帐篷"，即"小鹤"自己的氏族。这三位女亲属同住一个帐篷，而第四位妻子则住在另一个帐篷中。这种安排并非绝对必要的，有时没有亲属关系的妻子们也住在同一个帐篷中。这位首领先前与一位生养了四个孩子的妻子离异了。当这位首领娶"小鹤"的时候，他送给"小鹤"的哥哥两匹马及其他礼物。她没有给这位首领生孩子，但是她的姐姐为他生了三个孩子。老大"装帽子"（Packs-hat）总是管"小鹤"叫母亲，而叫她后来的丈夫为父亲，即使在这位后来的丈夫与"小鹤"分开后也是如此。那位首领被杀死后不久，"小鹤"与"追捕敌人"（Hunts-the-enemy）有了不正当的恋爱关系，于是他没有通过购买就娶了"小鹤"。然而，他随后又娶了"小鹤"的一位女亲属——她的一位"孙女"，而这个人一直习惯于称"追捕敌人"为父亲。这让"小鹤"大为恼火，也使所有人感到震惊，他们认为一个男人娶了称呼他为"父亲"的姑娘简直是发了疯（见边码46页）。于是，"小鹤"与"追捕敌人"分开了。后来，"疯头"（Crazy-head）愿意娶"小鹤"为妻，"疯头"是一位首领。因为"疯头"的地位，她的兄弟们劝她接受他，她嫁给了"疯头"，但并不是被买过去的。

　　没有买她可能有一个很好的理由：从她自己的故事来看，"小鹤"到这次为止已经是几次丧失了贞洁，所以就不大可能被购买了。

婚姻完全是世俗的，断绝婚姻关系的事频繁发生而且不需要什么仪式。一位丈夫可能因妻子古怪、任性或者通奸而不要她了。然而，正如已经谈到的，男人对于不忠诚的观点千差万别。一些人报复性地虐待做了错事的妻子，或者是听任她遭受许多同氏族人兽性的凌辱。他们有时会杀死这位情夫的几匹马，拆掉他的帐篷，折断柱子，把里面他们想要的东西据为己有，毁掉剩余的东西。其他的人似乎只是断绝和他们的妻子的一切关系。还有一些则会宽恕妻子的过错，特别是当这位情夫是一位伟大的勇士以及的确是个有特权的人物时（见边码 48 页）。

从理论上说，忌妒对于一名男子来说是有失身份的，特别是在被"狐狸"或"木块"许可的"劫妻"中，他们得经受禁欲受苦的礼仪。不过，有时人性是脆弱的，因此，丈夫或他的亲属可能会进行反抗。然而，那会使得他声名扫地，会招来一首嘲笑的歌——抢劫者的组织也有可能强行抓走这个女人，毁坏这位丈夫的毯子及其他东西。

如果这位合法的丈夫后来把他的妻子带回来，那就更糟糕了。表面上看，这并不太难，因为在短暂的胜利后，被劫的女人们通常会被劫掠者打发走。"贝壳项链"曾三次以这种方式劫走女人。他告诉我说，他从来没有将其中的任何一个留下超过二十天。在和其中的一个共同生活时，他让这个女人待在一个单独的帐篷中，和他名正言顺的妻子分开。通常，一个男人不久便会厌倦了那样的一位情妇，会用"我娶了你，现在完事了，你走吧！"（k'andī awaˊxpe, barēˊtk'，kannāˊ）这样的话把她打发走。然后，任何一位乌鸦人都可以自由地娶她为妻，而她原先的那位丈夫**除外**，因为"收留一位不贞洁的女人"（bīˊa warāˊx k'urāˊu）是不光彩的。人们会告诉他"你的脸有臭味"或者"你闻了阴户"。"胳膊绕在脖子上"虽说是一位首领，然而他的戏谑亲属却像那样奚落他；"平狗"（Flat-dog）、"老狗"和"黄狼"（Yellow-wolf）也都受到了同样的嘲笑。

在创世神话的一个异本中，"老人郊狼"和他的同伴斯瑞皮（Cirapeˊ）之间就这个主题有一场怪异、复杂的辩论。他问斯瑞皮："你有没有妻子被劫走的经历？"他的同伴答道："噢，有几次我的妻子被抓走了，那比遭受敌人的冲锋还要糟糕。""老人郊狼"继续说道："那么，你有没有带回过一位丈夫不要了的女人呢？"斯瑞皮怒气冲冲："你在说什么呀，我是一个体面的人，我有自尊，我怎么会带回来一位丈夫不要了的妻子？""老人郊狼"说道："如果是这样的话，你真是一无所知……有三次我带回来了被偷走的妻子。"他继续解释道，在那种情况下，哪怕是丈夫的一个眼神，都足以使这个耻辱的女人想起丈夫对她的顾怜，于是她就会心甘情愿地对于任何婚姻的要求都百依百顺，而她最初则可能倾向于拒绝这些要求。

因此，这正暴露出他性格的一个真实方面："老人郊狼"嘲弄一切有关正派严肃的观念。

大约在 1875 年（见边码 206 页），希达察人和热舞（Hot Dance）一道引入了一个新奇的仪式。当演唱一首特殊的歌时，一

57

个最近发生家庭争吵的人会点燃香。或者是由于不忠诚，或者是被他妻子父亲的轻蔑深深地刺痛，他可能会公开宣布他正在"扔掉"他的妻子连同一匹马。这表示他把她当作垃圾从他的房子中清扫出去。这种做法与妻子是否生养了孩子无关。1912 年，一个男人据说抛弃了三个女人，她们都是做了母亲的人。类似的，"大量鹰"也曾经像那样抛弃了一位妻子，她生了两个孩子。这个女人的同氏族人虽然不赞成这种抛弃，但是并没有采取行动，而且显然并没有得到补偿。

不过，女人和男人一样，也可以采取主动。如果妻子发现她的丈夫令人讨厌到了极点，她就会抛弃丈夫，甚至不顾她亲属的劝告。传说更是对于从一位上了年纪的丈夫那里私奔的年轻妻子表示了同情。甚至有一个真实的例子，一位女子公开抛弃了她的丈夫，因为他继续与前妻保持着夫妻关系。在一次热舞中，她让一位传令官宣布，她将要抛弃她的丈夫连同一匹马。

在婚姻关系断绝后，年幼的孩子都跟着母亲。当稍大一些时，女孩子们可能继续跟着母亲，而男孩子们则会被父亲带走。在"法物乌鸦"的童年时代，他的继父抛弃了他的母亲，但是他常常奔回到他父亲那儿（见边码 18 页）。"父亲，我真是孤单，我想来您这儿；我母亲很生气，可我还是来了。"接下来是"男孩子和父亲同吃，和父亲一同出去，和父亲一同四处游荡"。

两个人分开以后的关系各不相同。"法物乌鸦"的继父与他的妻子复婚，显然是由于他们与这个男孩子之间的共同联系。我的一位翻译告诉我说，他的父亲和母亲彼此怀恨，双方从来没有任何社会性交往。同样的，"小鹤"最初拒绝被她的前夫"追捕敌人"接纳到烟草会，但是她当时的丈夫"疯狗"（Crazy-dog）劝她同意。而另一方面，一些离异的配偶仍然友好和睦地交往。"大量鹰"所抛弃的妻子膝下有两个孩子，当其中的一个长到能够结婚的年龄时，"大量鹰"送给这女儿一匹好马，并且从此以后，"大量鹰"可以自由地见女儿，他也送给了女儿的丈夫五匹马。

58   一对年轻的夫妇并非必须与新娘的父母或新郎的父母住在一起；然而，在婚姻生活刚一开始时，居住在男方家是常见的。丈夫的父母会送给儿媳一件麋鹿牙的礼装以及其他精美漂亮的衣服——这种习俗也推及他们的儿子劫来的任何妻子。这位妻子对待和称呼新郎父母的方式就如同自己是他们的亲生女儿，她还会帮助她丈夫的母亲做一些家务活，比如做饭和汲水。随后，通常他们开始建立起各自独立的家庭。

一个有现实主义风格的传说有力地佐证了这种惯例。"潺潺流水"氏族的一位精力充沛、意志坚强的男人娶了派岗氏族首领"独眼"的亲妹妹（见边码 8 页），他们生了很多孩子，他仍旧同他妻子的亲戚住在一起，起初并不参与逐渐发展的世仇。这种情况显然被认为反常，这位丈夫加强了妻子家族和自身氏族的联合，被刻画为两者的恩人。

这个故事也说明了处于某种特殊情况时一位妻子的态度。"独眼"妹妹的丈夫急于在他自己的氏族和他寄住的氏族之间调解讲和。他不断邀请这位首领，可是"独眼"一面保证要来，一面却在自己的营地中磨磨蹭蹭。最后，"独眼"的妹妹来到了他的营地，斥责他阻碍事情的进展。当"独眼"最后终于到了的时候，这位妹妹又轻蔑地嘲笑她的哥哥说："你这个人，你的眼睛里面一定是干涸的，因为你想把你的手指戳进我丈夫的眼睛里，想伤害他，你为什么不动手呢？在烈日炎炎的时候，他给你拖来了帐篷柱子；他汗流浃背地为你屠宰，他的背热得像着了火一样。在地冻天寒的时候，他为你打猎。寒来暑往，他都为你放牧马群。他的亲属不计其数，但是他并没有跟他们生活在一起，他一直跟随着**我们**。假如你把你的手指戳进他的眼睛里，那真是好极了，你怎么不赶快动手呢？"

鉴于通常一位女人同她的成年兄弟间的谨慎和节制（见边码26页），这一番冷言恶语不同寻常。当我就此询问"黄眉毛"时，他解释说，由于某些极特殊的原因，这个规矩有可能被打破。至于这个案例，这位女人的初衷是害怕失去丈夫，由于受到她哥哥的公开侮辱，她的丈夫有可能不要她了。在这里，夫妇间的爱慕显然超越了对于嫡亲的忠诚。

这种现象会让我们重新看待前面所描述的那些奇风异俗。丈夫和妻子常常会被一种深厚的情感纽带联系在一起，稳定的婚姻生活无疑是理想的。就连男人和女人对彼此的称呼或指称词也取决于他们的结合有多持久（见边码27页）。如果妻子对这一点有所怀疑的话，她就不会冒昧地直呼男人的姓名；同样，**只有**在一位丈夫不打算抛弃妻子的情况下，他才会用名字或感叹词"hē′ha"来称呼对方。此外，一个女人几乎不会使用"丈夫"（tsire′）这个特定名词，除非她对此没有任何顾虑。

具体情况下的情感自然是因人而异。年轻时恣情纵欲的女人有时会在婚姻生活中安定下来，虽然这样的女人极易在一年一度的劫妻中被抓住，但是她们有时会恳请让她们与名正言顺的丈夫待在一起。如果她们害怕被抓走，就可能会藏起来，直到这场浩劫过去。另一方面，"灰牛"的第二次婚姻表明，即使这种关系本质上极有可能破裂，但有时也会出现夫妻二人爱慕彼此的情况。实际上，民间故事常常会体现出真正浪漫的爱情观。有一个故事讲的是一位年轻的希达察人在一次奇袭中折断了他的胫骨，他的同伴们迫不得已抛弃了他，但是他的情人却来寻找和营救，尽管她必须得在寒冷的冬天穿过敌方的一大片土地。另一方面，"为爱赴汤蹈火"的骑士行为也时有发生。在一个故事中，"从对面来"（Comes-from-across）拒绝嫁给"刀子"（Knife）。她在采摘浆果时被敌人掳走；她的爱慕者到山上哀悼，显然得到了幻象，后来救下了她并娶她为妻。"从对面来"是一位贞洁的姑娘，她并没有羞辱被拒绝的追求者，这大概解释了她与那种"孤傲的冷美人"类型间的不同命运（见边码 52 页）。

乌鸦人心目中绝对完美的女性是这样的：她应该是贞洁的，精于女人的活计，有吸引人的身体，这样的人才是一位"bī i′tsi"（好女人）——相当于我们所说的十全十美的女人，还要加上人长得漂亮。这样的女人会受到尊重，对她的丈夫产生巨大的影响，丈夫极少会抛弃这样的女人。

毫无疑问，有的丈夫会殴打妻子，一位通奸的女人有时会受到残酷的虐待。怒不可遏的丈夫甚至可能用刀子在她的手上或脸上割开很深的伤口，尽管他们并没有沿袭黑脚印第安人割掉她鼻子的风俗。不过公众的观点是绝对不认可无缘无故的责打。对那些没有正当理由、习以为常地打妻子的人，人们会纷纷谴责。

总体上来看，女人的地位并非很不利。对于她来说，她的命运注定是操持家务，比如汲水、找木柴或者是做饭。不过，其他住在一起的女人可以帮助分担这些工作。几乎在每一个帐篷，勒弗尔治都会发现有一个不属于任何派系的女人——也可能是妻子的母亲——睡在入口的旁边，她负责铺床，用棍棒拦住要闯进来的狗，帮助女人完成分娩这类更艰辛的工作。无论如何，总是会有姐妹们或者是同氏族的女人们提供帮助。女人们挖起能吃的根茎，收集苦樱桃、野浆果以及其他水果，把它们贮存起来。她们也贮存肉。她们还是裁缝，制作和绘染生皮袋子，制作帐篷苫布，搭上和取下苫布，用刚毛刺绣，后来改用珠饰装饰衣服。从本质来看，男人们不像女人那样老是有活儿干，男人承担的是那些更费力的工作，比如猎捕大型的动物、奇袭敌人以及保卫营地。

做妻子的很在意她丈夫的仪表，总是刻意地帮助他修饰打扮。勒弗尔治的一位妻子不仅为他制作精美的鹿皮衣，而且总是把他的头发梳得光光的，并用茅香[1]香熏他。而另一方面，做丈夫的会给予妻子公开的荣誉。比如，当营地迁移的时候，运送盾的殊荣会落到女人的身上，她将盾绑在前鞍的一侧。在一个一夫多妻（polygyny）的家庭中，妻子们会为了这个职位而争吵，因为承担

1　茅香（sweet grass）：拉丁名 *Hierochloe odorata*，一种生于欧亚大陆和北美的气味芳香的药草，被用作草药和酿酒材料。茅香是多年生草本植物，根茎细长，秆高 50 至 60 厘米；叶片为披针形，质地较厚，上面被微毛；圆锥花序长约 10 厘米；小穗淡黄褐色，有光泽。——译注

这个责任的人由此会被区分出来，成为丈夫的最爱。战利品也移交给妻子或同氏族的女人。

通常，女人有可能成为圣物的保管人（见边码14页）。比如，一种盾是由盾主人的妻子来摆放的，太阳刚一升起来，妻子便把它放在冲着东边的地方，她将随着太阳的移动来改变盾的位置，在日落的时候把它包起来。

其实除了月经禁忌外，在宗教事务上很少有女性没有资格的情况。在太阳舞中，玩偶包（Doll bundle）不应该由女人打开，但是在整个仪式过程中，玩偶的主人都是在他妻子的协助下进行的（见边码304页的程序）。这种观念在乌鸦人中是独具特色的。在烟草会中，丈夫和妻子常常一起被接收，每个人都由他们的指导者教两首歌曲；同样的，当"独树"得到了马舞包时，他获准挑选某种特殊装饰，而他的妻子则挑选了另外一些。

正如已经解释过的，在太阳舞中女人们承担受到高度尊重的职责。她们有可能成为烟草仪式的指导者，如果说男女有什么区别的话，就是女人们扮演着比男人们更突出的角色。在肉节（Cooked Meat Festival）中，她们有时扮演着女主人的角色。无论是在汗屋，还是在行医或寻找幻象上，女人们都不会被排除在外；尽管男人们寻找幻象更常见，但这主要是因为男人寻找幻象的动机占了上风，这种动机是希望获准参加作战队伍。

在社交方面，女人们享有很大的自由度，即使是在性关系上没有达到理想的标准也不会受到排斥。女人当然拥有财产权。在买样品时，我不断发现没有一位丈夫试图干涉妻子，更不要说强迫妻子处置她自己的财产了。女人们能够享受各种各样的娱乐，比如说球类和骰子游戏，这在一定程度上抵消了繁多的家务活。在这些游戏中，有时女人们一起玩，有时则是丈夫或爱人陪着她们一起玩。

总之，"乌鸦"女人在部落生活中拥有安全的地位，并享受公平合理的待遇。

疾 病

在原住民的理论中，身体的不适被归结于超自然的原因，比如违反了禁忌，或者是鬼在作祟。正像一则半历史传说所表明的，违反了禁忌通常没有任何从轻发落的余地。因为如果一位女人违反了首领立下的一条规矩，杀死了一只骚扰她的鸟，在即将来临的战争中，伤害就会降临到她兄弟的头上。即使是完全无辜，也不能幸免于难。我的一位报道人曾经被教导过，在任何情况下都绝不能将任何动物的幼崽带进他的帐篷。当我遇见他时，他患风湿病已经有十一年了，因此他推断，一定是有人在他不知道的情况下违背了这项规定。1931 年，我带"黄骡"（Yellow-mule）去帐篷草的一家饭店，在吃一块蛋糕之前，他惴惴不安地询问蛋糕里面有没有蛋，因为他以前从"黄鹤"（Yellow-crane）那里得到的鹰法物禁止他在任何时候吃蛋。

巫术有时被用来折磨一个人的敌人，但它并不像在撒哈拉以南非洲那样扮演着不可抵挡的角色。在已经引用过的一个传说中，那位受辱的英雄等待着向恃强凌弱的首领"独眼"报仇雪恨的那一天。"他剥出筋腱，又弄湿了一条小的，把它放下。他拿了一块燃烧的煤块，去碰这条筋腱的正中间，这条筋腱皱缩在了一起。'独眼'正在睡觉，当这条筋腱皱缩在一起的时候，他也同样皱缩在一起。他死了。"有时，巫师在河岸旁画下他的敌人，敌人的头在离河水最近的地方。然后，他会冲着画抽烟并点上香。河水涌了上来，把这张画像冲掉了。河水把画像冲掉得越快，他的敌人死去得也就越快。这位巫师也可能会在这幅画像的眼睛上放灰或者是木炭，使这位受害人失明；或者通过相应的变化，使他变成哑巴、变成畸形，或者瘫痪。在"大牛"（我认识他）与"白大腿"（White-thigh）的宿怨恩仇中，"大牛"在地上画了他敌人的像，刺穿了画像上的人的心脏，冲着它吹烟，然后擦掉了这幅画，说道："你会成为世上最惨的东西，最后你会变瞎，用你的手和脚爬行。"这话应验了。在这最后一个例子中，这个巫术可能会更为灵验，因为"大牛"已经得到了雷神（Thunder）的保佑。

这样的一个过程被称为"对着某人抽烟"（k'usōˊpiu），而任何形式的邪恶巫术，包括一个人迷住异性的能力，被称为"duˊckyuō"。除了幸运地拥有一位力量超群的保护神外，我不知道有任何其他的方法可以摆脱巫术的影响。在其他的情况下，应对的方法是由法师（batseˊwaxpeˊ）给予的，这位法师已经得到了适当的神示。但也有其他情况：有一些医生（ak'bāriˊa）在并没有得到更强大力量支持的情况下工作，另外还存在着家用的治疗方法和技巧。有时很难在这两种治疗方法之间划出界限，因为一种草药或者一套操作过程可能最终会追溯到一个幻象。此外，法师可能会攻克导致疾病的物质诱因，其方法是通过幻象显示给他的力量来吸出侵入病人体内的东西。

按摩是在一个"揉胃器"（stomach-kneader）的帮助下进行的，那一根大约 45 厘米长的棍子，底端宽大呈一个半球形。我曾经看见过"灰牛"用它在一位小伙子的腹部从下往上推。他解释说，印第安人非常小心不去用力按肚脐。这种器具最初是由"七星"（Seven Stars）制作的，在"七星"升天之前他把这种技术教给了一位女人。从那以后她治疗受胃疼困扰的病人。依靠人们付给她的费用，她变得富裕起来。

医生可能会切开身体上的肿块。在某些情况下，伤口会得到清洗并敷上一种特殊混合的敷剂。至于显然呈性病特征的病，医生把很烫的石头放在患者的生殖器下，让患者服下混有一些（用于火药的）粉末的温水，同时也把这类的混合粉末抛撒在患者的身上。

有一种属于胡萝卜科的植物（这种植物的拉丁名为 *Leptotaenia multifida* Nutt.），它的根具有广泛的用途，既被用作仪式的香，也被用作一种包治百病的灵药。原住民称它是"ise′"，一些翻译把它说成是"熊根"，因为在夏季，熊靠吃它来养肥。咀嚼"ise′"再把它咽下去可以治疗感冒。在治疗伤口时，可以嚼烂"ise′"，然后再作为擦剂搽在伤口上。它也可被放在疼痛的牙齿上，或含在嘴里来治疗头痛。"ise′"也可能会加入其他成分：与野牛粪混合来涂擦肿胀的地方；与牛脂一起煮，这种根可以用作治咳嗽的药。我曾经看见过"麝鼠"为一个小女孩消肿，她先是嚼了这种根的一部分，然后把嚼过的根在患者的腿上涂搽。

有几种不同的治疗药剂很流行。"一直是牛"（Bull-all-the-time）让我看了一束松针，当用煮茶的方法来煮这束松针时，它便成了一种药物。某种河里的水草叫作"cu´cua"，也是用类似的方法做成药的。乌鸦人也用另外一种不明植物来治病，这种植物叫作"ā´tsixu`xe"，人们咀嚼它的汁液，这种汁液对于牙齿及整体健康都有好处。在普赖尔，我从一位女人那里买了一些"甜枝"（sweet-sticks），她过去常常咀嚼它们，还会浸泡它们以制成一种药剂，可用来治疗腹泻，但翻译认为它具有通便的疗效。

正如"麝鼠"的例子所示（见边码 33 页），医生从他们的幻象中获得专门的而非全面的力量。一个被蛇咬伤后活下来的人会认为这条蛇是他的保护神，并自封为治疗蛇毒的医生。伤口的治疗也是由得到有关恩赐的人操作的，恩赐通常来自野牛。另外，疾病常常是由病人体内的一种有形的东西引起的。一位资深的医生会取出这个东西，通常是通过一根烟斗杆来吸出病原体。当"一直是牛"在他的帐篷中睡觉的时候，他看见了一位老人，涂饰着红色，举着一根烟斗杆并冲一位斜倚在那里的病人吹烟。我的报道人看见疾病从血中脱出了，病人痊愈了。他把那根神示中的烟斗杆拿给我看。在靠近一端的地方刻着一只马蹄子印，大概是在同一个梦中被许诺给他作为报酬的马。

一次，"灰牛"的儿子"白臀部"病了，某种食物卡在了他的嗓子里。大家找来"一直是牛"，他命令病人和他的父亲之外的其他人全都出去。他先是将一种东西涂在"白臀部"的胸部、颈部和腹部，然后他唱了一些歌，用嘴在这位病人的喉咙那儿吮吸着并发出爆音，最后他展示了卡在"白臀部"喉咙里的那块肉。还有一次，一个男人咽下了鱼刺，一群人已经聚了起来，准备哀悼他的死。不过，他们给了"一直是牛"一支枪还有其他礼物，他取出了那根鱼刺。第三件事是他用他的烟斗吸一位妇女肿胀的腿，使肿痛消了下去。他也能治愈蜘蛛咬伤，但治不了伤口或者蛇毒。

"前进"（Goes-ahead）的技术类似。在遇到肺炎的患者时，他用烟斗杆吸出了病人的一些血，然后把血吐了出来。这样吸的时候，他并没有在血被抽出来的地方留下痕迹。"不倒下的牛"（Bull-does-not-fall-down）的母亲在哀悼一位儿子的死时得到了一种力量，从而治愈了"灰牛"。在和一支获胜的作战队伍一同返回后，我的朋友正走在拿着权杖的人的后面，被杀死的敌人有一只手系在那只权杖上。突然这只手撞到了"灰牛"的耳朵，他变得听不见了。当他回到家以后，这位女医生把他带到了一个汗屋里，她把烟斗杆伸进"灰牛"的耳朵里，吸出了一块小小的红石子。"灰牛"认为这是那名敌人的鬼魂放进他耳朵里去的。自然，"灰牛"的听觉恢复了。

需要说明的是，汗屋并非主要用于治疗，而是用作供奉，尤其是祭祀太阳神（见边码 257 页）。

风湿病由得到蛇或鼹鼠幻象的人来治疗，他们或者用一支烟斗吸，或者燃上香并用一些牛油来涂搽。

说到最优秀的治疗伤口的医生（ak'ū′wacdī`u），我的报道人提到一位叫达普伊克（Dap'ī′c）的人。"小鹤"记得他，而"灰牛" 65

只是从别人那儿听说有这个人，达普伊克名噪一时的年代应该大约是 1850 年或更早。达普伊克在一个靠近怀俄明瑟莫波利斯的小岛上坐了三天，接下来达普伊克看见了地下的神灵——大概是水牛（bi′muin tsī′rupe）和一种像龙的生物（mapu′xta ha′tsgye，字面意思是"长水獭"）——正在治疗受伤的人。一位超自然的神灵把他带进温泉，为他唱歌，并把他自己的名字给了他。从那以后，他一直都叫这个名字。在他禁食以后，达普伊克去参战且被射中了，子弹射入他的体内。这时他大显神通，唱了一首歌，又潜入一条河中，手里拿着一张水獭皮。在换了四次气之后，他出来了，那枚子弹就在那只水獭的嘴里。这样大家都知道了他是一位能治疗伤口的人。

在一次战役中，一位乌鸦人中了箭，箭头留在了他的伤口里。达普伊克被叫来了，他唱着歌，涂饰了自己和病人，然后同病人一起潜入河中。当他出来的时候，箭头就在那只水獭的嘴里。在另一场战役中，一位乌鸦人被射中肚脐下方。这些印第安人在附近围筑起一条水道，把病人放在地上。达普伊克唱着歌，从病人身上跳过去，然后和病人一起骑马到了帐篷，一路唱着歌。第二天早晨，他们把病人放下，让他枕在一个高的枕头上休息，几个男人代表他唱歌。任何人或狗都不允许从他的前面经过。达普伊克让他的妻子和女儿穿上袍子，他们三人朝那个帐篷走去，人们仍旧在那里唱着。围观的人排成了两排。达普伊克变成了一头公牛，对着他病人的身体喷着鼻息，病人翻滚着。然后他让这位受伤的人抓住他的尾巴，这样病人一下子就站了起来，就像身体是好端端的一样。这位医生把他领到水边，在路上他自己又变回人形。他和病人一起蹚进河，直到水齐胸深的地方，然后他单独潜下水去，吹着口哨往上游走，然后又去了下游。病人的血流到了下游，他一直坚持了好长时间等着那位医生回来。他的伤治愈了，只有这位病人看见医生变成一头野牛。

可能是在描述这同一事件时，"灰牛"提到有一位乌鸦人，他是那么虚弱，甚至连路都走不了，站都站不起来。因此，达普伊克必须用他的力量使这个人站起来。在同这位病人一起走向一条小河时，他的动作就好像是一头母野牛，后面跟着她的小野牛犊。在小河那里，有一条鱼出来了，它吮干净了伤口周围的脓。达普伊克让围观的人看了这位病人身体上的洞，然后同他潜了两次水，这个人便和以前一样健康了。达普伊克能够立刻治愈受伤的人，他几乎从来没有失败过。然而他在晚年的时候，由于违背了他保护神的规矩，双目失明了。

更近期些的医生是"独眼"[1]和那位使"灰牛"恢复听力的女人（见边码 64 页）。在他们治疗的时候，这两个人都不准狗出现在周围。据说如果狗穿过他们的路，那么病人就一定会死掉。当"独眼"治疗"疯头"时，"灰牛"担任歌手。"疯头"被子弹贯穿了身体。这位医生穿着一件野牛皮袍子，他的前额上涂着白色的黏土。他把一根羽毛绑在这位病人的脑后，在他的眼睛周围画上了白色的圈，并用他的手指尖触摸病人的全身。病人的身体上也涂着白

1　他与同叫作"独眼"的那位恃强凌弱的首领不是同一个人。——原书注

色的黏土。"独眼"站在门那儿唱着他的歌，而"灰牛"同其他歌手站在门里面。伤者的亲属已经叫来尽可能多的年轻人唱这位医生的歌。"独眼"在门那儿用单足跳舞，他有一条野牛的尾巴，上面绑着一根羽毛。这只尾巴在地上扫来扫去，弄得尘土飞扬。大家都为他欢呼。"独眼"来到了病人那儿，吹着他腹部的伤口，往后挪了挪，伸开他的双臂，身体弯了下去。病人"疯头"模仿着这些动作。当所有的脓和血都从他的伤口中流出来的时候，人们从帐篷到小河边站成两排。显然接下去的是一个与达普伊克的类似的表演。但是作为歌手之一，"灰牛"不能看正在发生的情况。"疯头"的妻子"小鹤"告诉我说，这位医生没有治好她的丈夫，至少是没有马上治好。不过，在随后的某个时间，"疯头"出去散心，到了早晨，那儿发现了一片片的血迹。从那以后，他的身体就渐渐地好了起来。

死　亡

　　尸体从来不会从日常的出口弄出去，以免过后会导致另外某一位居住在同一个帐篷中的人死去。尸体会被涂饰，并套上逝者最好的衣服，然后用帐篷苦布的黄色部分包裹起来。这块黄色的部分叫作"acdē´cire"，人们用野牛筋腱把它绑在一起，把死者从咽下最后一口气的地方抬走。那些包裹尸体的人这样对灵魂说道："你走吧，不要回来，我们永别吧。"处理尸体的方法主要有两种：或者是放在一个树杈上，或者是放在由四个叉形的棍子支起来的一个架子上。1910 年，我还看到了一个树葬的遗骸，我还记得保留地中的许多埋葬地点。我听说脚要冲着东面放下。在尸体腐烂后骨头有时被取下来，放入岩石的裂缝中。据柏克沃尔斯说，这种二次葬在过去很普遍。有时死者最心爱的马会被杀死，埋葬在树底下。而对于伟大的首领，我了解到他们使用一种特殊的方法：用水平的红色条纹来装饰他的帐篷，尸体被放在帐篷里面一个由四根柱子支起来的平台上；然后这个帐篷被留在那里任凭风吹雨打。

整个营地都会哀悼被敌人杀死的人。这个人的尸体停放在外面，他的手里有一把羽毛扇，敞露着胸。他的亲属要远离两个月，他们从那以后要住在一个简陋的帐篷中，也不能行乐，直到那个势不两立的营地中有一名成员被杀死为止。一旦这样报复了，从表面来看人们的悲痛便立即终止了，尽管"这些亲属的内心可能还沉浸在悲伤之中"。给人印象尤为深刻的葬礼是死者的军事会为纪念他而举行的。"嘴里的孩子"（Child-in-the-mouth）这样描述了一名"狐狸"会员的哀悼仪式："如果一位'狐狸'会的官员（ak'-ba. ē´wicec，字面意思是'标志的拥有者'）或者是一位无官职的人（ak'-ba. ē´reta，没有标志的人）死去的话，人们会把他放在地上。我们把他所有的标志都放在他的身上并涂饰他的脸。人们放声痛哭，我们朝他走过去。我们唱着歌，一些人一路都在哭，半数的人会唱歌。在他们唱歌和行进的时候，有人敲着鼓。当他的朋友想哭的时候，他们便聚在一起，分发锐利的箭。他们的样子就好像他们情不由己——一些人用箭刺膝盖，其他人用箭刺胳膊，一些人猛刺前额。那些目睹他被杀死的朋友们伤心极了，甚至试图自残；死者的亲属们也试图弄伤自己。一些人用刀子割自己的脸，一些朋友们撩起蒙在尸体脸上的东西，端详着死者的遗容放声痛哭。然后，他们坐了下来。死者的朋友们在帐篷柱子上挂上许多衣服。哭完以后，他们向后退，坐了下来，哭声止住了。他们分掉了这些衣服以及他所有的财物。当这些都结束了以后，他们回家了。哀悼至此就结束了。死者的亲属将尸体驮在马背上去埋葬。在树那儿或者岩石那儿，再或者是山顶上，他们放下尸体。在埋葬了他之后，他的亲属们还要在那儿待上一会，痛哭着。如果随后他们杀死了同一个敌对部落中的一位年轻人，这就算扯平了。他们便把脸涂黑，再把敌人的头皮系在一根杆子上，一位男人举着这根杆子，他们跳着舞朝营地行进。他们使劲地跳着，喜气洋洋。在杀死了杀害自己成员的敌对部落中的一个人以后，哀悼便结束了。"

当一个人是自然死亡的时候，只有他的家庭成员才会割掉头发，砍断指节，割伤自己。有时他们会离开营地两个月，一整个季节都在哀悼——实际上伦纳德（一位 19 世纪 30 年代的捕兽者）认为时间还要更长些，可长达一年或者十三个月。1907 年，有许多老年和中年的乌鸦人都失去指节。这种风俗已经被废弃了，但是在哀悼时人们还是很讲究场面。1931 年，我见到一位失去孩子的父亲，大概四十来岁，当他被左右两边的朋友架着离开孩子的棺材时，他号啕痛哭，然后在伤心过度、神志不清的情况下栽倒在地。

据卡特琳讲，失去亲人的男人只割掉几缕头发，而一位失去孩子或丈夫的女人则会剪短她们的头发。只有当头发又快长到原来的长度时才停止哀悼。伦纳德认为，剪头发是一种替代方案，代替更为常见的割手指祭礼；但是我的报道人认为这两种都很常见。伦纳德看见老妇人们失去了每根手指的指尖，有些人甚至砍得更长些；男人们则小心地保留下了右手的拇指和食指，他们在拉弓射箭时要用到它。

哀悼者把他们的财物分发给了人们，只保留下一些衣服和他们的法物。

在乌鸦人中，不许提起死人名字的忌讳可能不像其他印第安部落那样严格，然而在死者的亲属面前这样做显然是不得体的，除非是那些在场的人正在抽烟。在亲属之间，提到他们死去的亲属时要用一个新的名字，比如，用"蓟"来指叫"醋栗"的人。我注意到，指一位死者的委婉语是"那个不在这儿的人"（k'ōre´sa），比如，一个男人就用这个词向"灰牛"说起了他死去的妻子。

乌鸦人关于死后生命的观念与宗教并没有多少关联，也许被认为同今生一样。指灵魂的词是"irā´xe"，这个词和表示影子的词"irā´xaxe"有关，也可能和表示"鬼"的词"a'parā´axe"有关。灵魂待在尸体的附近，因此有时可以在那里听到猫头鹰似的叫声。不过这里一定只是一个临时停留的地方，因为死者们住在他们自己的营地中。然而这以后的事乌鸦人似乎不大感兴趣。人们认为人死以后处于一种超然的存在状态，而除此以外并没有什么标准的信仰。一些报道人甚至更为极端，他们否认了任何关于死后生命的说法。人们通常所持的观念源自同部落人的经历。据这种信念，人虽然死了，但是还会重生。

69

"老狗"告诉我说，他的一位兄弟就快要死了，他用一把刀子"杀死"自己，在那里躺了有一段时间，但是最后终于醒来并讲了下面的故事。一位先于他死去的弟弟有一匹漂亮的灰马，他将这位刚到的人驮在马背上，骑着马朝死人的营地走去。这位到了灵魂之地的拜访者说：

> 我能够听到人们唱颂歌和大声说话的声音从那边传来。他们正在唱着："那个人已经来了吗？"然后我弟弟生气了，一拳打在我的胸口上，说道："你太小气了，光想着你的马。如果是那样的话就回去吧。"他跳下了马，我便苏醒过来。

这位男人告诉"老狗"和其他人说，死人像乌鸦人一样安扎营地，而且人们过得非常好。这个人一直活到了最近。

另一位表面上死了的乌鸦人来到两条河边。在河对岸，他看见了一个大营地，到处都是野牛皮的帐篷。他被邀请到一个帐篷中，里面的一切陈设都是按古老的方式来布置的，地上有野牛皮袍子，他们坐在上面。主人打量着这位新来的人说道："我看见你有我讨厌的东西，我不喜欢水獭。你们的人在下边。"这位拜访者说："那我可就要回家去了。"他醒了过来，讲了他的故事。他盼着回到死人那儿，果然不久之后他便死了。

还有一个人受了伤，大家都以为他死了，但是第二天早晨他又起来了。他告诉大家，死人们都在一起安扎营地，并且生活得比乌

鸦人要好。"不要害怕死。"他说。他活到了很大的年纪。当我的
报道人病得很重的时候，他急于见到他死去的父母，并记起了这位
老人的故事。他告诉我："如果真是那样的话，我想我或许会很高
兴同我的亲属们在一起，因为死人们都是在一起安扎营地的。"

与这种灵魂住在一个单独的营地中形成对比的观点是鬼经常在
墓地出没，发出猫头鹰似的叫声，出现的时候就像旋风一样。当乌
鸦人看到一股旋风快到的时候，他就会对旋风这样说道："你这是
要去哪儿，这可不好，你自己去吧！"说一个人活像个鬼是最严重
的侮辱。在一个民间故事中，当一位丈夫打了这个令人生厌的比方
时，他的妻子立刻离开了他。在另一个故事中，"老人郊狼"娶了
一个旋风鬼。每天晚上，旋风鬼都把自己和丈夫放在她的帐篷顶
上，神出鬼没地在树林里穿行；而到了白天，她却睡起了觉。这种
颠倒的作息时间让爱耍花招的丈夫无法忍受。他得到了老鼠们的帮
助，这些老鼠把"老人郊狼"变成了它们的样子，他最后终于逃
跑了。

如果一个鬼把他身体上的牙齿或一绺头发放到受害者的身
上，可能会使这个人发疯。"灰牛"的经历就属于这一种（见边码
64页）。

然而，鬼并非全都是邪恶的。他们有时会在幻象中保护人
们——尤其是他们似乎有力量找回失踪的人或财物。一次，当两名
印第安人不见了的时候，他们的兄弟送给一位有鬼的神通的人马匹
和财物，好让他去寻找失踪的人。那天晚上，这位法师让他帐篷中
的人全都出去，失踪者的亲属们来到了这儿，但只是待在帐篷外

71 面。然后这位巫师弄灭了火，唱起歌，摇着他的响铃。他一边发出猫头鹰似的叫声，一边从走烟口那儿出去，但是又折回来了，当他回来时，整个帐篷都在摇晃。旁观者们听到说话声，但是却听不懂他们的话。这位萨满招呼那些在外面的人，重新点燃了火。他宣布说，两名年轻人本来已经被杀死了，但是这时就在营地中。就在当晚，他们中的一个人回来了。

女人们通过类似的方法也得到了鬼的扶助。其中一个叫"枪"（Gun）的女人会邀请人们到她的房间，灭掉灯，让大家唱歌，然后聆听。人们可以听到一些超自然的神灵在说话，尽管这些拜访者们搞不清楚这些话的意思。"枪"会解释这些话和对未来的预言。另一位女人即"停止"（Stop）的母亲，有一次被请去寻找一位失踪的女人。她熄灭了火，关上了走烟口，唱着歌，发出猫头鹰似的叫声，这时帐篷开始摇晃起来，就好像正有一股旋风刮过来一样。旁观的人既搞不明白到来的这些超自然存在，也搞不明白这位女法师的行为。一个和"灰牛"在一起的孩子开始哭了起来，然后嘈杂声停了下来。这位女主人重新点燃了火，她宣布说要不是这个孩子哭起来的话，她本可以发现失踪女人的下落。失踪女人的亲属们送给女法师更多的礼物，可是她却拒绝再试一次。

第四章

工作日场景

狩　猎

　　饮食中缺少了反刍动物的肉会令乌鸦人不悦。男孩子外出打兔子只是为了取乐，而对于成人来说，兔子也仅仅是他们饥饿难耐时的食物。我从来没见过关于吃鱼的记载。女人们采来的浆果和根是古老菜谱上常见的一部分，但它们只作为调味品或饭后甜点。吃与希达察人交换来的玉米也只是为了让食物多样化，而不是作为肉的替代品。哪怕到了今天，传统的女人还是会对上乘的玉米嗤之以鼻，并且叫嚷着要普通的牛肉，以此作为对野牛肉退而求其次的替代品。神话中的英雄经常轻易地赢得那些暗中帮助者的青睐，其做法是在这些人的门口留下麋鹿、鹿、羚羊或野牛的畜体。一次，我的一位报道人把一场传说中的野牛狩猎讲得天花乱坠，把如何屠宰描述得面面俱到，而且他本人说得津津有味，可我和我的翻译都听得厌烦到了极点。"这就像一部小说中的景物描写。"翻译不由自主地插进了这样的一句评论。

　　猎捕大型猎物是男人的主要任务，它是其他许多生活领域的基础。缺少它就不会有角杯和勺子，没有生皮和皮革，因此也就不会有袍子、帐篷苫布以及容器，甚至没有办法煮食物。

男人们以个人或群体为单位打猎。有时他们用带角的鹿皮面具做伪装，在鹿们常去饮水的地方悄悄地追踪它们。但是群体共同打猎要重要得多。骑在马背上的乌鸦人能够相对容易地围困住一大群野兽并射中猎物。早先的打猎方法要费劲得多：他们必须绕到兽群后面，然后将它们赶下悬崖。如果悬崖足够高的话，猎物就会当场毕命，否则它们就会被关进崖壁脚下的一个畜栏中，然后这些猎物在那里被随意地宰杀。鹿或者羚羊也被赶进建在平地上的类似围栏中。乌鸦人为了使那些受惊的动物朝着人们想要它们去的方向跑，便垒起两排石堆，正通向崖壁或者畜栏；在石堆之间，男人和女人们一字排开，向试图逃跑的野兽们挥舞着袍子。一次部落合作打猎有时会得到大量的肉。

一个神话提到有几百只麋鹿在纵身跃下那个绝命悬崖后丧生。一百年前，一位首领指给伦纳德一个地点，在那里仅最近一次驱赶就杀死了七百头野牛。这无疑是借助马匹来组织的，这种方法完整地沿用至骑射时代。我自己的几名报道人实际上对此都有印象。

这样重要的行动绝非个人冒险。建造畜栏、设置哨兵、任命侦察员、阻止可能会导致失败的不成熟进攻，所有这些都需要精心策划与合作。因此，部落合作打猎是一个在营地首领和保安严格控制下的盛大过程（见边码 5 页）。而且，这些驱赶常常——或许是定期地——伴有巫术仪式，以此确保成功。一位报道人记得在他孩提时的一次表演：它的地点是在"盆地"，在那里 60 至 90 米高的巨石绵延了大约 3 千米。法师在晚上歌唱，并且任命了一位首领。从悬崖的边缘开始，男人们和女人们站在两翼，人与人的间隔约 15 米。从下坡的地方起，间距拉大了很多。其他的部落成员在兽群的后面站成一个弧形，通过吓唬猎物，让它们穿过这个被守卫起来的通道并将其逼下悬崖。随后的两天中，他们重复着这一过程。另一种情况是，可以找到的崖壁只有大约 2 米多高，因此野牛被迫跳入崖脚下一个大约同样高度的畜栏。在畜栏中留有空间，以便畜体能够被拖出来宰杀。

关于在平地上围困鹿或将鹿关进畜栏，我的一位见证人回忆了下面的仪式。一天晚上，传令官吩咐大家都别动，而一位首领和四位助手则在唱歌。只有在歌唱中的某些时刻，听众会敲敲他们的帐篷，祈求获得雄鹿或雌鹿。两位骑着最精良马匹的人从相对的两个方向指挥驱赶，包围起来的区域比驱赶野牛时要大得多。乌鸦人不断地缩小包围圈，靠近他们的猎物。有时有两名飞毛腿出发去赶鹿，让鹿朝着畜栏的方向跑，他们中的一个人手持着一支箭，而另一个人拿着一根羽毛，两人的路线应该会彼此交叉。

74　　即使不出于驱赶和围困的需要，饥饿的威胁也会使获得相应超自然神恩的男人们发挥猎物巫术。例如，"熊鹤"的兄弟曾经发现了一些野牛毛和脂肪，他把它们包了起来，绑在靠背上。那天夜里他在梦中看见了一个人，这个人一边唱着歌一边摇着响铃，于是就有好多好多的野牛来到他跟前。这位下凡的神灵告诉这个做梦的人，使用与他看到的这个一样的响铃就能把野牛引来。"你所拾到的脂肪正是我本人。我是一头野牛。取一张野牛皮，涂饰它，拿着这个响铃，用皮子把它包起来，然后把它挂起来。"于是，"熊鹤"

的兄弟在他的帐篷中标出了野牛踪迹，依次模仿公野牛、母野牛、小野牛犊和老公野牛的吼叫，他一边摇动着他的响铃，一边唱着梦中所听到的歌曲，像一头打滚的野牛那样在泥里翻滚着。第二天早晨，整个平原到处都是野牛。"大牛"是19世纪的另一位施巫术者。曾有一次，他们没有猎物，他就让人取来一副野牛头骨，把它的鼻子冲着营地。晚上，他们唱起了歌；在早晨，他们看见并杀死了六头野牛。次日的早晨，他们又发现了七头野牛。当他们已经有了足够多的野牛时，"大牛"叫人把那副头骨的方向调换到另一边，于是就再也见不到新的猎物了。

"长耳大野兔头"（Jackrabbit-head）受到七星的保佑。一次，他踏上了征程。但是"黄野牛"（Yellow-buffalo）对他怀有私恨，以风作为他的法物，从中作梗，这伙人便什么猎物也看不见了。当他们已经三天没有进食后，"长耳大野兔头"下令取来一块野牛粪，在他的帐篷里标出了一条野牛踪迹，把那块粪放在上面。他的脖子上戴着一块神圣的石头，形状像人的脸，平时包在鹿皮中（见边码261页）。他打开这块石头，在石头的表面搽上脂肪，先把它放在牛粪上，然后放在他睡觉时头枕的地方上。在日出前，侦察员出去侦察，发现了三四百头野牛。因此，这伙人回家的路上都有充足的肉吃。

女人的活计

在成功的打猎和品尝战利品的美餐之后，女人们会做一些活计

作为补充。因为不可能总是有新鲜的肉，她们要把其中的一些肉晒
干，做成干肉饼，仔细地放进生皮箱中以备将来之需。一个同等重
要的后续工作是准备兽皮。优秀的制革工人为人称道，有时她会向
需要一张新帐篷苫布的邻居提供服务，这位邻居可能会给她一匹
马作为报酬。皮革加工的最基本工具是一件兽皮刮肉工具（图2）、
一柄配有一个鹿角柄的扁斧（图3），还有一件修整工具（beaming
tool）——可能只是用于鹿皮——是用一根大型野兽的肋骨做成的
（图4）。我所记下的这个兽皮刮肉工具有一个腿骨把手和一个锯齿
状的金属刀片（或者是全铁的），圆形边缘的下面被弄成了锯齿状。

　　根据是制作皮革制品还是制作生皮袋子，兽皮的加工方法不
同。而且，一些皮子仅仅是单面鞣制，另外一些则两面都要鞣制。
野牛皮和鹿皮的加工方法也不一样。皮革可能需要熏制也可能不需
要熏制。白人影响了工具和技术，因此，史前加工方法的全部细节
无法复原。不过，皮革制作的基本步骤还是比较清楚的。如果是两
面穿着，那么必须除去外面的毛。不管是哪一种，里面的肉都要被
除去，制革工人将一种野牛脑子和肝脏的油性混合物弄在上面。为
了使皮子变软，要不停地用石头刮并在一根拉紧的用筋腱做成的绳
子上摩擦。同时，在不同的阶段，工人用水浸透皮子，将其折起来
暂时保存，然后晾干它。

　　大部分加工步骤记录在古代传说故事中。在"孙子"的神话
中，希达察的美人拿了一张野牛皮，将水倒在上面，把它折起来，
然后把它搁在一边放了一会儿，随后她将皮子撑在地上的木桩子
上。另一则神话故事讲述的是"在他脸上的虫子"（Worms-in-his-

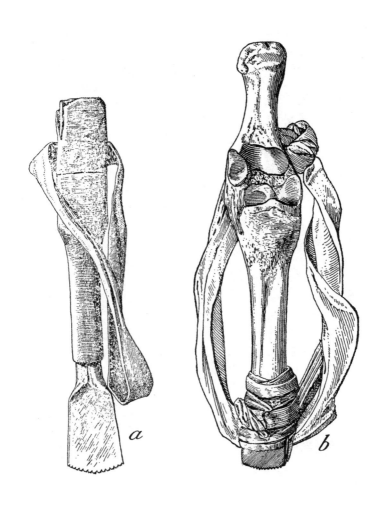

图 2

兽皮刮肉工具。*a*是全铁制，*b*是带有腿骨把手的兽皮刮肉工具

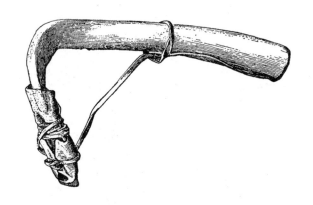

图 3

扁斧形的皮革修整工具

图 4

修整工具

face）命令妻子在一天之内鞣制和刺绣一张野牛皮。她忧心忡忡地哭着离开了。但是，动物帮手们出现了。四只雌河狸和四只獾把皮子撑在木桩上；雌老鼠、鼹鼠、老鼠、蚂蚁、蜜蜂和苍蝇弄掉了肉，又晒干、刮擦和弄光了皮子；臭鼬、河狸和獾把皮子弄得非常软；一只豪猪借出了它的刚毛，在蚂蚁们的协助下完成了刺绣。在做完这些以后，河狸摩擦有毛的一面，豪猪用"取自松树的一些黄色的东西"为刚毛做的刺绣熏上了气味，然后它们将皮子卷了起来让女人带回家。在第三个传说中，女人们用脑子、肝脏和脂肪来鞣制野牛皮。"首先，她们用刮刀刮去了毛。一个女人烧开了水并将野牛皮浸泡在水里，使它变得非常软，然后把它放起来。她拿着一根棍子，拧动棍子来挤水。她将绳子放在棍子上，固定绳子，用来摩擦那张皮子。"

卡特林[1]一百年前的描述补充、支持了这些陈述，它们似乎是专属于乌鸦人：

"修整野牛皮及其他皮子的通常方式是将它们浸泡在由灰和水混合而成的碱液中，直到能够除掉毛。这时他们将皮撑开，绷在一个支架上或者放在地上，用木销或钉子将边缘钉进地里。它们要在那里一连撑上几天，人们把野牛或麋鹿的脑子涂在上面，涂遍整张

1　乔治·卡特林（George Catlin, 1796—1872）：专注于印第安人生活景象的美国画家。他在费城求学期间，见到了一个来自西部的印第安人代表团，决定创立自己的"印第安画廊"。随后几年，卡特林同他的妻子在美国西部到处旅行，进行绘画和素描。他决心"充分利用自己的艺术素质和未来岁月的劳动，来保存美国本土日渐式微的种族的真实面貌和风俗习惯，以免湮没。"在他的各种绘画以及1842年出版的《北美印第安人的礼仪、风俗习惯和生活状况信札和笔记》（*Letters and Notes on the Manners, Customs, and Conditions of the North American Indians*）一书中，他出色地记录下了北美印第安人的种种风貌及其与众不同的特色。——译注

皮子。最后通过……北美印第安女人的'人工制造纹理'来完成。她们使用的工具是一根磨尖的骨头，这块骨头是动物的肩胛骨或者其他大块的骨头，骨头的边缘被磨得锋利，有点像扁斧的形状。她们用它的边缘来刮皮子有肉的那一面，用她们身体的重量来按压皮子，以此来使皮子干燥和软化……"

用来遮盖帐篷的野牛皮经长期暴露会自然地产生熏制的效果，女人们并没有特意去染它们；不过，至少一些鹿皮和麋鹿皮还是要精心地熏制。在一个填满了腐烂木头的深坑上，为了产生焖烧的效果，人们搭建了一个形似汗屋的小结构，然后把皮子缝起来，撑在这个框架上，人们固定住木销子以免烟气跑出去。如果两面都要染色的话，这张皮子的里面就会被翻过来，最后挑去缝的针脚。这样的皮子可以用来做上衣、护腿和鹿皮鞋。据卡特林介绍，经这样处理后，无论皮子多么经常地暴露在潮湿的环境中，都会一直保持柔韧。

女人们制作各式各样柔软的皮袋子，其中带有长长流苏的是用于装男人们的烟具（图 5）。后面的几个袋子装饰着精美的豪猪刚毛刺绣图案，它们是后哥伦布时代珠饰细工的蓝本。不过，即使是在最近，与帐篷有关的最具特色的包装容器仍要数带有**绘染**图案的生皮袋子。这些袋子有一些是长方形的，像装太阳舞玩偶包的袋子（见边码 300 页），有时还带有一个翻下来的盖子，形如我们文具中的信封。还有一种，主要是为了存放圣物，近似圆柱形，但是到底部越来越细，在一端可能会打上流苏。然而，最具有实用性的东西是生皮囊（mickictce´），它们主要用作干肉饼盒子。正如威斯勒博士所指出的，它的两片盖子在中央重合，表明它是一个封套，药师

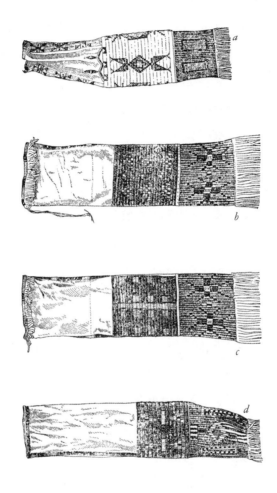

图 5

a 是一个乌鸦人的烟袋。*b* 和 *c* 是一个袋子的前面和后面，两者可做对比。
袋子的原产地不明。*d* 是班诺克人（Bannock）或夏延人的袋子。乌鸦人的
袋子中央有一个菱形，里面是一个十字形，在菱形的上面和下面有叉状的
图案，达科他人的袋子有与此极其相似的图案

把他的药粉放入里面。不过，生皮囊的盖子上有小孔和用来系袋子的绳子，并且对称地绘有独特的图案。近期，生皮制成的生皮囊被大量用于贮存物资。实际上，原住语言中的这个词相当于我们用于指手提箱、小背包或衣箱的词。

在我所买到的生皮袋子中，图案的颜色是黑色、红色、深蓝色、黄色和绿色。在这些颜料中，除深蓝色外，其他所有的都据说是当地原有的颜色，这种深蓝色部分地取代了一种近似黑色的颜色。但是，就生皮的装饰而言，雕刻很可能要早于绘染。芝加哥的菲尔德博物馆收藏了一些乌鸦人生皮囊，它们的图案制作方法是将野牛毛下面那一层刮去一部分，产生一种颜色深浅不同的变化。这件样品上的图案是一个菱形，两侧各有一个等腰三角形——这是一种经常描绘在生皮上的图案。

令人颇感奇怪的是，乌鸦人的生皮囊图案与希达察人、黑脚人、夏延人以及西达科他人的有着很大的区别——尽管这些部落相互之间都有着长期不断的接触。例如，达科他人和希达察人把装饰区域分成两块，里面是相同的图案（图 6k）；乌鸦人却从来没用过这种两分法，他们更喜欢在一个中央图案的两侧装饰上对称的图案。因此，他们偏爱把一个大的沙漏形图案放在中央，两侧各有一个等腰三角形（图 6e）。另一个典型的布局是三个水平层，图案的上部和下部各有一个被条纹图案围住的三角形，一个长方形框中央有一个菱形，两侧各有一个等腰三角形（图 6g）。从古至今，这种图形结构将乌鸦人与他们北面和东面的相邻部落区分开来；然而，它们与怀俄明州肖松尼人的生皮囊装饰是如此相仿，这两个部落的

图 6

生皮囊盖子上描绘的装饰。垂直线的阴影部分代表红色，水平线代表蓝
色，斜线代表绿色，点点代表黄色。希达察和达科他人的式样（k）与乌鸦
人的典型式样（如e，g，h）形成了鲜明的对比

涂饰方式表明二者一定有着紧密相关的渊源。

80   在另一方面，乌鸦人的珠饰细工则表明他们受到了达科他人的影响。这两个部落都偏爱叉状和阶梯状的图形，还有菱形和十字形；在烟草袋上把这些基本图形布局成一整张图幅的方式，两个部落有时也酷似（图 5a）。鹿皮鞋也经常采用达科他式的珠饰细工，

81 比如，有一条纵向的条纹。然而，一种非常流行的图案——U 形图案（通常带有一些小的菱形花格），则是乌鸦人与黑脚人而非苏人所共同具有的特点。由于缺乏样品，我们无从确定古代的**刚毛**刺绣是什么样的。无论如何，在达科他人和黑脚人的影响下，乌鸦人妇女们似乎已经发展出了一种刺绣样式，而她们的生皮绘染则受到了肖松尼人式样的影响。

服   饰

      乌鸦人对于个人的美有着十分明确的标准。鼻子必须是直直的，脸部应该没有疤痕和疙瘩。在半历史传奇中，小巧的脚和手也可以被誉为男性气质的典范。而且，尽管乌鸦人和北欧人有着一样的高身材，但是任何人如果显然超过了 1.8 米都会被认为是太高了，谈不上是英俊；而 1.7 米又会被认为是太矮了，可仅仅比这个高度高将近 5 厘米的人说起自己的身高时又会自惭形秽。理想的界限就是在这种微乎其微的差别之间。

      然而，对于美的判断在很大程度上受衣着和装饰的影响。讲述

者会因其华丽的服饰而美化一位英雄的外貌，"双尾"的故事离奇地道出了服饰所形成的反差。一个曾经肮脏的、蓬头垢面的呆子，突然重新出现在同伴们的前头，身穿一位吃败仗的敌人的衣服。当他的队伍急奔回营地时，人们问道："那些人是谁？谁是他们的首领？"起初他们没有认出"双尾"，最后他们脱口而出："怎么？那是'双尾'！他怎么会那么帅？"那位讲故事的人很巧妙地插进一句："他们哪里知道，'双尾'一直都是一位英俊的男子，但是因为他贫困潦倒，人看上去也就其貌不扬；可当他打扮起来以后，他就变得相貌堂堂了。"

衣服除了起保护作用外还有其他重要的作用。即使是在最近的数十年中，旧式的服装也会在节日场合出现，但是我们无法有把握地确定三百年前它是什么样子。举例来说，近些时候，男人们普遍穿着遮羞布，甚至连马克西米利安也注意到了腰布，但柯蒂斯先生则否认了那是当地的特点。可以设想的是，早年间遮身蔽体的东西是皮短裙，有点像太阳舞的主要舞者所穿的衣服（见边码 304 页）。

除了这些谜一样无从考证的服装外，在有据可查的历史时期，男子还穿着一直到臀部的护腿、上衣、鹿皮鞋和野牛皮袍子，这些都没什么争议。关于鹿皮鞋，有人不假思索地告诉我说，古时候，它是从一整张皮子上割下来的——而不像典型的现代鞋袜那样带有一个坚硬的、单独的鞋底。人们平时并不戴头饰，可是在特殊的场合下，男人们会戴上常见的平原印第安人的羽毛战帽（war-bonnet），也有可能出现仪式性的羽毛和帽子。据我所知，生皮做成的遮光眼罩只有 W. F. 雷诺兹（W. F. Reynolds）做过记载（写于

82

1868年）；不过，既然其他平原部落有那样的护眼罩，乌鸦人偶然一用也并非没有可能。

女人的主要服装是一条鹿皮或大角羊皮的长裙，从下颌一直延长到脚面。它用麋鹿牙装饰得华美异常，后来骨头仿制的麋鹿牙代替了真的麋鹿牙，长裙的边缘用貂皮装饰。印花布在后来取而代之，不过这种代替品稍短些，在穿着时还系有一条现代式样的皮带子。女人也穿鹿皮鞋和护腿，但是护腿仅到达膝部。

关于史前的个人装饰习俗很难重现。熊爪项饰（比如马克西米利安所画的那种）无疑是具有原住民风格的。据柯蒂斯先生说，男人们也戴项链，这种项链由一些圆片做成，这些圆片从经过漂白的野牛肩胛骨上切割下来，再经磨光和黏土涂抹抿缝处理；而女人们则用圆形的野牛骨片做吊坠来装饰她们的耳朵。声名显赫的男人戴着贝壳耳环，在近些时候，骨圆片的项链和胸饰变得流行起来。在节日聚会上，我看见男人们摇着大大的鹰羽扇，大概部分是为了炫耀。

1910年，我还见到了一位半个胸部刺有花纹的希达察老人。"胳膊绕在脖子上"不认为这种单面的装饰属于乌鸦人风格，但是这让他回忆起文身的男人，一些人的双臂上有纹饰。女人的文身包括她们前额的一个圈、鼻子正中的一个点和从嘴唇延伸到下巴的一条线。据柯蒂斯说，只有少数男人文身，作为他们法物的象征。工具是四五根豪猪刚毛，他们捏住刚毛与皮肤的接触点很近的地方，然后将它们刺入胸部的皮肤，再把红柳或松树的木炭粉末揉进去。

至于头发，我所见过的唯一一种发刷是在一根棍子上端绑着的豪猪尾巴。但是"斑点兔子"的故事提到他使用的是野牛的舌头。由于某种原因，在 19 世纪的某个时间，男男女女都改变了他们的发型。我见到的女人沿袭传统式样，头发在中间分开，分缝的地方被染红，但是两侧都拖着粗辫子，这违背了古代的习俗。博勒（Boller）甚至在迟至 1858 至 1866 年的观察中还将女人们的头发描述为："自由地披散下来，无拘无束地搭在肩膀上。"晚上，头发被扎起来以免缠结在一起。

最近的男子发式尽管在其他方面各有不同，但其特征也是梳辫子，这是古代所没有的。大约二十年前，一位有着四分之一异族血统的有魄力的人在保留地开了一间台球室，小伙子们蜂拥而至，推着球杆，辫子前后摇晃着。花花公子们还引领了一种发式，让一小绺头发穿过位于头发中部和每一条主要辫子之间的一个窄铜管，这绺头发通常在耳朵的前面或紧贴在后面垂下来，而脑后梳着一条长长的辫子。近期，刘海或"蓬巴杜发型"[1]也很流行。"熊鹤"是 1910 年较老一代人的代表，他将头发从中间分开，除了在分缝的右侧有一条小辫子外，任头发无拘无束地披散在前面。在脑后，他梳有一条又粗又长的辫子。在搭在背后的发辫上，许多小伙子都在靠近扎辫子的地方系上装饰了两颗麋鹿牙的假发。用假发是旧时的特点，男人们喜欢把从哀悼者头上剪下来的头发接在他们的头发上，以此延长自己的头发。古时的基本样式可能是将头发大致分成

---

1 蓬巴杜发型（pompadour）：一种得名于蓬巴杜夫人的发型。蓬巴杜夫人（Madame de Pompadour, 1721—1764）原名让娜·安托瓦内特·普瓦松。她是法国国王路易十五的著名情妇，对王宫中的艺术、建筑、园林、礼仪以及公关等事宜都有一定影响力，贵族妇女争相效仿她的着装风格。她创造出洛可可风格的蓬巴杜式发型，这是一种前发梳高的发型，以法国式的轻快优雅、精美华丽风靡一时。——译注

两部分，然后任其松散地披垂在背上和脸颊边，有时还另外有一绺头发从前额中央垂下来。而马克西米利安的一位考察对象展示了他的头发，他的头发在前额上盘卷成一大团。在"贝壳项链"的孩提时代，男人们仍旧披散着头发，"贝壳项链"将后来的变化归因于内兹佩尔塞人的影响。为了防止飘散的头发在眼睛前拂来拂去，乌鸦人把小松脂球放进他们的头发里；有时他们会做一条尺状的带有豪猪刚毛刺绣的生皮带子，带子从头发上悬垂下来。

19世纪30年代初期的旅行者对于长发首领的头发之长惊异不已，他们估计的长度是在3米到3.2米之间。通常它被一条带子绑住，折起来放入一个大约25厘米长的套子中，这位首领将它夹在胳膊下面或者是收在他袍子的折褶中，只有在节日场合才解开它。伦纳德将它描述为这位首领的法物，这听起来似乎很可信。

男女两性都在头发上洒香水。据卡特林介绍，他们每天早晨都用熊的油脂给头发上油。柯蒂斯提到，使用河狸香[1]和有芳香气味的草药，再加上仙人掌的髓，揉搓在头发上会产生一种油光可鉴的效果。

男人的活计

对于那些走马观花的参观者，乌鸦男人可能很容易给人留下懒惰的印象。如果肉充足的话，一位男子就既不热心参加作战队伍也

1　河狸香：河狸性腺产生的一种浓味香料。河狸即海狸。——译注

不参加什么仪式，很可能是无所事事地待在他的帐篷里，而他的妻子则会忙忙碌碌地操持着各种家务活：倘若不是在做礼装、修补鹿皮鞋或者做肉的话，她就可能是将一把苦樱桃撒在室外的一块扁平石板上，用一块石头连核一起全部捣烂，把这一团东西拉长成细长的糖膏在太阳下晒干。

然而这只是事情的一方面。如果说男人的工作时间要少于他妻子的话，那么他所从事的则是诸如打猎和战争那样的更为危险的职业。就家庭手工业而言，实际上他们并没有多少可做的。乌鸦人缺乏像其他原始人所拥有的专属于男性的工艺，如冶金和木雕；制陶、编筐和编织工艺还不为人所知，而和皮子有关的一切则都属于女人的专长。不过，男人们并非没有自己的任务——他们最重要的是要制造自己狩猎和作战的工具与武器。

男人们用石头或骨头制造箭头，尽管他们的技术细节不得而知。箭杆和弓由专家制作，在近期，"打猎死"（Hunts-to-die）以兼备箭杆与弓的制造技术而远近闻名。乌鸦人会将许多这样的专家邀请到一个盛大的宴会上，给他们分发棍子，这样每一个人都能够制作一支箭杆。校直器是用雌性雪羊[1]的角制成的，上面有四个直径逐次增大的孔以适应不同直径的箭杆。因为这一过程在木头上留下了痕迹，还需要将其放在两块有凹槽的石头间进一步地摩擦。印第安人非常看重外形完美的箭：如果一位已婚的女子给她兄弟带去食

[1] 雪羊（mountain goat）：又名落基山羊，拉丁名为 *Oreamnos americanus*。体长 1.3 至 1.6 米，四肢短小，颌下有须。雪羊身披一层浓密的白色长毛，两性均有黑色短角，弧度不大。雪羊栖居在陡峭山坡和悬崖上，它们的栖息地是自阿拉斯加州向南至俄勒冈州、爱达荷州及蒙大拿州的落基山脉。——译注

品作为礼物，他就可能送十支箭给她的丈夫作为答谢。这被认为相当于一匹马的价值。

只有男孩子才使用简单的木制弓。乌鸦人的典型武器是牛羊角或鹿角材质的弓并带有一个筋腱做的衬背，马克西米利安（见边码vii页）和后来的旅行者对这种武器大加赞赏。马克西米利安提到了使用麋鹿角和大角羊的角制作的弓，柏克沃尔斯提到了用两个野牛角制作的弓。贝尔登（Belden）描述了如下这种用麋鹿角做成的弓，他告诉我们制作这种弓需要花三个月的时间：

"他们取一只大角或者鹿角的一个分叉，从它的每一面都锯下一片，然后锉或磨，等到这些扁平片能够严丝合缝地合在一起时，就把它们的末端黏合或者包在一起。每四片做一张弓，这些片被接在一起；还有一片角放在弓的中心手握住的地方，它被紧紧地黏在那里。然后磨锉整张弓，直到它非常匀称，这时再对白色的骨头进行装饰、雕刻和绘染。"

胶是由煮野牛软骨或野牛其他各种各样的部位制成的，筋腱一层摞一层地放好，弓弦也是用筋腱做成的。

箭装在水獭皮或野牛皮的箭袋里，这些袋子有时也饰有豪猪刚毛刺绣（见边码vii页）。

尽管弓和箭是打猎和战争、争斗中常用的，但作战还需要另外一些工具，比如"长弓"（icta'xia ha'tskite 或者 mara'xia ha'tskite）——实际上只不过是一对用来棒击的棍子。菲尔德博物馆保存了一个完好的样品，它由两根细长的棍子组成，每隔一定的距离就用覆盖着刚毛的鹿皮绳子将两根棍子绑在一起，还特意地用红

色和黑色的布将棍子包裹起来，这些布是鹿皮的替代品。有六支羽
毛悬垂下来，用来代表它的主人所杀死的三位达科他人和三位夏延
人。据"灰牛"讲，一条棍子的末端是一个金属头，以便在近距离
作战时，可以像矛一样挥舞。这位主人按在幻象中所见到的那样，
把他的棒击棍子涂上了黄色或白色的黏土，而包裹物的式样也取决
于幻象。一位与别人妻子私奔的男人会将他的棒击棍子交给她，让
她拿着。真正的矛在争斗或仪式中都会出现。马克西米利安的地图
上画着一位骑马的乌鸦人手里握着一杆矛。

　　还有一件武器是带有卵形石的击棍，石头牢牢地安在一个木把
上（图7）。特别重的棍子用于仪式场合，石头通常用覆有刚毛的
生皮带子包裹着，还用锡制的圆锥饰物、羽毛和染色的毛发等来
装饰。

　　圆形的野牛皮盾是唯一的防御武器。它们的价值主要取决于
自身的宗教关联，因为它们是幻象的启示。盾不应该直接接触地
面，它的主人打开它时，就像是对待任何一个神圣包那样，总是小
心翼翼。类似于其他的法物，每只盾都有其各自的禁忌。圆盘上的
装饰——或者更常见的是鹿皮套子上的装饰——用符号表现出幻象
的经历（图8）。与男人袍子上的战争场景相仿，这上面的绘画也
是由男人来完成的。我所见到的典型图案是一只鹰和一条锯齿形的
线（换句话说，是一只雷鸟[1]），还有一头野牛和一只麋鹿。据"祖
母的刀"（Grandmother's-knife）说，在一场战争迫近时，"烂肚子"

86

1　雷鸟（thunder-bird或thunderbird）：北美印第安人神话中的一种能呼唤雷电的巨鸟。——译注

图 7

用于作战的击棍，有一块石头装在木把上

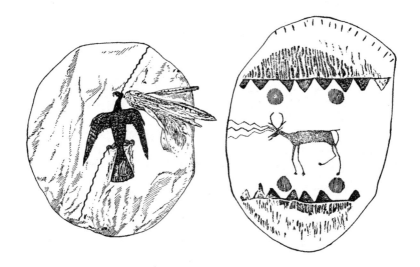

图 8

盾面图案，表现了产生幻象的人的体验

扔出了一只有名的盾（见边码 234 页），盾的图案是一个黑色的男人，有着不成比例的大耳朵；另一只据说描绘的是七星。尽管绘画可能部分或全部是几何图形，但其中一些图案无疑使人联想到自然现象。除了这些描绘的装饰外，这些盾还悬挂一些附属物——一整张鸟皮、羽毛、翎毛或者是野牛尾巴。

住　所

　　一些原始生活的状态在数十年前消失了，而圆锥形的帐篷尽管变成了以帆布作苫布，但还是一直保留至今，至少是供夏季之用。俄克拉荷马大学（University of Oklahoma）的沃尔特·斯坦利·坎贝尔（Walter Stanley Campbell）教授对于乌鸦人的住所进行了全面深入的研究，他的研究是以数十个帐篷为基础的。我自己拍摄过搭建中的帐篷，还拍摄了一个完整的帐篷圈，那是大约在二十年前为一次 7 月 4 日庆祝而准备的。

　　卡特林描述的乌鸦人帐篷大约有 7 米多高，由二十至三十根松木柱子搭成，能够容纳下四十人同住。坎贝尔教授提出，柱子最多是二十二根，但是他断定有 9 米或 12 米高，因为耸立的柱顶要远远高于严格意义上的帐篷高度。他打了一个恰当的比方，将帐篷的总体外形比喻为一个沙漏。正是这个近乎不可思议的高出交叉点的突出物，将乌鸦人的帐篷与其他平原地区的帐篷区别开来。因为柱子得从大角羊山上运下来，所以这产生了一个疑问：在有马匹之前的岁月里，印第安人是如何运输的呢？人和狗看起来都难以胜任。柯蒂斯先生的答案是，以前的柱子是用质量最轻的杉木制成的，它们所支撑的苫布仅有八到十张皮子。我听到的一个传说提到用棉白杨临时代替松树。所有这些都表明，在白人的改革下，住所发生了显著的变化。我的见证人估计，做一张苫布平均需要十四张野牛皮，最多的可达十八甚至二十张。

和帐篷有关的一切都属于女人的支配领域。要得到理想的有一截长出来的柱子，不仅一定要剥掉树皮，而且要把圆木的直径逐渐削至合适，因为要把一根 12 米高的松树做成帐篷柱子的话，它的底部还是太粗了。为了防止柱子在地上滑动，她们把柱子的底部弄尖。乌鸦人妇女们总是竖起四根而不是三根柱子来作为帐篷的基础，这与黑脚人和肖松尼人的做法相似，而与她们的达科他人和夏延人姐妹们相反。搭建帐篷需要两个人合作，一个女人把交叉的基底柱子举过头顶，她的帮手拉起一条绳索。然后将这些柱子彼此分开，这样粗头就形成一个椭圆形。自然，最后一根柱子竖起来支撑苫布，苫布绕支架一圈，钉在支架前面。为了调整苫布，一位女人要爬上架在前面两根柱子上的梯级，或者如今是用一个普通的梯子。有两根特殊的柱子立在框架的外面，可以通过前后移动它们打开或者关上走烟口。为了更加安全，在暴风雨的天气，帐篷里的一根绳索被系在炉火附近一个桩子上，而外面的绳索则拴在树上的一个木销上。

要设计一张苫布，就得烦劳一位专家，雇这位专家的家庭主妇要付给她四种不同的财物。这位设计者的合作者多达二十位，她指点她们将皮子怎样缝在一起。帐篷的主人用一顿酒席款待她们。做筋腱绳要花掉一整天的时间。一年中，秋季被认为是做帐篷苫布的最佳时间。

当帐篷搭好后，人们在里面点燃三齿蒿和烟草，当烟气从皮子缝间袅袅升起的时候，她们嘴里说着："这会遮风避雨。"随后打开走烟口。这位主妇的丈夫邀请老人们和他一起抽烟。客人们历数着棒击，然后说道："春天的时候，这里会成为一个非常好的帐篷，适合做袋子和鹿皮鞋。"

火炉大致是在帐篷的中心，它的"后面"（acō′、acō′ria）是上座，首领"烂肚子"正是在这里招待马克西米利安的，他吩咐这位王子坐在他的左边。在入口的两侧各有一个"arō′'kape"，在它和"后面"之间是"icgyewatsu′a"。在"icgyewatsu′a"中铺着袍子供睡觉用，在不接待客人的时候，丈夫和妻子可能会在那里安歇。苫布的底部被钉在地上。据"熊鹤"说，以前要借用岩石的重量把它压住，但是另一个报道人说这种风俗习惯仅限于冬季。乌鸦人在靠近通风口的地方放着一块皮隔板（bitā′ricia），上面经常描绘着主人的事迹。没有床架，印第安人睡在几张皮子上，身上盖着皮袍子。但是他们有用筋腱绑扎起来的柳条靠背，从三脚架上悬挂下来并用野牛皮包着。

战士、私奔的情侣和寻找幻象的人有时会用枝条、树皮和枝叶搭起一个简陋的遮蔽物（acta'tse′）以供临时之需。更常见的是，在炎热的季节里，乌鸦人在他们的帐篷旁边竖立起一个遮棚，一天中的大部分时间他们都是在那里度过的。直到如今，还可以看见排列在一起的现代式样的木屋、夏季的遮棚和以帆布作苫布的帐篷。乌鸦人的遮棚在地面上圈出来一个圆形，带有一个用大树枝和树叶做成的圆锥形棚顶（而不是平顶），这使人联想起其他平原部落的太阳舞帐篷。

日常生活

　　如果只是简单洗一下，老乌鸦人会噙满一口水，伸出他的手掌，他将水流喷在手掌上，然后用手搓洗要洗的地方。不过，在日常生活中，他们当然也会到附近的小溪里洗澡，这自然是在夏季。

　　水被认为具有药用价值。无论冬夏，传令官都会在清晨大声地叫人们起床、洗澡、喝尽可能多的水。"让水来接触你的身体，"人们说这样的俗语，"水是你的身体"（bire′ daxū′a hi′a, bire′ daxū′a kōk），或者说"起床，喝足水，稀释你的血液"（bire′da′satsi dī′re tā′tawi`a）。"稀释你的血液"这个说法，简直就是把喝足够的水看成了一种处方。"这样会使你的血液变稀，你就不会生病。你会精力充沛，你的血液不会阻塞，它会流经你的血管。水是我们的身体。无论还会有其他的什么，水总是最重要的。没有水，你就不能生存。如果你只用一点点水，你就不能生存，也不能享受生活。"在作战队伍中，年轻人被建议喝尽可能多的水，这样他们就会处于能更有效地打击敌人的状态。就算他们受了伤，他们的血液也会顺畅地流动，血液不会有中毒的危险。

90 　　在民间故事里，有一位小伙子在早晨游泳、一对已婚夫妇共浴、一群年轻的男男女女在水中尽情地嬉戏这样的情节。我曾经目睹过全家人在一起洗澡，其乐融融。在水中丈夫穿着遮羞布，而妻子穿着印花布衣服。这样一本正经是由于受到白人的影响吗？我确定没见过不穿遮羞布的乌鸦人男性，即使是在汗屋里。我的翻译和我曾经偶然看见一位年纪非常大的老妇人同她的孙女一道在小溪中洗澡，她们几乎是一丝不挂，但是当她们看见我们时大惊失色，慌慌张张地用手遮挡住她们的身体。

　　在过去，人们在饿了的时候才吃饭，但那时候像现在一样，来宾一到立即便会有人给客人端上食物，不管他是在一天中的什么时候到的。他并不需要吃掉所有的东西，而是能将剩余的东西带回家，甚至可以要一个盛放食物的容器。主人们并不需要陪同吃，如果他们同时吃的话，则要和客人们分开吃。我不止一次地见过这种分开吃的做法，事实上总是每一个家庭组成各自的团体。因此，在一次吃饭时，我曾目睹过有四个不同的群体。有时我的翻译和我同其余的人分开吃。

　　一位访客会被郑重其事地邀请进来，去某个地方坐下来抽烟。他可能会受到"kahe′"的欢呼，这是表示欢迎。主人总是盛情之至。我知道有一个乌鸦人邀请一位亲戚携妻子同他一起过7月4日的节日。这对夫妇逗留了数周，因为来客的妻子对于除了牛肉外的任何其他食物都看不上眼，以至于这位主人情急之下去买来了食物。然而，要是不体谅的来客嘟嘟囔囔地发牢骚，则是大大有悖于原住民的礼数的。

从其他部落来的客人也一直很常见，而且他们的出现常常会突如其来地带来一场丰盛的礼物交换。在平原地区，就算不知晓彼此的语言，大家仍然能谈得兴致勃勃，因为有广泛通用的手势语（bāpā′tua）。我记得一位夏延人和一群乌鸦印第安人兴高采烈地谈论着古代战争，但他们并没有使用口语交流。

尽管有规范社会交往的礼节，但是我们可能期待的一些风俗并不存在。没有同我们在外面见面时所问的"早晨好"完全对应的问候语，虽然一位乌鸦人可能会问"你从哪儿来？""你要去哪儿？""你在干什么？"。有一年夏天，当我返回的时候，一位印第安人用下面的话欢迎我："我见到你，我感觉好多了。"（di awa′kam mī itē′ky）翻译将这看作是一个莫大的恭维。

在过去，一位接近营地的陌生人会受到一群凶猛的狗的围攻（见边码vii页）。实际上，这是这些动物的主要用途之一；另一个用途是为作战队伍的勇士们衔鹿皮鞋；还有一种用途是拉拖车（arā′k′ō，英文为 travois）。这是常见的平原印第安人的拖车，它有两根交叉的柱子，前端绑在狗的背上，两根柱子分开的末端拖在地上。在柱子之间有一个长方形的框架，行李能够系在那上面。在一个广为流传的乌鸦人传说中，一个小男孩父母在行军途中把孩子用带子绑在那样的一个拖车上，他的母亲牵着那条狗。突然一些羚羊出现在眼前，那条狗挣脱了去追羚羊，结果把那个婴儿摔了下来，婴儿就这样丢失了，但是却被好心的小矮人们抚养成人。与他们的近邻不同，乌鸦人似乎并没有使用马拉的大型拖车，除非是为了运送同部落的残疾人。

我听说在骑马的时代到来之前，所谓的富裕家庭指的是那些拥有许多狗的人。过去有一位乌鸦人据说有多达一百条狗。长腿的狗要被阉割，然后用来运鹿皮鞋。有些狗有名字。一次，我听到一位乌鸦人把他自己的两条狗唤作"黄狗"和"狼狗"，我看到这两条狗应声朝他走了过去。除了在近来的热舞节日外，人们不会吃狗；而且即使是在那种场合下，一些乌鸦人也会找替代物（见边码212页）。

92

尽管帐篷里的设备不多，但是它的一些特征还是值得一提。中央的篝火在古代是钻木取火得来的。有凹槽的板子是棉白杨或浮木做的，棍是野葡萄或三齿蒿的秆。我买到了一个样品，它的棍是一个两部分的结构：一个短的尖端被捆在一根较长的棍子上（图9）。钻木取火在数十年前便自然消失了，在火柴出现前被燧石打火所替代。古时候，野牛粪或者腐烂的三齿蒿树皮被用作引火物，有时燃烧的野牛粪会被穿在棍子上，以此省去人们生火的许多工夫。

乌鸦人并没有陶制器皿。翻译们在翻译原住民专有名词"bisa´xe"时会提到"锅""壶""吊桶"和"桶"，但他们所说的器皿结果是生皮、石头或皂石做的。在生皮容器中的石头煮[1]叫作"无锅煮"（bira´xdeta waritsī´tua），但是没有报道人知道这个过程的第一手信息。其他的烹饪方法还有烤（特别适用于肋骨）、埋入炭灰焖熟，另外还有蒸。木碗被用作盘子；尽管我从来没有见到它

---

1 石头煮（stone-boiling）是一种加热方法，首先将石头放入热源或置于热源旁边，让石头升温，等石头加热到可以烹饪的程度，将其放入有水的容器中，通过石头将热量传递给食物。——译注

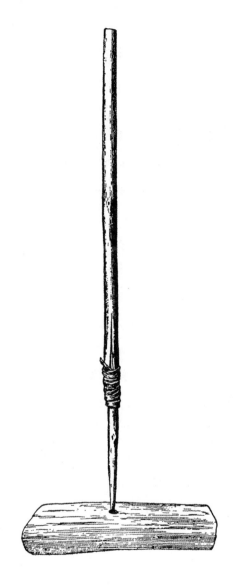

图 9

钻木取火的工具

们被那样使用过，不过我搜集了一个和骰子游戏有关的木碗（见图10*o*），一个和混合烟草[1]有关的木碗。1910年我注意到有几个男人带着那样的碗，那些碗系在他们的腰带上。据我当时的翻译讲，这些碗是他们的"法物"。以前我曾经听说过，男人们在作战队伍中带着碗，当敌人接近时，他们在那些碗中混合颜料，用这些颜料来装饰自己或者他们的马匹。勺子、杯子和小碟子是用大角羊的角和野牛角制作的。我买了一只用大角羊的角做成的勺子，它是用来混合烟草的。野牛的瘤胃用作水袋子。乌鸦人在石锤子装上一个木把手，用它来捣碎骨头以便取出骨髓。

娱　乐

日常生活中穿插着不少娱乐活动。成人和孩子都有各自的消遣，这不仅是在游戏的意义上，而且也包括军事会的一些较为轻松的活动（见边码172页）以及关于战争荣誉的较量（见边码14页）。即使是在太阳舞这种严肃隆重的节日里也有娱乐（见边码297页），作为戏剧性场景的一部分。

在现代，有几个纯粹的社交舞蹈源于其他部落，例如猫头鹰舞（pō´pate disu´a）或是源于北达科他的密苏里部落，或是源于克里

1　当"tobacco"这个词大写时，指的是神圣的烟草，被视作星星（见边码274页）。——原书注

人 [1]。1907 年我亲眼见到猫头鹰舞表演，男人和女人坐在地上，几位乐师在中央敲着他们的小手鼓。一个女人走了一圈，她先用鞭子抽打女人然后抽打男人，让他们站起身跳舞。起初，女人们单独围成一圈，独自跳着舞。然后一个男人会选一两个舞伴，他用手揽住她的（或她们的）腰部，而她们也以同样的方式紧抱住他。运动的方式是顺时针滑行，而几个参加者在内部围成一个同心的弧形沿逆时针方向移动，面朝外侧的舞蹈者。

"鹅蛋舞"（bī´ra i'gye´ disu´a）主要局限于"河乌鸦"，因为"灰牛"在他小时候仅仅见过这种舞蹈两次，并且说当"主体"第一次见到这种舞蹈时，他们很吃惊。参加舞蹈的男男女女公开接吻，而男孩子们则嘲笑着他们。女人们手里举着装粉末的袋子和水獭皮箭袋。"牛鼬"的母亲是一位"河乌鸦"，根据她的更为翔实的报告，似乎"河乌鸦"是在拜访希达察人时学会这个舞蹈的。两位贞洁的姑娘率领着一支队伍，这支队伍都是由容貌姣好的希达察女人（无论已婚还是未婚）组成的，两人一排行进，向乌鸦人的营地走来，六名男歌手跟在后面，队伍最末的是一位传令官。女人们围绕着男人们组成了一个圆圈形，迈着一种像猫头鹰舞那样的步态，但只有女人扮演积极主动的角色。人人都头戴蓝色的法兰绒头饰带，饰带上有两根鹰的尾翎，脖子下面紧紧地裹着一条红色的法兰绒毯子。他们的眼睛周围被涂上红色。当传令官到达了中心时，他大声喊道："小伙子们，送礼物给你喜欢的年轻姑娘们，亲吻她们！

1　克里人（Cree）：北美印第安人部落，分布于加拿大和美国境内。——译注

要是你盘算着更大的主意，想要娶她们的话，就送给她们一匹马，她们中不会有人跑掉的。"起初，这些乌鸦人男性有些腼腆，害怕遭到拒绝。最后他们中穿着漂亮腰布的一位来到了中央，审视着这些希达察女人。他挑了最漂亮的一位，用胳膊揽住她，送给了她一条有珠饰的毯子，并亲吻了她。这开了个头，其他所有的乌鸦人男性也都匆匆忙忙地跑回家收拾打扮。然后，他们也亲吻了他们心仪的姑娘。一个男人选了一位漂亮的姑娘，她被丈夫抛弃了。这个男人给了她一根棍子，说它代表一匹枣红马。姑娘的母亲当着她部落所有人的面收下了它。另一位乌鸦人已经结婚了，他送给一位姑娘一根棍子代表一匹白马；希达察的男人们曾向这位姑娘求爱，但只是白费力气。而那位乌鸦男人的妻子顿时大哭起来奔回家中。在舞蹈之后，歌手们对"河乌鸦"说了这样的一番话："我们已经赋予你们这个舞蹈，把它带回去试试吧。因为你们已经给了我们一些马，你们可以得到这个机会。"这些拜访者带着他们刚刚得到的妻子回家了。当地面上的积雪完全消融了以后，"河乌鸦"返回了。在一个歇脚的地方，一位传令官命令他们排练这个舞蹈，这样他们后来就能给"主体"表演了。

"在挑选出学过希达察歌曲的出色男歌手以后，我们把所有女人都叫到一个大帐篷中。她们惟妙惟肖地模仿希达察人的装束和涂饰方式。羽毛已经事先装饰好了。我们的五位鼓手正等着我们。我们先试跳了一下。我们试着舞步，但是有几个人不知道该怎么跳，一些人向前移动而不是侧向移动。我们其余的人都笑话她们。最后，我们像希达察舞蹈者那样穿过了营地，既有单身的女人也有已婚的女人。我们当中有两个年长些的姑娘，我是其中之一。他们宣布我们是处女，应该领头。我们单独站在一起。那位传令官跟在鼓手的后面……随后又选出了其他几对，让那些同样身高的人并排走在一起。我熟悉这些歌曲，我有时候会唱起它们，它们勾起了过去的记忆，让我觉得很伤感。我们穿过营地，在中央围成一个圆圈，歌手被围在圈内。我们的舞蹈还不够十全十美。那位传令官迈步向前问道：'你们在等什么，小伙子们？你们见过希达察人是怎么做的。给你们喜欢的姑娘送礼物，亲吻她们。'那些年轻人带来礼物作为亲吻的酬谢。不过没有人亲吻我。

"后来，'河乌鸦'在大角羊遇到了'主体'，他们全部在一起扎营。那里有充足的帐篷。那位传令官大喊道：'准备好，让我们给'主体'表演我们的新舞蹈，让他们大吃一惊。'我们都盼着跳舞。我们知道'主体'中有许多长相英俊的小伙子。我们准备了头饰带，上面的珠饰比希达察女人们的更多，然后就去了一个预备帐篷。当时没有镜子，我们互相涂饰对方的脸，围着眼睛画上一条红线……我们浸泡白色的黏土，用树枝蘸上，然后像希达察人所做的那样，在红色的颜料周围弄上白色的圆点。我们都打扮得一模一样。我和上次的同伴又被选为领头的人。然后，我们围成了一个圆圈。那位传令官喊道：'过来，小伙子们，去亲吻你最喜欢的那位姑娘，然后用礼物作为酬谢；如果你想要娶她的话，就送给她一匹马，把她带走。'来观看的人围了一大圈。我们按照见过的希达察人的做法去做。我正站在那里。在'主体'中，'长马'（Long-horse）的英俊是出了名的。他想要亲吻一位处女，并向那些小伙子

95

们打听那里是否有处女。我的未婚夫把我指给他。'长马'朝我走了过来。他披着一条漂亮的毯子，我更想要的是那条毯子而不是亲吻。他给了我一个很久的吻，然后走开了，留下了毯子，我的母亲拿走了它……一位当时在场的达科他人把一条难看的毯子向我扔了过来，但是我把它推到了一边。他似乎并没有领悟……因为他反而伸出胳膊揽住了我。我把他推到了一边，大家都哄笑了起来。他不管那些又走了过来，但最后终于放开了我。传令官责备我说：'他并不是想要娶你，他只是想亲亲你。'我不喜欢他。我们跳了一小会舞，然后停了下来。没有一个男人靠近我的那位同伴，所以最后她母亲把她带走了。一个男人给了一位姑娘一根棍子，另一个男人把一根棍子伸给我，但是我拒绝了。这一次大家伙都支持我。'主体'的小伙子们吻遍了所有的女人们。两位'河乌鸦'女人结了婚。这以后，我们常常表演这个舞蹈。我觉得'主体'从我们这儿学会了这种舞蹈后，他们也开始跳这种舞了。"

我注意到了一种较早期的娱乐方式，虽然在后来形式有所变化。1910年7月3日，当我在帐篷草观看一场烟草会的接收仪式时，外面发生了一阵骚乱。两个男人飞奔穿过营地，他们打扮得活像小丑（ak'bī'arusacari`ca，即男扮女装），骑着装饰得外貌可憎的马。年轻的男人们跟在他们的后面，但是并没有进行惯常的表演，因为他们被围观的人认了出来。不过，我得到了下面这个对于一场标准表演的描述。

在灌木丛中，组织者会见了他的小丑同伴们，他们全都带着粗麻袋、泥和叶子。粗麻袋用来做护腿和穗饰披巾，而泥用来涂绘身体。他们制作了布面具，上面有眼睛和嘴的开口，并用木炭把这些布面具涂黑。至于鼻子，或者是用木炭标记出来，或者是用泥塑出来再粘上去。等打扮得难以辨认之后，小丑们离开了他们的藏身处，向营地进发。

96

人们一看见他们便大喊起来："小丑们要来了！"表演者们走路的样子活像是跛子，他们装得尽可能地笨拙，以至于向他们围拢过来的观众都忍不住笑了起来。一个小丑打扮成一个女人，穿着一件精美的麋鹿牙礼装，里面还附上了衬垫，装作怀孕的样子。他走路、说话和坐姿都必须得像一个女人。另一个小丑打扮成一位乐师，扛着一面破鼓——再找不到比这面鼓更糟糕的了。他的歌曲诙谐地唱到关于"狐狸"与"木块"之间的对抗。小丑们打趣每一个人而不管那人在部落中的地位，他们交头接耳，告诉大家一起跳舞，逗人们开心。他们同围观者说话时会用假声，因为围观者试图辨认出他们。一旦那位乐师拿起了鼓，他的同伴们立即开始走来走去，琢磨着逗人的滑稽动作。但是那位歌手起初只是急速地敲着鼓，发出低沉的咕哝声。围观的人们不耐烦地喊道："快跳起来吧！我们想看你们跳舞！"

在开始前，这些小丑们已经准备好了柳木弓和箭或者是没用的旧火器，他们在舞蹈中用这些东西来吓唬众人。他们还掳来了最难看的一匹老马，它是罗圈腿，膝关节肿大；他们还把马的耳朵朝下绑起来，在它的脸上罩上面具或者涂以泥巴，在它的腿上绑上黄麻袋的护腿，使它更加丑陋不堪。马的主人直到表演时才发觉马被偷了。一个小丑和坐在他后面的"女人"双双骑在那匹马上。骑在前面的小丑挥动着他的箭或枪，吩咐围观的人保持距离，而那位"女人"随声附和地帮着他。

那位歌手最后敲起了鼓，小丑们散开了，每个人都尽可能地跳得滑稽可笑。过了一会，那位乐师兴奋起来，把他的鼓扔向一边，鼓槌扔向另一边，开始在没有音乐的情况下跳了起来。他的同伴们也照着他的样跳。最后，所有的人都停了下来，只有一个人例外。围观的人们注意到了这个人，他们叫喊着："有一个人还在跳！"其余的小丑都转过身来，那位骑在马上的小丑命令他的同伴下马跳舞。"她"不听，还是紧抱着他，直到他发火了。小丑推搡着"她"的头，这时"她"才下马开始表演。"她"的同伴那位小丑也准备下马，但是故意翻倒下来，装作受了重伤。过了一会儿，他手持武器跳起了舞，然后重新上马，但是越过马背跌了下来，他又装作是重重地伤着了。围观的人中一些饶舌的人也跃跃欲试，他们问着问题并这样评论着："这些家伙一定是远道而来。"这些小丑们打着手势回答说他们来自一个非常非常远的地方，所以才疲惫不堪。或许他们在暗示自己是从天上来的。有的人可能会问："你们到这儿用了多少天（字面意思是用了多少'夜'）？"一个小丑开始数啊数啊，一直数到几百，要不是那位鼓手，他永远也不会停下来。那位鼓手抓住他的背，说道："你疯了，你都记不得我们在哪里睡过觉。"然后鼓手将他摔在地上，那个小丑装作是头朝地摔倒，但是稍停了一会后开始笑了起来。实际上，他似乎是快要笑得背过气了，在空中踢腾着他的脚。

当小丑们筋疲力尽后，他们决定离开。那位骑手试图为他们清出一条道路，但是围观的人们喊道："再跳一会吧！"起初他拒绝了，然后围观的人们又喊道："就算为了你身后的妻子的爱，跳起来吧！"他随后告诉那位乐师再唱起来，舞蹈便又重新开始了。过了一会，他们想逃跑，那位骑手将围观的人向后驱赶。但是人群挤作一团，他们只走出了很短的一段路，不得不重复表演。大约每走45米远，他们就被迫再跳一次。他们最终穿过整个营地到了他们隐藏的地方，但这花了他们好长时间。小男孩们还有大些的男孩子簇拥着他们进来，想搞清楚他们到底是谁，他们把粪掷向这些人。当那位骑手拦住这些外来者时，那些小丑飞快地向灌木丛最茂密的地方冲过去。他们去掉了化装，换上了他们平常穿的衣服，分散到四面八方，最后终于偷偷地溜回了营地。

过去，这个演出是在春天举行的，但1911年我再次观看它时是7月。在一场热舞中，一群年轻人打扮成小丑，骑马到了舞蹈房那儿。他们下了马，为了逗大家伙开心，加入了表演。

以上的描述遗漏了"熊鹤"所描述的一个细节：那位骑手戴着一只用泥和柳树皮做成的巨大阴茎，他们从马背上跃下，在围观者的一片哄笑声中，他装作和他的同伴做爱。

游　戏

儿童的游戏不可能完全与大人们的那些分开，因为所有的年轻人都常常模仿成人们的活动。然而，下面的游戏是或曾经主要是成

98

人的娱乐。

顶尖的赌博游戏很可能要数"藏"（bā′xua-hiru`a），民族志学者称之为手戏（hand-game）。男人和女人都可以玩这个游戏，但是同性别的人在一起玩。起初，每方的参加者只有四五名，但是后来"木块"和"狐狸"有时互相较量。每个会排成几排坐在一个大帐篷相对的两边，他们放下袍子、珠饰和战帽作为赌注。在整个游戏过程中，两名在后面的男人让烟斗一直燃着，代表他们各自的会施着神秘的法术。鼓敲响了，大家唱着歌。一名选手代表"木块"，另一位代表"狐狸"。每个人都借助于他所熟悉的神灵，根据他们保护神的特征，他们像马那样以蹄扒地，像熊那样喷着鼻息，像蛇那样发出咝咝声，或者像鸟那样拍打着胳膊。在对手第二次做动作时，猜测者用一只手使劲地捶着他的胸，同时伸开他的另一只胳膊，指出哪只手里藏着麋鹿牙。猜错了的话就会被讥笑，并且意味着失去了一个筹码。这个游戏以没收三个筹码结束。获胜者敲着鼓，唱着得胜歌，嘲笑他们的对手。他们将把他们的筹码交给一位著名的首领，这位首领举起筹码，并且为每一个筹码念诵一件战功。

两种带有不同标记的骨头或者系有绳子的骨头可以代替麋鹿牙。一位作者曾提到一只贝壳，人们在野牛皮袍子下面把这只贝壳从一只手倒到另一只手。我自己也买了一套，包括两个纺锤形的骨头，一个在中间缠着线，还有十只筹码。这个游戏要拿出所有的筹码一起玩，每猜错一次，就得放弃一个筹码。这表明规则多少有些变化，由两个会参加的正式比赛可能有它自己不同的发展脉络。

猜测的方式是常规的。一个右撇子用他的右手捶胸口，然后伸出手。一个左撇子的猜测者用他的左手。如果藏骨头或牙齿的是两个人，他们与猜测者面对站立，猜测者要分别指出对面的左侧对手右手中的东西，以及右侧对手左手中的东西。除了拇指和食指外，他可以弯曲他所有的手指。手指可以尽量分开以此示意从猜测者的角度来看对手在外侧的手，这是表示"外侧的两个"（asaʻka rūʹpdakʻ）；如果骨头应该在右侧对手的右手和左侧对手的左手（从猜测者的位置来看），他就会四指伸开，把手向下按下去——这种猜测被称为"中间"（kuʹonak）。如果两个藏东西的人被认为是用离门近的那只手握着骨头的话，猜测者的拇指和食指就会移向那个方向，这一猜叫作"他去了门那儿"（biriʹacdēky）；反之，拇指和食指则会移向相反的方向，这一猜叫作"他去了帐篷那儿"（acuʹc-dēky）。

在原住民传说中，这个流行的游戏经常出现。"老人郊狼"有一次集合了所有的动物，长翅膀的和没有长翅膀的，让它们玩。整整一夜，他轮流帮助每一伙。最后，鸟赢了。鹊走上去，扬起它的翅膀，它的翅膀沐浴到第一缕晨光，由此变成了白色。在另一个异本中，地球被描述为永远是一片黑暗，在"老人郊狼"的支持下，鸟们为了拥有白昼而玩这个游戏。神话色彩较淡的故事是，男人们在这种游戏中丢失了他们所有的东西，去寻找幻象，最后由于得到了神的保佑，他们所有的损失都失而复得。

骰子与女人密切地联系在一起。当我试图从"灰牛"的妻子那里得到解释时，她的丈夫变得非常不耐烦起来。他说那是女人们的游戏，女人们总是自己离开去玩这种游戏。尽管他一辈子都和乌鸦女人生活在一起，但是他并不明白这个游戏。有两种迥然不同的骰子类型——"李子核游戏"（buru'piru'a）和"四根木棍"（bare'cō'pe）。

骨头常常被用来代替李子核，骨头有各种各样的形状，如三角形、钻石形、圆形等等（图10）。上面的标记也变化不一，推测大概是用于计分。一套用具包括六枚核（或骨头）、一只木碗、十或十二个筹码。游戏者把骰子放入碗中，将碗摔在垫在碗下的一件袍子上，这样骰子四散纷飞。有一种解释说，如果所有的骰子都出现同样的面，即都是没有标记的或者都是带标记的，则记六分；三个带标记的骰子和两个带标记的三角骰子得一分，两个带标记的骰子和一个三角骰子得三分，等等。如果一个参加游戏的人很背运，她就会向一个朋友求助，说道："我运气不好，你替我去去晦气吧。"然后，她的朋友在手掌间搓搓骰子再把骰子递还给她。

100   木棍骰子被扔在一块扁平的石头上，这块石头放在一块圆形的鞣制皮子中央，那个地方标着一个白色的圆圈。我买了几套——一些是四根棍子的，其余的是八根棍子的，它们的长度从17到30厘米不等；平均宽度是0.6厘米，最宽的有1厘米出头。这些木棒或者刻有凹槽或者没有刻凹槽；没有凹槽的那一种，一面非常平，而另一面则微微地凸起。它们中的一些在中央显现出一条长线，表明是凹槽的雏形。这两种骰子都带有烧灼的装饰，图案变化非常显著。有时遇到两面都有标记的，则两面的图案各不相同。横向的平101   行线是常见的图案。一支枪和一个人的图案记十分，另外一种图案

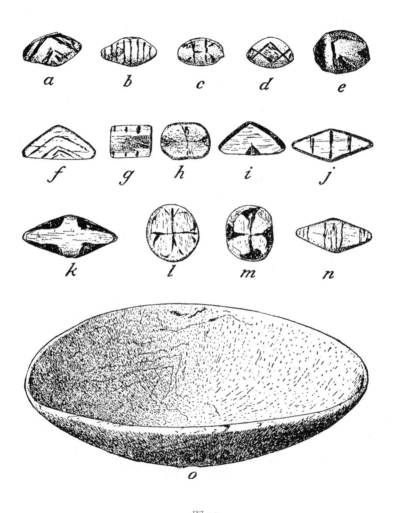

图 10

一套骨头骰子和木碗。将碗摔在地上，骰子就从碗里飞散出去

记九分。据一位报道人讲，女人们让著名的勇士为她们的骰子画上人或者马蹄印的图案。

服装、麋鹿牙和被子是掷骰子结果的赌注。

赌博也伴有运动游戏，其中最重要的是"模仿打猎"（batsī′kisu`a）即扔环。我收集到了两种环，一种是普通的树皮包的环，不是非常圆，直径约23厘米和25厘米（图11a）；另外一种是一个网状的轮子，直径大约是30厘米，在中央有一个圆形缺口（图11b）。我买的一支标枪大约有106厘米长，一端是带有羽毛的尖头叉（图11c）。

参加游戏的人在平坦的地面上站好位置，两名记分者手拿小柳树枝作为筹码。竞赛者都使用同一个环，当环向前滚的时候，将他们的标枪用力猛掷向环。离环最近的人得分。也有人说，标枪应该穿过环，穿过网状环中央的洞。这里没有赌注，获胜者有权追赶他的对手，用环击打他的背部。

这个游戏有时会有所变化。一位游戏者滚动那只环，而另一位游戏者则将标枪投向它，标枪戳在环倒下去的地方，第一位游戏者用弓箭去射那只环，所有没有射中的箭都归了对方。每方可以各有几位年轻人加入。

神话也突出地描述了这个游戏。例如，有一位嫁给太阳神的女人，当她透过天孔偷偷窥见在她故乡的村庄玩扔环游戏的人跑来跑去的时候，她陷入了难以自拔的思乡之情。还有一个故事讲述的是一个人在"模仿打猎"中赌输了他所有的东西，不光是马匹和帐篷，甚至连妻子也搭了进去。当然在得到一个幻象之后，他所有的

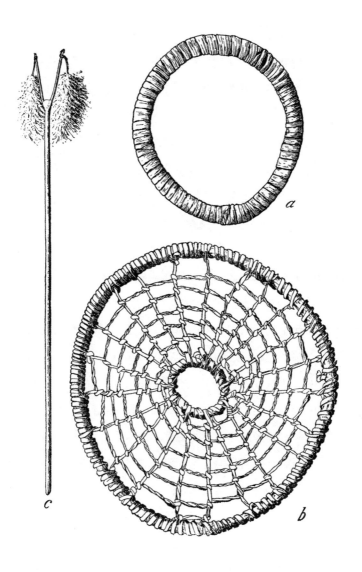

图 11

a 为用于各种环和木棒（hoop-and-pool）游戏中的环，*b* 为网状的环，*c* 为投向环的标枪

财富又都失而复得。

简易曲棍球又称"击球"（bū´ptsaritu`a），基本上是一种女人的游戏，尽管有时"夜晚热舞者"（Night Hot Dancer）的会员及他们的妻子同"大耳朵眼"（Big Ear Holes）的会员及他们的妻子会互相较量，正如早期的"狐狸"与"木块"之间。这是一项春季的游戏。球被抛向空中，每一队的游戏者都尽力将球击向对方的目标，这个目标用毯子标志出来。芝加哥菲尔德博物馆的西姆斯先生收集到一只球，它是个扁球，中间有一条缝合线；球棒是一根 96 厘米左右的幼树，一端弯曲。乌鸦人似乎允许用手持球，而在其他部落中这样做则是犯规的。因为一个故事讲的是"长耳朵"（Long-ear）的女儿一次在马背上玩，当球朝她打过来的时候，她下马拾起了球，然后重新上马。她的对手们攥住了那匹马的尾巴，紧贴着马的两侧。这位骑手无法越过她们，便将那只球向目标投去。参加比赛的另一位女人抓住了球，拿着它奔跑起来。她的对手们穷追不舍，抓住了她的腰带；她解开了带子，将带子留在她们的手上。当她们逼近她的时候，她像熊那样咆哮着并举起双手，将她们吓退，这样她就能投中目标。我的报道人补充说，这是一个精彩的游戏。游戏中自然会发生各种各样有趣的事情。一次，一个女人在逃跑时撩起衣服，设法将球掷向自己一方的一对行动敏捷的人。围观的人们说："她们看见了她的腿，可是却怎么也抓不住她。"

当男人和女人一起玩的时候，每方选出跑得特别快的一对，很可能是为了奔向目标的最后冲刺。在那种场合，女人们会穿上她们最漂亮的衣服，她们穿着的麋鹿牙礼装一直垂到脚踝。

第五章

文学

　　乌鸦人普遍伶牙俐齿，他们玩起文字游戏毫不逊色。乌鸦人有像我们的"她在海滨卖海贝"（she sells sea-shells by the seashore）那样的"绕口令"——以最快的速度连珠炮似的说出一系列词语而不搞混正确的发音；最广为人知的可能是"我们去了内兹佩尔塞的人没有系内兹佩尔塞的带子"（basakapupeʹcdec akapupapaʹʹpatdetk）。一次，我从我的翻译的口述中记录下了这个句子，认认真真地背诵它。然后，当我迅速而准确无误地背出它时，一位印第安老人大吃一惊。印第安语言中也有地道的双关语。我问"黄眉毛"他属于哪一个部落。他立刻用乌鸦语答道："你一看我，我就暴露无遗了，你应该知道我。我的这副嘴唇（指着它们）很疼，我是一名'疼唇'。"

　　乌鸦人对于用词的考究达到了令人难以置信的程度。一天早晨，"黄眉毛"在讲话的开篇用了一段评论，在这段评论中，他想解释一下他在讲故事时经常使用的三个词。第一个词是"e"，有时它的意思是"是"；有时围观的人会说这个词，是为了鼓励一位讲述者继续讲下去；最后，当一位说话人忘记了什么时，会突然说出它。第二个词是"diʹa"，它的意思可能是"做它"，用于一种祈使语气；但也有可能是"继续"（用在停顿之后）。最后一个是感叹词"ha′t′ak‘"，它的意思可能最好通过一问一答来说明。一个人可能问道："你是什么时候盖的那座汗屋？"另一个人将回答："Ha′t′ak‘（噢），我是前天盖的。"

这就是说，"黄眉毛"不仅把说话当作一种交流的方式，而且已经开始分析有关语言意义和用法的要素，难怪我的翻译把"黄眉毛"称作是"我的字典"。当然并非所有人对于遣词造句都显示出这样浓厚的兴趣，但不同寻常的一点是，在一代人中会有几个这种人——像"黄眉毛"和"没有马"（No-horse）那样并没有受过教育的人——他们被看成是他们母语的专家。二十多年前有人告诉我，他们中的一个会在一个议事会中站起来，使用从没有人听到过的词，但能让大家立刻领悟。

凭借这种运用他们母语的能力，一些印第安人将非凡的戏剧感和巧妙应答的高度机敏融为一体。1931 年，我参加了一场议事会，"没有马"在这个会议上严厉地指责"鹿鼻子"（Deer-nose），批评"鹿鼻子"言行不一，他作为（浸礼宗）教会成员宣誓虔诚，可他在一次活动上分配肉时却一点也不公正。一时间"没有马"又说道："当白人叫你跳时，你就跳；当他们说'走'，他就走。"在说出这句话的过程中，"没有马"为这番话配上了恰如其分的动作，他还表演了滑稽的一跳，引得围观的人们哄堂大笑。"鹿鼻子"的戏剧感尽管稍逊一筹，但在回应上却毫不示弱，他俩你一句我一句滔滔不绝地对骂。

好多年前，我开玩笑地告诉一位报道人，我属于他妻子的氏族。过了一会，谈话转移到军事会的话题上，我发现我的朋友是"木块"的成员。我说道："我是一位'狐狸'，明年春天我会劫走你的妻子。"他立即将这个威胁和我先前的话联系起来。他羞辱我道："去娶你的**姐姐**吧！"对于自己的胜利，他咯咯地笑着，又补充了一句："是**你**先攻击**我**，然后**我**才攻击**你**的！"

印第安人对于不协调的极度敏感造就了一种独特的故事类型。那些当地近期发生的有趣事件激发了这些人的幽默感，经过天生的幽默家们润色，它们发展成了一个个简短的小闹剧，大家把这些小闹剧讲了又讲，作为消遣。我记得一个故事是关于一位忌妒的丈夫，他刚一看见妻子的情人就准备射杀自己。可是枪从他的喉咙那儿滑落了下来，他开始号叫着求助。他的胆怯与要自杀的虚张声势之间的对比被认为极其滑稽。

在讲这一类型故事的人中，"白胳膊"（White-arm）名列前茅。他给我讲过一个故事，这个故事是关于我认识的一位前任印第安保安，一个叫作"责骂熊"的人。一次，一对年迈的乌鸦人夫妇来到他那儿，请求为他们追回被偷的一些钱。他们给了"责骂熊"五美元作为鼓励。他们的想法当然是"责骂熊"应该尽职尽责。可是，这位保安是有几分爱开玩笑的人。他装作使用旋风法物来实现这个目的。于是，他点燃了香，施展了种种骗人的把戏，另外还唱了一首希达察语歌词的歌。不过，当然所有这些努力对于他的委托人来说都无济于事。"白胳膊"模仿了这一套虚假的表演，并且用一种滑稽的方式唱了那首歌，我怎么试也学不像他的那一套。然而，就算没有这些添枝加叶的修饰，无论什么时候把乌鸦人的故事文本

106

读给他们听，都会逗得他们开怀大笑，我被迫读了一遍又一遍。我多少加入了些更原汁原味的表演，借此我获得了同样的成功。借助我的翻译，我编造了一个故事，天花乱坠地描述了当我还是一位年轻人时是如何去山里寻找神示的。一只巨熊出现了，给了我配圣歌的摇篮曲（见边码 35 页）。它保证我会在奔赴战场的征途中大获全胜，但是却给我加了一个忌讳：自此以后，我不准再吃它同类的肉。作为这个神示的结果，我去同敌人作战，砍断缰绳，放开了数不清的拴在桩子上的马匹，消灭了一大批苏人。我肯定不可能再有比这些人听得更津津有味的听众了。一位印第安听众会去叫另一位也来聆听这些离奇古怪的故事，而且他迟迟不肯离去，把故事从头到尾地又听了一遍。尽管我要绝食的说法荒唐可笑，我对想象出来的战功大吹大擂，这些都让他们听得兴致勃勃，不过在我看来似乎再也没有什么比把那首摇篮曲用作圣歌更能令我的朋友们觉得滑稽可笑的了。

当然也有对于真实事件的严肃描述，特别是战争。"没有胫骨"（No-shinbone）对于一次奇袭的报告就是一个很好的例子（见边码221 页）。当我在几年以后把这个故事读给一些印第安人听时，他们对故事的精华部分早就耳熟能详了，并当即指出这是"没有胫骨"的故事。与古老的神话和传说相比，这种故事有一种简单的、不连贯的叙事方式；尽管单调，却并非索然无味。由于某种原因，像下面这个句子"我们冻得要命，我们快要死了"也会引起笑声。这种重复，这种对日常活动的罗列，诸如宿营、生火、做饭、吃饭、抽烟和睡觉等，是乌鸦人故事风格的特点。

故事可能是讲述一个冬夜，当时人们正围坐在篝火旁或者已经四仰八叉地躺在那里准备进入梦乡了。某位以善于讲奇闻逸事而闻名的老人可能会被邀请参加一个宴会，然后大家要求他助兴。他可能以一声大叫"ikye′！"（注意了！）开头。他在每讲几个句子之后，希望从听众那里得到的回应是"e"（是）。一旦他没有听到这个回应，这位讲故事的人就明白大家已经全都睡着了，他的故事就会戛然而止，可能要等到第二天晚上再继续。这个规矩在老妇人的孙子这个传说中很好地体现出来。以前，人们不敢在夏天讲故事。据一位印第安人讲，这是因为晨星只有在冬天才出现。类似的，只限于夜晚讲故事的原因被解释为：被起了名字的星星过去全都存在于地球上，它们只是在天黑以后才出现。

"黄眉毛"如今将近七十岁了，他善讲故事有口皆碑。年轻的亲属们邀请他去品尝野樱桃布丁，并让他从他的故事宝库中挑几个故事来讲讲。他告诉我，他的祖辈"好野牛犊"（Good-buffalo-calf）和"用头皮当项链"（Uses-scalp-for-a-necklace）都是有名的人物，出身于名门，并都因善讲故事而地位显赫。孩子们喜欢听故事，会要求他们的长辈讲给他们听，通过这种方式"黄眉毛"积累了许多故事——主要是从他父亲的父亲那里。

值得一提的是，乌鸦人听众即使是在聆听公认的大师讲故事时也可能会挑刺。因此，如果讲故事的人是在援引他听说的事而不是报告个人亲眼所见之事，在讲述时需要以一个小词"tseruk"来结束。但是在"责骂熊"和他欺骗的一对夫妇的故事中，据说"白胳膊"过于频繁地使用这个小词——"只有在恰当的时候"，你才应该

把它加在后面。类似的，"黄眉毛"也由于在他的描述中没完没了
地夹杂感叹词"ha'tʻakʻ"而受到批评：这看来是应该受到谴责的怪
癖。当大师都没能幸免时，不起眼的小人物们便自然常常落得被嘲
笑，正如在"大量鹰"讲故事时发生的一两次情况，这些故事被毫
不留情地贬为低劣，尽管他们在说这话时当然没有当着"大量鹰"
的面。

　　很难精确地确定用于衡量文字成就的标准。通常听众要求有清
晰的视觉形象，要求对于一个动作尽可能明确地定位，并且讨厌语
言前后矛盾。例如，当后缀"kci"加到动词上时是嬉戏玩笑的暗
示。在一个故事中，"黄眉毛"因在一个关于庆贺胜利的场合使用
它而受到批评，因为他不该在那样一个严肃的场合下用它。这大概
是触动了原住民的敏感神经，多少就如同我们在听到谈及"快乐
的葬礼布道"时可能会感受到的那样。当人物被表现为正在说话
时，理想的做法是表明他们的身份以免产生误解。我的许多文本里
有不少违背这一准则的过失；不过，我猜想会有一些情有可原的情
况：一方面，故事常常是众所周知，或者其内涵对于乌鸦人来说非
常清楚，原住民听众不会有疑问；另一方面，他们不习惯用文字记
录口述故事，这种方式一定会多多少少扭曲了正常的叙述形式。在
补充叙述中，我经常发现讲述者啰啰唆唆地重复一个人的身份。讲
述者以引语"是某某在说"开始，而以"说这番话的就是某某"这
样的话来结束。当一个主人公是匿名时（这种情况并不少见），讲
故事的人并不回避麻烦的表达方式，会说像"正是这个刚刚进来的
人说"之类的话。说到这一点，我们必须指出，在乌鸦人的语言中

108

并不存在任何间接引语形式，因此，翻译成英语后的那种灵活并不能准确地体现原住民的文学价值，因为印第安人在这一点上别无选择。他不能够说："他们告诉我，我没有得分。"而**必须**这样来表达他的意思："他们正在说：'你没有得分。'"

清晰的画面意味着要有充分的细节描写，正是在满足这一要求上，讲述者的个性化差异显而易见。在老妇人的孙子神话[1]中，英雄和蛇通过念诵那些让人昏昏欲睡的语句而设法使对方入睡。在我所收集的六个版本中，这个"催眠"的主题是一致的，然而这些版本没有任何两个是一模一样的。首先，有两种版本：孙子或者执意要先讲故事，或者同意蛇先开始。后一种处理方法显然使情节更加曲折，但也显而易见地对艺术家提出了额外要求。另有一个版本，其他方面不错但在这一特定的阶段不够充分，在这里这位英雄只是说"春天，当白天微风习习的时候，我们睡得很香"和"夏天，当雨点敲打在帐篷上发出滴滴答答声时，我们睡得很香"。"祖母的刀"尽管是一个很有声望的讲故事能手，但是他的讲述也并不比上面的这个高明多少。孙子被迫先来为这场竞赛开场，他说道："秋天，下雨的时候，我们能听见雨点打落在帐篷上，我们会睡得很香。"接下去他继续说："当我们睡在松林间的时候，风吹过来，我们听到松林的声音，我们睡得很香。"对手们没有任何反应，于是他把对手全部杀死了——除了一个以外，这剩下的一个是由于及时醒来才得以逃脱的。"抓伤脸"（Scratches-face）选择的是第二种描

1　老妇人的孙子神话见第七章。在本章出现的这个故事的片断中，作者或故事的讲述者交叉使用"孙子""男孩子"或"英雄"，这些词指的都是"老妇人的孙子"这同一个人物。——译注

述，故事一开始就陷入错综复杂的情节：那位英雄必须一直保持清醒的状态，而蛇则设法使他入睡；要做到这一点需要有个铺垫。传统的乌鸦人对这种情况的设计是，在这位英雄拜访蛇前让他遇上一只长耳大野兔并与其交换眼睛：这使他**表现出**醒着的样子而其实他已经睡着了。在"抓伤脸"的版本中，随后蛇开始讲了："春天，樱桃和李子鲜花盛开的时候，那时我们杀死了一只鹿，我们在樱桃树灌木丛向阳的一面做熟这只鹿。秋天，天气凉爽的时候，我们外出了很长时间，当我们回到帐篷时发现里面暖暖和和，我们立刻就睡着了。"就在这个节骨眼上，那个男孩子醒了，轮到了他："外出到大山里打猎的时候，那时我们在黄昏杀死了一头野牛或一只鹿、生起篝火做饭，我们做饭时天色渐渐黑了下来。我们累极了。我们拿起做好的东西吃了起来。雨下了起来，我们躺下来睡觉时，我们立刻就睡着了。你们所有的人也一定会睡着。"现在他所有的对手全都酣然入睡了，他便砍下了对手们的脑袋。

在娓娓道来地讲述这个故事时，"黄眉毛"起初倾向于第一种版本，他已经开了个头："老妇人的孙子说：'**我**要先讲故事了。'"但是"黄眉毛"却自己改过来，将他的讲述退回到那位英雄到达之前，像"抓伤脸"一样让那位英雄路遇长耳大野兔，这样他就能够借到长耳大野兔的眼睛了。换句话说，"黄眉毛"知晓这两种神话类型，而且有意选择了难度较大的那一种。他把故事渲染得比"抓伤脸"的更具有说服力。尽管长耳大野兔眼睛呆滞的注视可以解释为什么蛇会相信它们的敌人是醒着的，但是唤醒这位英雄以便他能刚好在那一刻开始讲故事的是什么呢？"黄眉毛"弥补了这个破绽：

孙子吩咐他的四支魔箭为他做出反应。当轮到这位英雄讲故事的时候，正是四支魔箭中的一支落在他的脸上才将他唤醒。"黄眉毛"进一步创造了一个高潮。蛇用这些话使人产生睡意："春天，当我们躺在小樱桃树下时，青草嫩绿，太阳变得有一点暖，我们觉得昏昏欲睡，不是吗？"孙子这样开始了："秋天，有一丝微风时，我们躺在一个遮蔽物下，听着干枯的杂草彼此摩擦的声音，我们变得昏昏欲睡，不是吗？"讲到这里，他的一半听众已经不再有反应了。这位英雄继续讲下去："白天，当毛毛细雨滴滴答答地敲打着帐篷时，我们躺在那里，让脚底暖暖和和的，我们睡着了，不是吗？"又有一半的蛇睡着了。这个男孩子继续说："晚上，我们躺下时，听着风从发白的树木间掠过，发出飒飒的声音。我们全然不知我们是**如何入睡**的，但是我们睡着了，不是吗？"所有的蛇都已经睡着了，但是这位英雄想要确定一下——这位讲述者大概坚持要说**四句**催眠的话，以便与"四"这个神圣的数字相吻合："在稠密的松树林中找到了一个小空谷，我们在那里扎下了一个新营地。轻风吹拂着我们，我们筋疲力尽，躺了下来，听着飒飒作响的松林，直到我们渐渐地全都进入了梦乡。"孙子大喊道："注意！"没有任何反应，他随后就杀死了那些蛇。

显然，同大量的传统素材对照，"黄眉毛"的**创新**微不足道。他的优点在于他能够娴熟地驾驭广为流传的既已存在的素材。他意识到长耳大野兔的情节增加了他故事的篇幅，并且避免了使故事流于简单化的可能。箭的母题也并不是他首创的，但是他借用箭为主人公的醒来提供了解释，而"抓伤脸"则忽略了这一点。"黄眉毛"

个人想象力的丰富程度同那些与他势均力敌的讲故事者相差无几，但他对于故事的高潮更敏感。所有这些特点，乌鸦人都能充分地欣赏到。一位善于讲故事的人不仅要讲出故事的梗概，而且要把故事讲得如史诗般恢宏，让妙趣横生的细节层出不穷，并且符合乌鸦人理想的风格。

从我们的观点来看，较长些的乌鸦人故事通常在结构设计上有所不足。对于细节的过分关注破坏了在结构上所应达到的效果，因为显而易见的涵义必须表达清晰，对猎捕野牛或者从奇袭中凯旋的过分渲染，损害了故事的整体。没有一个人物只是简简单单从一个地点到另一个地点：他必须出发、行进，而后到达！有一个优美的传说，讲的是一个女人献身于被他的队伍所遗弃的情人。在故事中，这个女人必须横穿某个地区才能到达情人那里，这个地区的地形先是由队伍中的一个人描述出来，然后在对实际行程的讲述中又勾画了一番。当"黄眉毛"向我讲述有关他母亲的兄弟"小兔"（Young-rabbit）的那个感人故事时（见边码 331 页），他对于"小兔"的装束、响铃、枪以及马饰做了一番滔滔不绝的描述，使人类悲剧的故事基调几乎被遮蔽了。

另外，前后不一致的情况也会发生。即使是在像老妇人的孙子那样构思精巧的传说中，对于养祖母的描绘也有明显的矛盾。故事主体的观念无疑是她与邪恶势力联合，在假装疼爱孙子的同时伺机置她看护下的这个小孙子于死地。然而，传说的开头和结尾却都传达给人们迥然不同的印象。

要对乌鸦人的传说进行分类实在是很困难。有像关于"老人郊

111

狼"和老妇人的孙子的故事那样真正的传说——这些故事明确地涉及不同于时代的生活状况，并且是为了解释某种自然现象或既定习俗的来历。但是在这些真正的传说与更接近事实的传说之间无法画出一条一分为二的界线，因为直到几十年前，奇迹还与乌鸦人的日常生活密不可分，我认识的那些人所报告的神示经历也表明了这一点；同时，某些习俗的由来也可能会突然出现在相对更接近现实的背景下。无论是纯粹的神话类型还是显而易见的非神话类型，印第安人没有赋予其中任何一个更高的价值。当"黄眉毛"被问及在所有他知道的故事中喜欢哪些的时候，"黄眉毛"列出了"老人郊狼"和两个现实主义的孤儿传说，即"双尾"的传说以及"走向他的马"（Walks-toward-his-horses）和"枪撞槌"（Gun-hammer）兄弟的传说。

当然，有一些故事耳熟能详，这特别符合"老人郊狼"这套故事的情况，几乎每个人都有可能饶有兴趣地讲述其中一些非常淫秽的部分。老派的女人可能并不比男人更一本正经，总而言之，"小鹤"自觉自愿地给我讲述了"老人郊狼"是如何同他妻子的母亲一起睡觉的。老妇人的孙子的冒险也同样广为人知，即使是如今人们还会把执拗的孩子和这位传奇英雄做比较。当然，知道情节与足够了解、能够讲述这些传说之间还存在着很大的距离。我接下来给出的记录，只是为了表明一位讲故事者的潜力：1914 年夏，"祖母的刀"给我讲了六个"老人郊狼"的故事，还有大约二十五个其他故事，其中包括"大乌鸦脸"这个真实的历史故事。与"祖母的刀"相比，"灰牛"并没有自夸是一个善于讲故事的人，他只是偶尔给我讲故事，有时只是出于纯粹的语言学上的目的。因此，我根据他的口述做的记录并不能公正地表明他所知道的故事。不过，我要感谢他讲述了关于双胞胎少年英雄传说的一个版本，长度不下五千字，还有三个"老人郊狼"的传说以及其他四五个传说。

再回到这些故事本身："老人郊狼"这套故事包括不计其数的情节，大概从来没有任何一个人讲全过，尽管它的几个部分常常被一股脑地混合在一起。通常主人公扮演着一个卑鄙的角色：他骗取食物却又落得遭人抢劫；他娶了一个鬼而招来了无穷无尽的麻烦；他执意要和一群雁一起飞翔却摔倒在地上；他为了娶他亲生女儿而装死，但是被发现了；他徒劳地模仿几个用法术给他提供食物的朋友，却最终失败，大出洋相。不过，这个不可救药的小丑和寡廉鲜耻的好色之徒却创造了土地并且开创了乌鸦人的许多风俗。一些人甚至将他视为最伟大的太阳神（见边码 252 页）。

迥然不同的是老妇人的孙子，一位印第安女人所生的太阳神之子，他曾经消灭在这片土地上出没的大批妖魔鬼怪。他最终升至天界成为晨星，而他的养祖母则变成了月亮神。颇为蹊跷的是这位英雄的勇猛功绩也同样被赋予了双胞胎少年"被扔在通风口隔板后面"（Thrown-behind-the-draft-screen）和"被扔在一眼泉中"（Thrown-inside-a-spring），这两个神话之间存在着一种令人无可奈何的混淆；而从其他神话那里，我们得知这两个神话原本是截然不同的，这实际上是乌鸦人自己的一种观点。因为这两个神话的焦点都围绕着消灭鬼怪，所以我们就容易理解为什么同样的功绩会被不加区分地赋予双胞胎英雄或者太阳神之子了。

许多据知出自其他平原部落的故事也出现在乌鸦人的故事集中。有一个传说讲的是一位年轻人，他娶了一位野牛女人并同她生了一个孩子。他冒犯了这位女人，这位女人便带着儿子离开，去了她的族人那里。这位追悔莫及的丈夫紧追不舍，并且必须经历一次考验，即他必须把他的妻子和儿子——现在他们都化身成了野牛——从其他母野牛和小野牛犊中分辨出来。在他儿子的帮助下，他成功了，妻子和儿子失而复得。有一个广为人知的故事讲的是发生在雷鸟和一条水龙之间的世仇，当水龙正要吞掉雏鸟时，在一位人类英雄的帮助下，鸟们将滚烫的岩石滚进了这个妖怪的口中。在另一个版本中，这个主题与另一个广泛传播的母题结合在一起：杀死这条水龙的是一位少年，他从一辆狗拉的拖车上被甩下来后，由好心的矮人们抚养成人。笨拙的巨人必不可缺，尽管他们扮演的是次要的角色。有关超自然的保护神的故事不计其数。实际上，一个喜闻乐见的主题是可怜的孤儿、背运的赌徒，或者穷苦的夫妻，得到某个强有力的存在的顾怜，因此飞黄腾达，拥有了财富和名望。另一个反复出现的富有人情味的动机是对于高傲的美人的惩罚，她狂傲地拒绝了出色的求婚者。这些传说素材的总数难以估计。1918年，我出版了一本长达 300 页的故事集。但是西姆斯先生和林德曼先生已经记录过的一些故事我没有收录，1918 年之后我自己完成了一部相当丰富的故事集作为补充。

诗歌则没有恰当的代表，尽管有几种类型的歌曲权且可以归入这一类。有一些相当无关紧要，如那些被女子抛弃的情人所编的用以报复他们旧相好的小调（见边码 53 页）。其他挖苦的曲调来自敌对的会，他们相互嘲讽，内容与劫妻尤其相关。例如，"直胳膊"
（Straight-arm）把一位被劫走的妻子带了回来，却遭到如下的嘲笑：
"'直胳膊'带回了他的妻子。你留着她就好，让你的妻子来吧。"
再如，有一次，一位"狐狸"的成员杀死了一匹鹿皮棕色的好马，
它属于一位"木块"劫妻者。"木块"编了这样的一支歌："你们这
些'狐狸'，吃鹿皮棕色马的粪吧！"

　　不过，军事会自然也有表达他们更高志向的歌曲。例如，"锤
子"的男孩子们会唱道："男人们害怕（敌人），**我要去迎敌**。"再
如，一位"狐狸"会员可能会反复呼喊："你们'狐狸'，我想死，
我就是这样说。"当"大狗"们在哀悼一位成员时，他们吟诵着这
样的词句："伙伴，我下马了，我要去了。"

　　说起这种豪言壮语，勇士们总是滔滔不绝。例如，下面的语句
出自"斑点兔子"，每一句都代表一句明显的惯用语，这些语句不
是由他首创，而是从他的长辈那里学来的：

　　　我正在寻找防御工事。我正在进入它们。我在前进。

　　　我引得那么多小伙子的妻子流泪，我不得不死，我就
　　是那样。

　　　姑娘们为我痴狂。现在我不会藏身在别处，我要那样
　　做（赴死）。

　　这样的战争圣歌常常得自启示。实际上，一位返回现实的幻象
寻求者可能会被问及："你有歌曲吗？"（di´cūwici？）这些歌中的

114

一首如下文：

> 无论何时有困难，我都能克服。尽管箭如雨下，我必
> 到达。我意已决。

下面的一首可能也被认为源自超自然的存在：

> 天与地永恒；老人们悲惨地离去；不要惧怕。

这里表达的思想感情是乌鸦人最显著的特征之一：凡人不可能
指望像伟大的自然现象那样永生，他们以这种想法自我安慰——晚
年是不幸之事，趁年轻之时献身。

在宗教歌曲中，许多都和烟草会相关，经常措辞明确地指代神
圣的烟草。这里举几个例子：

> 我努力栽培烟草。它是我的，据说有很多。据说它长
> 得很好。它是我的，据说有很多。
>
> 当它成长时，让它们跳舞，当它已经长大，让它们跳
> 舞。现在它很高兴，让它们跳舞。Hē! 它在底下，它就在
> 底下，在底下，已经在底下。Hē! 瞧这边，hahē´i!
>
> 我，烟草，是一个人，看着我。我，我是烟草，我是
> 法物石头，看看它。
>
> 我是烟草，我的全身都是烟草。

有时明确提到这个会的特殊分会，比方说鼬分会。如在"麝鼠"的话中有：

鼬要出来了，我要让烟草出来。

在鹰分会中，一些歌曲也提到了名祖[1]：

当我从后面来的时候，我会有两首歌。我的背上将背着我的法物。你们所有的人，你们都很穷。瞧瞧**我**！翻过山顶，是我曾居住过的地方；翻过山顶，是我来自的地方。我是一只鹰。我就要来了。我要朝狼山走来。

自然，与神示相关的歌曲有时具有神秘的特点。它们有时就像催眠的经历一样神秘莫测。比如，"一直是牛"在一座山上绝食，他看见一个下凡的神灵拿着一支烟斗，上面带有人的头发，他听见神灵唱道："在任何我爬上来的地方。"

祈祷文可能是对于愿望非常简单的表达，不过有时候它们也会非常详细，富有节奏感，而且至少与富有诗意的散文不相上下。给太阳神的致辞可以作为一个很好的例子，这个致辞是人们献给太阳神一头白化野牛的牛皮时所用的：

"问候您，父亲的族人，我刚刚为您做了一件袍子，现在我将

115

1　名祖（eponym）：名字被用来命名所属地方或部落的人。——译注

它敬献给您，就是这个。请赐予我美好生活之道。祝愿我和我的族人平安地迎来下一年。祝愿我多子多孙。当我的儿子们奔赴战场时，祝愿他们带回马匹。当我的儿子奔赴战场时，祝愿他脸孔涂着黑色凯旋（见边码 225 页）。当我迁移时，愿风迎面吹来（这样猎物就闻不到我的气味），愿野牛朝我聚拢。愿今年夏天植物茁壮成长，愿樱桃果实累累。愿冬天一切安好，愿疾病不沾染我。愿我看见夏天的新草，愿我能看见硕大茁壮的叶子。愿我看见春天，愿我和我所有的族人都能安然无恙地迎来春天。"

上面这段可以同下面这个祈祷做一个对比，这个祈祷是大大小小的分会献给太阳神一个汗屋时，对太阳神所说的：

"喂，小汗屋，我说过'我们为您而建它'。现在，我已经建好了它。名山、大川和小河，抽烟吧。上天的神灵，抽烟吧。地上的神灵，抽烟吧。土地，抽烟吧。柳树，抽烟吧。当新叶抽芽时，当叶片成熟时，当树叶变黄时，当树叶掉落时——年复一年，我想一直目睹（这些季节）。为此，我献上烟。喂，油脂之神，无论我走到哪里，我都希望遇见一些肥硕的东西。喂，木炭之神，无论我走到哪里，愿我都能涂黑我的脸（胜利的标志），平安返回。你们，四方的风，抽烟吧！无论我走到哪里，愿风迎面吹来，风请不要因为我而把我送到那里（？）。"

最后，必须提一下在正式讲演方面的成就，一位传令官在战争前夜的发言是一个很好的说明（见边码 231 页）。这篇演说由在烟草仪式上的某位表演者发表，它兼有讲演和祈祷两种性质：

116

"我加入了一支作战队伍。他们冲锋，他们杀死敌军，我缴获了一支枪。然后我返回了。当我到达你们种下的烟草那儿时，烟草密密麻麻，在烟草周围，苦樱桃果实累累。然后我来了。当我到达营地，这里没有生病的人。你们正在平平安安地收割烟草。"

通过审视乌鸦人所作的这几种诗歌和散文，我们不难了解传统的文学风格。乌鸦人的诗歌或叙述没有全新的。在相当大的程度上，一个人对于主题、传说中的情节、演说或歌曲中意象的选择已经预先定好了。让我们先说最后一点。绝非偶然的是，大多数祈祷文不仅具体化了长寿的愿望，而且是在一种明确的形式中将其具体化的，这种明确的形式是看见或迎来了一年之中的某某阶段；更进一步说，这一阶段不是由时下表示季节的词来标明的，而是一些形象化的描述，诸如"硕大茁壮的叶子""当树叶变黄时""当樱桃成熟时"。同样并非偶然的是，一个又一个讲故事的人在描述一位老态龙钟的人时用到这样的语句："他老极了，以至于当他在帐篷中走动时，他的皮肤都裂开了。"我们显然是在面对一套陈规。另一个一成不变的模式是对比迫不及待地去迎敌的男人和痛苦地等待着分娩的女人："是女人生儿育女、备受折磨，此时此刻，我们认为孩子即将出世，但是她们还要再忍受很长一段时间的折磨。好啦！与她们不同，**我们**立刻就要投入（战斗）。"

一个风格上的显著特征是尽量使用对比。当一位仁慈的小矮人救了一位快要做父亲的人时，小矮人用这样的话许诺要为婴儿起名字："如果你的孩子是一个小男孩，我就给他起名字；如果是一个小女孩，我就不给她起名字。"小矮人的妻子因此斥责她的丈夫在帮助英雄时磨磨蹭蹭："'快把我的儿子带来，'我说，你已经做得迟了。"当小矮人发现，这位年轻人所遭受的痛苦正来自那位他赐予过力量的男人时，小矮人的满腔义愤在下面的话中发泄了出来："'努力造福你的人民。'我这样告诉他。我并没有说'拿走和占有他们心仪的财物'。我并没有说'一个接一个地杀死他们'。"在这些故事中，我们发现诸如此类的惯用语，比如："在这些勇士中，受伤的不计其数；那些没有受伤的屈指可数。""他过去没有妻子，现在他有了一位妻子。""全部都是男人，女人一个也没有。"因此，当"老人郊狼"指引一只鸭子潜水时，他并没有简单地发号施令，而是说道："当你碰到什么的时候，如果你碰到硬的东西，那还不是；如果你碰到软的东西，把它放到你的嘴里。"在怒气冲冲的野牛女人给她丈夫的口信中，可以找到一个很好的例子来说明："去，告诉你父亲：女人们会坐下来，孩子们会坐下来。如果在一群孩子中他自己选出了你，如果在一群女人中他选出了我，我们就和他一起回家。"

对比当然可能会向更为均衡的结构靠拢。一位父亲用这样的话劝告一位年轻人："无论'玩他的脸'（Plays-with-his-face）会做什么，照他的样去做。如果他死，就和他一起死；如果他行善，就和他一起行善。无论他会做什么，和他一起做。"这个例子也说明这种倾向，即列举出许多特征，并以一个总的概括结束。比如，我们发现："我们的马，我们的货物，无论我们有什么，我们都将给你们。"或者"当年轻人徒步去打仗时，当他们去狩猎时，无论年轻人做什么时，他总是碍手碍脚"。

排比在引用过的祈祷文中显然非常突出，这个特点也以各种各样的方式出现在故事中。例如，"老人郊狼"的伙伴这样建议他："如果你同意你造的人吃野樱桃和任何非常好的植物、非常好的根茎，那会很好。如果他们也吃野牛、鹿和麋鹿——这些是非常好的动物，那会很好……如果他们生起篝火，用火来做饭然后再吃，那会很好。"在组成有情节的排比结构时，也可以结合使用词语的排比。"孙子传说"的情节可能从展现祖母的佯装警告开始，接下去是主人公的问题或假意的默许，他故意宣扬她的劝告，他碰上妖魔鬼怪，他获胜后回到了老妇人那儿，老妇人却以为孙子已经丧生而正伤心落泪。有时人们会用不同的措辞来反复表达同一思想。一位男孩子明确地表示："我会记得，我不会忘记。"斯瑞皮在为印第安人的语言多样化辩解时说："如果我们的语言不同，如果我们不能理解彼此，我们就可以生某个人的气，我们就可以对某个人大发雷霆。"我们还可以找到这样的语句："他和他妻子离婚了，他没有妻子。""他母亲死了，于是他没有了母亲。"一位妻子警告她的丈夫："别虐待我，别说'你活像一个鬼'。"

夸张的修辞方法有时表现得妙趣横生。当"老人郊狼"问起他伙伴的妻子是否被人劫走过时，那人的回答是："怎么了，她们被劫走过好几次，敌人的冲锋都不比这事更令人讨厌。"在描述一条肿腿时，"黄眉毛"说道："他们注意到了他的腿，他的身体比这条腿还要小。"

在传说中，独白屡见不鲜。老妇人的孙子自言自语地说："老妇人的孙子啊，我已经到了你的祖母所说的地方。"他的祖母自问道："我该怎么除掉这个男孩子呢？""老人郊狼"也反复地叨念着这样

118

的独白:"老人啊,每天你都在东游西荡,不过你还从来没有碰上过像这样的事。"

也有像反问和讽刺那样的修辞。斯瑞皮轻蔑地拒绝了让**他**领回被劫走的妻子的建议,他说道:"什么话!我是一位有荣誉的人,我有自尊。我怎么能领回一位没人要的妻子?"当那位少年英雄遇到一条怒气冲冲的蛇时,他嘲弄蛇道:"嗯,那好吧,漂亮的家伙,你要做什么呢?嗯?"而"独眼"的妹妹极尽能事的挖苦讽刺在本书的另一处已经引用过了(见边码 58 页)。

象征性的表达自然也是反复出现。这些对于任何乌鸦人来说都是不言而喻的象征,也包含了关于原住民风俗的知识。例如,"带着涂黑的脸归来"意思是胜利(见边码 225 页),"把某人的鹿皮鞋做好"预示着为一次奇袭做准备,"带着烟斗"等同于做一支队伍的指挥。再如,一位发誓要表现得蛮勇的男人问他的妻子:"为什么你想嫁给我?小可怜,难道你不爱你的食指就这样嫁给我了吗?"这当然是指一位遗孀在服丧期有义务砍去一个指节。

所说的这些已经足以证明乌鸦人的文学有明确的传统形式。本章及其他各章中所引用的例子已经说明了歌曲、祈祷、焕发才智的雄辩文字的实质和主旨。接下去是一些有代表性的神话和传说。

第六章

精选传说

　　以下传说是"黄眉毛"用乌鸦语向我口述的神话中的一些。我选择限制在原始记录的范围内，并且力求这些故事翻译准确，基本上达到可以理解的程度。我的目的是提供近期在印第安人中流行的风格观念和情节结构类型。在每个例子下，我都附加了一些解释性的评论。[1]

"老人郊狼"和他的标枪

　　他是"老人郊狼"，他正在走来走去；他饿极了，他不停地走来走去。他在滑溜溜的冰上碰到了一条小郊狼。他（那条小郊狼）的尾巴尖上系着一个小铃铛。他在冰上跑着，当他小跑的时候，那枚小铃铛撞在冰面上，在冰面上戳出小孔，每个小孔里都注满了油脂。这只郊狼转过身来，沿着他的脚印，捡起了这些油脂，他一边

走一边吃这些油脂。"老人郊狼"看见了他。"我的小兄弟，你所拥有的（力量）可真神奇！为我这么做吧。"他说道。"为什么？我靠它弄吃的，我珍爱它，我可不想放弃它。"那只郊狼说道。"照我说的做吧，我的小兄弟！""我所拥有的这种能力是最宝贵的。""我的标枪是最棒的（"老人郊狼"说道）；如果我把它给你的话，你得给我你拥有的能力。""老人郊狼"拿出标枪，递给郊狼。"这真棒！"郊狼喜欢它。"嗯，好吧！""老人郊狼"说道，把标枪给了郊狼。他（"老人郊狼"）将它（铃铛）拴在他毯子的下半截，然后走开了。他在冰上跑着，他让铃铛撞在冰上，他在冰上戳下小孔，小孔中装满了油脂。他转过身来，弄出油脂来吃。他喜欢油脂。

那只郊狼正拿着他的标枪。"老人郊狼"朝他走过来。"我的小兄弟，我想再看一眼我拥有的那支标枪。它不再是我的一部分了，但是请把我的标枪给我，我想再看上一眼，然后我就去做自己的事了。"于是郊狼将标枪交给了他。"老人郊狼"拿着标枪检查着它。然后他说道："嘿嘿！"（嘲笑的惊叹词）然后跑掉了。"很久以前，我常常这么做来取乐。"他说着跑掉了。那条小郊狼说："'老人郊狼'，做这种事可不能超过四次！""老人郊狼"说："刚才我已经告诉你了，很久以前，我常常这样做。""反正我已经这样说了。"然后，他走开了。

"老人郊狼"继续走着，来到了一个帐篷那儿。冰很滑。他走啊走啊，他到了那儿。"噢，老人，"他说道（自言自语），"你饿坏了，有一段时间，你什么事也没有做。如果有什么能填饱肚子的话，那就好了。"他去了，到了这些冰那儿。他绕过了小河的转弯

120

处，又有一个转弯，他又绕了过去。他停住了："这么做吧，那儿有什么就吃什么，就是这个办法。"他转回身去，他一边走一边拾起那油脂。他沿着他的脚印往回走，他吃掉了所有的油脂。"就是这个办法。继续东游西荡。老人啊，你肚子总是饿，现在你怎么又觉得饿了呢？"他东游西荡。过了一会，他已经重复了三次。在他第三次尝试快要结束时，他向前滑去，险些跌倒，不过他随后又恢复了平衡站起来。"嗯！我的肛门动了，现在我们得停下来了。"他停了下来，转过身来，拾起油脂，吃了个精光。"快点儿吧，现在你不饿了。"他继续东游西荡。然后他又饿得要命了。"喂，老人，我们又饿得要命了，我们会到达小河，在那里饱餐一顿。"他朝那个方向走去，来到了小河那儿。冰非常滑。他把铃铛系在他毯子的下半截。他在冰上跑着。当他开始跑时，他滑倒了，他的肛门碰到了冰面，粘在了冰上。他动弹不了，待在那里，束手无策。他坐在冰上，徒劳地想要挣脱。

一只草原松鸡过来了。"我亲爱的小兄弟（"老人郊狼"说道），嘿，我现在有了一个主意。""噢？是什么主意，大哥？""让我们快乐地跳起舞来吧。你有大嗉囊，里面有的是地方，快点干吧，在里面装上山草莓，不断地把它们倒出来。"他说。草原松鸡不断地倒出好多好多山草莓，有了好多好多。

一只河狸来到了那儿。"我亲爱的小兄弟，过来呀，我想邀请的那一位，给我拿一件乐器，我好在它的伴奏下唱歌！""好吧，可我该怎么做呢？""把柳枝捆成一束。你的牙齿很尖，咬上一抱带到这儿来！""给你。"河狸说着将柳枝带了过来。"剪短它，给我做一个把手！""我该做成多长呢？""做成这么个大小。"河狸估计着，做成合适的长度。"给你。"河狸说，将柳枝递给了"老人郊狼"，放在了地上。

"喂，鹊，过来呀，我的小兄弟。"鹊过来了，到了那儿。"怎么了，我的大哥？""请替我传话吧，你有一副大嗓门，请说'那位"老人郊狼"想要宴请你们，他召唤你们，他正邀请你们。河狸、臭鼬、棉尾兔、长耳大野兔、草原犬鼠、豪猪——他邀请的就是你们这些脚触地的动物。'你们，草原松鸡，山草莓是你们的食物，你们跳舞的季节还没有到。但是如果你们跳舞的话，你们就是我最想见到的。等你们跳完舞，你们会吃到很多。"他说道。

他拿起这束柳枝。"嗨！注意了！"他说，"我要告诉你们点什么。""是。"他们答道。"当我唱歌时，你们就全都闭上眼睛！当我唱到高潮时，到我的肛门下面去。""是！"他们答道。然后，当"老人郊狼"唱到他歌曲的高潮时，他们钻到了他粘在冰上的肛门下。肛门松动了。他搜寻最肥胖的动物，分别打他们的耳朵尖，将他们击倒在地。他设法使一只肥极了的独眼草原犬鼠靠近，但这只草原犬鼠并没有过来。"独眼草原犬鼠，这是怎么回事啊？我想炫耀的就是你啊。快离我近一些吧，我最想看见的就是你。""我害怕你，就是你害得我丢掉了一只眼睛！""别这样，真的，走近点，来我这儿跳舞吧，我最想见到你，至少是过来一次！"他说。这只草原犬鼠去了，先是眯缝起眼睛，他打量着"老人郊狼"。草原犬鼠走过去，又跳了回来，他迅速地扫视着。他一睁开眼睛，就看见冰面上到处都是他的同伴们。"啊！'老人郊狼'已经毁了我们！你赶快逃命吧！"他哭喊着钻进了一条冰缝中。其余的动物也都四散奔逃。"老人郊狼"无论何时故伎重演，都会得到一顿美餐。他站起身来，生起一堆火开始做饭。他美美地饱餐了一顿。

评注： 我至少还从另两位报道人处听到了这个传说，西姆斯先生还刊印了另一个异本。"黄眉毛"展示出耍花招的人的一贯做派：不择手段地获取食物；由于弄巧成拙，他粘在了冰上，却成功地解救了自己，并且再一次偶然地得到了更多的食物，这是通过欺骗动物们、假意以友相待得来的。"祖母的刀"（见边码 108 页）用几乎相同的方式交代了故事的主要情节，甚至包括郊狼警告耍花招的人的话以及独眼草原犬鼠的不信任。然而，这位讲述者引入了一个恶有恶报的情节："老人郊狼"的手被夹在了一个咯吱作响的树缝中，于是他的搭档斯瑞皮带着"老人郊狼"以不正当手段获得的战利品匆忙逃走了。在我的第三个异本中，有关树的插曲被省略了，斯瑞皮只是趁着他同伴睡觉时钻了空子。

122

造　物

水和"老人郊狼"是如何被创造的，我不知道。"老人郊狼"说："啊，只有我独自一人可不是件好事。如果我时不时地能看见某个人，如果我跟他说说话，那就好了。只有我孤零零的一个人可真是糟糕。"他说。这是"老人郊狼"（在说话）。这个地球上曾经到处都是水。他走来走去。他来了，他来到两只小红眼睛鸭子那儿。"啊，我的小兄弟们，在你们走来走去时，你们有没有设想过存在着什么东西？""怎么了，大哥，在我们游来游去时，我们从来没有想到过任何东西。"那是鸭子们正在说话。"即使是那样，你们有没有什么建议？"鸭子们说："嗯，我们不清楚，不过我们的心里有什么念头。""那就对了，那就是我正在问的，你们的心里想什么？""嗯，我们正在想水的深处会是什么样的。""去吧，那很好。你们能够潜入很长的距离。去潜水吧。如果你们在水里碰到了什么东西，拿出一些带到这儿来。现在我会在这儿等着你们，嘿，走吧！"这只鸭子的同伴于是去潜水了。另外一只鸭子离开了。然后"老人郊狼"就在那儿等着。"老人郊狼"说："哎呀！我的小兄弟一定已经死了，已经过了好长时间，他还没有回来。"他的同伴（说道）："不见得。我们还没有超过极限，他会回来的。到现在为止他不可能已经死了，我们的极限还没有达到。"

时间慢慢地过去了，过了很长时间之后，那只鸭子钻了出来。他继续前进，来到"老人郊狼"那儿。"嗯，我亲爱的小兄弟，你带回来了什么没有？""是的。"他答道。他说："这次我出去，有什么东西碰到了我，我拾起了它。拾起它后，我把它带来了，不管它是什么。""在哪儿呀？""老人郊狼"问。"给你。"鸭子这样说着并把那个东西递给了"老人郊狼"。那是些细小的根，他们说，是一种植物的或者是一棵树的。"老人郊狼"拿着它察看。"嗯，在那里的什么地方有泥土，因此，这些根来自那个地方。好吧，我的小兄弟，至于你的猜想，那是毫无疑问的。那么好吧，现在（再）去吧。这一次如果有什么碰到了你，别朝它看。当你接触到它时：如果是硬的东西，**不要动**；[1] 当你碰到软的东西时，就把你的嘴伸入它凹下去的地方，把它带来，带一些，把它带来。""是的，我会照办的，我现在就去。"就在那时，那只鸭子潜下水去了。他们等啊等啊。然后，过了很长时间，"老人郊狼"问那另外一只鸭子："事情现在怎么样了？看起来好像已经有很长时间了。""他现在死了。""老人郊狼"这样想着，因此他才直说了。另外一只鸭子说："不，他会回来的。"那只鸭子回来了，过了一会他回来了。"哎，你是怎么做到的？你有没有带回来什么呀？""是的，就是这软乎乎的东西，无论它是什么，我已经带回来了。"鸭子把这个软东西放进他的嘴里。是一小块泥土，一点泥巴。那只鸭子的脚上也粘着泥巴。"老人郊狼"翻来覆去地端详着它。然后他说："好了，我的小兄弟们，我们要把这做成个大的，我们要造我们居住的地方。""我们俩，我们无能为力，**你**去做吧。""那么好吧，去吧，继续到处走走，到远的地方去，在外面待一会。""好吧。"

"老人郊狼"拿着那块泥土，对着它吹气，它立刻变成了土地，尽管不太大。在做完了以后，他很满意。那真是好极了。于是鸭子们回来了。"真让人吃惊啊，我的大哥，为什么会这么好？""你们满意吗？""老人郊狼"问道。"是的。"他们说。"好吧，我们把它弄大些。""快动手吧，那真是好极了。"然后"老人郊狼"不知怎么地对着那块泥土吹了一下。这下它变得非常大了，就像现在

1　意思是"别理会任何硬的东西"。——原书注

一样。"哎呀，土地上什么也没有，这可不好；如果有点东西，那就好了。""好吧，在哪儿？""老人郊狼"拿起那个小根，他造出草、树、地球上的树、各种各样的植物和食物。他仔细地看着它，这时那只鸭子说："这很好，但是它现在太平坦了，那不好。要是有河流，要是挖一挖土地，形成一些干河谷（coulée）和山丘，那就好了。""老人郊狼"描绘了河流，他造了水，他到处走啊走啊；鸭子们到处走啊走啊，"老人郊狼"到处走啊走啊。"哎呀，这些河流离得太远了，如果到处都有水，流过泉眼和干河谷，那就好了。如果无论我们走到哪里，当我们口渴的时候都能有水喝，那就好了。""我会那样做的。""老人郊狼"说，他离开了。

  "老人郊狼"苦思冥想，他向四周看着："啊，我的小兄弟们，啊，我有主意了！啊，如果我们有同伴，如果有许多和我们一样的同伴，那就好了。我们没有伴，我们很无聊。如果我们有同伴，那就好了。我们所居住的地方（这片土地）是一个大地方。""**我们**，我们可无能为力，按你的意愿去做吧。"鸭子们这样说着。然后，据说"老人郊狼"拿了一点泥土。"老人郊狼"说道："我要把这个做成人。""啊，按你的意愿去做吧。""老人郊狼"是怎么做的，我们不知道：他拿着这块泥土，他造了人；所有的全都是男人，没有一个女人。"老人郊狼"和这些男人走来走去。他喜欢这一切。他们继续走着。过了一会，这只鸭子说："唉，我的大哥，你为你自己造了许多同伴，而你却让我们孤孤单单。""老人郊狼"沉思默想："哟，真是这样。你们的话是对的。我要为你们造同伴，你们就不会孤单了。"过了一会，他造了各种各样的鸭子。这只鸭子很

124

满意。所有这些鸭子都是雄性。这时"老人郊狼"打量着所有这些人，他很满意。"为什么这些人全都是男人？为什么，如果有女人的话，男人们会满心欢喜，那就好了。这些人没有办法增长。如果有女人，通过女人，人口就会增长，那就好了。""啊，那该由你来决定。"那只鸭子说道。"老人郊狼"拿起了泥土，他又用它造了女人。那只鸭子说："为什么你为这些人造了女人却不给这些鸭子造母鸭子呢？你不造雌性不好，如果你造一些雌性，那就好了。""我会造的。"过了一会，他就创造了雌性。

事情就是这样。"老人郊狼"到处走着，他到处走着。无论是在哪儿发生的，无论是如何发生的，他看见了一只郊狼，不管这只郊狼是打哪儿来的。"嘿，请过来，我的小兄弟！多让人吃惊呀！你一直待在哪儿啊？你这是从哪儿来啊？"这只郊狼说："那么好吧，我的大哥，我不知道我从哪儿来，我在这片土地上，就是这样。""好吧，那好吧，你叫什么名字？""啊，他们叫我斯瑞皮。"这个斯瑞皮问道："**你呢，你**叫什么名字？""他们叫我'老人郊狼'。你是我真正的小兄弟，你难道不知道我吗？"然后过了一会郊狼回答说："我知道你。我正在找你，所以我这才来了。"[1]

"老人郊狼"和这只郊狼一起到处走着。"嗯，这片土地怎么会这么好。你的住处大极了，样样东西都能在这上面造出来。好吧，给这些不同的动物们起名字吧！"郊狼说。"好的。"野牛、鹿、麋鹿、马和熊——"老人郊狼"给这些动物起了名字，造了它们，

1　这个句子的翻译不太确切。——原书注

把它们送走了。"老人郊狼"还造了各种各样的小动物，然后他造
了熊。

125

然后，"老人郊狼"和熊一起坐下。斯瑞皮和一头公野牛也在
那儿。这时那只熊说："'老人郊狼'让我觉得不痛快。""别说那
种话，""老人郊狼"说，"是我把你造出来的，我喜欢你。""什
么！[1]我是自己长出来的。"（"老人郊狼"）又说："呵！是我把你造
出来的！""好吧，如果是那样的话，造一个动物，我就这样看着
你造。""好吧。"嗯，那只公牛在那里，"老人郊狼"从他身上取
下一块肌肉。他取了这只郊狼的爪子、这只熊的爪子。那儿有一只
小小的毛茸茸的虫子。"到这儿来，我的小兄弟，""老人郊狼"说，
捉住了这只虫子，"我要造一只鸟。"他拿了那块肌肉，他拿了狼
的爪子，他用它做成了喙。他拿了那只毛茸茸的小虫子，用它做了
脚蹼。在那里有一棵桲叶槭，他取了它的叶子，他用叶子做成了尾
巴。"好了，把你的一只爪子给我。"熊给了他。"好了。""老人郊
狼"说。他用熊的这只爪子做了翅膀。这就变出了一只草原松鸡。

"老人郊狼"对他造出的这只草原松鸡说："嗨，你是一个不完
整的生灵，没有什么你可以做的，我会告诉你应该做什么。偶尔有
人东游西逛时，吓唬他们！那是你的天赋，那就是你将来要做的。"
他拿起泥土，他用泥在草原松鸡的身体上蹭着。那时它看起来灰秃
秃的，还不是很好。"老人郊狼"正端详着那只草原松鸡。"过来，
我的小兄弟，我忘了件重要的事。"那只草原松鸡来了，他到了那

儿。"现在无论如何，我要使你漂亮起来。现在我要给你非常好的东西。漂亮的鸟有许许多多，可一旦有了这件东西，那些鸟就没有一只算得上是漂亮的了，漂亮的只有你自己。"他拿了白色的泥，他这样朝着它抛撒。"在清晨，太阳一升起来，就在它升起来之前，跳舞，为你的欢乐而跳舞。让你的尾巴发出咔嗒声，那很有意思。当你跳舞的时候，抬起你的尾巴，发出咔嗒声，让你的翅膀蓬松起来，将你的头贴近地面跳舞。在晚上也是如此。这样跳着舞自得其乐。就在日落前，在黄昏时停住。你觉得怎么样？我已经赋予你的怎么样？""老人郊狼"说。"你给予我的真是太好了，哪里会有像这样的事呢？""好吧，如果是这样，马上做吧。我们其余的都将会看着你。就在那儿跳舞吧，展开你的翅膀。"他们抬起了他们的尾巴，他们摇晃着尾巴，他们把头贴近地面。"嗯，嗯。""老人郊狼"说，然后离开了。

126　　　　这只熊说："当你造我的时候，你为什么没有给予**我**那种力量？你没有公平地对待我。快点，给我一点那种力量。如果你不那样做的话，我就立即收回我的那只爪子。""为什么？'我是自己长出来的。'这是你说过的话，你自己去造某种舞蹈吧。"[1]"什么，我的大哥，我可不知道怎么造，这就是原因啊。请给我造一些舞蹈吧。"熊羡慕草原松鸡的那种舞蹈样式，那就是他为什么要那样做。"好吧，你会跳舞的。""老人郊狼"说。"我该怎么做？""现在我将舞蹈赋予你，**你**就可以跳舞了。""好吧，我要跳舞了。"一棵树在

1　等于说"那么你为什么不自己创造一种舞蹈呢？"。——原书注

那边，一只小山松鸡在那边。"哟，那些草原松鸡们没有乐师。**我要一位乐师。**"熊对着那只山松鸡说道。"到这里来，给我奏乐，待在这棵树的另一边。现在唱歌吧，我要开始跳舞了。"他有了一只鼓，至于他是从哪儿又是怎么弄来这只鼓的，我们不清楚。然后这只熊拿起芳香的三齿蒿，举着它。他在前额涂上了红色的颜料，他画了一条红色的直线，他画了一条泪痕。他拿起这个芬芳的圣物，他用三齿蒿遮住了脸，这只小山松鸡发出叫声。熊敲着鼓，小山松鸡唱了起来。这只熊跳着舞，他过来了，他跳着舞朝这棵树过来了。这时那只草原松鸡说："**他**根本不是什么舞蹈家，这个家伙！我来做给你看。"他嘟囔个不停。于是这只熊这样说（打着手势）："当你跳舞的时候，**我们**跳了吗？你还想跳舞。"他对这只草原松鸡非常恼火。熊会不会伤害这只草原松鸡呢？突然，熊看见"老人郊狼"，他停了下来。草原松鸡并没有跳舞，因为他们不高兴。熊抱着那棵树，他蹭着他的脸。他同时喷出了红颜料和尘土。事情就是那样。"你这是想要干什么？你为什么生他的气？"这是"老人郊狼"在问这只熊。"嗯，为什么草原松鸡在跳舞？""为什么？春天来了，他很快乐，土地已经显露，万物都在生长，他喜欢这些，那就是为什么他想要跳舞。**你**为什么跳舞呢？你应该告诉我们是为什么。""为什么，野樱桃或者任何庄稼成熟时，我很高兴，那就是我为什么跳舞。来年我还要这样做。""如果那样，很好，""老人郊狼"说，"就那样做吧！那好极了！"

"现在，你走吧！"（"老人郊狼"说。）提问的是那只熊："好吧！我应该住在哪儿？""哎呀，你不好，你性急，你很糟糕，住

在一个隐蔽的地方。住在树林里，或者住到山里。无论你做什么，
你都会失败。""什么！（冷笑）我们有时会成功。""走吧，去藏
起来吧！待在树林里，待在高山上，待在你应该待的地方。无论你
做什么都会失败。"然后这只熊说："哈哈！我们有时应该成功。我
该吃什么？"提问的是熊。"你应该吃任何生长的东西。""还有什
么别的东西我该吃？""好吧，嗯，至于有别的什么东西——根。"
是"老人郊狼"（在说）。"啊！嗯，无论你看见什么腐烂的东西，
你都应该吃。"熊十分不痛快。

起初，熊欺负由"老人郊狼"创造的各种各样的生灵。他曾
经把"老人郊狼"视作与其他生灵同一档次，也试图欺负"老人
郊狼"。"别那样做，我是创造你的人。""哈！（冷笑）你没有创造
我，那不是真的，我是自己长出来的！""好吧！如果我收回你的
天赋，你会怎么样？""嗯，如果**你**造了我，那么就立即造出一个
动物来。"他发现"老人郊狼"果真造出了一个动物，然后他不再
说话了。熊正要欺负这只小草原松鸡，这时他想起了（他和"老人
郊狼"的争论），于是停了下来。这是"老人郊狼"所说的：无论
他试图做什么，他都会失败。事情就是那样。

"你走吧！""老人郊狼"和他所谓的小兄弟斯瑞皮结伴到处走
着。斯瑞皮正在东游西逛。"顺便说一下，老人，有很多非常好的
东西，你没有造（尽管你原本可以造他们）！""什么？""老人郊
狼"问。"嗯，这些人吃什么呢？""哪里的话，在这里，他们正在
以最好的方式生活。""什么呀！"说话的是斯瑞皮。"什么呀！如
果你让你造的这些人吃野樱桃、任何非常好的植物、美味的根茎，

127

如果你让他们吃那些，那会很好。如果他们也吃野牛、鹿、麋鹿这些非常好吃的动物，那就好了。你或许也应该为他们造穿的和住的。如果他们生起一堆火，在上面做熟饭然后再吃，那就好了。别让其他动物扔投掷物，只让人扔投掷物。""老人郊狼"问道："什么！你为什么那样说？"斯瑞皮回答说："为什么，这些人跑不快，并且他们吃动物。如果这些动物扔投掷物的话，那就不好了，**它们**很敏捷。如果这些动物扔投掷物，那投掷物对它们就派不上用场；如果它们杀死了什么，它们不会吃它，投掷物对它们派不上用场。让这些印第安人扔投掷物，杀死动物并吃掉它们。我这样说的原因是他们不能跑。""对，好吧。"

128

"嗯，有很多好东西你不知道，（斯瑞皮继续说，）最好的事之一（就我能想到的而言）是人类应该彼此不喜欢对方。当这些人已经增长到那么多时，为什么只有一种语言呢？那不好。如果一些人是不同的，如果他们的言谈话语是不同的，那么他们的语言就应该多样化，那就好了。我们只有一种语言，正因如此我们不能（对彼此）动怒；由于这个原因，我们不满意，我们不能讨厌谁，我们不能大发雷霆，我们不痛快。¹如果你能让我们的言谈话语不一样，如果我们不能理解彼此的话，我们就会大发雷霆，我们就会生气，我们就会感到高兴，事情就是这样。如果一天我们高兴，如果一天我们不高兴，如果好的和坏的掺杂在一起，我们就有事情做，于是我们会彼此喜欢，从此我们就会有首领。怎么，就在不久之前我告诉

---

1 这里所表达的思想是：对人类幸福来说，战争是不可或缺的。没有它就不会有战争荣誉，也没有首领和胜利游行。——原书注

过你，有许多好事情你不知道：与女人调情就是一件你不知道的好事情。"

　　"老人郊狼"到那时还是头一次谈起这些，当斯瑞皮说话的时候，**他**一言不发。"嗯，这是一些非常好的事。我喜欢这个，我本来要讲这个，我还没来得及，你很机灵，你知道这个，你是第一个谈起它的人。"斯瑞皮说："那么，你是怎么知道的？""老人郊狼"说："噢，我在很久以前就知道了。"斯瑞皮问："如果是那样，你是怎么知道的？""嗯，在我们的出征路途上，我们从某个地方带来了马，我们到达营地，我们调情，我们唱着庆贺歌曲，我们冲着一个女人挤眉弄眼，女人们看着我们。我们踏上征途，我们杀死了某个人，我击中了棒击，我们缴获他们的弓，我们到达营地，我们唱着庆贺歌曲，我们让女人们跳舞，事情就是那样。那很好。我告诉你一件事。刚刚出嫁的女人习惯于取悦我们，当我们已经结婚很长时间之后，我们开始不满意；当我们和其他人结婚的时候，开始也是这样，事情就是这样，我们又开始（对我们的伴侣）重新感兴趣了。斯瑞皮，我觉得你很机灵，但是有一件事你不知道。""老人郊狼"（还）在说着，"我们偷偷地让结婚的女人作为我们的爱人，在我们处于逆境时，她们通常会带来无穷的欢乐。"斯瑞皮说："嗯，如果有一个人身处那种情况的话，那个人就是我。""如果是那样，我要问你点事。"说话的是"老人郊狼"。"好吧。就拿我们的相互偷妻来说，你经历过吗？你的妻子被带走过吗？""老人郊狼"问。"当然了，她们被带走了几次。比敌军的进攻还要令人讨厌，在各种各样的事中，那最糟糕。""好吧，你有没有带回过被抛弃的女人？"是"老人郊狼"（在问这个问题）。斯瑞皮说："哪儿的话！我是体面人，我有自尊，我怎么能带回被抛弃的妻子？""老人郊狼"说："如果是那样，你真的一无所知。斯瑞皮，事实是我的妻子——她一定跟别人作乐过了——被劫了，有三次我都把这个被劫走的女人带了回来。如果我们像这样做时（做手势）发生了什么事，她回忆起她被偷的那段时间，我们不必提醒她们，她们就会做我们希望的任何事情。[1] 我们有（像这样）的妻子是无与伦比的，是美妙的。你会认为**我**已经结婚了，你从来没有真正地结婚。如果有一天你像我说的那样去做，那时你才算是真的结婚了。"

斯瑞皮答道："**你**或许会认为那是美妙的。但是你那样做，其他人会看着你、嘲笑你。那就是我不领回被抛弃的女人的原因。谁知道那事都会嘲笑你，那就是为什么我有自尊[2]，就是因为这个。"

这事就到此为止了。"老人郊狼"收留了被抛弃的女人，那时起到现在，乌鸦人都会收留被抛弃的女人。在我们之前，"老人郊狼"和斯瑞皮习惯做的，我们都留意；从那时起，我们也照他们的样儿做。[3]

"老人郊狼"东游西逛。"我想知道，我的小兄弟'斯瑞皮'现在在哪儿？我的孩子被杀死了，我无能为力。如果我杀死几个凶手，那就好了。"斯瑞皮在那边出现了，他向"老人郊狼"走来。他看见了"老人郊狼"。他（"老人郊狼"）抓破了他的身体，他所

---

1 这句话的解释见 082 页。——原书注

2 翻译一开始译为"我保有自己的尊严"。——原书注

3 现在这两个伙伴应该是各走各的路，有很长时间没有见面了。——原书注

有的衣服都被弄得非常龌龊。他涂饰上泪痕，他蓬头垢面。他从这里走过来遇上了斯瑞皮。"哎呀！哎呀！你为什么那么伤心啊？"斯瑞皮问，"你看起来不好，你好像为什么事而伤心。""斯瑞皮啊，是那样。就在我来这之前，我的孩子去打猎，敌人遇到了他，他们杀死了我的孩子，他们杀死了我所有的妻子。他们带走了我所有的马，他们使我惨极了。现在我在寻找可以求助的东西，我在找可以向他献上烟草的人。我要哭个不停，我想要杀死那些把我弄得这么惨的人。我想要复仇。因此，我一直东游西逛地寻找着什么。"

斯瑞皮说："我吗，**我**是一名侦察员。我没什么能耐。侦察是我唯一能做的事，我不带领作战队伍。在那边住着一个人，他是一位非常受人尊敬的战斗指挥者。我们要让他抽烟。""快去吧，无论他在哪里，带我去那儿！"他们向那位受尊敬的人走去，他们来了。"我该怎么做？""噢，这里有他的神圣烟斗，把它拿出来，把（烟草）放在里面，你哭，你让他抽烟。如果他愿意，我们的马、我们的财物，我们拥有的无论什么，我们都会给他。然后他就会和我们一起出征。然后我们就会杀死那些把你弄得这么惨的人中的一个，然后我们就会很高兴。""是的，那好极了，快点去吧！"他们朝那儿走去，他们来了。"顺便问一下，那个男人叫什么名字？""他们叫他'鹤首领'（Crane-chief）。"他们朝着一只鹤走去。他们来了，"老人郊狼"把什么东西放进了他的烟斗，他一边哭着一边拿着烟斗头，他把烟斗嘴对着鹤，同时哭泣着。"老人郊狼"这样做了，把烟斗给了鹤。鹤说话了："哟，老人，你让我抽烟，这是怎么了？""哎，敌人来了，杀死了我所有的孩子和妻子。他们带走了我的马，他们把我搞得惨极了，那就是我为什么大哭着到处走。我没有可以恳求的力量，我是个可怜人，我一直到处流浪。我想复仇，那就是为什么我献烟给你。""噢！这事容易办！"鹤说着，"太阳一落山，我们就挨家挨户地唱歌，我们这就出去。不光他（敌人）是个男子汉，我们也是男子汉，我们应该杀死那个人。"

"老人郊狼"说："对呀，谢谢你！那正是我想让你做的事。我认为你会为我那样做，那就是为什么我让你抽烟。同时我也要让人做鹿皮鞋。我会准备好我的全套装备。我会等你的。""好吧，"鹤说道，"太阳一落山就来。""老人郊狼"来到了营地，他拿了作战队伍需要的所有东西，他整装待发。然后他一直等着其他人。然后当太阳西沉的时候，鹤来了。"好了，都完成了。那么让我们走吧，一切都准备好了。怀孕的女人们受罪极了，但在我们认为她们的孩子应于此时此地降生之后，她们依然要受苦好长一段时间。好吧，（不像她们）**我们**（立刻）就走吧，我们会完成的。是的，让年轻的女人待在你后面，挨家挨户地歌唱，我们会到达营地的边缘。当这些年轻女人离开的时候，我们立刻就出发。"

他们把年轻女人放在他们的身后，接下来，他们挨家挨户地歌唱助兴。然后，他们来到营地边上，年轻的女人们离开了。然后他们踏上了征程。

他们继续走着，他们睡在了某个地方。斯瑞皮说："我已经说过我要做的。侦察是我能做的，我已经说过了。"他是这个作战队伍的侦察员。斯瑞皮看见了营地。他发信号通知大家他所看到的东西。他们拿起了他们的法物，把它们放在自己身上。"老人郊狼"

131

来了，他走到首领跟前。"我的小兄弟，请保护我。他们把我搞得惨极了。"这个男人造了法物。"我们要杀死什么人，我们要取一张完好无损的头皮，我们会安然无恙地复仇。""我要你造法物为的就是这个。""好吧。"这只鹤说。他唱着歌制造法物。他们意外地撞见营地。他们杀死了一名牧马人。然后他们逃跑了，他们拿了一张头皮。他们睡在某个地方，然后他们回家了。

他们到达营地。第二天一大早，他们发出杀戮的信号。棒击的人、那些立下其他战功的人，他们所有人；棒击的人走在前面，立下其他战功的人跟在后面。他们大多数人在后面肩并肩地排成一行。他们从奇袭中得胜而还。然后他们到达营地边上。"去拿鼓来！"有人对立下战功的男人们说。他们拿着鼓朝营地走来。"老人郊狼"骄傲极了，近来他一直都在大哭，一直都可怜巴巴。现在他涂黑了脸，他得意扬扬（自视甚高？）。从那以后，这些乌鸦人也都这样做。"老人郊狼"所做的，无论"老人郊狼"做什么，这些乌鸦人都照他的样儿做。那就是我看到的。从那以后，我们一直都这样做。

132　　　**评注**：在这个造物故事中，可能每个乌鸦人都知道潜水寻找泥土的部分。我本人发表了六个短些的异本，又收集了另外的几个。在所有这些故事中，"老人郊狼"和鸭子都扮演着主角，鸟是独立的角色。实际上，在某个异本中，首先提议潜水寻找泥土的是鸭子，"老人郊狼"只是后来才以鸭子们顾问的角色出场。在制造出土地之后，几个报道人讲述了这位耍花招的人用泥巴制造了人类，然后教给他们生活的技艺——如何制造弓箭、杀死敌人后跳舞、穿衣、钻木取火、建造羚羊兽栏。"老人郊狼"活动在这一方面也被认为与严格意义上的宇宙起源大相径庭：在一个传说中，他为了白昼而打赌，他赢了，确定了各种动物的习性以及人类应该如何利用这些动物。在这里，"老人郊狼"的妻子是以"文化女英雄"（cultural heroine）的形象出现的，她首创了鹿皮鞋、护腿、鞣制的袍子以及制作干肉饼的方法。在一个独特的故事中，她的形象非常突出，她与另一位女人黑塞克塔维阿（Hi´cictawia）争论大地上和乌鸦人社会中的事物应该如何安排，并强硬地坚持不要让凡事对乌鸦人来说都太容易了。再回到创世故事的话题，有的讲述者将一个叫作"斯瑞皮"的角色拉入故事中，要不然他仅仅是那位耍花招的人在流浪途中的一位同伴——斯瑞皮常常抢他的风头。然而"法物乌鸦"则将关于宇宙起源的主要传说融入对于乌鸦社会起源的描述。显然，标准的版本并不存在：每一个讲述者都把自己认为合适的事件加入了宇宙起源论中。

"黄眉毛"偏离了渲染神圣数字"四"的倾向。不同于"法物乌鸦"使第四只鸭子成功的说法，也不同于另一位讲述者（这位讲述者虽然用**两只**鸭子代替了四只，但是却将成功归属于第四次考验），"黄眉毛"只提到了**两只**鸭子：在第一次尝试中，他们中的一只带回来了一点根，第二次是渴望得到的泥土。他的造物故事既符合物种，也符合制造山川河流等地形上的特点；故事里，首先用泥土制出的是人类，但是却节外生枝让第一个人类和鸭子都是雄性，这进而又引发了分门别类的创造行动，并且顺带产生了与鸭子的更多对话。

133　　　"黄眉毛"通过一目了然的手势和抑扬顿挫的声音渲染了熊的坏脾气，产生了一种喜剧的效果。他通过这个情节将故事铺陈开来，并且借机展开了妙趣横生的对话。人为创造草原松鸡（松鸡）的故事穿插其中；而在林德曼先生的选集中，它则是作为一个单独的"老人郊狼"传说。正如此前解释过的，几个异本将斯瑞皮作为耍花招的人的旅行伙伴和对话者引入故事。"黄眉毛"对他们的对话做了发挥，由此增加了他的描述主体的分量，并有可能更进一步地表现一些喜剧性的细节。他以一支成功的作战队伍及随后的胜利游行作为故事结局，充分表现出乌鸦人的风格。在所有这些讲述中，我觉得他同时展现出作为优秀的原住民讲故事高手的长处和不足——能有效铺陈细节，却无法保持整体结构连贯性。

第七章

老妇人的孙子

起先，我们希达察人（和）乌鸦人完全是同一个民族。这是太阳神在说话。他的同伴是谁呢？这我可不清楚，据说他有同伴。"嗨！你认为哪个部落的女人最好看？""噢，我觉得希达察部落里有最漂亮的女人。""嗯，我该结婚了，我是这么想的。我想有一位妻子，我就是因为这个才问你。如果是那样的话，我要娶一位年轻的希达察女人。那么，我想知道谁是最称职的求婚者呢？"一只豪猪答道："哎呀，我的大哥，能言善辩是我的天赋。如果你雇我去求婚的话，不会费吹灰之力。""那么好吧，现在你就上路吧。""我这就走。"豪猪答应着出发了。

这些希达察人有一位首领，他的孩子是一位年轻的女人。这位首领有一个妹妹，她和首领的孩子差不多同岁。"让我们走吧，让我们用刚毛干活去。这儿太热了，让我们离开这儿去树林里吧。我们在那里的树荫下用刚毛干活。"她们去了树林。她们走进了树林。一种柳树的枝条低垂着，她们就在柳树的树荫下用刚毛干活。她们绣着绣着，时间悄悄地过去了，没有人打扰她们。且不论豪猪从哪里来，它待在那棵低垂的柳树边上。"朋友，快看那只豪猪。别动，我要捉住它。"说这话的是那位首领的女儿。她爬上树。每当这位年轻的女人要够到那只豪猪时，豪猪就又继续爬得更高一些，不过她仍旧紧跟着豪猪。她的那位同伴说道："哎呀，朋友，你已经爬得太高了。快转过身回来吧，停住吧。""不，我要抓住它。"[1]当这位年轻女人的同伴再看她时，这位年轻女人已经变得模模糊糊（看不清楚），最后再也看不见她了。就这样，太阳神得到了这位年轻的女人，把她拐走了。当她快到的时候，那里已经有了一个白色的帐篷。她去了那里，她去了，她到了那儿。她静静地站在门外。"进来，到这里来，女儿。"她进来了。那是一位老妇人。这位老妇人待在里面，什么事也没有发生。当太阳还没有西沉时，太阳神回来了。"你在这儿！你怎么会来这儿？""哼，我们平静地生活着，是**你**想娶我，你打定主意要这么做。现在我来了，我想要嫁给你。"

他们吃的是人。这位老妇人正在煮（人肉），她递给这位年轻女人一些。"不，**我**不吃这种东西。"太阳神说："好吧，如果是这样的话，那你想吃什么呢？""野牛、麋鹿和鹿——我一直都吃这些东西。"那位老妇人说："听着，儿子，去吧，去拿最上等的野牛肉给你的妻子。当你拿来它后，她就会吃她想吃的东西了。"他拿来了一头野牛，一整只野牛。日子一天天过去了。一天，他们的肉吃光了，他又拿来了一些鹿肉和野牛肉。他们就这样生活着，没有什么变化。她拥有了一切，忘记了她的家乡。过了一段时间，她怀孕了；又过了一段时间，她分娩了，生下一个男孩。

---

[1] "黄眉毛"说出"我要抓住它"（burutsíʾwiky）这句话时，把第一个字"我"拖长了三倍，并提高了音调。——原书注

　　日子一天天过去。[1] 现在，他（那个男孩）已经长大了一些。那位太阳神为他的儿子做了一张弓，他也做了箭。男孩在白天打鸟。"你可以杀死任何小鸟、小兔子。"说话的是太阳神。"儿子，你可以射任何其他的鸟，只有草地鹨[2] 你不能射，"他说。（对他的妻子）"我说！女人！"太阳神说，"别挖起红色的芜菁，别扒弄野牛粪。"他说道。这个男孩正在打猎。据说，时不时地，当他就要射一些鸟，正好瞄准了它（目标）时，据说有一只草地鹨会不断地飞过来护住那只鸟，让这只鸟飞走。这只草地鹨一次次地这样做着，男孩耐着性子。过了一会，那只草地鹨又做了同样的事。"鬼东西[3]，我父亲不准我射它。我不射它。"他耐着性子。"我要杀死这个鬼东西。"他拿起了箭。当它（那只鸟）正落下来时，他（男孩）射出了箭。那只草地鹨躲开了。箭射出去的时候，草地鹨竖起了后背的羽毛。那只草地鹨飞走了，然后它在附近落了下来（说道）："我们正平静地玩耍着，自由自在地飞来飞去。他（这个男孩）是打哪儿来的？他搅扰了我们。无论他的家在哪儿，他一定有个家。他为什么不待在家里呢？"那只草地鹨说道。这个男孩正站在那里，他想起了什么，他很伤心，他哭了起来。

　　他回到家里。他不打猎了，他到了帐篷那儿。他的母亲说："咦！你为什么哭啊？""我父亲告诉我不要射草地鹨。每当我想要

1　通常用"他们就这样生活着"表达这个意思，重复两次。——原书注

2　草地鹨（meadowlark）：体长约 15 厘米。头顶有黑色细纹，下体皮黄，背部有褐色纵纹，嘴细，有白色眉纹及粗重翼斑。草地鹨在北美洲是非常常见的鸟类，尤其在一些开阔的牧草地，人们经常可以看见。——译注

3　把人比作鬼是一种乌鸦人喜欢说的骂人话。——原书注

射一只鸟的时候，它总是护着它们。最后我生气了，射了它。它飞走了，它落在附近还嘲笑我。""它都说了什么？"他的母亲问道。"'我正在这周围玩耍。他从哪来的？无论是哪儿，无论他住在哪儿，他总该有一个家。为什么他不待在家里呢，为什么他不待在能随心所欲的地方呢？'它这样说。我以为我们就是这个地方的人，我们是外来者吗？既然它那样说，我们的家乡在哪里呢？"这位女人一言不发。"为什么，一定要告诉我，母亲，我的母亲！"这位女人（起初）仍是一言不发。"好吧，我的儿子，事情是这样，我们是外族人。"这位女人若有所思。"那一定是为什么，我感觉，他对我说了些什么。'别扒弄野牛粪。'他告诉我说。这里面一定有原因。"她想道。"好吧，现在我就要扒开它，无论会有什么，我一定要搞清楚。走吧，让我们出去转转。"她对儿子这样说道。"好吧。"他说。然后他们离开了。他们到处走，来到了一块圆圆的野牛粪前，这位女人把它扒开了。当她把那块野牛粪扒开了以后，那里出现了一个洞，她的家乡就在洞的那一边。那些星星点点的白色是帐篷，她这么想着。她看见了他们。帐篷的外面有许多猎手。离帐篷稍远一点，玩扔环游戏的人聚在一起，他们的路线交错；在这一边，击球的人在不断地前前后后移动着。这位女人看见了这番情景，她很伤心。[1]"儿子，到这儿来，快来，向下朝那边看！"这个男孩走过去，朝洞里面张望。"我们的家乡就在那儿，你看见了吗？""是的，"这个男孩答道，"我看见了。""你的'外祖父'还

---

[1] 看见被她遗忘已久的人们，这唤起了她的思乡之情。——原书注

在那里。你还有一位'外祖母'，她也在那里，你所有的亲属都还在那里。听着，当你父亲（晚上）回来时，无论你叫他做什么他都会做。我想让你叫他做件事。""好吧，我该说什么呢？""'父亲，杀死一头ā´cūci`se野牛[1]。无论它的筋腱在哪个部位，把它们全部都拿来。'如果你这样说，如果他把所有的筋腱都拿来了的话，我们就能够回家了。"她说道。"好吧，我会照办的。"男孩说。这位女人说："你可能会忘记这件事，儿子，可千万要说啊。""我会记住的，我不会忘了的。"

　　然后那天晚上，他父亲回来了。这位女人看着她的儿子，她冲他皱了皱眉。男孩已经忘记了。她继续冲着这个男孩皱眉。"母亲，你为什么老是冲着我皱眉呢？"她用胳膊肘轻轻地碰了碰他。她的儿子，这个男孩叫道："啊！"他记起来了。"父亲，明天当你去打猎时，杀一头ā´cūci`se，将所有的筋腱都从身体中抽出来，把它们带回给我。""你要用它们来做什么呢？那会有好多啊！""我要用它们来绑我的箭，还有做我的弓弦。我用的其他种类的筋腱都磨损了，ā´cūci`se的筋腱很坚韧，所以我才要用它。"这个男人说："好吧，我会照办的。"清晨时，他离开了。晚上，这位男人带回来了他杀死的一只ā´cūci`se的所有筋腱。第二天一大早，这位男人立刻就离开了。

　　"母亲，这些筋腱现在都带来了，照您想的做吧。""是的，真是太好了。"她扛起这些筋腱，这个女人出去了。她走啊走啊，来到了

1　一种野牛，据说是一只角冲上，另一只角冲下。——原书注

一只蜘蛛那儿。"听着，把这些筋腱都捻在一起，要真正地将它们接合到一起，开始吧。""好的，我会很快完成。你过一小会再来。"于是，过了一小会，他们来了。"嗯，你的活干得怎么样了？""我已经干完了，给你。"她拿了筋腱。他们来了，他们到了帐篷那儿，她拿着她挖根的铲子。"我们要挖一些东西。"他们出去了，他们走着，他们去了那儿。她走到了她曾扒开那块野牛粪的地方。她又扒起了那块野牛粪，她移开了它。"听着，过来儿子，让我们去你盼望见到的亲人们那儿。"她移动了她已经扒开的那块野牛粪。她把她的铲子横架在那个洞上，她将筋腱系在铲子的一端。她把儿子背在背上，钻进了那个洞。她抓牢这些筋腱，然后他们下去了。他们一点一点慢慢地下去。他们下啊下啊。他们并没有碰到地面，仍旧悬在那里。"哎呀，怎么搞的，儿子，我们没有到达地面吗？""哎呀，他没有带来（野牛）脸上的筋腱，就是因为这个，因为这个原因，我们无法着地。"

然后，当太阳神回来时，他的妻子和孩子都不见了。"怎么回事，我的妻子和孩子去哪儿了？我想知道。"他心想。然后他说："哎呀，我不允许他们做的一些事，他们一定是做了，就是这个原因。我要去找他们。"他赶到时，他们不见了的地方有一个洞。在好远好远的下面，他们正悬在那里。"噢，如果那就是他们想做的事，要是他们事先告诉我的话，我原本可以让他们平平安安地走，他们犯了大错。"他想着，他生气了。他拿起一块球状的石头："石头啊，顺着那条筋腱，下到那边。不要砸那个孩子，而是要砸在那个女人的头上，砸死她。"他说道。"是的，我会照办的。"他拿起石头，扔了下去。石头从那儿落了下去，它落啊落啊，砸在那个女人的头上。石头砸断了她的支撑物——那条筋腱。她撞在了地面上。那个男孩在那里到处游荡，而他的母亲一直躺在那里。每当男孩晚上打猎归来，他都躺在母亲的身旁。

  有一位老妇人，她有一个家，她的园子很大很大。早晨，当这位老妇人来到她的园子里时，她的玉米被拔了出来，地上丢得到处都是。当她到了她的南瓜那儿时，它们上面满是小孔。它们上面有很多洞。这位老妇人说道："我想知道，这会是什么呀？一直都没有什么生灵到过我这儿，是什么来我这儿了呢？嗯，我要弄个清楚。"她注意到脚印很小。"这是一个孩子，"她想，"嗯，那么，是个女孩还是个男孩呢？"她做了一张弓和几支箭，她把它们放在花园里。她做了一只球，她把一根球棒放在那里。所有这些东西都被放在那里。这位老妇人说："如果他是一个男孩，他就会拿箭和弓；如果她是一个女孩，她就会拿球和球棒。"那天晚上，老妇人躺了下来。第二天，她急等着看结果，她来了，她到了。她向她的园子走去，她到了园子。当她朝这个方向看过来时，球被射满了箭孔，箭和弓没有了。"啊，原来是个男孩！我想知道，他是从哪儿来的？等着瞧吧，当他来时，我要抓住他。"然后，她藏在园子里。她想抓住那个男孩。她在她的园子里等着，然后他来了，这个男孩来了。当他进来以后，他站在那里。那位老妇人大喝道："好啊，你在这儿！小孩子，你从哪儿来？""噢，我住在这里。""你的家在哪里？""我没有家。""好吧，我独自一人，我要和你在一起生活。""好哇，我愿意。""孙子[1]，不要射那些南瓜，不要糟蹋庄稼，那玉米是我的食物。"男孩和这位老妇人一起生活。然后，这天晚上，当老妇人来这里察看时，那个男孩不见了。"这个男孩去哪儿了呢？"她心里想着。她去找他。当她过来时，那个男孩正躺在她母亲的身旁。"孙子，我想你，我真担心你呀。你母亲已经腐烂了，没用了。不要去她那儿，她已经死了，没用了。这是何必呢？如果晚上你睡在我们的家里，那多好啊。今天晚上别到处乱走，就睡在我们的家里。""好吧，我会的。我还不太懂这些，这就是为什么（我会那样做）。"

就这样他留在了那里。他东游西逛，他打猎。老妇人的玉米很充足。"孙子，当我不在的时候，如果你想吃玉米，不要煮红色的，其余不是红色的，（你可以）煮熟了吃。"紧接着男孩环视四周，他的祖母不在那儿了。"让我想想，为什么我的祖母说了她刚才说的那番话？嗯，那么好吧，不管是怎么一回事，我都要搞清楚。"然后，他到了园子。他拿了红色的玉米，带了回来。他把红色的玉米带回来，在煤火上烤。当玉米烤好后，玉米爆开了，发出噼噼啪啪的声音，玉米粒到处乱蹦。那些爆开的东西变成了乌鸫。它们飞出来，同时四散开来。它们从走烟的洞中飞出来，它们也从门那儿飞出来，它们四散逃跑。"嘿，它们真好玩。"[2]他带回了玉米，他把玉米放在另一个地方。他出去了，他关上了走

---

1 称呼儿子和孙子时使用同一个称谓（见边码 27 页）。这位英雄的名字和他称呼这位老妇人的方式表明这位老妇人是他的**养祖母**。——原书注

2 很难找到和原来的词意义极其接近的词。——原书注

烟口的盖子，又关上了门。"就这样做，我要让它们出不去。我的祖母不知道，我已经发现了好玩极了的东西。"关上了门，封上了所有的出口后，他拿着玉米去烤。然后玉米爆开了。房间里到处都是鸟们发出的叫声，它们鼓噪成一片，它们晕头转向地到处乱飞。他拿着箭，一个接一个地杀死了这些乌鸦，他的的确确把它们杀了个精光。他拿起绳子，他一只接一只地将这些乌鸦系在一起，那是好长好长的一串，他把它们挂了起来。然后他的祖母回来了。"祖母，您为什么告诉我不要烤红色的玉米呢？我发现您是在禁止我做好玩的事。""噢，怎么回事？""当我烤它们的时候，它们爆开了，它们爆得到处都是，还变成了乌鸦，我把它们全都杀死了。我想你会吃它们的。""啊！是嘛！那好极了。"她进来了，到了那儿，男孩把它们高高地挂了起来。"它们在这儿。""噢，那很好。那么我得走了，我来处理它们。"她拿着它们："去吧，你们走吧。我的孩子不懂事，才会这样。"她把它们放走，然后回来了。她来了。"孙子，那些乌鸦是我园子的护卫。可别再那样做了。""好吧，我不知道是这样，这就是为什么（我那样做了）。我不会（再）干那种事了。"

日子一天天过去了。有时祖母准备食物，她做得很多，她把她做的这些食物扔在通风口隔板的后面。每当这位老妇人去取她扔在隔板后面做熟的食物时，食物都不见了，盘子里面什么都没有。后来有一次他的祖母离开了，且不论她是去了哪儿。这时男孩说："我的祖母把她的食物放在那边，食物总是一去不复返。为什么呢？嗯，好吧，我倒要看看。"当他朝那个方向看过去的时候（做手势），一条龙似的东西出现在隔板后面，它沿着帐篷的边缘趴成一圈。这条龙似的东西看着男孩，它眼睛中迸发出的光芒活像是鞭子在抽打。"就是这个鬼家伙，我的祖母无论何时把食物储存在那里，都是被它吞掉了。"他拿起了箭，连射了几次，他立即就杀死了这条龙似的东西。然后，他的祖母回来了。"我的祖母，"他说，"那个吞吃您以前储存的食物的家伙，我已经把它给杀死了。""啊！天哪！在哪呀？""在这儿，来瞧瞧吧。"她去了，看见了那条龙似的东西。"你杀死了那个常常吞吃我过去储存的食物的家伙，那是件好事。给我让个地方，让我把它带出去，然后把它扔掉。"她拿起那条龙似的东西，把它放在她的肩膀上，她拖着它，她拿着它，她想把它弄到水那儿，那东西很沉。"走吧，快走吧！"事情原来是那位老妇人拿这条龙似的东西当作她的丈夫。她的孙子杀死了它。这位祖母的丈夫——这条龙似的东西——说道："老妇人，你事事都要管，可是现在你遇到驾驭你的人了。我认为我很厉害，但是你的孙子杀死了我。你可一定要多加小心啊！"这位老妇人泪流满面。她返回家中。这位老妇人思忖着："我想知道我该怎么除掉这个男孩呢？"

日子一天天过去了。"让我想想，我怎么做才能置他于死地呢？"她想着。"孙子啊，你还不懂事。在那边住着个邪恶的东西。你可能接触到它（在你不知道的时候），可千万要避开它呀。""它是什么呢？（他心里想）嗯，我要去那儿。""在远处那片灌木丛的另一边有一座山。""那是什么？祖母？""一头熊，"祖母说，"每逢有人到了那儿，熊就会把他吃得干干净净，那非常危险。""是的，那一定是危险极了。"男孩自言自语道。"让我想想。我的祖母告诉我什么，我要去，我要到那儿去。""嗯，在那边（还）有一座小山，一条蛇在那里，它也很危险。无论何时人们到了那里，它都会将他们盘起来然后杀死他们。它长极了，长极了。""让我想想，我要去，多好玩呀，我要到那儿去。"他自言自语地说，然后离开了。他走啊走啊，到了蛇那儿。这条蛇勃然大怒。"哼！（挑衅的感叹词），那个漂亮的家伙，我想知道，它要干什么呢？别动！"他（这个男孩）说。他立即毫不犹豫地杀死了它（那条蛇）。"让我看看，我要找前面提到的那头熊，我也要到那儿去。"他去了那里，他来了。他来了，他到了。那头熊的腰很长，它正怒气冲冲。男孩来了。"哼，那个漂亮的家伙，它来做什么呢？"它（熊）将耳朵耷拉下来，它一直站在原地。[1]"过来。"男孩过来了。男孩过来了，到了熊的跟前。"过来。"男孩说，熊跟他一起走了。男孩到了蛇那儿。他拾起蛇，将蛇绕在它的（熊的）脖子上，男孩骑上了熊。他把那条蛇变成一副笼头后，男孩骑上了那头熊。他走啊走啊，他来到了帐篷那儿。"祖母……"他不停地叫着。男孩到了祖母那儿。祖母出来了，她看见了男孩。"我的祖母，我带来了一个最漂亮的家伙，我把它给您了。无论什么时候挖根茎、背东西，您总是走路，从今以后，骑上这只（兽）吧。当您挖根茎时，让它（把根茎）驮在背上。既然您有了一个坐骑，您现在就会觉得得心应手了。""是啊，那真是好得没法说呀。孙子，让它待在这儿，我要

---

1 这个男孩凭借他超凡的力量，被刻画为一下子就将那条蛇和那头熊都威慑住了。——原书注

把它带到什么地方，然后拴起来。"她用那条蛇作绳子，她带着那头熊，她牵着那头熊。"你们快走吧，当心点！一个非常厉害的家伙已经到了我们这儿。"然后，这两只动物跑掉了。[1]

这个男孩东游西逛。这位老妇人（说）："我该怎么除掉这个男孩呢？"她从她待的那条河里出来了。她左思右想。"我亲爱的孙子，为什么，无论什么时候我吩咐你不要去某个地方，当我已经详细地告诉你一些事的时候，你却总是想去那里呢？现在有一些最危险的东西在那边！这次可一定不要去那里。""那是什么，我的祖母？""在那边的下面，在一块岩石的下面，地面很窄，有一条小径，这条小径从一棵有许许多多枝杈的樱桃树下经过。无论何时，任何人到了那里，这棵树都会倒下，砸在那人的身上，让他当场毙命。喂，可千万不能去呀。""好吧，我不会去您提到的那个地方，"男孩说，"是的，多亏您告诉了我。"好了，男孩又在东游西逛，他不停地打猎。"让我看看，我祖母提到的那个，它是什么样的？我要去，为了好玩，我要去。"现在他走啊走啊，他来了，他一边走一边唱着一首歌，无论那是首什么歌。[2]他来了。那块岩石很窄，那条路很窄，别的地方根本没有路。"这里就是我的祖母说起的。"他装作什么也不知道，然后当他接近那棵树时，他跑了起来，他来了。当他接近那棵树时，他加快了步伐。然后他走到了树的下面，他走得很快。这棵树想："他就要到了。"（于是）那棵树轰隆隆地

142

1　也就是说，这证明了老妇人和这些邪恶的东西是一伙的。——原书注

2　这样的无定性显然是"黄眉毛"的一种独特语言风格。——原书注

倒了下来。他装作走，但是却跳到了一边。（那棵树）徒劳地倒了下来，它根本谁也没能砸死，它躺倒在地上。没等它站起来，这个男孩便跳过它。它站了起来，这棵树。这个男孩走远了，他转过身返回来。他来了，他装作从树下经过，然后他跳到了一旁。这棵树徒劳地轰隆隆地倒下了。他转回来，他踩在树身上，他走了。他接着这样做下去。最后，这棵树断了，它躺倒在那里，它再也没有起来。男孩回家了。他来了，他到了他祖母那儿。"我的祖母，您提到的可真有趣。我好好地捉弄了它一番。""是吗，你是怎么做的？（对她自己说）我的这个孩子，似乎到了我提到的地方。我告诉过他不要到那儿去。""我装作想从那棵树下经过。然后当我跳到一边时，它轰隆隆地倒了下来。我跳过了它。我又转了回来。我（又）做了一遍我曾经做的。这样我继续下去，最后这棵树断了，躺倒在那里。现在它再也起不来了。现在我已经回到这儿了，那就是事情的经过。"

"孙子啊，"这位老妇人（说道），"事情是这样：我常常警告你要当心的事，你却总是常常去那里。这条路，然后是这条路（指着），一块岩石架在那里，人们走过去的时候，那儿有一个窟窿。无论什么时候，人们想要跳过这个窟窿，这个窟窿都会拉伸开来，人们总会掉进窟窿中，它深不见底。然后，他们就出不来了。这次万万不要去那儿了！""好吧，肯定不去，那一定危险万分。我不会去那儿的。"然后，他拿了他的箭。他走来走去，他去了。"喂，老妇人的孙子，（他自言自语）多好玩儿呀，我要去看看你祖母提到的地方。"于是他去了那里。他来到了那个窟窿那儿。他去了架在那里的岩石那儿，他去找那块岩石，他来了。"这里就是祖母说起来的那个地方。"他到了窟窿那儿。他装作不知道，他走近这个窟窿，他装作急于一跃而过，窟窿拉伸开来。他却跳到了一边。现在当它合拢到一起的时候，他跨过了它。然后，当他已经离开了一段距离后，他转身回来。他来到了这个窟窿那儿。他朝前走着，他到了那儿，他装作想走过去，那个窟窿拉伸开来，他又跳到了一边。然后窟窿合拢了。当窟窿合拢的时候，他跨过了它。他像他做过的那样又做了一遍。于是窟窿无论什么时候合拢到一起，他就跃过它。他就一直这样做下去，最后，窟窿被摧毁了，它再也不能拉伸开来了。男孩跃了过去。窟窿再也不能拉伸开来了。然后，窟窿就不动了。男孩回来了，他的祖母——那位老妇人——出来看见了他。他继续前进，他到了他祖母那里："我的祖母，当我到了您提起的那个地方时，我把它彻底地捉弄个够。我装作要跃过它，当它拉伸开来时，我跳到了一边；然后，当它合拢的时候，我就去跃过它。我就这样重复着。最后它无可奈何，它被毁掉了。它躺在那里一动不动了。""好哇！好哇！你遇到了一个危险的东西。"老妇人的孙子说："现在它没有了。"

143

现在男孩继续东游西逛。他的祖母说："哎，孙子，我所告诉你的，无论何时我说你不应该去（某处），你总是想去。现在那边有一些坏东西。这一次千千万万可不要去那儿啊。""是什么呀，祖母？""在那边有一个帐篷，不要到那儿去。"老妇人的孙子拿着他的箭，他继续游荡着。"嗯，老妇人的孙子，无论你祖母说的会是什么，我们都该看看。"他说着，他来了。他看见这个帐篷。"你祖母提到的就是那儿。"他去了那里，他朝帐篷来了。他来了，他站在外面。"老妇人的孙子，这个不速之客现在已经到我们这儿了。来，进来吧。""好的。"男孩拾起一块扁平的石头，他用这块扁平的石头堵住了他的肛门。在帐篷里面的地上有整整一圈长柱子。"走吧，到后面去。"他继续走，他坐了下来。然后一条蛇钻进土里，穿过正对着（男孩的）肛门的土，它想钻进那个肛门里。那条蛇的前额碰到了那块堵着肛门的石头，他逃走了。老妇人的孙子感觉到了蛇的前额，他会心地微笑着。然后，其他的蛇钻进土里，想钻进他的肛门，而它们的前额碰在这块石头上，它们就逃走了。"好吧，现在那位老妇人的孙子，这个不速之客已经来我们这儿了，你们在火上为他准备食物，这样他就可以吃东西了。"蛇们给他做了脾，它们把脾拿了出来。在这边最远处的那条蛇说："把脾放在这儿，我要尝尝它，马上把它拿到我的眼前。"拿着脾，它咬了几处。它把牙齿弄进了这煮熟的食物中。"哈哈，现在我让它变得好吃了。"蛇这样说道。挨着它的一条蛇说："把脾放在这儿，我也要尝尝它、看看它。哎呀，它也许不可口，那个男孩可能要吃它哟。"最后它们全都这样做了。男孩来到这儿。所有的蛇都已经为他品尝过了。其实，这些蛇咬了这块煮熟的肉，这块脾，蛇把它们的牙齿都弄进了脾里。它们想这样害死老妇人的孙子，这就是它们这样做的原因。它们递给男孩那块脾。"嘿，好好享受这块脾吧。"老妇人的孙子拿起来脾。然后，他东张西望。"这儿的这些人手艺可比不上厨师，**这**也算做饭吗？"他将这块脾扔进了火里。"让**我**来做它，然后再吃。"他在火里把这块脾翻过来翻过去。蛇们放进脾里的牙

144

齿被烧焦了。这些蛇疼坏了，它们痛苦地捂着嘴，它们的牙齿正在被灼烧和毁掉。男孩拿起那块脾吃了起来，他吃了个干干净净。

这些蛇中的一条说话了："老妇人的孙子，这个不速之客已经到我们这儿了。我们要通过和他讲故事来打发时间。"蛇这样说。老妇人的孙子在来这儿的路上，曾遇见一只长耳大野兔。（老妇人的孙子对它说）"借给我你的眼睛。"他拿到了眼睛，**那眼睛现在派上了用场**。他取出四支箭，一支涂上了红色，一支涂上了黑色，一支涂上了黄色，一支涂上了白色的黏土。他将他的四支箭戳入地面。男孩对这些箭说："替我留神。""注意！"它们（那些蛇）说。男孩放下这些箭（对这些箭说）："一定要说'是'（也就是替我回应）。"[1]

这条蛇说："好啦，我要讲故事了。春天，青草嫩绿，在小樱桃树的阴凉下阳光有一点暖洋洋的。那时当我们躺下，我们昏昏欲睡！"它说道。老妇人的孙子睡着了。然而当它们看时，男孩的那双兔子眼睛并没有变化，正呆滞地凝视着。"他没有睡着。"它们想。无论什么时候它们说"注意！"，这些箭都一直回答着"是"。过了一会，一支箭落下来了，它碰到了男孩的脸，男孩立刻就醒了。现在它们停止讲故事了。（他说）"**我**要讲故事了。""好吧，快讲吧，你做得很对。你的祖母，尽管我从来没有见过她，她一定老是讲故事陪着你。讲一个非常棒的故事来解解闷吧，我们等着听呢。""我会那样做的。"那些蛇们把柱子在眼前的地上摆了整整

---

1 这个句子之所以是断断续续的，是由于讲故事的人起初忘了这些插曲，只是在后来简略地插入了它们。他起初倾向于这样的一个版本，据这个版本，这个男孩坚持要先讲故事（见边码109页）。——原书注

145　一圈，它们将头挂在上面，面朝着 arā´co（火灶四周的空地）。"注意！"男孩说道，"秋天，无论什么时候刮起一阵微风，那时我们躺在某个遮蔽物中。干枯的野草互相摩擦着，我们倾听着，我们大都变得昏昏欲睡，不是那样吗？"有一半的蛇不再回答"是"了，它们已经沉睡了。"白天，当天空下起毛毛细雨，雨点滴滴答答地敲打在帐篷上，我们一直侧躺着，让我们的脚底暖暖和和的，然后我们睡了，不是那样吗？"一半的蛇已经睡着了。"晚上，当我们就要躺下的时候，听见风从发白的树木间掠过，发出飒飒的声音，我们不知道我们是**如何**入睡的，但是我们睡着了。不是那样吗？"他说。现在所有的蛇全都睡着了。"在浓密的松林中找到了一个洞穴后，我们在那里扎下一个新营地。轻风吹拂着我们，我们筋疲力尽，躺了下来，同时听着飒飒作响的松林，直到我们渐渐进入了梦乡。"当他说"注意！"时，蛇们依然没动静：所有的蛇都的的确确睡着了。"这些蛇活像鬼。他们害人已经习以为常。"他拿出他的刀子，蛇的头都正垂在柱子上。他掏出刀子砍断了这一侧最边上的那条蛇的脖子。他依次一直砍下去，他砍断了它们的脖子，他砍呀砍呀，砍呀砍呀，砍呀砍呀，最后只剩下一条了。就在那时，那条蛇醒了。那条蛇惊叫道："鬼一样的家伙！[1]老妇人的孙子现在正在消灭我们！"说着钻进了地里。"可恶的家伙！"老妇人的孙子说。那条蛇说："老妇人的孙子，别在白天睡觉。"老妇人的孙子说道："如果我偏在白天睡觉，它能怎么样呢？太糟糕了！

1　在这里用这个词是表示惊呼，而不是辱骂。——原书注

我想将它们一网打尽，但是却让一条蛇跑掉了。"

　　然后男孩走了。他回家了。他来到他的祖母那儿，他到了祖母的身边。她正在假装哭泣。这位老妇人看见了她的孙子。"怎么了，我的祖母，您为什么哭呀？""我想着你回不来了，所以我才哭，我伤心啊。"她回答说。"别这样，我这不是已经回来了吗。您快停住，别哭了。""小孙子啊，我警告你要提防的，你常常想去做。在那边有一些非常邪恶的东西，危险极了。在那座山的后面有一个湖，那里住着一头巨大的公牛。它会吸进任何顺着风行走的人。如果起风的话，人们会被吹进它的嘴里，它就会吞掉他们。""是吗？"老妇人的孙子说，"哎呀，它一定真的非常危险。"他拿着他的箭，他到处走呀走呀。"我的祖母提到的，好吧，那么我就要去见识见识它。"现在他去了那里。他过来了。他看见这个湖。"那边就是我的祖母所提到的。"他顺着风的方向走去。然后它（那头牛）正在吸着。然后刮起了风，男孩被吹到了牛那儿。他来了，他进入牛的嘴里。这只牛吞下了老妇人的孙子。男孩下来了，一直下到牛的胃里。他环顾四周：那些在很久以前被吞掉的人，只剩下了白花花的骨头；也有些是近期死的；还有的是还没有完全死掉的，他们的情况很糟；而那些刚刚被吞掉的人情况还不错。老妇人的孙子（在里面）到处闲逛，他在这头牛的胃里面到处闲逛。人都在这个胃里。（这个男孩对他们说）"你们怎么会这样呢？你们太苟且偷生了。你们一直在这里，就没有想过逃命吗？你们是男人啊，你们怎么会这样做呢？"那些已经在那儿待了很长时间的，先到的那些，骨头已经发白了；那些来得晚些，可时间也不算短了的，身体不能弯曲（收缩）。他们的身体死了，（但是）他们正躺在那里（还没有完全死去）。[1] 而新来的人情况良好。"你们待在这儿，你们为什么留在这儿呢？""为什么，这只牛吞掉了我们，我们无能为力，我们自己又能怎么样呢？""得啦，别说了，"是老妇人的孙子（在说），"我们要来一场太阳舞。当我唱歌的时候，你们全都跳舞。"那些动弹不了的（说）："我们呢，我们不能跳舞，我们动弹不了啊。""这样的话，只让你们的小脑袋舞动就行。当我唱歌的时候，所有那些（其他人）都跳舞。**你们**一定让你们的小脑袋动起来，即使是只有它们（那些脑袋）。"然后，他开始唱歌。那些情况良好的跳舞，那些不能动的人只动他们的脑袋，他们只让他们的脑袋"跳舞"。老妇人的孙子说："这就是你们该做的。我们正举行一场太阳舞。我们想要出去，所以我们才要这样做。"[2]（牛的）光滑的肾脏垂下来，男孩碰到了肾脏。这位老妇人的孙子问道："大哥啊，这些是什么呀？"牛答道："（咕哝声）别动我那些光滑的石子（磨石）。"男孩又碰到主动脉："大哥啊，**这是什么呀**？""（咕哝声）别动它！它是我的烟斗杆。"他的心脏正垂下来，男孩碰到了它。"大哥啊，**这是什么呀**？""（咕哝声）别动它！那是我想主意的东西。"男孩掏出了他的刀："既然它是那么好，它可以想主意，我倒要看看它！"[3] 他把这心脏切成了碎片，他也切碎了肾脏。这头

1　晦涩的句子。——原书注

2　这个情节是"黄眉毛"后来想起来的，我将它穿插在他指出的位置。和他做的其他补充一样，此处使得故事在整体上读起来不太流畅。尤其是这里的某些词语有明显的重复（在涉及那些被吞掉的人的几种不同情况时）。——原书注

3　这个句子显然是反讽。——原书注

牛奄奄一息，它在周围蹒跚摇晃着，死去了。男孩抽出刀，割开了肋骨之间的地方。（他冲着被营救的人说）"嘿！快站起来，现在你们走吧！无论你们会在哪儿生活，到那里去吧！"老妇人的孙子回来了。他的祖母正在想："他没有回来是件好事。"她很高兴。然而，她正这么想着的时候，她的孙子回来了。于是老妇人假装哭起来。老妇人的孙子（问）："您为什么哭啊，祖母？""你那么长时间都没有回来，我很伤心，我就是因为这个才哭啊。""别哭了，我现在不是已经回来了吗。""这个宝贝男孩回来了，这真是件好事。"

男孩东游西逛。白天，他想睡觉，但是他记起来了（那个警告）："别在白天睡觉。"因此，他不能睡觉。日子一天天过去了。当他困极了，他躺下来，将他已经做过记号的四支箭戳在他的周围。"替我看着点，如果有什么来了，就摇晃我。"（他说着）然后他睡着了。那条蛇从地里钻出来。一支箭倒下来，它碰到了男孩的胫骨。他醒了。"啊！它来做什么？"那条蛇逃跑了。男孩一睡着，那条蛇就会来，倒下的箭便碰到男孩，他就会醒来。过了一段时间，他（又）困了，他再也坚持不住了。当他的箭倒下来，一次又一次地碰到他的时候，他没有一点（反应），他睡得沉极了。一支箭猛烈地撞击着他的鼻子，他醒了，（但是）蛇已经钻进了他的肛门。他折断了腰部，（但是）蛇已经经过了腰部；他又折断了自己的脖子，（但是）蛇已经进入了他的颅腔。

当男孩正在东游西逛的时候，太阳神会看见他的孩子，即老妇人的孙子。太阳神会照看他。现在他（这个孩子）正躺在地上，（他）分成了明显的三个部分：他的臀部单独在一边，他的躯干单

148

独在一边，他的头也单独在一边。太阳神看见了他的孩子。"出了什么事呀？我想知道我的这个孩子出了什么事？"在白天他习惯于看一看他的这个孩子。他（这个男孩）没有起来，他躺在那里一动不动。那条蛇已经进入了他的颅腔，它待在脑袋里面。男孩的颅腔像这样（做手势），他的手像这样（做手势），他正等待着。[1] 无论蛇什么时候出来，他都想抓住蛇的脖子。无论那条蛇什么时候想出来，它都会说："老妇人的孙子太厉害了。"便又钻回里面。他（孙子）的父亲不时地看他。他对一只鹊（说）："快去，鹊，快去，看看那边我的孩子出了什么事，去搞清楚到底是怎么回事，为什么他会那样，然后回来告诉我！""是的，我会的。"鹊去了。这只鹊飞呀飞呀，到了那里。它沉思着，它仔细察看，在脑袋里有一条蛇，蛇已经钻进了脑袋！这只鹊搞清楚了，然后离开了。它往回飞，它到了。太阳神问道："噢，怎么样？你有什么消息吗？""是的。"鹊说。"是怎么回事？""一条蛇在他的脑袋里。""啊！"太阳神沉思着，他思考着这件事。太阳神唤来了风，一股极强的风。男孩已经一动不动地躺了一年。然后，老妇人的孙子的头飘浮了起来，它滚进了一个溪谷，颅腔露出水面。然后太阳神唤来了最猛烈的雨。整个地区都被水淹没了，这个溪谷里也涨满了水。然后太阳神止住了雨。然后他使天气炎热异常。太阳神接近地面，让他孩子的头里灌满了水，水沸腾了。水很烫，因此这条蛇难受极了。他烫得要命。"嗯，这位老妇人的孙子真是威力无穷，尽管如此，不

1　如下一句所解释的，这个男孩正等待着，准备等蛇头从颅腔中一出现，就用手抓住那条蛇。——原书注

过（从他死时算起）已经有很长时间了。"蛇这样想着。他（孙子）的手圈起了脑腔，他正等待着。蛇说道："尽管他非常厉害，可他已经死了很长时间了。"蛇实在是太受罪了，他出来了。蛇刚一出来，男孩就抓住了蛇的脖子。他把蛇揪了出来。"**我**威力无穷，我们倒要看看你是不是也威力无穷。"蛇恳求道："我一直把你看作大哥，我把你看作大哥。"他说。男孩抓住这条蛇，攥着它，他去寻找一块岩石。他走啊走，他拿起了一块边缘是锯齿形的岩石。"鬼似的家伙，你可真是把我气坏了，我对你满腔怒火。"他攥着蛇。起先，蛇是长着很长的鼻子的。男孩抓住蛇的脖子，把蛇的鼻子在岩石上磨着。这条蛇（恳求道）："我把你看作大哥，我把你看作大哥，我会罢手的，现在把我放下来吧，现在你就要磨到了我的眼睛那儿了。"[1]"鬼似的家伙。"男孩说，他仍然继续磨着（蛇的鼻子）。"从此以后，我再也不钻进任何人的肛门了。"然后，老妇人的孙子说道："好吧，永远不许再搞鬼害人了。"当蛇钻进地里时，它说："哼，至于那个嘛，尽管如此，不过偶尔如果有理由，当我想要的话我还是会咬人的。""该死的！"他（孙子）说。蛇立即就逃走了。然后，男孩回来了，他回他祖母那儿，他到了他祖母身边。他的祖母开始哭了起来。"你这是在干什么，我的祖母？""哎，你没有回来，因此我才哭呀。"她原本想着男孩回不来了，正在高兴，而男孩却回来了。

老妇人的孙子继续东游西逛。"孙子啊，无论何时我一直以来

1　也是用那块岩石。——原书注

149

告诉你什么事并警告你不要去那儿，你都急着想去。在那边住着一些东西，他们很坏。这次说什么可也不能去呀。""好吧，他们是什么？""在那儿的另一边，两个人住在那里。他们很坏，不要去那里。"她说。"好吧，我会照您说的做。"他去闲逛。老妇人的孙子（自言自语）："老妇人的孙子啊，你的祖母提到的，我就要到那边；他们是什么，他们什么样，我倒要看看，我要搞清楚。"然后，他去了那儿。他来了。当他到了山顶时，他们正在那边屠杀。"我的祖母提到的那些人就在那儿。"他去了那里，那儿有那两个人。这两个人中的一个是粗野的家伙；而另一个则不是，**他**是一个通情达理的人。"我说，朋友，我们一直生活得很好，现在老妇人的孙子已经到了我们这儿，瞧那边，他正走过来。""是的，当他来时，我们要好好待他。"男孩走啊走啊，他到了两个人那儿。"噢，老妇人的孙子，你这个不速之客，现在到了我们这儿。快来快来，就留在这儿吧，坐在这儿，吃东西吧。内脏在那边。"他说。他们把内脏放在男孩的前面。"吃这些内脏吧！把这个牛胚胎带给你的祖母，它又嫩又好吃，你的祖母会吃它的。"他们把牛胚胎拿给这个男孩。这只小牛的个头已经长足了，长着胡须，尾巴末梢也已经有了毛。男孩看见了这个牛胚胎，他们正带着它朝男孩走来。男孩害怕这个牛胚胎。那个严肃的人（对他的伙伴说）："别那样做，男孩害怕它。""男孩怎么可能怕它呢？"他还是带着牛胚胎继续走。老妇人的孙子站起身来跑掉了。老妇人的孙子爬上了那边的一棵树，他迅速地爬上了树梢。（那个男人）把牛胚胎挂在了这棵树的一个树杈上，在树杈的上面是老妇人的孙子。"大哥们，把这个从我这儿拿走！""好吧，等我们回来后，我们会照办的。"他说。他们立刻离开了。

老妇人的孙子留在那里。现在一年过去了。然后在某个时候这两个男人（正一起走着）："他做了什么，你还记得吗，那个老妇人的孙子（那么）害怕牛胚胎以至于逃到一棵树上，（而）我们把牛胚胎挂在了他的下面，那个男孩（还）待在那里吗？最后他是如何处理的呢？快点，让我们去看看。""什么！他不可能还在那里，既然他那么厉害。""不管怎么样，我们去吧，总之我们会看到的。"他们过来了。他们来了，当他们到了的时候，男孩仍旧在那里。那个胚胎已经发白了，它依然挂在这棵树的一个枝杈那儿。"过来，大哥，把这个东西从我这儿拿走。"男孩说道。那个并不粗野的人说："好吧，让我们提点条件，让我们拿他的祖母做条件。他会同意的。""他爱他的祖母，那不好。"他（另一个人）说。那个严肃的人（说）："不，他正在受罪，他会同意的，你可以试试（放心地问他）。""好吧……如果你把你的祖母交给我们，我们就会取下牛胚胎把它弄走。""可以。"老妇人的孙子说。"嗯，不过你的祖母可能会不答应。""不，她会同意的。"他们取走牛胚胎，他们弄走了它。男孩下来了。（带着疲惫的表情）他说："我快要累死了。"他说："现在我要走了。我要走了，去我祖母那儿，我要告诉她。你们在黄昏时来吧！"他走了。老妇人的孙子去了那里。他来了，他到了帐篷。在男孩回来前，老妇人一直在想："他回不来了，那真是好极了。"在她这样想时，男孩往回走了；当她（自言自语地）说这话时，她的孙子已经回来了。她现在哭了起来。他来了，他到了。"咦，祖母，您为什么哭啊？""为什么，你老不见回来，我就是因为这个才哭。我太伤心了，所以我哭了。""好啦，现在别哭了，我已经回来了。""你去干什么了？怎么这么晚才回来？"她哭着问。"我的祖母，那两个人杀死了猎物。我来了，我到了那儿。我的祖母，让我吃惊的是，尽管我曾经认为这片土地上所有的东西我都不怕，但是我发现有我害怕的东西，现在我知道了。""那是什么呢，孙子？""我发现牛胚胎是让我害怕的东西，现在我知道了。嗯，那两个人杀死了猎物，正在屠宰，我来了，遇见了他们。'过来，吃吧！'他们说。他们给了我内脏。'拿着这个小牛胚胎，给你的祖母带去，它很嫩，你的祖母可能会喜欢它。'他们说，他们那样说。他刚把牛胚胎拿来，我立刻就逃到了一棵树上。然后他们把牛胚胎挂在一棵树的树枝上。我待在那里。然后他们刚刚回来。'过来，大哥们，把它给我弄走。'我说。'好吧，如果你把你的祖母给我们，我们就弄走它。'他们说。'好吧。'我说，于是他们弄走了它。'我要走了，同时我会告诉她，在黄昏时来。'我说。我来了（这里）。好了，我已经告诉您了，事情就是这样。我想知道，您要怎么做？""我一直都很疼爱你，我怎么能拒绝你的请求？我会去做的。"她说。[1]

时间过去了。天黑了下来。在老妇人的孙子去他祖母那儿以后，"老人郊狼"遇到了这两个人——且不论他可能是从哪儿来的。他对这两个人（说）："哎，你们这儿情况怎么样呢？""老妇人的

---

[1] 老妇人急于除掉男孩，却为什么同意为了他而出让自己的身体，这依然是一个谜。——原书注

孙子害怕一个牛胚胎。我们把它挂了起来，他在胚胎的上方，他不可能下来。现在我们马上就要去他那儿了。我们以他的祖母为条件，他要把她交给我们。我们正要去那里。""嗯，好吧。你们是我真正的小兄弟，因此这件事我会帮你们的。"现在到了黄昏。（老妇人的孙子说）"好了，祖母，现在您自己要当心。他们来的时间就要到了。"这位老妇人说："好吧，孙子。如果他们将按我说的做，我就会同意；如果他们拒绝，那我就不同意。""咦，祖母，那是怎么回事？""那两个男人拥有一样东西，一张鹿皮（是帐篷苫布上的），那是他们最宝贵的财物。如果他们把它给了你，我就同意；如果他们不给你的话，那我就不同意。"后来到了黄昏时，他们来了。"你可以去了，孙子。如果他们给了你我吩咐你要的东西，我就同意。去吧，告诉他们。"男孩去了那儿。他来了，到了那儿。"嘿，有什么消息？"这两个男人问道。"我要告诉你们。'那两个男人有一张鹿皮；如果他们把它交给你，我就同意。'她说，她是这样说的。'如果他们不给你，那我就不同意。'她说，那就是祖母说的。"这两个人待在那里一动不动。"哎呀，如果我们把它送出去，那就糟了。"他们很伤心。"老人郊狼"（说）："噢，**我**有一块那样的（皮）。即便你们把那一张送出去，我也会再给你们做一张。""你说得对。"他们说，他们把那张鹿皮送了出去。"好吧，你们待在这儿，我要去，我要告诉我的祖母。"他来了，到了她那儿。他的祖母（说）："哎，有什么消息，孙子？如果你要的东西已经要到了的话，它在哪儿呀？我要看看它，它可能是一张不同的（皮）。"[1] "在这儿。"这位老妇人拿着它，她仔细地察看着。"是的，就是这张。好吧，现在我准备好了，我同意。去吧，让他们来。怎么回事，他们现在有三个人！这第三个是谁？""他是'老人郊狼'，他是第三个男人。""他们一直在想着占我便宜，但却不能得逞。可是，既然我已经同意了。去吧，我会留在这儿，让他们一次过来一个人。"她拿了一朵南瓜花，把它放在她的阴部。她等着。这两个人中的一个过来了。当性交完后，他离开了。随后另一个人来了，他也跟她性交然后离开了。然后"老人郊狼"来了——性交然后离开了。"老人郊狼"回来。他遇上了那两个人。"哎，亲爱的朋友们，你们觉得和我们性交的那个是什么？""怎么了，和我们性交的是一个女人啊。""不，实际上，当我完事后，我弄清楚了。和我们性交的是一朵南瓜花，一朵长长的、有凹槽的（中间凹下去的）南瓜花，那才是同我们性交的。""真是这样。"

这个男孩来了。老妇人的孙子向这两个男人走过来，到了他们跟前。[2] "老人郊狼"（说）："现在不要待在这个地方了，快去别的地方吧。无论你们住在哪儿，找一个家吧。""是，我们会照办的。"（老妇人的孙子）返回他的家。"老人郊狼"对这两个人说："我的小兄弟们，老妇人的孙子还没有来得及处理我们。我们已经招惹了他。一直走吧，别停下来！无论你们去哪儿，继续走吧！我自己也要找一个（新）住处。我自己也要离开了。""是的。"他们说，然

1　意思是她怀疑他们可能用一张假皮子蒙混。——原书注

2　前后文表明这不可能是讲述者的本意。因为"老人郊狼"建议这两个男人从老妇人的孙子那儿逃跑，以免他报仇。可能这个句子的主语本该是"老人郊狼"。——原书注

后离开了。这两个男人一起走开了。他们中的一个，那个严肃的人说："我一直告诉你别做那事。然而你却搞你的小把戏。现在我们已经惹上了麻烦。我们过去生活得安宁而美好，可现在一切都完了。"然后，不管他们是去了哪儿，反正他们离开了。"老人郊狼"也走了。

无论大地上曾经有什么样的邪恶生灵，他（老妇人的孙子）都把它们消灭了。老妇人的孙子继续和他的祖母生活在一起。"好啦，我的祖母，现在不要住在这儿了。""好吧，我要住在那边。"她说着走了。这个男孩说："我呢，我要住在那里的某个地方。"他去了那边。他成为北极星，这位老妇人变成了月亮。故事讲完了。

评注： 这个神话的主题是太阳神和一位希达察姑娘的儿子除掉大地上神出鬼没的妖魔鬼怪。冗长的开篇解释了这位姑娘如何被一头豪猪引诱到天上，她和她的儿子如何打破了太阳神强加给他们的禁忌，以及这个女人随之产生的思乡之情和不成功的出逃；不料她和儿子借助逃跑的绳子太短了，在她晃晃悠悠地吊在半空时，她盛怒的丈夫扔下一块岩石断送了她的性命。接下来是一位年迈的园丁发现和收养了这位英雄，她是唯一的另一个主要角色。讲述者对她的刻画并不一致。可以肯定地说，她最突出的形象是一位与黑暗势力为伍的邪恶老妇人——一个证据是她复活了那条用来掌控熊的蛇。她的确警告她的孙子当心附近的几个恶魔，但她总是希望借此引诱男孩去冒生命危险，关于这一点她是心中明知的。"黄眉毛"不断地对比她怎样因这个男孩迟迟未归而假惺惺地哭泣，与她又如何盘算将这个使人生畏的征服者从她身边除掉。然而，当她初遇这个男孩时，并没有表现出任何要置他于死地的意图，尽管这个男孩顽皮淘气——更不要说他杀死了老妇人的丈夫——可能会使她怀恨在心。我们似乎应该把她的恶毒看作是理所当然的。关于两个男人的古怪情节使这个问题复杂化了。如果老妇人真的决意要置孙子于死地的话，那么为什么她又救他脱离险境呢？"黄眉毛"注意到了这种矛盾，他试图使之合理化，尽管不太具有说服力：倘若她真的关爱这个男孩，她就不会用南瓜花来捉弄和她做爱的人了！至于她最后的原形，"黄眉毛"让她变成了月亮神。但是这种观点并不普遍。实际上，"大量鹰"讲述的异本会排斥这种观点，因为他的序言是以一段太阳神和月亮神之间的对话做开场白的，而他们全都是男人。"祖母的刀"则指出这个女人是其他几个民间传说中的女巫黑塞克塔维阿，那是个声名狼藉的形象。

关于这位英雄作为救世主的使命，"黄眉毛"和其他讲述者都交代得很清楚。其他部落也有相似的人物，尽管有着不同的出身背景，但他们都被赋予了非常相似的冒险经历。比如，一个黑脚人的故事讲述了一位欺凌弱小的人，他的受害者被一个男孩所营救。这个男孩来自一块血，这位"血块"（Bloodclot）相继杀死了一只恶毒的熊、一条蛇和一个吸血怪。格罗斯文特人（Gros Ventre）则使这位"血块"制伏了一棵倒下的树、一只吸血的狼和一个女巫，这个女巫将人们拉进一口倾斜的大锅中煮掉。"黄眉毛"版本的"孙子传说"恰好缺少上面提到的这最后一种冒险，但是它出现在我从"祖母的刀""大量鹰"和"抓伤脸"那里得到的版本中，还出现在

"素羽毛"（Plainfeather）讲给林德曼先生的故事中。此外，希达察人讲述了一对双胞胎兄弟"被扔在通风口隔板后面"和"被扔在一眼泉中"惩治了一个吸血怪、一口倾斜的锅和一个恶魔，这个恶魔通过把他的鹿皮鞋对准人们而将他们烧死。这最后一个情节尽管在"黄眉毛"的传说中又没有出现，但是却出现在"抓伤脸"和"祖母的刀"讲述的"孙子传说"中。希达察人也有一个孙子的神话，但是他们所赋予他的功绩除了降伏了讲故事的蛇外寥寥无几。

所有这些中最值得注意的是，乌鸦人自己很可能将某些功绩归属于"被扔在通风口隔板后面"和"被扔在一眼泉中"。因此，"去打猎的牛"（Bull-goes-hunting）讲给西姆斯先生一个非常不完整的孙子的故事，他在故事中让双胞胎英雄征服了那口倾斜的锅、吸血恶魔、倒落的树，甚至是爱钻直肠、能置人于死地的蛇！"祖母的刀"给我讲了这两个故事，但是却将吸食人的野牛归到了双胞胎的传说中，并解释说所有的其他邪恶的生灵都已经被孙子铲除了。

乌鸦人的处理显然是将两个原本不同的故事合二为一。**他们**故事中的孙子不仅仅是行星恋情的后代，而且也是最卓越的人类救世主，是与黑脚人的"血块"、希达察人的"双胞胎英雄"对等的形象。同时他们吸收或替代了希达察人的双胞胎故事。因此，尽管他们自己意识到这两个故事间的差别，有时也反对将两种情节混淆，但是他们发现比起口头上反对，实际上做到将它们区分开来则困难得多。原因显而易见：为一个故事设定一个征服者的母题，在这种情况下，原本属于任何一个故事系列的冒险都能够与一个或另一个顺理成章地结合在一起。尽管错综复杂，但是对比所有可得的乌鸦

155

人故事版本，再加上希达察人类似的故事，还是可以确定某些特点属于乌鸦人最初的"孙子神话"。希达察人类似的故事之所以可以包括进去，不仅仅是因为这两个部落间的密切关系，而且还由于两个更为特殊的原因。首先，希达察人的故事与乌鸦人的版本共同具有某些特点，这些特点在别处根本没有出现，或者只是在希达察人的近邻（曼丹人和阿里卡拉人）的故事中才存在。例如，尽管在许多神话里，作为天神的丈夫禁止他的妻子挖某种根，但是希达察人和曼丹人像乌鸦人一样，增加了不得射杀草地鹨的禁忌。另外，关于牛胚胎的离奇冒险也只在希达察人、阿里卡拉人和乌鸦人的故事中出现；至于老妇人验证这个偷偷潜入园子中的小孩子性别，这个情节显然只在乌鸦人、希达察人和阿里卡拉人的版本中才能见到。其次，在乌鸦人的所有版本中，这位祖母都是园丁，她的玉米和南瓜的戏份相当引人注目。可是历史上乌鸦人是纯粹的狩猎者，因此他们的故事不仅与希达察人的有关，而且是源于后者的。而且两个乌鸦人的异本都说长相最漂亮的女人是**希达察人**，这个结论就似乎更为可信。如果这个神话最初源于乌鸦人的话，似乎难以做到那样的公允、客观。

将这几个乌鸦人的故事版本与希达察人和阿里卡拉人类似的故事进行比较，我认为乌鸦人的"孙子神话"的原本中有：挖掘和射箭的禁令；借助一根绳子逃离，而这根绳子太短，女人不能降落在大地上；石头砸在她的身上；这个男孩被一位老园丁收养，这位园丁秘密地与一条龙似的东西结婚，而男孩杀死了这条龙似的东西；驯服或杀死了一只熊；详细描述了爱钻直肠的蛇的冒险；牛胚胎的插曲；这位英雄的升天。在我看来，"天空中的那段开场白"在"黄眉毛"的叙述中被削弱了，在多数乌鸦人的版本中叙述不足，但在"大量鹰"和希达察人的故事中则被充分展开；而"天空中的那段开场白"同样是标准的乌鸦人故事体裁，可是由于某种原因却没有被当作正式的特点。通过结合与之对等的双胞胎男孩故事系列的特点，乌鸦人使自身版本的孙子的故事标准化，从而使孙子成为他们民间传说中最卓越的英雄。当然，其他部落故事中的适宜要素也容易占有一席之地。每个讲述者都能变戏法般地自如驾驭几个神话的相关部分，改变事件的顺序，略去或者充实某些情节、插曲，这取决于他们的记忆力、偏爱或者将不同要素结合为一个连贯整体的技巧。鉴于最近与希达察人的接触，有充分的理由可以认为在他们拜访北达科他时，一些讲故事的人重新发掘了老故事，使他们的记忆得到了更新和补充；一些特殊的情节可能是从其他神话那里借来的。因为这个传说一直被一讲再讲，长达数十年，某个讲述者可能知道展开某一情节的几种可供选择的方法，并且会在这些方法中有意选择一种，比如首先讲故事的应该是蛇还是孙子（见边码 144 页）。不同寻常的是，尽管处处都可能被改编，但某些细节依然固守着同样措辞。比如，"黄眉毛"讲述这个故事的时间点，比"祖母的刀"晚了十五年以上，他依然让那只吸食人的野牛称他的主动脉为他的"烟斗杆"，他的肾脏为他的"磨石"；在"素羽毛"的神话（和"黄眉毛"的一样）中，野牛告诉这个男孩："那（我的心脏）是我想主意用的。"又如，在"素羽毛"的异本中，我们读到："在某些月份里，他从来不露面；晨星从来不在天空闪烁，直到野牛犊在平原上降生。""祖母的刀"这样总结道："他变成了春天的晨星，当动物们即将产崽时，他不出来；直到所有的动物都有了他们的幼崽时，他才出来。"类似的，在"抓伤脸"的故事中，英雄宣布："当野牛正在产崽时，你看不见我；但是当他们已经产下崽时，你就能看见我了。"

在我所知道的八个乌鸦人故事异本中，"黄眉毛"的版本给我的印象最好，尽管它遗漏了某些暗中交代的细节——这既是原住民的观点，也是我们自己的观点。他的故事场面宏大，不过不像其他的讲述者，他不露痕迹地吸收了来自双胞胎故事系列的特点。在处理特定的冒险时，我们发现二者结合得非常出色。"抓伤脸"给出的孙子和那头野牛间的对话与"黄眉毛"的非常相似，对于被野牛吞食者的不同情况的刻画也相仿。"黄眉毛"增添了受害人在妖怪的胃里跳太阳舞的情节；他连还没有完全死去的人的情况都没有忘记交代。当这些人辩解自己不能动弹时，这位英雄说："如果那样，就只让你们的小脑袋舞动。"拜访蛇的情节也同样结合了整个传说中的惯常描述：它们设法钻入孙子的直肠，它们的鼻子撞在堵肛门的石头上，它们把牙齿弄进送给孙子的脾里，这位英雄挫败了它们的诡计，还有比赛讲故事的特殊细节。所有这些在故事里都面面俱到。故事的某种节奏感是显而易见的，而其中的对话——依我们的观点来看常常显得离奇有趣——无疑是轻松活泼的。

第八章

"双尾"

从前，乌鸦人四处迁移营地，他们到处游荡、寻找食物。"双尾"[1]有两个哥哥，一个叫作"内部大"（Large-inside），另一个叫作"像狼吃"。"双尾"从来没有骑过马，他没有马，他很穷。在迁移时，他们步行。在夏季，他腰上裹着（冬天的）毛毯，脚上穿着毛茸茸的鹿皮鞋；他的护腿上部够不到臀部，两边也够不到（那儿）。他的两个哥哥也很穷，那就是他们为什么会落得这样。

一次，他的哥哥"像狼吃"玩扔环游戏，他正在和一位叫作"土牛"的年轻人赌博。"像狼吃"已经赢了许多（赌注）。这个叫作"土牛"的人有许多亲戚，他们是恃强凌弱的人。当玩扔环游戏的时候，"土牛"有许多支持者，而"像狼吃"却没有支持者。现在"像狼吃"扔出了他的铁环，他用力投出标枪并喊道："那是一个'一白'（One-White）的分。"他说道，并且转过身来。然后"土牛"过来，去了那儿。"嘿！瞧瞧吧，它并没有碰到环。"他说。这是"土牛"对着他的支持者说。"过来，瞧瞧这个，它没有碰到。"他们说。"像狼吃"环顾四周，他在寻找支持者，这儿连一个他可

---

1 "黄眉毛"说，在人们讲述这些事件前，这位英雄所用的是一个不同的名字，但是他想不起来了。——原书注

以求助的人也没有。在观看这场游戏的时候，他的弟弟"双尾"脸朝下趴着看这场赌博。他的脸脏乎乎的，淌着汗水。他的脚踝处挂着锯齿形的针茅。"'双尾'，过来！看看这个，尽管你可能无足轻重，但我显然是得分了。'你没有得分。'他们却这么说。""双尾"过来看，他沉思着。"你显然是得分了。他们怎么能说它没有碰到呢？你已经得分了。"他说。这番话是"双尾"说的。这个叫"土牛"的人说："**他**来做什么？他正待在人群中。[1]就算有一分，这和**他**又有什么相干？如果有一分，他会因为这个而骑上马吗？瞧他那样！如果我像他那副样子，我会羞愧得无地自容，怎么也不会接近营地。我现在会待在那边的山里，在高的地方，四处恳求神示。看看他的脚踝——那一蓬乱草。瞧瞧你自己！你应该正待在某个地方哭着（恳求神示）。可从他的脸颊上流淌下来的只有汗水。""土牛"说。这位"双尾"泪流满面。"像狼吃"（说）："嘿，你们在我们的这场赌博中已经做错了事，你又对我可怜的弟弟说了那些恶毒的话。我很穷，就是因为这个。我不和你玩了。"他说。他们不再玩了。

　　"双尾"站起身来，他拿了他的箭和其他工具，他拿了鹿皮鞋和一块打火石，整装待发。然后他蹚过了小河向狼山走去。他走啊走啊，来到了狼山。在那边，在红地（Red Ground，一条山脉）的这一侧，他躺了下来。这一天晚上，在狼山的最北点，一位男人给

1　含义不明确。——原书注

他信号并呼唤他。[1]第二天早晨他醒了，离开了。他沿着狼山的山脚下走啊走啊，而且杀死了一头小野牛。那天夜里，他晾干了小野牛皮并把它挂在那儿的树荫下。他睡在 Amdō´cīat（山脚）。第二天早晨，他爬上了山顶，太阳还没有升起，他从山的后面爬上了红盒子山。山顶很平坦，一只鹰正在飞翔，小牛角河就在对面，尽管它离得很远。当他正在观看的时候，（他看见）那儿有一位装饰着很多麋鹿牙的姑娘，它（那只鹰）正抓着她的头发，她吊在鹰的下面。"哎呀，哎呀！""双尾"说。"怪了！它抓住的和正在带走的是我们的一个人。"他心想。他去了，爬上了那座山。太阳还没有升起，他等着太阳升起。"当太阳升起时，我会切下我的手指。"他想着，待在那里。然后当太阳升起时，他把食指放在枪上，拿出他的刀。他切下了他的食指。他把他的食指（指节）放在一块平坦的石头上，他向着太阳托起它并祈祷了什么。至于他祈求了与生活相关的什么，暂且不论。血从他的食指上喷出来。当太阳升得更高时，他晕倒了。血从他身上渗了出来。这一天，他躺在那里失去知觉直到晚上。当天凉下来时，他起来了。夜里，他冷极了，怎么也睡不着。一连三个晚上，他都没能得到神示。[2]第四天晚上，他冷极了，还是怎么也睡不着。到了后半夜，他终于睡着了。睡觉时，他站在一个很大很大的帐篷的外面。一位带着很多麋鹿牙的姑娘出来了。"过来啊，请进。"他跟着姑娘走了进去。"父亲，我带来了一

1　这是某些神示的一个程式化的特征。"一直是牛"在描述他的一次经历时告诉我："我在睡觉时看见普雷尔隘口，还看见有个人展开一条毯子，给我信号示意我过去。"——原书注

2　他遇见发信号的人，还遇见鹰，这些奇特经历仅仅是预兆。——原书注

个人。"这个男人有一位妻子，他正和他的妻子坐在一起。在一只枕头的后面，他用鹰身体的各个部分做了一个巢。白人们正站在后面。"你做了一件错事，"这个男人说，"我们的情形一直不错，现在你却带来了一个人。"[1]那位女人说："那很好，她把他带来是件好事。来，我们要为你的孩子点香，用雪松研磨成的香。""不知是怎么回事，我成了一个婴儿，他们带走了我，用香熏我，他们将我举起来了四次。"[2]"我要让这个孩子跳舞。"他们唱着太阳舞歌，让他伴随着歌曲跳舞。然而似乎发生了一些事：这个帐篷变成了一个太阳舞帐篷，在里面的是那些进入太阳舞帐篷的人。他们让他看一切和太阳舞有关的事，无论他们在做的是什么。这个男人说："在那边有一个人（另一个超自然的神灵，**他**有一个孩子并且已经（代表他的孩子）向我祈求帮助，现在我要向**他**祈求。"他说道并招呼那个人。我们不知道那个人是哪一种生灵。他是一位老人，他把他的整个身体和头发都弄得通红。他拿着他的烟斗，他过来了，走了进来。"到后面去！""咦，这是什么意思？""好吧，我想让你照看那个穷苦的孩子，因此我叫你，事情就是这样。"那个男人说。这位老人拿出了他的烟斗。"我想抽一会烟。"这位老人将他的烟斗对着太阳，然后喷了一口气，烟被太阳的光芒点燃了。这位老人将烟斗对着小河（Small-River）。到处都点缀着帐篷，这里有许许多多多的马，在小河的这一边，马一字排开，它们在一匹棕色马的带

2　意思不明确。意思似乎是这位寻找幻象的人讲述他自己的经历，但矛盾的是"黄眉毛"又转为使用第三人称。——原书注

领下走来。它的脖子周围有一个鹿角状的叉，它先进来了。然后这位老人又抽起了烟，他冲着舌河。一小队大篷车正朝那里驶去。这位老人看见了他们。他抽着烟。他将烟吐向营地、马还有人的方向。他抽着烟。这位老人说："这够不够？"那位女人说："愿他拥有这个营地！"（也就是，愿他成为首领！）这位老人说："风在哪里，愿他能够控制风所到之处！ [1] 这够了吗？"那位女人说："愿他能够驰骋天下！"（也就是说成为一名指挥。）这位老人说："他自己拥有控制云的权力。嗯，这够了吗？"这位女人说："现在我的孩子缺少红色颜料。"这位老人说："噢，太阳涂饰的方法（幻日），我觉得所有的红色颜料都在那里。但是这些也行，他可以用这个涂饰。"他说道。"这够了吗？"这位老人问。这位女人（说）："是的，够了。" [2] 他们同意他看其他各种各样的活动。这位女人说："这个帐篷里面的，属于它的一切，都归我所有，**我**的帐篷是二十二（皮子的大小）。""好了，"这个男人说，"让我们送你们的孩子回家吧。"太阳舞玩偶被系在那个羽毛呈扇形散开的环上，他们同意"双尾"这个孩子拿着它。他们唱了一首仪式歌曲，这位女人的丈夫唱，女人为这首歌伴奏。他们唱了四遍。他们把门敞开，他们唱了四遍然后和这个孩子走到了外边。"把那个环给太阳，你想拥有红色颜料。"他们把这个环要了回去。那是怎么发生的，我们不知道。有人说道："把这个环给太阳。"我们不知道他们是如何把这个环给了

161

---

1 也就是说，愿他控制风！ ——原书注

2 对话者是那位被祈求的老人和接收帐篷的女人。——原书注

太阳的。

在泥河［Mud-creek，即猫头鹰河（Owl Creek）］中，一个男人冲他挥手、招呼他——这件事可能发生在"双尾"得到这个神示之前，也可能是其他某个时间。[1] 还有在某个时间，有从去西面作战的队伍中回家的男人。他们回家时从"双尾"所在地方的下面经过。他非常疲倦，他神志不清，否则他本不会发出死亡的信号。"看啊！那里，他们这样去打仗，他们带着死亡的信号返回来。"他们说。无论是出自谁人之口，有人说了这话。他醒来了，当他起来时太阳已经升得老高了。"是的，那就是我在寻找的，那好极了。我有了一个幻象，我要回家了。"然后他下了山。他的血显然快流尽了，他的肚子里空空的，他的腿在打战，他的腿瘫软下来，他险些摔倒在地上。他来了，他得到这块（小野牛犊的）肉。他得到水，他喝了，他呕吐了，不断地吐。他得到这块小野牛犊的肉，吃了下去。"嗯，他们已经在召唤我了，无论会怎样，我都要到那儿搞清楚。我要走了。"他心里想。吃完以后，他离开了。他走啊走啊，每走一小段路他就得停下来，他太累了。他到了。这一天的晚上洒满月光。"我想我要死了。"他的胃里空空的，他的血流尽了，他的身体好像死了一样。当他睡着了的时候，两只郊狼正要参加一支作战队伍。然后在这不久，他们来了，他们带来了马。"好吧，我们的本性是这样：当我们旅行时，当我们被迫防御时，我们用云来确保我们的安全。"他们说。有一个人突然出现，他来了，他头上有

162

1　对照 230 页第 1 个脚注。——原书注

鸣角鸮的尾巴，他唱着歌走着，他在前额上装饰着黄色的黏土，他的泪痕被弄成了黑色。"我最喜欢的就是战争。"他说。

第二天早晨，他（"双尾"）差不多好了。他走过来了。在他请求神示地方的上游，有一个（乌鸦人的）营地，他到了那儿。无论这个夏天他们曾在哪里游荡，他们正在那里扎下营地，那里现在是印第安人事务局所在地。在这个营地安扎下不久，"双尾"的哥哥"像狼吃"正在放马；他们被留在山顶。他们来了，他们坐在山顶的边上。那时是秋天，天空时不时地飘起雪花。"双尾"说："哎，哥哥，我们太穷了，让我们去打仗，然后带回马来吧，这样**我们**就有马骑了。""像狼吃"问："什么时候？""双尾"说："我们今晚就去。""好吧，"他说，"让我们走吧。"他们回来了，让人做了鹿皮鞋。这个"双尾"有一个朋友，他也很穷。"双尾"去找他，"双尾"来了，他到了那儿。"朋友，今晚我们要去打仗，去找鹿皮鞋吧！""双尾"说。"是的，我会照办的。""当营地的人还在熟睡的时候，来吧。""双尾"说。他的朋友来了，他到了这个营地，营地里的人们已经准备好了。这位哥哥"内部大"叫来"像狼吃"。"像狼吃"来了，他进来了。"嘿，坐下吧。""当我们奇袭时，有时我们会两手空空而归，有时我们会带回些东西。那个想和我们一道去打仗的男孩很穷。他说我们应该什么时间去？""今晚。""像狼吃"说。"如果是这样的话，他本来应该早些时候就告诉我们。"[1]"他只是刚刚才有了这个念头，那就是为什么。""我同意，就这么决定

了，让我们走吧。""内部大"说。

他们去了。他们走了一夜，然后他们睡着了。第二天早晨，他们出发了，继续赶路。有一个名叫"斑纹"（Striped）的年轻人，他很勇敢，他是一位英勇无比的年轻人。然而，他被施了妖术，当他参加作战队伍的时候，总是会失败。在这些灾难中，不幸的是，他甚至不得不为杀死了他自己同胞勇士的敌人发信号。战争的指挥不喜欢他。"斑纹"来了，他赶上了作战队伍。第二天，当夜幕降临的时候，"像狼吃"和"双尾"走到了一边，"那个年轻人，""像狼吃"说，"那个追赶上我们的人不好。他被施了妖术。无论他什么时候出去，一切都会失败。""我们很穷，在你的这次奇袭中，我们应该小心行事。"他说。是"像狼吃"说的这番话。"双尾"说："噢，没有关系。他来的话是可以的，尽管以前常常发生那种情况，但不会发生在**我们**身上。""你说得对。"

他（"双尾"）扛着一根白色的棍子，无论他们何时停下来，他都会削那根棍子。他们走啊走啊，他从来没有（向超自然的力量）哭诉哀求过。他队伍中的那些年轻人会日日夜夜地放声痛哭，而"双尾"一直根本没有哭过。雪下得很深了。"内部大"说："好了，现在无论你多么受人尊重，在某些晚上或者某个其他时间，白天也好，其他任何时间也好，你得哭。你没有为你的部下们掉过一滴泪。你一直都在吃，那就是你所做的一切。你的法物从来没有指引过我们。"他（"双尾"）什么（回答）都没有说。"双尾"从来没有谈到过他的幻象。"我们要去那边的那块土地。"他从来没有说过这样的话。他只是保持着沉默。这支作战队伍还在走啊走啊。"双尾"扛着他的棍子。无论他们何时停下来，他都忙着摆弄那根棍子。他削棍子，又弄直它。然后有一天他们开始怀疑敌人靠近了，他们这样怀疑了一会，然后疑云散去了。"内部大"来了，他到了"双尾"跟前："喂，你要把我们带到哪里呀？你什么也没有告诉过我们。（你）已经死了，你的眸子大大的，看着我，但是目光却那样茫然。你要用这根棍子做什么呀？如果他们杀死你，你是想让他们把你的头皮绑在那上面吗？啊？你是为了这个留着它吗？尽管我已经说过这话了（我还要再说）——找时间痛哭一下吧！你所做的只是吃！""内部大"说。"好吧，""双尾"说，"你为什么老说那种话？难道这里缺少哭声吗？我们来是因为我们想哭吗？我认为我们会带回一些马匹，我们是冲这个来的。"

他们继续走啊走啊，他们就这样行进着，然后在晚上的某个时间（"双尾"说）："小伙子们，停下来准备食物，生起篝火来，我们要吃东西了。"还没有到该停下来的时间，尽管如此，他们还是停了下来。"双尾"有了一个主意，别的人全然不知，那就是为什么他停了下来。那些少年们认为他们是为了吃东西才停下来的。当他们吃完后，"双尾"说："好啦，我们赶路吧。"在夜色里他们站起身出发了。他们一直走到了天黑，然后在那一天的深夜，他们到达一座山脉。"那儿有一丛树，我们就在那里睡觉。"他们睡在了那里。然后第二天，"斑纹"醒了，他去了山顶。他逃了回来。"哎呀，伙伴们，我们已经到达了一个大营地。我们已经经过马群，营地就在那边（山脉）的后面，种种形势都对我们不利。""斑纹"说。"你们看哪。"他说。他们其余的人爬上了山顶，他们已经经过马群，营地离得近了。地上有很深的积雪，他们的踪迹一目了然，任何为马而来的人留下的脚印都看得见。他们都提心吊胆。这个营地非常大。他们（袭击者）陷入绝境。"我们该怎么办？"他们说。"双尾"坐了下来，他没有动，他保持着镇定，他什么也没有说，甚至没有爬上山。当他们正在说"我们该怎么办"时，他仍旧坐在那里，泰然自若。至于"内部大"，他来到"双尾"那儿。"你对我们这样做，要是很久以前的话还行，可是现在你还在这样做。看看我，看看——我们可怜的孩子[1]；形势对我们非常不利。倘若他们发现了我们的行踪的话，事情就严重了，我要先找你算账。""双尾"仍旧默不作声。

"斑纹"（对"双尾"）说："我亲爱的小兄弟，我来和你一道参加你们的奇袭。有什么东西已经在警告我们了。我的这杆枪是最棒的，我把它给你了。我的调情装备[2]在家里，我也给你。前进吧，你来发动奇袭真的很好（也就是说，我相信你会成功）。""过来。""双尾"对"斑纹"说。"斑纹"有一个侦察员的标志。"把你的侦察员标志拿来。""是的。""斑纹"说。他去取标志，带来了它。他把标志带来，很快地交给了"双尾"。"双尾"放下标志，在玫瑰丛和 micgyaxtsi′（无法确认的一种灌木）中滑动着它。当"双尾"拿着它并那样做的时候，他的烟斗在标志里面。"好了，点燃它。""斑纹"点燃它并吸了一口。"冲着我的脸吹，这样做四次。

165

---

1 结构不明确。可能说话人是在描述如果作战队伍被消灭的话，这些勇士们的孩子会遭受不幸。——原书注

2 据詹姆士·卡彭特说，这里是指一匹马，见 072 至 073 页。——原书注

让它使劲地冒烟。""斑纹"使劲地吹着。随后便有了一场可怕的暴风雪。他们举目四望，根本什么也看不见。他们逃到了这片灌木丛的中间。这一天，暴风雪根本没有停下来，它就这样一直下啊下啊直到太阳西沉。"斑纹"来了，到了"双尾"那儿。"哎呀，我亲爱的小兄弟，我让你做的事好极了，可是如果暴风雪那样一直下到傍晚的话，我们就什么也做不成了。如果你有办法的话，如果你能让它停下来，如果你能停住这场暴风雪的话，我觉得我们可以得到那些马。如果我们安然无恙地到达我们营地的话，我就会把我的帐篷、桶和盘子给你——所有的这些。看在我的分上，让暴风雪停下来吧。""好吧，我会的。""快点做吧。""双尾"从树林中出来，他迎风站立着。他拿着他的毯子，（向云层）挥舞着它，然后让它降了下来，暴风雪立即停住了，太阳落下去。[1]"那么好吧，我将配齐一顶帐篷里的一切，然后交给你。等着我们吧，我对你有充分的信心，我们想带很多马匹回营地，等着我们吧。""好吧。"他说。"对了，找些野牛粪，拿一些，带来一些野牛粪。山岭上没有雪。""双尾"说。他们带着野牛粪，把它们放在地上。"野牛粪在这里了，动手吧。""点燃一些发白的樱桃树，它们不起烟。"当他们做完了后，"双尾"说："好了，弄弯那棵小树，把它弯成一个圈，做成一个环。""哟，""斑纹"说，"在法物的里面有一个环，这怎么样？""那很好，拿着它，带着它，好极了！""双尾"说。"双尾"带着那个环。他清扫积雪，野牛粪正在缓缓地燃烧着，他为它

---

1 以此表明他被赐予了控制风的力量。——原书注

点上了香。他拿起他的烟斗，填满了它。"双尾"说："好了，现在我要完成两件困难的事。如果我成功了，就万事大吉，事情就都好了；如果我失败了，那就不妙了。现在我要抽这个，我是想用那位老人（即太阳）来点烟的。（其次）那位老人用来涂饰的——他红色的颜料——我想用这颜料来涂我的脸。""内部大"（说）："什么，（太阳）是多么厉害啊！你这个能人，会有谁能用太阳点他的烟草呢？会有谁能用太阳涂饰他自己呢？这哪像是人的话啊（即说对方是傻瓜）！"他说。"双尾"默不作声，他冲着太阳举起他的烟斗吹了起来，从而使大量的烟冒了出来。烟斗被点着了，他继续抽着烟，他把烟斗交给他的同伴们。"祈祷吧，让他们抽烟，祈祷些什么。"他们那样做了。他们抽着烟草，他们祈祷。"双尾"拿起一只成年鹰的尾巴，把尾巴放在他的脑后。他拿着这只环和这只狼（标志），他在两侧绑住它。他把它对着太阳放好。"当我的歌唱完的时候，我要涂抹我的脸。"他把他的环对着太阳，他把它对着太阳放好，然后他开始唱歌。歌词是："我看见了那边那个人的脸。我看见他举着一张头皮。"他唱道。"内部大"（说）："哈哈！（讥笑）你这个能人，你不可能看见太阳的脸。""他还是固执己见，这个家伙。""双尾"那样说，他对"内部大"那样说。[1]"这个'内部大'是我的亲哥哥。（他祈祷）看在我的分上，今晚让他碰到（一些麻烦）；不过，我不想让他死，我会把他带回来。""双尾"说。"像狼吃"说："你做得不对。他一直是一个傻瓜，他总是说一些（愚蠢

---

[1] 他终于失去了耐心，祈祷惩罚他的哥哥。——原书注

的）话。"他说。"双尾"说："我已经说过了，对于（这件事）我无能为力，他不会死的。""双尾"又唱了起来。"双尾"用香熏了他的手。他将他的食指对着太阳；然后像这样，他用指头在脸上擦着（好像是在擦）。他使脸上一圈又美又蓝。就像在脸上擦了又擦（他实际上也是如此），颜色好看极了。[1]

"现在，在我们的征途上，我们将寻找一匹棕色的马，它戴着一个鹿角状的项饰。[2] 这一群马多达八十匹。我想要带走它，我就是冲它来的。去吧，'斑纹'，偷偷摸进营地，搞清楚这些马可能在哪儿。"然后，"斑纹"去做了。当天黑下来的时候，他们出发了。他们去了那里，他们前进。当他们到达营地之前，有一匹马待在湖边。"内部大"说："我将是第一个偷偷摸进来并带走一匹马的人。"他说。他去了这匹马那儿。他悄悄地摸近。当他到那儿时，他发现那匹马膘肥体壮。湖面上结着冰，当他想把它（这匹马）带到一个小峡谷时，他想着马会害怕冰，可这匹马**并不怕冰**，它踏在了冰上。它滑倒了，滑到了远处。当"内部大"到了马那里时，发现马肥极了。"好啊！我已经得到了一匹膘肥体壮的马，我要和它一起出来，即使这是我（得到）的唯一一匹。我要（带着它一起）回（故乡的）营地。"他想。当晚，他对它（这匹马）使出了浑身的力气，想要把它从冰上拉走。他们（这一伙人）走啊走啊，到达了营地。"双尾"派"斑纹"和"像狼吃"分别去营地的两侧。"出

1　这里是说，实际上他并没有在脸上搽任何东西，只是通过完成这个动作，魔法般地实现了他的目的。——原书注

2　这里指幻象，也指期待中的对许诺的兑现。——原书注

发吧，带回你们的马。"据说他是这样说的，并把这两个人派了出去。他们出发了。过了一小会儿，有三匹马从那儿出来了。"我要去看看那些马。""双尾"说。他去了，向前走着，到了那些马那儿。"我要带走这匹棕色的，这匹有鹿角叉状项饰的。"他已经那样说了，他就那样做了。他抓住那匹马，牵着它，把那匹马带了回来。"好啦，小伙子们，我说起（提到）了这匹棕色的，这一匹我自己抓到了，正在把它带回来。"他站在那里，当他仔细检查它时，（他发现）那匹（膘肥体壮的）马（背）中间凹下去了。它真是无与伦比。然后那些去了营地的都带回来了大量的马。他们得到了这些马，他们全都骑上马逃跑了。那天晚上他们一直跑了整整一夜。

天亮了，太阳还没有升起来，这时（他们看见）在一座山的后面，一个男人一边跑一边哭。"咦，那是什么？快看啊！""斑纹"说。然后，当"斑纹"来到山顶时，一个男人正一边跑着一边哭喊着。"斑纹"发现那是"内部大"。"嗨——！停住！"他说。他们停了下来。"斑纹"跑过去，然后他见到"内部大"。"斑纹"把"内部大"放在他的后面，带着他一起到了营地。"怎么了，出了什么事？""噢，沿着那个湖，我想带回一匹非常肥、非常漂亮的马。我把它带到了冰上，它踏在冰上摔倒了。然后我束手无策，我对它使出了浑身的劲儿。最后我无能为力，天快要亮了，因此我来了。""内部大"说。"像狼吃"说："哈哈，他来和我们一道奇袭，你却老是对他说各种各样（无礼）的事，现在你明白了（那不对）。""你（应该）给我的马在哪儿？快把它们给我。""内部大"

说。[1]当得到马以后，他唱着颂歌往前走了。

　　"快点！"他（"双尾"）说道。他们继续逃跑，他们睡在了这一边。第二天，"双尾"醒来了。"哎，小伙子们，在舌河有一个营地，我们要去那儿，把他们洗劫一空。"他说。"一位年轻的女人正骑着一匹有斑纹的栗毛马，她有许多麋鹿牙，我要抓住她。""双尾"说。"内部大"说道："既然我们正带回这些马，我觉得已经足够了，你到头来会落个空（你做得太过分，反而会失去一切）。"下面是"像狼吃"在说话，他对"内部大"说："'内部大'还在那样做，我们以为你已经吸取了教训。"他们继续走，来到了舌河。"过来，'斑纹'，向那边侦察，向山谷里看。""我会那样做的。""斑纹"说。他急忙去了。不久之后他回来了。"嘿，一个大篷车队来了。"然后，他们骑上了马，"双尾"骑着他的棕色马，他沿着源自舌河的一条干河谷跑下去。他们来了。当他们出了河谷时，那个大篷车队正向那儿走来。有一个男人和两个女人。一位年轻的女人正骑着一匹有斑纹的栗毛马，她有许多麋鹿牙。这位男人，一名敌人，下了马。"双尾"击中了他，拿了他的枪。他上马去追这位年轻的女人，他抓住她的缰绳把她带了回来。然后他获得了他们所有的马，拿走了他们所有最值钱的东西。然后他们来了。"双尾"说道："'像狼吃'和'内部大'，我不会给你们这个年轻的女人，我想要占有她，和她结婚。"他娶了这位年轻的女人。那女人长得非常漂亮。他们来到了狼山的山顶。"好吧，'斑纹'，去吧，在河谷

1　这个要求感觉是一个滑稽的例子，表现了他无可救药的厚颜无耻。——原书注

里寻找我们的家！""斑纹"去了。过了一会，他发出郊狼的嚎叫，然后过来了。"嘿，你看见了什么没有？""是的，离你们队伍出发的地方稍远些的上游，在一处河湾里，那儿有一个营地。"他们很高兴。

他们来了，他们在一个干河谷中停了下来。"双尾"和他的妻子带着他们的财物。他们在树木指向的地方（？）到处走着。他的同伴们正躺在那里休息。"双尾"让他的妻子骑着那栗毛马。他全身穿着敌人的衣物，头戴插着尾巴的圆帽，他骑着那匹棕色的马。树木指向哪里，他们就出现在哪里。他来到他的作战队伍，唱着庆贺歌曲，他和他的妻子一起走着，给她指点着。"双尾"唱道："你们刚送了命。[1] 那是我的爱人！感谢。"[2] 他说。（这些是）他的歌词。"双尾"把脸涂成了黄色，又在黄色的周围涂上了一圈黑色。当他的队伍打量他时，（他们发现）他有一副好嗓子。他们以前没有发觉"双尾"长相英俊，因为他穷，人也显得丑；而他这一打扮起来，可真是英俊。他的妻子是一位长得美极了的女人。然后队伍朝营地走来，他们来了，他们停在营地的附近。"事情很圆满。我们要唱庆贺歌曲。"当晚，他们生起了一堆巨大的篝火，他们唱着庆贺歌曲。

"双尾"说："那么，至于那个给我造成不幸的人，我要给他编一首歌。""快编吧！"他们说。"双尾"唱道："'土牛'，身体歪 169

1　据我的翻译说，这等于是在对被他杀死的敌人说"该死！"。——原书注

2　毫无疑问，这话是对他的超自然朋友们说的。——原书注

向一边，是一位可怜的男人。他的阴茎歪在一边，里面有许多精液。"[1]"斑纹"说："好吧，'土牛'的妻子是我的情人。我给她编一首歌怎么样？"他说。"不过，最近我正苦于加在我身上的咒语，所以我很犹豫。"他说。"双尾"说："那不会有什么问题，他们不是人[2]，尽管做吧，给他们编首歌。那会很开心，编吧。"那位妻子名叫"来自水"（Coming-from-the-water）。"斑纹"唱道："'来自水'，出来吧，看看我。我立刻就走。没有哪个女人不拥有两个丈夫。'来自水'，你有一个很大的阴唇。"他唱道，他那样唱道。"卷毛"的房子在他们穿过的那片浅滩上，在小海角的下面是营地。他们跑过了营地，他们来到了营地中央。人们说："谁是那些正在跑过营地的人的头领？"他们不知道。"这是哪儿的人？"他们不知道。过了一会，他们弄清楚了："啊，原来是'双尾'！他怎么会那么英俊？"然后他们拿来了鼓，唱起了庆贺歌曲。然后过了好长时间，歌唱快结束的时候（他们说）："嗨！我们要唱'土牛'歌。"他们也唱了那首关于"土牛"妻子的歌。这个女人失声痛哭了起来。"土牛"拖着一根棍子，他是来报仇的。前面讲过，"斑纹"曾是一位精神饱满的人，他的亲戚众多，他的人都非常勇敢。"斑纹"说："别过来，转过身去吧！这个人很穷，你对他冷言恶语，你对他百般侮辱。但是他们很穷，他们没有试图报复你们，现在他们满腔仇恨。他们并没有侮辱你，你却对他们大发雷霆，别过来，如果你报

1　暗指他的许多孩子。——原书注

2　大概等于"他们是魔鬼"。——原书注

复他们的话，就如同你正在报复我一样。**我等会**去揍你。去吧，转身走吧！"当他们到达营地时，"土牛"转身离开了。

这位"斑纹"说："来吧，'双尾'，我带你回家。"他带着"双尾"一起回到了"斑纹"的家。"下马吧！""双尾"和他一起进了帐篷。"斑纹"对他的妻子说："我要把我们的这个家都给'双尾'。来吧，我们要和我们的一些亲戚住在一起。""斑纹"说。他又说："从现在起，我认你做我的弟弟。我会跟你一道发动奇袭，为你侦察。"这个被俘的女人是"狐狸"部落的（？）。她一直是"双尾"的妻子。然后，这位妻子怀孕了，生了一个孩子，她是一位端庄秀美的女人；这个女人生了一个孩子，**她**也是一位端庄秀美的女人。现在，她是"和他自己玩"（Plays-with-himself）的妻子的母亲，她还健在（代表下一代）。

评注： 前三个传说确定无疑地属于神话时期，其中的动物讲话司空见惯，与此相反的是，"双尾"则完全是现实主义的。这里当然有一些事件对我们来说显得不可思议，但是故事中不会有任何东西会被我的报道人认为是完全排除在他们一生际遇之外的。例如，主人公用一种不可思议的方式涂脸，从而羞辱持怀疑态度的哥哥。一位格罗斯文特人告诉我，他曾**看见**"包起他的尾巴"（见边码 238 页）用手指指向太阳的方式来涂脸，不用颜料就产生了红色的条纹。

这个故事的主题很典型：褒扬地位低下者，贬低妄自尊大者，所有的一切都是神示的结果。和优秀的讲故事的乌鸦人一样，"黄眉毛"竭力描述神示、奇袭之战和得胜回营地。但是这个故事在我看来很有独到之处：人物个性化的初见端倪。不仅以各自的地位来表现这两位哥哥，而且他们的性格形成鲜明的对比。"像狼吃"不仅是年长的亲属，他憎恨人们对他弟弟的公开侮辱，而且代表了富有同情心和性格谨慎的顾问。他对"斑纹"的加入心存怀疑，但是得体地放下了他的异议。而另一方面，"内部大"是典型的求全责备的亲戚和怀疑一切的人，他尖酸刻薄、吹毛求疵，而且不可救药地无耻，这样的形象被鲜明地勾画出来，并且被渲染得滑稽可笑。"斑纹"表现的仍旧是一个不同性格特征的母题。他是一位与主人公非亲非故的男人，一位勇士；虽然他自己没有犯错，然而不幸的阴影却降临到他的身上，他对于恢复他社会地位的机遇感恩戴德。他的角色可以理解为反面人物"土牛"的对立面，在故事的尾声，他恰如其分地指责和击溃了"土牛"。至于"双尾"本人，自然是孤儿英雄的化身，尽管样子看起来贫贱但却非常英俊，他看到自身命运的超自然向导，有了强大的信心，并以这种态度藐视"内部大"的口头攻击。

第九章

会的生活

　　从前，几乎每个男人都属于某个"会"（araxu´a'tse），而且非常可能加入他的哥哥们和母亲的兄弟们的会。实际上，据说在一个男人还是婴儿时，父母就要保证他到一定岁数后能接替一位死去兄弟的位置。但是这样做并非一种义务，因此会和氏族的界限可能发生重叠。通常"会"处于优先地位：如果一位成员去世了，他们就给他的一位亲属送礼物，试图填补这个空缺。他们也有可能以礼物来引诱任何有名望的男人，他的加入将为这个会增光，使之比竞争对手处于更有利的地位。会不排外：每个会都渴望增添会员，它们欢迎被它的舞蹈或标志所吸引的主动参与者。入会仪式或入会费都不存在——这与烟草会形成了鲜明的对比（见边码 274 页）。

　　大约在 1870 年，"狐狸"和"木块"已经成为最引人注目的会并且势均力敌，但是"大狗"和"泥手"（Muddy Hands）依然很活跃。这些会中没有一个带有任何宗教兄弟会的意味，他们的活动是社会和军事层面上的。每年春天，营地的首领都会任命他们中的一个为保安（见边码 5 页），但是轮换没有规律，所以同样的组织可以年复一年地承担这份职责。每个会都有其独特的标志、装饰、舞蹈和行动癖好，不过他们本质上都享有同样的"官员"制（在游行

时他们经常成双成对地行进），并且选举方式类似。这些人并不是
他们的会的指导者——这种职责由会中有影响力的年长会员非正式
地承担。他们只是这样的一些成员：他们保证做到英勇无比，并以
其荣誉勋章或标志与普通会员们区别开来。

这些会的体制远非固定不变。我们可以简略地回顾一下它在不
同时期的情况。"蛮勇的勇士"这一概念早在 1804 年就出现了，当
时刘易斯（Lewis）和克拉克（Clark）在达科他人中发现了一个由
那样的勇士所组成的会，它仿效了乌鸦人的方式。1833 年，马克
西米利安记录了八个会——"公牛"、"大草原狐狸"（Prairie-foxes）、
"大乌鸦"、"半剃头"（Half-shaved Heads）、"木块"、"石锤"（Stone
Hammers）、"小狗"（Little Dogs）和"大狗"。从柏克沃尔斯那儿
我们了解到，从 1825 年到 1855 年，这些会中的一些因为激烈的
竞争而分裂，他明确地提到了"狐狸"和"狗"。这些早期的记录
者忽视了"泥手"，我的报道人说"泥手"曾经很著名，但是大约
在 1865 年或者 1870 年，"泥手"与"狐狸"合并。当时"木块"
和"狐狸"正处于发展壮大时期，而其他会显然已经在衰落或者已
经消失。"钟石"（Bell-rock）估计"狐狸"的人数为一百人，并猜
测其竞争对手的人数要比这多得多。大约在 1875 年，希达察人引
入了热舞和疯狗舞（Crazy Dog dance），它们和两个对应的组织相
联系。疯狗舞自然是先流传到"河乌鸦"，但在传播到"主体"的
过程中，它呈现出一种新的特征（见边码 213 页）。热舞的革新导
致了四个会的建立，它们取代了旧的会，到 1910 年时它们依然很
活跃。

173

  每一个会都像这样有各自的起起落落，总的来说，这个体系在细微的方面一直处于一种不断变动的状态。由于竞争的因素，一个人通常属于一个单一的会，但是在从希达察人那里引入热舞和疯狗舞的过渡时期，一个人可能同时属于一个旧的会和一个新的会。例如，"熊起床"像他已故的兄弟们一样已经加入了"木块"，但这并没有阻碍他成为一名"疯狗"会员。而当他的希达察同伴去世后，他退出了该组织。

  除发生一些特殊的情况外，一个人会保持对于他归属的第一个会的忠诚。比如，在"独树"的母亲的兄弟去世时，"疯狗"提供给他财物，"独树"便接受了"疯狗"的邀请，他再也没有加入过其他的会。而另一方面，又常常有充分的理由使得一个人变节。尽管人们倾向于加入哥哥们和母亲的兄弟们的会，但绝不可能所有的"兄弟"都是会友。某位年轻人可能先是被号召接替在一个会中的亲属，以后又去接替属于其他会的另一位亲属。这正好是"尖角"身上所发生的情况：他先是失去了一位属于"狐狸"的兄弟，后来又失去了一位属于"木块"的兄弟。类似的，"嘴里的孩子"成为"泥手"的会员，后来他的一位属于"狐狸"的兄弟被杀死了，因此他又加入了"狐狸"。"牛首领"母亲的一位兄弟属于"大狗"，他母亲的另一位兄弟属于"狐狸"；"牛首领"先是加入了"大狗"，但是当他母亲的另一位兄弟被杀后，"狐狸"以礼物引诱他加入他们。偶尔有人气愤地离开自己的会。一次，苏人的袭击者偷走了"火鼬"所有的马，他的"狐狸"伙伴拒绝帮助他，而"大狗"则提供给他马匹和财物，于是"火鼬"入了"大狗"并且再也没有离开过他们。

因为我的报道人中的绝大多数曾经是"木块"或者"狐狸"的成员，所以我的有关这两个会的资料将给出整个体系在活跃期的最为清晰的画面。

"木块"和"狐狸"

在翻译这两个会中前一个的本地名字"maraxi´ce"时，我沿用了柯蒂斯先生的译法，但是"疙疙瘩瘩的棍子"[1] 会更准确些。尽管如今没有了那种标志，但是在传说中，有一名会员用那种棍棒击中了第一个棒击，于是他的整个会为了纪念这一武器而更改了名字，在那之前这个会一直被叫作"半剃头"（见边码 182 页）。"钟石"曾经听他父亲说起过这个会以前的标志，那是一根一端刻着一个马头的棍子，马脖子周围有一圈铃铛。"老狗"提到一根类似的棍子，但雕的是一个野牛头；可是他认为这不是普通成员的标志，而是某名会员的私人法物，饥饿的时候，这名会员会独自向它祈求食物。在希达察人的类似东西中当然也有那样的棍子，显然是与捕获野牛相关。

无论这个会最初的功能是什么，到 1870 年它的角色已经完全

1　勒弗尔治译为"红棍"（Red Stick）是十分荒谬的（马奎斯，195）；"mara´"的意思是"棍子"，但"xi´ce"指"肿起的""凹凸不平的""多节的"。他把这个词与"hi´ce"（红色）弄混了。——原书注

世俗化了。它的官员标志与"狐狸"的极其相似，只是舞蹈依然与众不同。表演者只是在原地移动，将他们的右臂轮流尽可能地向后举，然后再回到正常的位置。一位监督举着一条鞭子抽打那些不情愿的成员，迫使他们起身跳舞。

175 　　第一场雪后，"木块"会员们频繁地在晚上于某间合适的帐篷中会面，他们会一直待在帐篷中，并留下吃晚饭。第二天晚上，他们或许还会像这样在另一个帐篷中聚会。他们就像一个友好团体的会友。不管"木块"成员是属于"河乌鸦"还是"主体"，只要他们碰面，都如兄弟般地相待。例如，"主体"中的四名"木块"会员曾经为了"熊起床"的利益而狩猎野牛。如果一个人被接纳参与烟草仪式或法物烟斗仪式，他的"木块"会友们就会准备帮助他支付费用。再如，当一个人必须埋葬近亲时，他将自然而然地向会友们求助。

　　这个会还可以再进一步地划分，在某种程度上以年龄为依据：有"没有爱人的木块"（maraxi′ce bī′ahirē′te）、"高木块"（m. ha′tskite）和"老木块"（m. mā.isā′te）。"钟石"本人不属于这个会，他提到了严格意义上的"木块"，还有"半剃头"（itsū′sa tsiricū′tse）和"全剪"（daxō′xua）。一名叫"打猎死"的会员则用"小臀部"（isi′s-iate）代替了"钟石"所说的"全剪"。根据他的报告，是因为他的兄弟属于这个分会，所以他才加入并一直留在那里。"双狐狸"（Two-foxes）认为年轻的"木块"叫作"丑脸"（īs-xawi′ambice），因为他们的脸上涂着浓重的颜料。"熊起床"犹豫不决，他不知道"吃肝者"（akapterū′uce）指的是整个会还是仅指年长的成员。

"木块"在初春整编，选举的官员任期只有一年。"老郊狼"（Old-coyote）加入时大概只有十五岁。他的父亲也属于"木块"——这些证据已充分地表明会籍与氏族并不是一回事。那一年的春天，一位传令官将所有的"木块"会员召集到某个大帐篷中，他们在那里集会，"老郊狼"在一个角落里坐下。四位负责会议进程的老人将要挑选官员。这四个人中的一位向每个被选出就任特定职位的人递上烟斗。得到公认的官员包括两位首领（base'）、两位持直权杖的人（mara-ta'tse-ake`，意为"直杖的主人"，图 12d）、两位持钩状权杖的人（mara-ckyu'pe-ake`，意为"钩杖的主人"，图 12e）和两位断后的人（hā'ke，意为"最后"）。最前和最后的两对没有特殊的标志。当选举者选出首领后，他们来到我的报道人"老郊狼"的面前。"老郊狼"请求不要给他这个职位，因为他太年轻，他不确信他是否能抵制住逃跑的冲动。"老郊狼"三次谢绝了抽烟，但他们仍旧坚持：他们抓住他的头发，按下他的脑袋，迫使他的嘴唇碰到了烟斗杆。这样，他的反抗自然就无效了，"老郊狼"被迫成为一位执直杖的官员。他心想这下如果他遇到敌人的话便不能够逃生了。

在集会时，四位持有标志的人仅仅得到了标志仿制品，也就是每人一根削过的柳木棍，上面绑着树皮，象征本应用来包棍子的水獭皮。"老郊狼"的父亲立刻叫喊着要这些东西，他会用一匹最好的马作为答谢。当选出所有的官员后，这个会将穿过营地游行。然后他们分成四伙，每一伙都进入一位持标志者的帐篷。在帐篷里，

177

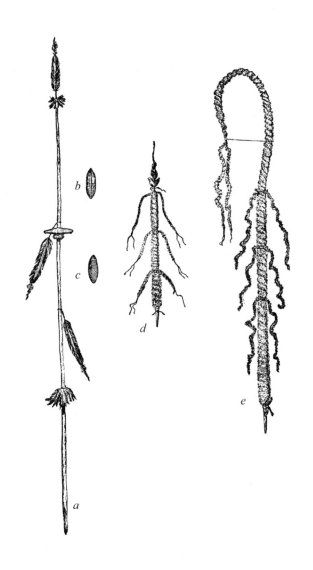

图 12

会的权杖。a为"锤子"的权杖，b和c为"锤子"标志的模型，d为"狐狸"
和"木块"的直权杖的模型，e为"狐狸"和"木块"的钩状权杖的模型刚刚被给予勇敢荣誉的人的父母已经准备好了丰盛的食物来款待他们的客人，同时也在准备一个真正的标志用来代替那个仿制品。一位在同一职位上获得战争荣誉的前辈用水獭皮包住那根木棍，然后为那位年轻人祈祷："在战争中我有那样的一根木棍，它给我带来了好运。我希望这个人也一样。"然后他把这根权杖递给这位新手。因为这一仪式服务，这位包裹权杖的人有权得到四样财物，不过当"老郊狼"随后用他的权杖击中了一位苏人并缴获了他的马时，他又给了这位包裹者另外四件礼物。

"小长耳大野兔"入选的那一次，两位年长的男人递上了填满的烟斗，在选出两位最英俊的人做首领后，他们物色将来持标志的人。这里援引我的见证人的话：

"所有的人都谢绝抽烟，然后他们朝我走来。有人问他们：'你们在找谁呀？'他们回答道：'小长耳大野兔。'我坐在后面想躲起来。他们把烟斗给我拿了过来，但是我拒绝接受。其中一个拿烟斗的人是我的亲哥哥。他抓住我的头发，捶打着我的胸膛说道：'你很勇敢，你为什么不抽烟呢？'他盼着我死，那就是为什么他盼着我抽那烟斗。他说：'你正是献身的年纪，你长得很帅，如果你被杀死了，你的朋友会痛哭流涕。你所有的亲属都会剪掉他们的头发，还会绝食和哀悼。你的勇敢会得到公认，你的朋友会感到欣慰。'我拿着烟斗开始抽了起来。他们问我想要一个直权杖还是钩状权杖。我选择了钩状权杖。我的同伴也吸了烟斗。

"选举之后，我们都去了外面。他们给了我一根钩状的柳木棍。我和我的朋友们回家了。我的哥哥有一张水獭皮放在那儿。一位曾

178

经持有这根钩状权杖的男人杀死过一名敌人，他把这张水獭皮割成条，把这些条绑在这根权杖周围，并进行了必要的缝纫。我披上了一条小野牛犊皮毯子，毯子上有珠饰，在毯子的底部和边上挂着流苏，还有一根用来系在颈处的绳子。我们都来到外边，首领在前面。一位老人在我的胸膛上拍了一掌说道：'现在你成了一位勇敢的人，当敌军追击的时候，你必须出发拦截他们。如果你愿意这样做，当我们跳舞的时候你就往后跳。'我穿上我最好的衣服，打扮一新。那天我觉得我显得相貌堂堂。老人们为我唱着颂歌。'非常白'（Pretty-white）拿着我的钩状权杖，用野胡萝卜熏香熏它，说道：'一天，我们攻打夏延人，我有一根钩状权杖，我通过了夏延人的防线但并没有被击中。我希望我的弟弟也会这样。'然后，'非常白'将权杖还给了我。"

需要对这段描述稍加评注。像此前解释过的（见边码 26 页），这位报道人的哥哥并非对他的弟弟心怀忌妒，而只是希望他获得奖赏。"他盼着我死"表现的是这个会的官员们的惯用语"ce´kyuk"，意为"他们是注定一死的人"。实际上，即便他们铤而走险地做事，他们中的许多人也都幸存下来。这位哥哥所谈到的"小长耳大野兔"正值献身的年龄表达了一句谚语：男人应该在年轻时死去，因为老年充满了罪孽。

另一则独立的陈述也证实了人们可以自由地选择直权杖或钩状权杖。一位选举人带着仿制品的柳木棍，另一位带着烟斗。当候选人被迫抽烟时，不管那人愿不愿意，他们都会直截了当地问："你要哪根棍子？"然后，他们就会给他要的那种。

最后，关于光荣牺牲后会有隆重哀悼的许诺并非虚言，与其密切相关的是"狐狸"的相应仪式（见边码 67 页）。老"木块"会员非正式地管理一切事务，他们给每一位会友一把屠宰刀和一两支箭。他们给尸体穿上这位勇士最好的衣服，停放在门外，然后大家都跪下痛哭。这位死去的男人最亲密的朋友们砍掉各自手指的第一个指节。其他人效仿在太阳舞中自我折磨的人的样子（见边码 321 页），将箭刺入他们的身体，他们保持被箭扎着的状态，与此同时号啕痛哭。一些人将箭刺入他们的胳膊和腿，其他人从他们的前额取血。如果一些年轻的会员害怕在身上割很深的伤口的话，官员们就会动手取血。"木块"的会员们会冲着尸体跳上一会儿舞，最后他们停住坐下来。然后，这位被杀死的男人的父母分送礼物给会员作为哀悼的报酬。那个从额头取出的血比其他人更多的人会得到一份有特殊价值的礼物。

一种开善意玩笑的奇特形式在"木块"中很流行，它叫作"batbāʹtua"，被翻译为"彼此开玩笑"，但是其词干不同于īʹwatkuce（戏谑亲属）。特别是，每一位"木块"会员都有权当着哀悼者的面嘲笑新近失去亲人的"木块"会友，他们这样做并不会招致这位哀悼者的怨恨。

没有人会对妻子的兄弟或姐妹的丈夫之类的姻亲开玩笑，但是失去妻子是适合表现这种幽默的主题。例如，"熊起床"有一次讲了这样一个例子。一位"木块"会员失去了他的妻子，他的几位会友帮助他埋葬妻子。他们同他坐下来待了一会儿，然后会友中的一位对这位失去妻子的人说："你不会今天就又娶一个妻子吧，会吗？"他们就在那个地方这样拿这件事打趣，但是那位失去妻子的人并没有对这件事耿耿于怀。

"熊起床"有一次为了有定量供应的口粮，自己骑马到印第安人事务局，他不知道他母亲的一位兄弟死在了附近。他来到了一群上了年纪的男人那儿，其中有几位"木块"会员，他们中的一个人说："死了'哥哥'的人，下马到这儿来抽口烟。"

同一位报道人曾经说起，"两个口哨"（Two-whistles）和"白野牛"（White-buffalo）是仅有的母亲还健在的"木块"会员，因此他们常常嘲笑他们的会友们没有母亲。当他们迁移到一处新营地时，不管碰到谁，"白野牛"都会问那人是否认识有哪位"木块"会员同母亲生活在一起。这位被问的男人向他看见的第一位"木块"会员重复这个问题，而**这个人**又会转告他的会友有关"白野牛"的询问。大家伙都在伺机报复。最后，一天晚上"白野牛"的母亲死了，他来到了"木块"营地，找两个男人帮助处理尸体。"熊起床"说："你没有了母亲真是件大好事。你再也不会说'i'gya'（母亲）了。你的母亲死了我非常高兴，这下你和我一样没有母亲了。"这样他报了仇。

一次，当这些印第安人因 7 月 4 日的庆祝要去印第安人事务局时，"黄脸"（Yellow-face）听说他智力低下的兄弟"吃鱼"（Eating-fish）死了，他转身往回走，他说他正是背运的时候。于是一位"木块"会员当着这位哀悼者的面问一个人："'黄脸'为什么转身回去了？"这个人回答说："他要回去**吃鱼**。"顺便说一下，这种双关语在日常生活中并不少见。

一位出名的勇士"熊狼"（Bear-wolf）死了，他的兄弟"猛冲"（Charges-strong）正把尸体运回到埋葬的地点。一位"木块"会友遇到了这位送葬者，他已经听说了这个死讯，便说道："停一下，我想跟你说句话。你箱子里的那些苹果你打算要多少钱？""猛冲"笑了，但是什么也没说。"你为什么不回答？这个箱子里面是什么？""一个男人。""这个男人是谁？""'熊狼'。""噢，我还以为那是一箱子苹果呢。"这样的俏皮话可能会一直没完没了地说下去。还有一次，一位"木块"会员要去一座山上埋葬他的母亲，他把尸体捆在马背上，他走在后面，哭泣着。一位会友遇见了他，便冲着这位赶马的人喊道："嘿！你干吗不停下来呢？那位年轻人在追他的母亲，他想跟他的母亲说话。"

根据"坐着的麋鹿"（Sitting-elk）讲，在这些爱开玩笑的人中，某一个可能会说："你的姐姐（或者母亲之类的）死了。"这位送葬的人会回答"irū′cec bū′ciky"（我吃肉），意思是"这位死者的肉还新鲜"。对于那样说话的"木块"会友，这位送葬者并不生气；相反，他喜欢听到这样的话。

某些会员被列为开这种玩笑的佼佼者，1910 年，有四位像这样的人仍然生活在普赖尔，他们是"打猎死"、"狐狸"（Fox）、"尖角"和"红眼"（Red-eye）。这个风俗并非总是和"木块"相关，它一度是"大狗"的特点。一位"大狗"会员曾经将这种风俗教给两位上了岁数的"木块"会员，继而代表他自己的会放弃了对这种风俗的拥有权。当这两位上了岁数的"木块"会员去世后，另两位年老的会员被选为他们的接班人。在悼念仪式上，那些开玩笑的佼

181 佼者毅然决然地割伤自己。"火鼬"认为"大狗"并没有绝对放弃开善意玩笑的特权，只是在将它传给其他会后便不再经常地使用它了。据他讲，当时的情况是，一位"大狗"首领介绍一位"木块"会员加入神圣烟斗舞（Medicine Pipe dance，见边码 269 页），并借这次机会把他的特权传给了他的"儿子"。"坐着的麋鹿"所讲的稍有不同：一位"大狗"会员正在接纳一位"木块"会员加入烟草会。当时所有的"木块"会员都给这个被接纳的人带来了财物，称这位"大狗"会员为"父亲"，并要求他将开善意玩笑的习俗传授给他们。两个描述都独具特色地将一种行为视作具有所属权的财产，这种财产可以买卖交易。它们也说明了如何借仪式上"父亲"和"儿子"的私人关系，让被宗教团体接纳这类事件影响某个世俗的会。至于为什么要给像开善意玩笑那样的风俗赋予价值，这还是一个谜。

"狐狸"（i´axuxke，更确切些是"小狐狸"）在大多数方面与"木块"极其相似。当"木块"放弃了"疙疙瘩瘩的棍子"的标志而接纳了竞争对手的直权杖或钩状权杖时，这种相似性自然增强了。但是"狐狸"的舞蹈有所不同：他们围成一个圆圈向左移动，每一个参加者都双脚跳，跳得很低。

这两个会的原生观念是那么密切，以至于一个报道人用同一种说法解释两者的起源。他说一位乌鸦人从一次野牛打猎中归来，他看见了幻象，其中有用水獭皮包着的两根钩状的松树枝和两根直的松树枝。那两根直的松树枝末端有鹰的羽毛。在返回营地时，他把头发剪短了，中间竖成拱形，并用白色的黏土涂抹在头发被剃去的地方。他还用熊肚子做成了一个头饰，涂饰了红色的条纹。然后他组织起"狐狸"和"木块"，但是"木块"仅仅将在前边的头发剪短。

从这个报告所说的来看，它进一步说明了乌鸦的各个会之间有取代彼此的倾向。因为在希达察人中，熊肚子的头饰仅仅是"木块"的突出特征；而在乌鸦人中最近的说法是，实际具有这种特征的只有"泥手"（见边码197页）。拱形头发自然暗指"半剃头"会，乌鸦人认为这个会是"木块"的前辈；然而在这里，这个故事证实了希达察人有与其酷似的会，因为希达察人的"狐狸"会员据说曾将他们的头发剪成拱形。

其他的起源故事只是专门讲述了"狐狸"的来历。一位乌鸦人旅行者在旅行途中睡着了，他看见许多狐狸走过来躺下，唱着狐狸小曲。他返回后便组织起了"狐狸"。起初"狐狸"是由清一色的小伙子组成的，但是后来老年人也加入进来。根据另一则陈述，一位老人在表演舞蹈时举着一张狐狸皮，这是遵照他已然得到的与此相同的神示。这成了这个会的典型特征，因此会员被称为"狐狸"。最后，"灰牛"提出这种说法——**所有的**会都是由"老人郊狼"开创的。

这几个报告很好地说明了乌鸦人倾向于将文化的起源归因于神示或者文化英雄。

报道人偶尔会提到小狐狸皮的带子或者狐狸皮披肩。狐狸皮披肩是这样做成的：将一块皮子一分为二，再将两半接在一起，以便给头部留出一条狭长的裂缝，狐狸的尾巴垂在佩戴者的后背上。这样的披肩出现在奥格拉拉的达科他人组织"小狐狸"中，因此，类似的标志很可能曾经在乌鸦人的会"小狐狸"中非常典型。一位报道人提到了一种独具特色的涂饰方式："狐狸"会员将脸的一边涂成红色，另一边涂成黄色，使用黑色和黄色涂饰身体，而"木块"则用粉色来替代。

我的大多数见证人否认"狐狸"和"木块"在服饰上存在差别。我的结论是，这个判断适用于1870年，但是在更早的时期这些会具有不同的标志。

在组织上，这两个会在19世纪后五十年无疑惊人地相似。因此，与"木块"的分支相对应，"狐狸"也有分会，只不过是更明确地建立在按年龄分组的基础上。最年轻的成员组成"淘气的会员"（bākawi′a），可能是十八或二十岁；中间的是"小狐狸"（i′axuxk-i′ate）；最后是严格意义上的"狐狸"——被描述为安静、性格好的成熟年龄的男人。"钟石"是从"淘气的会员"开始的，然后依次自动加入了另外两个分会。

183   此外，还有几个次要的团体。一个由亲密好友组成的团体可能会用某个绰号统一代指。因此，如果五个到十个成员从来没有劫走过"木块"妇女，他们就会被冠以"没有爱人的狐狸"（Foxes without Sweethearts，见边码175页）；几个肥胖的会员被称为"胖狐狸"（i′axuxk īra′pe）；那些首先从商人那儿购买大黑帽子的人则被称为"大帽子"（ikyu′p isā′te）。据"坐着的麋鹿"讲，"大帽子"集结了除"淘气的会员"以外的所有成员。"嘴里的孩子"宣称他刚一开始是"淘气的会员",接下去加入"大帽子",最后成为"没有爱人的狐狸"。他还给出了另外一个分会:"有许多爱人的狐狸"(i´axuxke dās ahō´)。

至于服装、标志和任职的资格,任意两个分会之间都没有绝对的区别,但是"淘气的会员"有一个特殊的职责:如果在一年一度的劫妻上,一位"木块"会员的妻子拒绝跟一位"狐狸"会员走,而且辩解说从来没做过这个人的情妇,那么这位"狐狸"就必须证实他和她以前的关系;如果他成功了,那么"淘气的会员"就会强行将她带走。

在会的帐篷中,"淘气的会员"全都单独坐在一个地方,但是两个年纪大些的男人同他们坐在一起,这两个人是他们选出来能为他们着想的。"淘气的会员"被视为孩子,相应的,他们的举止也像孩子一样:他们在帐篷中到处玩耍,还没等到肉做好就拿走了肉,一首歌曲刚唱起来,他们就站起来跳舞。尽管他们永远都在戏谑玩闹,但是他们年长的会友们从来不憎恨他们的行为,而是很高兴看到这些男孩子们自得其乐。

和"木块"一样,官员们被认为是"注定一死"的男人。他们的这种观点反映在下面这首歌曲中。不过,这首歌曲也可以被看作是道出了所有这些成员的理想:

i´axuxkekatū´we,	bacbi´awak,	cē´wak.
你们亲爱的"狐狸",	我想死,	我那样说。

"木块"和其他会共有的另一个特点是官员的任期有限制。一位在春季当选的官员在第一场雪降临的时候会离任；不过，在来年的春季，他有可能再次当选。

像它的竞争对手一样，"狐狸"有两位首领、两位钩状权杖的持有者、两位直权杖的持有者和两位断后的人。除此之外还有一两个"勇士"（akdū́cire）——不过，一些见证人称每个会都有这种官员。"勇士"应该是所有人中最勇敢的，他们据此享有特权，可以在宴会上挑选他们想吃的任何食物，并且可以在其他人吃饭前先吃。至于其他的官员，拿权杖的人在看到敌人时要把他的权杖插在地上，这之后他必须不顾危险一直坚守在那里。他不太可能自己拔出权杖，但是如果一位朋友为他拔出权杖的话，他就可以逃跑。据"灰牛"讲，一位拿钩状权杖的人可以在抵抗敌人之前先跑一小段距离，但是一位拿直权杖的人绝对不可后退；相应地，拿直权杖的官员如果逃避责任的话就更不光彩。"嘴里的孩子"提出了在其他方面的区别：在一场遭遇战中发动第一次棒击的是首领。"假如他们毫不畏惧并击中了敌人，人们会非常欣赏。"另一方面，钩状权杖的主人必须下马，将他的标志插入地面，如果其他成员都在逃跑的话，他必须坚守阵地。在类似的困境下，断后者的职责是转过身，使敌人四散奔逃，杀死敌人。其他的专家没有注意到甚至否定这种细微的区别，但是任何逃跑的官员都会受到鄙视，并且被比作月经期的妇女。

"嘴里的孩子"说，这些权杖象征着树木，树木本身太重举不起来。权杖的杆子部分不太重要，我所拜访过的所有曾持有权杖的人都把它们丢弃了，但是用来包裹权杖的水獭皮却弥足珍贵（见边码 177 页），有几位男人保留着它们。因此，他们能够给我做他们标志的模型，而且用的正是曾在真正标志上用过的水獭皮。就"木块"的情况来看，为了那样的一张水獭皮，一位新当选的官员的父母要付出一匹马的代价。在"麝鼠"儿子当选的时候，她用一件麋鹿牙礼装为儿子买到了一张水獭皮。与其他一些部落与之相当的标志不同，乌鸦人官员的杆子是剥去树皮的松木，下端没有石头或铁质的矛头，而只是渐渐变细，收成一个尖。大多数的杆子都裹着水獭皮，权杖上有两三处挂着一对小的水獭皮条。两种权杖都是如此，但是直权杖的顶端还竖着一根鹰的翎毛。钩状权杖的制作方法则是将一根弓形的红柳木棍捆在松木杆上，并把红柳木棍的末端固定在适当的位置；所形成的环也由水獭皮包裹着，水獭皮条被系在钩状部分的顶端。

官员的选举与"木块"类似。老人们在外面讨论谁应该当选，然后拿着一支烟斗走近他们的候选人，但是会员们常常拒绝供职，并说"我恐怕不够强壮"。有时一位选举人会偷偷地用烟斗嘴碰到他的候选人的嘴唇，借此迫使他勉强同意。竞争对手采用的诉诸强制的方法与其极为相似。当初在"灰牛"被选为钩状权杖的持有者时，起先无论将烟斗递给谁都是徒劳。随后，"灰牛"的同伴抓住"灰牛"的刘海将他拽了起来，硬把他的嘴唇抵到烟斗上。像 在其他会中一样，削掉皮的柳木棍和冒充水獭皮的树皮充当仿制权杖，直到能够得到合适的包裹物为止。

在所有的官员都被选出来以后，全体会员以固定的次序列队。

185

两位首领并肩站立，他们的后面是第一对持权杖的人，然后是普通成员，也包括乐师，他带着单面皮鼓和鼓槌。紧跟其后的是第二对持权杖的人，两位断后的人站在最后。他们按这种次序，以整齐的步伐走过营地，同时唱着他们的歌曲。新的持权杖者的父母想方设法地寻找水獭皮，因为在列队行进结束前必须每个人得到一块完整的水獭皮。然后这个会分成四伙人，每一伙人各帮助一位官员割开水獭皮并将水獭皮条绑在杆子的周围。新当选者的前任历数他在任时的功绩，并以诸如此类的话来结束："我愿你做同样的事打击敌人。我们知道你英勇无比，我们希望你为你的人民而战。"这个人用来割皮子的刀被涂成黑色，象征着棒击，通常黑色预示着胜利。皮革修理匠保存着刀子和用来缝合皮条的锥子。在唱过几首歌后，会员们便都回家去了。

在这个时候和第一场雪之间，偶尔有某个人会让"狐狸"进行一次露天演出。实际上，"牛首领"称，在那段时间中，每个会都要跳四次舞。在跳舞时，"狐狸"会员组成一个非闭合的圆圈。权

186

杖的持有者背对其余的会员，他们是仅有的有权这样做的人。

在 19 世纪 60 年代和 70 年代，大多数男人或者加入"木块"或者加入"狐狸"，这种分组成为一条自然的分界线。因此我们了解到，在某些游戏中，一个会的男人和他们的妻子们与另一个会中的男人**和他们的**妻子们较量。但在本质上，两个营地的对抗围绕两种活动展开：相互劫妻（"batsu´ara.u"，其中"bats"指"互相"，"u´a"指"妻子"，"ara´.u"指"拿"）和竞争这一时期头一次棒击的荣誉。

在春季官员选举之后，两个会的会员都开始高喊"Hu´hu！"，

这是一种挑衅，意味着他们准备好开始劫女人了。在我们所讨论的时期，这一风俗限于这两个会。与会友的妻子私奔是件不光彩的事。在"冲进营地"（Charges-camp）加入"木块"后，一位会友的妻子让他改换阵营，这样他就可能同她私奔了，可是"冲进营地"拒绝了。

从理论上讲，一名男子只有在他以前是这位女人的情人时，才有权利劫走她。如果他借此声称占有某个人的妻子，那么这位妻子就会称其为说谎者并拒绝与他为伴；但是倘若女方不诚实地否认了以前的关系，这名男子的同伴就会用暴力抓住她。正如前面已经提到的，在"狐狸"中，最年轻的一部分成员负责将女人劫走。然而实际上，不同的描述表明，这多少要看个人的运气。某些男人捏造实际上未曾发生的私通，通过纯粹的暴力不正当地掳走了女人；这种做法容易得多，因为男子汉气节的规范禁止做丈夫的表现出任何忌妒。"夜击"（Strikes-at-night）是一位"河乌鸦"女人，也是"牛鼬"的母亲；在她下面的描述中，有这样一种女人的观点鲜明地体现出来——当然，我并不能保证她真的像她自称的那样清白。

"我的丈夫是一位伟大的勇士。他是一位'狐狸'会员。有一段'木块'和'狐狸'互相偷妻子的时期，我的丈夫正在出征。在我结婚之前，一个男人曾经用牛肉和马作礼物向我献殷勤，可是我嫁给了'牛鼬'的父亲。现在这个求婚者和其他的'木块'人来了，他们要得到我。我害怕他们要强行把我弄走，于是我偷偷摸摸地溜到了山上。在那里，一个女人正在哀悼她死去的儿子。另一位女人也是出于和我一样的原因，便和我一道，她是这位哀悼者丈夫的姐妹，正是她策划了逃跑的办法。'我丈夫的姐妹，'她说，'每天早晨出去绝食，让我们和她一起去吧。'我们都弄到了服丧披的毯子，每天一大早我们就一起出去爬到山上，在那里谁也找不到我们。我们离得并不是很远，还能够听见'木块'们的高声喊叫，看见他们正在搜寻要偷的女人。当'示众'的仪式结束时，我们看到劫妻的人把偷到的女人带回了家。我们一整天都躲在那座山上，没有吃的东西，观察着动静，我们没有水。那一天，那位哀悼者的亲戚会带给她食物和水，我们两个人当时藏了起来，央告她不要说出关于我们的事。在这些亲戚走后，我们都开始狼吞虎咽地吃他们带来的东西。晚上，我们和这位哀悼者一起返回营地。那时的哀悼者都睡在非常小的帐篷中，帐篷没有任何装饰。我们也睡在那样的帐篷中，第二天一大早便又和哀悼者一起偷偷地溜了出去。

"我的丈夫和'大牛'的作战队伍一起回来了，我看见他正在找我。人们告诉他，我逃跑了，为了不被抓走。他并没有靠近我，因为倘若我被劫走的话，他不希望在场。一天晚上，我悄悄地走近他。他告诉我，如果'木块'来找我，而他正在场的话，他会让我跟他们走；但是如果我藏起来，事情就好办了。我想，如果劫妻期间营地迁移的话，我可就说什么也逃不掉。然而，营地果真迁移了。我的丈夫将我涂饰了一番，我骑着他的马。现在'木块'打算来抓我，但是我丈夫的姐妹预先通知我，叫我和她一起走，说那样的话他们就抓不到我了。'木块'们骑着马跟在一列行进队伍的后面，他们并肩前进，展示着抓到的六名'狐狸'女人。当他们走近时，我正和丈夫的姐妹一起骑着马。她不让我逃跑，可是'木块'

眨眼就到了，我吓坏了，夺路而逃。乌鸦人已经在前面搭起一些帐篷，我跑进了一位'狐狸'成员妻子的帐篷。她帮助我解下马鞍，松开马，用生皮袋子盖住了我。我躺在那里。我听见'木块'在外面。他们已经抓住一个男人的妻子，而这位男人和他的妻子已经平平静静地生活了几年。这位丈夫怒不可遏，当妻子要被示众的时候，丈夫要用箭射死她。他射出箭，刚好射中她。'木块'四散奔逃。他们向'狐狸'报复，他们把'狐狸'的长袍割成了碎条，连连重击他们的马蹄。

"将近晚上时，我听到了一声枪响。我们看见一个男人跑前跑后，举着一条毯子并将它扔出几次，以暗示有多少乌鸦人已经被杀死。他重复了三次，然后我们就不能再数了。我们想着，'主体'已经全军覆没了。我们得知，他们朝两个方向派出了作战队伍，所有的勇士都被杀死了。那位被她丈夫射中的女人已经失去了两个兄弟。我们整个营地都在哀悼。这样一来，劫妻结束了，我逃过了这一难。"

这个故事所表明的远不止是妻子不情愿与她丈夫分离，还可以看到其他女人援救这个被袭扰的女人，而她的丈夫尽管一心想留住她，但却念念不忘有身份的男子汉的规矩：假如妻子在他面前被抓住，那么他禁止表现出任何反抗。如果发生那种事的话，他希望远离，这种想法是很典型的。没有男人希望看见妻子就在他的眼皮底下被劫走（见边码53页），尽管让人感到奇怪的是，如果这事发生在帐篷中，他一定要摆出一副虚张声势的架势，甚至或许会命令妻子和她以前的情人一起走。不过，男人们并非个个都具有男子汉气概，可以证明这一点的是，"夜击"故事中的丈夫宁可杀死他的妻子，也不愿因妻子被示众而蒙受羞辱。

"麝鼠"是一位心思非常机敏的守旧派女人，她也评论过这种习俗。尽管她本人没有被骚扰、调戏过，但她反对这种习俗。她的丈夫是一位"狐狸"会员，而她所有的兄弟都是"木块"会员。她的丈夫劫掳过不下九名"木块"会员的妻子，但是所有这些人都离开了他或者被送走了。除了第八位外，她们没有给"麝鼠"带来任何麻烦，而这第八位曾从"麝鼠"和她丈夫那儿扯走一条毯子。"麝鼠"说这个女人是发了疯，要回了那条毯子。

做了母亲并不能确保不会被劫。一位"木块"会员曾经绑架了一位正在给婴儿喂奶的"狐狸"女人。这个婴儿被放在一块摇篮板上，一位"木块"背着他到处走，还背着他跳舞。当婴儿哭泣的时候，这位跳舞的人就跑到母亲那儿，于是母亲让孩子喝奶。一位女人可能会指望以前的情人宽宏大量，她或许会说："是的，我曾经是你的爱人，但是我求你别碰我。"然后，她通常会幸免于难。一次"尖角"正要抢走一位女人，但是这位女人的父母叫他罢手，他同意了。

一些男人梦见过用于劫妻的歌曲。推测起来，这些歌曲应该能使得女人更心甘情愿、毫不犹豫地私奔。就在劫妻开始前，一位"狐狸"会员曾梦见一首歌曲，它的歌词符合女人的口吻：

bakī´a bara´cde kōm, bā´wiky; bara´cde kōm barē´wiky.
我的心上人是我挚爱的人，我要走了。

下面还有一首类似的歌曲：

i´axuxke i´tum, bakī´wake.

"狐狸"长得帅，我要让他们做我的爱人。

劫妻者遵循的实际行动步骤多少有些不同。在选举之后，年轻的女人们盼望着弄清楚他们的爱人是否已经接受了钩状权杖或直权杖。无论是哪个会，在公众游行中，鼓手们都要站立在其他会员围成的圈内，持权杖者将他们的权杖对准旁观者，就好像要向他们射击。在那种场合下，"木块"女人会告诉她以前的"狐狸"情人来找她，而"狐狸"女人也会告诉她以前的"木块"情人来找她。在跳完舞后，这位"狐狸"情人会向她的帐篷中窥探并宣布："我正是为了你而来。"然后她就跟着她的情人走了。或者，这个男人可能采取事先行动，派一位送信的人到她那儿，让她来定私奔的地点和时间。

正如上文解释过的（见边码 56 页），没有什么比将一位被偷走的女人再领回来更丢脸的了。那样的男人会被称为"拥有疯（淫荡）女人的人"，声名扫地，丈夫的余生都会在歌声中被嘲笑。在劫妻后，男孩子们会放风，以免那位失去妻子的丈夫偷偷地来看他丢失的妻子或同她再婚。如果他当场被抓住了，他就会被牢牢地绑起来，他们还会在他浑身上下涂上狗粪或者其他粪便；而且，丈夫的会友要集体负责，他们的对手有权割碎他们的毯子。因此，在这种情况下，这个会的成员将带着他们的毯子逃跑，而其他会则紧追不舍。

190   一位与他被偷的妻子再婚的"木块"成员会被人们用这些话嘲笑：

> maraxi´cekatū´we dāk akē´ret bā´wiky; dū´o
> awa´xpewiky.
>
> 亲爱的"木块"，我要使他们的孩子没有父母；我要娶你们的妻子。

一首类似的歌曲这样唱道：

> ā´re-tatse´we u´a kurutsi´m, kanda´kure kō´otem, du´a
> hu´´kawe.
>
> "直胳膊"带回了他的妻子，你带回她真好，让你的妻子来吧。

实际上，在这些情况下表露真情实感会招致无情的笑声。当一位丈夫来到营地外为失去妻子而哭泣时，另一个会编了这样的歌曲：

> ī´itsic bāraskawī´a ri´awawiky, ī´we wā´wiky,
> karā´wa´tsēwiky.
>
> "木叉"——我要使他悲伤，我要使他哭泣，我要使他逃走。

在劫妻之后，有一个展示被俘虏女人的仪式。得胜的会将宣布："一位'木块'（'狐狸'）的姑娘自愿地嫁给我们'狐狸'（'木块'）中的一位！"他们把她带到会的帐篷那儿，他们一直在打鼓、唱歌和跳舞，几乎持续整晚。她是唯一在场的女人。劫妻者的家庭像对待一位真正的新娘那样对待她，带给她麋鹿牙礼装和其他衣服。第二天一大早，一位老会员穿过营地，喊道："我们今天会过得很开心，带上你们的马，准备好今天的盛大舞会！"这位被偷来的女人穿上她的新衣服打扮起来，她的脸上涂抹着红色的条纹，而会员们则涂抹得仿佛要作战。她要和某位会员共骑一马，她坐在后面——这位会员必须曾从追兵那里救下过乌鸦人，他将这位乌鸦人放在马背上他的身后，因此获得称号"akbāpī´cere"（一个人在身后带着某个人）。任何其他擅自和这个女人骑一匹马的人都会受到嘲笑，并且立刻被敌对的会扔下去。实际上关于"akbāpī´cere"还有更多限制：功绩必须在作战时获得，而不是在防御敌方对营地的进攻时获得，人们认为在后一种情况下，危险不太大。除此之外，这两人所骑的马必须是从敌人营地尖木桩上解开的马，否则骑马者就会被扔出去，缰绳会被扯断，这匹马会脱缰而逃。整个会以整齐的队形游行，两个人并肩而行，首领和断后者分别打前锋和断后。只有"akbāpī´cere"和这位女人留在行列外面，同样地，他们也处在由会员在营地中央围成的圈子外面；在这个圈子里，人们开始跳舞并一直持续到夜里。失去女人的一方会招摇过市地观看演出，佯装漠不关心。最后，得胜的会的成员回到帐篷中，留下这个女人交由她的爱人照管。正如前文所谈到的（见边码 56 页），在一段短时期的同居后，这位爱人一般让这个女人离开。

这个获得许可的劫妻时期很短——大概不长于两个星期。当所有被劫走的妻子都更换丈夫后，这两个会就踏上了征途。每一个会都奋力抢在对手之前发动棒击；是否有其他会先于这两个则无关紧要。这种较量使得男人们英勇无畏。平时，"狐狸"不得唱"木块"的歌，反之亦然，那会被视作一种公开的侮辱；但是据说击中了第一次棒击的会将"夺走'狐狸'（'木块'）的歌。"也就是说，这可能是用失败者的调子，配上他们当时即兴发挥所编写的歌词。这自然意味着作践败阵者，讽刺嘲弄他们；直到**败阵者**在随后的交锋中击中了第一次棒击为止，他们无法重新获得这些歌曲。

下面的这个事件可以说明由这种竞争所激发的斗志。一次，敌人踞守在一座高高的孤丘上的壕沟中。一位持钩状权杖的"狐狸"官员往上走了一段距离，但是随后他放低了他的权杖匍匐下来。一位勇敢的"木块"的普通成员问道："有谁已经击中了敌人吗？""没有，那太困难了。"然后，这名"木块"会员夺走"狐狸"官员的权杖，爬到了山上，他用这个权杖击中了一个敌人。他将权杖插入山上的一个洞中，接着跑了回来，安全地到达他自己人那里。他向"狐狸"成员发起挑战，要对方重新夺回权杖，但他们中没有一个敢去取它。在返回营地时，"木块"夺取了"狐狸"的歌曲，而"狐狸"被迫从其他会那里借用歌曲。

另一次是一位"狐狸"官员举着同样的权杖从敌人那里溃逃，"木块"编了下面这样嘲笑的歌曲：

i´axuxkakatū´we daka´re watsā´tsk. batsē´t cē´wiaruk.

亲爱的"狐狸",跑得快。男人们常常会死去。

一次,"小长耳大野兔"猛冲向敌人,发动了头一个棒击,准 192
备夺取"狐狸"的歌曲。然而,他的弟弟,一名"狐狸"会员,却
声称第一击是他击中的。"木块"抗议,说"狐狸"已经抢了头功,
但是"小长耳大野兔"却让步了,因为那是他的弟弟——对家庭的
忠诚战胜了会的团结。

据"灰牛"回忆,两名有钩状权杖的"木块"官员在连续两年
中相继被杀死,在第三年,"木块"的一位持直权杖的官员被杀死。
于是"木块"嘲笑"狐狸"的怯懦,因为他们还没有丧失过一位官
员。从这些记录来看,显然"木块"在全盛时期接近尾声时,在蛮
勇方面超过了**他们的**竞争对手们。

随着第一场雪的到来,一比高低的斗志消失了,这两个会和睦
友好地生活在一起直至来年的春天。他们对相互关系的心态就像是
大学间的竞争,比如说,加利福尼亚大学和斯坦福大学,他们间的
敌意同样局限在特殊的场合。

"大　狗"

"大狗"(micgy-isā´ate)在很久以前就已经不活跃了,以至于
在 1910 年我仅仅找到一个会员——"火鼬"。据称他有九十多岁,

曾经是一名会员并且实际上还是佩戴绶带的官员之一。他的讲述存在矛盾之处，与局外人的讲述也不完全一致；不过，综合这些陈述还是可以得到一幅足够清晰的画面。

正如"木块"的历史所表明的，乌鸦的会并非保持着一种稳定均衡的常态。除了人数和影响力的变化外，这些会摒弃了一些旧的特点又吸收进一些新的特点。"木块"过去曾携带疙疙瘩瘩的木棒，而它们已经彻底地被"狐狸"的标志仿制品所取代；"彼此开玩笑"的习俗经由"大狗"传给了"木块"（见边码 179 页）。此外，柏克沃尔斯提到了一个旷日持久的争斗——大概发生在 1830 年——是"狗士兵"（Dog Soldiers）与"狐狸"就"哪一个会更英勇"的较量。在 19 世纪的上半叶，"狐狸"的竞争对手是"大狗"而不是"木块"——这吻合我的一位乌鸦报道人的描述，尽管这个描述未经证实。当然，柏克沃尔斯有可能描述的是这两个会之间的一次极其短暂的误解。另一方面，当战争功绩显得格外突出的时候，不同的会之间极易发生争端。在这一时期，"狐狸"和"木块"之间的激烈竞争可能也只是一个模式，这个模式在不同的时期影响着不同的会。实际上，它也适用于最近引入的会（见边码 214 页）。当然，根据形势的转承变化，联盟可能会轻易地改变。我曾经被肯定地告知，为了联合劫走妻子，"大狗"想联合"木块"反对"狐狸"和"泥手"；不过，在重新考虑之后，"大狗"并没有那样做。

"火鼬"的某些陈述展现了一个有趣的历史视角：一方面，他认为会起源于希达察人——这个观点也得到了其他人的支持。他还否认存在像"木块"和"狐狸"中出现的那种进一步细分出来的组

织。但是他描述说会员通常较老，不过会挑选一些年轻人来接替在
战斗中阵亡的亲属。在这里，翻译为"老"的这个词只是表明"成
熟"，正如其他事实所体现的那样。1910 年，我采访了希达察人的
会的在世者。他在壮年期成为一名"狗"（Dog）的会员，这与马
克西米利安几十年前的资料一致。实际上，在乌鸦人描述中，"大
狗"的行为举止体现不出衰老。根据描绘，这些人登上一座小山在
那上面唱歌跳舞，他们的爱人同行并负责汲水。此外，在春季或夏
季，在许多野牛皮被鞣制以后，年轻的女人们会把"大狗"们邀请
到一个大帐篷中，正像任何其他会可能做的那样，在大帐篷里每一
名会员轮流演唱会的歌曲，一位女主人作为伙伴和他一起唱。当每
一对都唱过以后，他们都得到食物，宴会开始了。如果他们愿意的
话，任何一对都可以睡在那里过夜。"火鼬"有关"大狗"保安活
动的资料也同样确凿，它符合通常的乌鸦人规范，即这个会与其余
的会轮流维持一段时期的治安——特别是在共同打猎期间。如果任
何人还没等到时机成熟就轻举妄动，因此吓跑了猎物的话，"大狗"
会员将在他们的官员的带领下朝这个人走来，对他训话"停住，回
去！"，俨然那人是一位"大狗"会员。倘若这个人犹豫不决的话，
他们便问道："你为什么要离开？"如果他和和气气地回答，表示
他愿意服从命令，一切便作罢；否则，他们就会用鞭子抽打他。有
时他们下手狠极了，以致他动弹不得。显然，这种工作不是一位年
老体弱之人能胜任的。

可是尽管如此，与"狐狸"和"木块"相比较，"大狗"为什
么会牵扯到**年龄等级**呢？我想这是由于受到希达察人的影响。与

乌鸦人不同，曼丹人和希达察人把他们所有的会都按明确的顺序来排列，每一个都在一个特定的时代，由大体上年龄相仿的同代人组成。例如，1833 年，马克西米利安确定曼丹人的"疯狗"成员年龄在十到十五岁，曼丹人的"乌鸦"（Crow）成员年龄在二十到二十五岁，"黑尾鹿"（Blacktail Deer）成员则在五十岁以上。然而，据乌鸦人的体制，允许一个男人终身都依附于同一个会，这样所有的年龄都有可能出现在每一个会中。不过，在"火鼬"看来，如果"大狗"源自希达察人或者受到希达察人与其同名的会影响的话，那么它与特定年龄的联系是可以理解的。一种情况可能是，这种原则是从一个时期遗存下来的，当时希达察人和乌鸦人共同的母体部落拥有一个"大狗"，而这个会是由成熟男人组成的；另一种情况可能是，乌鸦人的会近期效仿了希达察人的模式。尽管如此，一旦乌鸦人将这个会同化到他们自己的体系中，任何与特定年龄的关键联系也就注定不复存在了。这种调适是毫无疑问的。在希达察人中，负责守卫营地和指挥共同打猎的不是"大狗"，而总是"黑嘴"（Black Mouths）；而**乌鸦人**的"大狗"则与其他会轮流承担上述责任。他们的哀悼仪式与"木块"的仪式酷似。他们在春季的重新整编也如出一辙：老人向各位年轻人递上烟斗，那些吸烟斗的人要发誓英勇无畏；在选举之后的是惯例的游行；甚至连游行队伍分成四组，每一组都簇拥着一个佩戴绶带的人（见下文）也一样；当标志已经做完，它们的主人佩戴好后，所有的"大狗"会员都重新聚在外面并表演舞蹈。它的开场是一位绶带的佩戴者抓住一条绶带向前拉。这个舞蹈有一个前跳，不同于"狐狸"，表演者不会排成一排或围成一个圆圈，而是每个人单独跳，他们也尽量使身体前倾。在最后一曲时，他们比先前跳得更加强劲有力。入会不需要缴纳费用。像乌鸦人的其他会一样，空缺会得到填补：即使是婴儿也有可能被选出接替某位被杀死的男性亲属，尽管自然要等到这名婴儿足够大时，他才会被接纳。最后，官员体制只是在细节上有变化。他们被分成一对一对，发誓要勇敢，供职期间通常从早春开始一直到第一场雪，但是官员能够再度当选。

与其他会形成对比的是，**所有的"大狗"会员都有一个共同的标志**——一根大约 60 厘米长的棍子，包着一块经过鞣制的鹿皮，吊挂着鹿蹄或悬蹄，后来被锡制的圆锥体或小铃铛所代替。这种响铃叫作"māxaxorē"，它取代了其他会的单面鼓。每个新手初次得到的这种器具或是自己做的，或是从以前的会员那里免费得到的。"灰牛"指出通常的标志还包括一个鹰羽毛的头饰。"火鼬"说这种标志仅限于一部分会员拥有，但他又提到他们都把一个哨子戴在脖子上，在跳舞的时候可以随意吹响。

官员的数量是九位或十位。有两位首领和两位断后的人，他们与其他会中类似的官员位置相当。四名男子（i´axtsewice，指"绶带的拥有者"）身披生皮（后来换成布），生皮有一个开缝，能从头上滑下来。在这四个人中，有一对每人只披一条绶带，另一对各披两条绶带，这两条绶带在前面交叉。在游行中，一位只有一条绶带的官员与有两条绶带的官员并排走在一起。相当于"狐狸"中"勇士"称号的两名男子（naxpitse´-ihē´rupte，指"熊系在腰上"）系着一根熊皮带子，熊皮上有腿和爪子。他们用泥巴涂饰他们的身体，

195

把他们的头发扎成鬃，模仿熊耳朵的样子。

在一次采访中，"火鼬"仅列出了一位"熊系在腰上"。尽管"灰牛"也同意"熊系在腰上"可以减少为一位，但是"灰牛"将这一位官员与一位"鞭打者"（itsiʹratsek-ake，意为"皮条编制的马鞭的拥有者"）或者"催促者"（akbiretsirixīʹa）配成一对。他也提到了单独有一对佩戴绶带的人（每人有两条绶带）。据他说，"大狗"的游行队列因此由两位首领、两位佩戴绶带的人、普通成员、一位"熊系在腰上"与他旁边的鞭打者、两位"勇士"和两位断后的官员组成。

当把熊皮带子献给一位"大狗"会员时，这位"大狗"会犹豫很长时间，因为接受者必须要英勇无比。他的角色是置危险于度外，径直走向敌人，在任何情况下都绝不退却，并要营救处于危险中的部落成员。"火鼬"说，这些职责赋予了系熊皮带的人在宴会中先吃的权利，因为在其他人之前先吃意味着要先于他们被杀死。在宴会上，紧随系熊皮带的人之后享用的是首领、佩戴绶带的人、断后的官员，最后是普通会员。在"大狗"聚会上，一位系熊皮带子的人会抓起一条绶带然后开始跳舞，绶带的主人跟在他的后面。然后，其他那些会员也开始加入进来。在歌唱结束时，所有的人都静静地站着，一些人吹着哨子而其余的人拍着嘴唇。然后系熊皮带子的人拿着一条皮条编制的马鞭，用它去碰每一位会员，意思是允许这位会员坐下。如果任何一个人还在继续跳舞，那就是勇敢的象征，那么系熊皮带子的人就会更狠地抽打那样的人。在一次公众游行中，一位系熊皮带子的人一直留在歌手中。当其余的人在跳舞的时候，他愿意坐在哪里就可以坐在哪里，一般来说他可以随心所欲地行事。在"大狗"的会议上，一个在门附近的座位是给他预留的。这样的一个聚会可以发生在任何时间，但普遍发生在烟草舞或太阳舞进行时，也就是大概当大多数人都聚集在一起时。拥有最好帐篷的"大狗"会员会把他的帐篷提供给他的会友们使用，所有的这些人都被召集起来，盛装打扮然后聚集在那里。他们佩戴上他们会的标志，还有通常的战功标志（见边码 217 页），来到帐篷中跳舞。

有时他们在夜晚聚会，女人们也加入进来，他们唱着歌穿过营地。他们在一位首领的帐篷外面围成一圈，他们唱着歌。这位首领可能会让人做好食物来款待他们。据"尖角"说，这样的短程游行开始时，"大狗"会拿出一张生皮，他们用一条绳子穿过这张生皮边缘上的孔。当大家围成一圈站好后，他们用悬蹄响铃敲打这张生皮。就这样，他们从一个帐篷走到另一个帐篷，希望从每一位主人那里得到食物或者烟草。

再说一下官员。"独角"说，首领不佩戴特殊的标志，他们入选是由于他们有"强大的心"，即他们处事不惊。佩戴绶带的人尽管勇敢，但是在战争中可以走来走去，而系熊皮带子的人则不能移动。

"灰牛"的概述部分基于他个人的角度，因此他所说的官员们的职责与其他人的多少有些不同。他解释说，首领在任何紧急情况下都身先士卒，如果敌人负隅顽抗，冲锋陷阵便是他们的责任。但是如果乌鸦人溃败的话，他们不必承诺坚守去反抗；虽然他们经

常会自觉地那样做，可这并不是一种义务。佩戴绶带的人也可以
逃跑，可是一旦听到乌鸦人求救的话，他们必须掉转身冲过去营
救，无论是把他们的马贡献出来、在他们的身后带着这名乌鸦人，
还是英勇战斗来保护这个人。如果一切进展顺利的话，系熊皮带子
的人并没有特殊的责任；但是如果乌鸦人正在逃跑的话，他就会立
即下马阻拦追兵，否则肯定有人命令他那样做。如果这位系熊皮带
子的人没有抵抗到底，不管他以前的身份名誉如何，从此以后他都
会被视作胆小鬼，遭到人们排斥。在跳舞时，他会一直坐着，借此
暗示在战斗中他不会跑掉。但是在"灰牛"的叙述中，系熊皮带子
的人的同伴"催促者"或"鞭打者"会催促和鞭打系熊皮带子的
人，让他站起身。在一场战斗中，如果这位系熊皮带子的人正在反
抗敌人，"鞭打者"也可以抽打他，由此免除他的责任；否则，他
必须面对他身边的敌人。"灰牛"补充说，在任何情况下人们都期
待"勇士"战死，如果他活着回来就会成为笑柄。"灰牛"回忆了
几名这样的官员，他们在战斗中丧生，没有一个人表现出胆小鬼的
行径。因为他们所承担的风险，他们先于其他会员享用盛宴，每种
食物他们都先尝一点，对于他们选择的食物，他们想吃多少就吃多
少。当他们吃好以后，他们把他们的毯子铺在地上坐下。只有等到
这个信号之后，其他会员才得到他们的食物。至于断后的官员，在
战斗中，他们留在其他人的后面并阻截追赶的敌军。

因为"灰牛"本人并非"大狗"的会员，所以"火鼬"的报告
可能更值得信赖。然而，作为一位明智的局外人，"灰牛"的解释
说明却很有意思。

"泥　手"

像"大狗"一样，"泥手"也符合乌鸦人会的一般模式；也像他们一样，"泥手"很早便销声匿迹了。因此，我只能找到寥寥无几的以前的会员，其中"熊鬼"（Bear-ghost）被证明是最好的见证人。

这个会有三个分会，分别由男孩子、中年人和老年人组成。他们的名字是："那些戴着熊肚子帽子的人"（cī′p-aktsice）、严格意义上的"泥手"（i˄ctse cipī′a）和"项链袋子"（ic-apī′a）。任何来自其他会的人都可以加入与他年龄对应的分会。据我的一位报道人介绍，熊肚子帽子属于某些官员（见边码198页）。

这个会有两位首领、两个或四个佩戴绶带的人、两位断后的官员和两位"勇士"。在战斗开始时，首领们表现得英勇无畏，而断后的人是最后撤离的。"勇士"从来不退却，除非是帮助落马的同部落成员逃离，他们因之有权先于他们的会友享用食物。佩戴绶带的人并没有表现得特别勇敢，他们每人都戴着两条红色的法兰绒绶带（图13b），当他们步行的时候，绶带一直拖在身后；当他们骑马的时候，绶带接触到地面。在跳舞的时候，这些官员们随着拖地的带子舞来舞去。为我制作的一条绶带样品长度超过了3.6米。

"嘴里的孩子"描述过一顶染成红色的晾干的熊肚子做成的帽子，它是绶带佩戴者标志的一部分。之所以用这种内脏是由于这些动物强壮、凶猛。任何官员如果玩忽职守，都会受到嘲笑并且声名扫地；要想挽回他的声誉，只有在下一次战役中表现得勇敢。

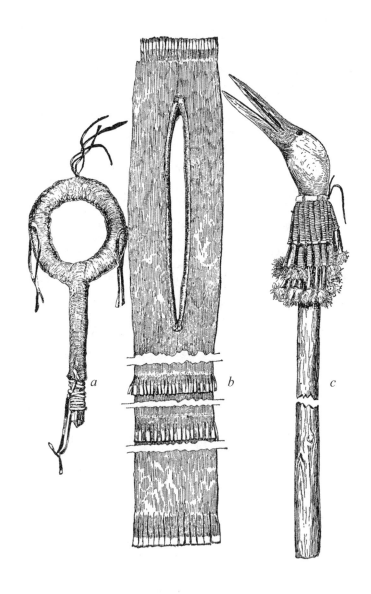

图 13

会的标志。a 为 "疯狗" 的响铃，b 为 "泥手" 的绶带，c 为热舞的权杖

　　这个会同样在春天整编，官员任期也相同。每逢这时，四位老人留在帐篷的外面商讨候选人，然后进入聚会献烟斗。一些会员带来柳树皮，用作绶带的代用品，它们被圈成一个圈，这样可以套在当选的官员头上。选举以后，"泥手"在营地四周游行、唱歌和跳舞，最后分成四伙，各自簇拥着一位佩戴绶带的人。每一位新官员的帐篷里已经备有一块毯子那么大的布。一位在职时声名显赫的前任先讲述他的事迹，然后把这块布剪成大约 12.7 厘米宽的条，再把它们缝在一起直到长度合适。最后他剪开一条缝，把它套进新当选者的脑袋。然后，所有的人都到外边跳舞，让大家知道谁已经当选了。此外，"灰牛"认为他们并不经常跳舞——主要是在烟草仪式期间跳舞。"冲进营地"认为所有的"泥手"都是老人，他们被要求表现得勇敢，因为老人们跑不快。他考虑的可能是严格意义上的"泥手"，他们至少是成熟的男性。"冲进营地"的陈述显然解释不通"熊鬼"的确凿证据，"熊鬼"自己就是一名"泥手"的会员。这个会承担着治安职责，这一点确切无疑，因此高龄者被排除在外。实际上，一位会员"他的马是白色"（His-horse-is-white）因为其英勇无畏而连续几次当选。　200

　　"冲进营地"讲述说，在"泥手"的表演中，两名男子穿上他们的战服，头上有法物，手里拿着武器。一根代表敌人的杆子被插进地里，上面系着一件野牛袍子，有毛的一面向外。这两名男子骑马来到杆子近旁，用棒击木棍击打这根杆子或者表演出他们立下的其他功劳。

　　一项奇特的风俗是这个会所独有的。不管是在大草原上还是在营地里，会员们实际上从来不熄灭篝火，火象征着敌人；外来者可能将他们的火弄灭。例外的情况是一个极其勇敢的男子会下马熄灭火，由此他许诺他永远也不会从敌人那里退却。

大约在 1865 年或 1870 年，"狐狸"会员们带着一支烟斗来到"泥手"那儿，给他们敬烟，让"泥手"加入他们。"泥手"总共大约有五十人，他们接受了这个提议。结果没过多久，"熊鬼"失去了他的妻子，她当时正好成了劫妻较量的牺牲品。据"尖角"讲，"狐狸"打的主意是在劫妻行动中得到帮助，因为在这场游戏中他们刚刚不光彩地被"木块"给打败了。但即便是有了"泥手"的增援，"狐狸"依然处于劣势，因为他们的新联盟连一位"木块"女人都没抓住。自然，"木块"立刻就编了一首嘲笑他们对手的歌。

消失已久的会

马克西米利安伯爵将"小狗"和"大乌鸦"列入了名单（见边码 173 页），但是它们都在很久以前便完全消失了，我在 1907 年没有找到这两个会的任何在世者。不过，"坐着的麋鹿"在他孩提时代（大约是在 1845 年）曾经目睹过"大乌鸦"的一次舞蹈，更确切的名称是"大乌鸦的主人"（pē´ritsake）。这些表演者全部都是过了中年的男人，"坐着的麋鹿"记得他们把身体涂饰成红色，脖子上戴着充填起来的乌鸦皮做装饰，把它尾部的翎毛散开铺在他们的肩膀上。在马克西米利安的希达察名单中，与"大乌鸦"同名的一个会排在首位。一个重要的情况是乌鸦人的"大乌鸦"源于希达察——正如另一位报道人所坚信的——当时他们会员的相对年龄较高可以为证。多少让人感到奇怪的是，尽管"火鼬"比"坐着的麋鹿"要大得多，他却称这个会在早于他的时代便销声匿迹了。实际上，"火鼬"的妻子只是从她母亲的母亲那里才听说了关于标志的一些细节。她曾经了解到，有一位"大乌鸦"会员扛着一根长棍子，顶头只有一根鹰的翎毛，而在棍子的中部则系着一串大乌鸦羽毛，羽毛的根部被打了孔用来穿绳子，而羽毛梢则被修剪过了。其他会员所持的棍子从顶端到尾端都装饰着羽毛，还有一些人有大乌鸦羽毛扇，上面有豪猪刚毛刺绣做装饰。"一直是牛"认为"大乌鸦"有一位传令官、"注定一死"的佩戴绶带的人以及负责准备食物的官员。

"火鼬"与"坐着的麋鹿"关于年代的出入或许是因为"坐着的麋鹿"一直是一位"河乌鸦"。因此，在"大乌鸦"从"主体"中消失后，又存在于"坐着的麋鹿"的团体中，这个会很有可能又延续了一两代人。

据称，"小狗"（micgyi´ate）在早期阶段有两名或四名红色法兰绒绶带的佩戴者，两位官员每人都扛着一块板子，有一臂长，一侧刻有凹痕并装饰着大乌鸦羽毛。"嘴里的孩子"认为这个会源自希达察人，他们肯定有那样的会。随后，在"坐着的麋鹿"的青少年时代，希达察人的"黑（泥）嘴"拜访了"河乌鸦"并将他们的舞蹈教给"河乌鸦"中的"小狗"，"小狗"于是采用了"黑（泥）嘴"（ī´i cipi´ a）这个名字。在马克西米利安的记录中，"黑嘴"兼为曼丹人和希达察人的"士兵"，他们是中年男子，在这些村庄印第安人（Village Indian）中独自负责治安管理。这种专断与乌鸦人的体制相矛盾，像其他会一样，这个会在乌鸦人中轮流行使治安职责。而另一方面，它显然是效仿希达察人的模式，将其成员限定在中年人和著名的男人。

在"泥嘴"舞蹈之前，狗被拴了起来，因为如果狗追赶表演者的话，表演者们就会用箭射狗或者将狗打倒。"嘴里的孩子"只观看过一场表演，他认为表演与热舞相似。在舞蹈之后，一位系有熊皮带子的官员用皮条编成的马鞭去碰表演者，因为在此之前，他们得一直保持站立的姿势。普通会员没有穿独特的服装，但是他们将黑泥或者一种被捣碎舂成粉的木炭和灰的混合物涂在他们的嘴上，或者用它们画横贯眼部的条纹。一些会员扛着印第安战斧，表示已经用它们击中了敌人。其他人带着战争棍棒，棍棒把手的周围包有臭鼬皮。

所有的会员都应该勇敢，但是"尖角"否认了这个会里有承诺英勇无比的持标志的官员。据"黑牛"（Black Bull）讲，仅有的官员是两位摇响铃的人，他们是这个会的首领。在跳舞时，会员们分成两列，面对面，这两位摇响铃的人站在两列之间。他们开始唱歌，摇动他们的响铃，一边跳着舞，他们的路线彼此交叉。就在他们这样表演的同时，大家都呼喊着，普通会员们也开始跳舞。

我的乌鸦报道人没有提及长矛，在希达察人的会中，它当然用来充当官员的标志；但是摇响铃者的路线彼此交叉，这在两个部落中都很常见。

当"泥嘴"在人数上减少后，他们加入了"疯狗"（见边码213页）。

"锤子"和"公牛"

"锤子的主人"（bū´ptsake）实际上全都是十六岁的少年。有一对年龄大些的会员指导他们，还会为四名官员做四个权杖。当这些会员们长大成人以后，每个人都加入一个正式的会，而到那时为止他们一直都在严格地仿效这个会的活动。例如，在春季有一个户外集会，所有人都为宴会带来干肉，并决定在接下来的一天选举。第二天，他们在某间帐篷集合，四根柳木杆子放在外面靠着帐篷的地方。那两名年龄大些的少年出去商量可能当选的官员，再进来时拿着一支烟斗相继选出首领、断后的官员、四名持权杖的人（严格意义上的"锤子的主人"）和四名"勇士"。在离开时，每一位会员都会被问及他希望进哪一位持权杖者的帐篷，这个会由此像常见的情况那样分成了四组。当权杖的授予完成之后，每一组人都欢宴、唱歌、跳舞，最后在外面会合，共同跳一支舞，一直持续到天黑。然后他们集体向每一位持权杖者的家走去，在外面围成一圈，开始敲鼓和唱歌。那时少年的父亲会走出来，或者递给他们一支烟斗，或者邀请他们参加宴会。

在模仿战争的游戏中，持权杖者必须特别勇敢，在"勇士"遭遇野兽时，比如狼和野牛，他们会数他们棒击这些动物的次数，俨

203

然它们就是敌人。这个会的标志是"bū´ptsa"，即一只"锤子"，其剖面近似鸡蛋形或者是菱形，上面有孔以便固定在一根长长的棍子上（图 12a、图 12b、图 12c，见 254 页）。我买的这个样品是木头的，用黄色和红色或者黄色和蓝色的颜料来装饰，这些颜色与会员们身体上涂饰的颜色一致。一个代表着希达察人对等组织的样品是石制的。马克西米利安在名单中将乌鸦人的"锤子的主人"记为石头会（Stone Casse-tête society），但是据"灰牛"讲，乌鸦人仅仅用木制的。样品的棍身长度超过了 2.43 米，上面涂着白色的黏土，顶端装饰着一根长长的直立的翎毛；棍身上还有三个突出的点，另外装饰有两根长翎毛和一簇短些的羽毛（图 12a）。

这些男孩子们不仅模仿打仗，在某些时期，他们还参加真正的战斗、发动棒击，比他们的长辈更加无所畏惧。下面这首歌反映了他们理想的精神境界：

batsē´ tsirī´kātuac　　　　　bā´wiky

男人们胆怯了，　　　　　　我要去迎击他（敌人）。

会员们就是这样献身的。"灰牛"回忆了一场悼念仪式。尸体被停放在地上，用一个野牛皮的靠背支撑，标志插在附近，被选出的会员歌唱和哀悼他们失去的会友。有一位名叫"骑斑点马"（Rides-the-spotted-horse）的围观者，这个人以在战斗中的英勇无畏和好运而闻名，他走了过来，但是被这位死去的"锤子"会员的父亲拦住了。这位父亲将手放在年轻人的头上，象征着祈求，并给了他礼物，然后说："你看到了达科他人是怎么对待我的，我就靠你去报复他们了。"一时间，小伙子一言不发，最后他说："你已经指派我去死，我会去死好为你儿子报仇。"然后，他们拔出这个死去的男孩子的标志，把它交给了"骑斑点马"。大家都欢呼起来。这位老人又哭了起来，并且按住"灰牛"的头，给了他一只盾，也让他去复仇。"灰牛"仔细考虑了一会，然后他也同意了。尽管"灰牛"执意战死，但是他在发动一次棒击之后便逃命去了。"骑斑点马"遭遇了达科他军队的主力，他发动了一次棒击，平安返回，尽管他身下的马被杀。另一位"锤子"官员被杀死了。那位失去儿子的父亲送给"灰牛"各种各样的财物，让他再次铤而走险；但是"灰牛"的弟兄们把他看得很严，阻止他再一次冒险冲锋陷阵。

204

假如哪一位会员没有参加会的会议，"锤子"的所有会员便都来到他的帐篷那儿，站在那里，直到这位会员的父亲出来，用一支烟斗或用食品做礼物来平息他们的怒气。

即便是在乌鸦人体系的框架下，"锤子"通过联合所有够岁数的男孩子来效仿成人的会，形成了一个名副其实的"年龄会"，因为年龄的上限和下限相差无几。不太容易理解的是"牛的主人"（"tsī´rukape"，由"tsī´rupake"换位构成的词）如何依然能够在乌鸦人体系中保持他们所谓的老人或年长者的地位。然而，如果这个会是源自希达察人的话——就像大多数报道人所断定的那样，那么它很可能始自一个老人的群体，因为在马克西米利安的时代，无论如何，"公牛"成了希达察人年龄最高的会之一。实际上，虽说印第安人不习惯于用"年"来计算年龄，关于"公牛"会员的年龄，在乌鸦人中存在着一些分歧："灰牛"将它定在大约六十五岁，"钟石"定在五十岁。我之所以倾向于年龄稍小些的估计，有以下几个原因："公牛"充当保安，参加战争，他们一向尽职尽责地完成任务，直到在一次战斗中他们被赶下了悬崖。从此，他们被起了"被追赶下悬崖的公牛"（Bulls-chased-over-the-cliff）的绰号，由此引发的嘲笑使这个会停止活动——据我的讲述者说，这事大约发生在 1875 年。如果大致属实的话，当勒弗尔治在离开"狐狸"后加入"公牛"时，他当时一定大约是二十五岁。因此，这个会在当时不可能是清一色的老人的组织。但是，成熟的男人也有可能处于支配地位，因为勒弗尔治不厌其烦地将他们的保守主义和有尊严的做派以及他们"安静、沉思冥想、虔诚"的会议同"狐狸"会员的言谈举止进行对比。他也顺便提到了一个独一无二的特点：给一位不是亲戚的人一匹马作为入会费。如果是这样的话，在这一点上"公牛"非常反常，因为没有其他任何一个会索取费用。

205　　　那些蛮勇的会员大体上相当于其他会中那些"注定一死"的官员。这些会员戴着野牛头的面具，他们的人数很可能是两个，但也有人说是一个或四个。"牛首领"认为这些人是首领，但是"灰牛"却否认了这一点。对整体体制的报告也存在着类似的不一致。"嘴里的孩子"列出了两位首领、两位断后的官员以及两位戴面具的人，这两位戴面具的人是人格化的盲牛，出了名地凶猛。"坐着的麋鹿"补充说，还有两位系熊皮带子的男人，他们鞭打磨磨蹭蹭的会员，催他们起身跳舞并用他们的鞭子触碰表演者，以此示意他们在舞蹈结束时坐下。"熊起床"认为有四位官员——两位戴面具的人和两位戴着顶上有两只角的皮帽子的人，然而一些见证人却认为顶上有两只角的皮帽子是所有普通会员都戴的。据其他一些人说，这些人穿着红色法兰绒带有铃铛的围裙，并用木炭将他们的身体涂成了黑色。"独树"只提到了一位首领和一位断后的官员。鉴于人们的依据来自不同的时期，一些说法上的出入是允许的。据"灰牛"讲，竞选官职遵循着通常的模式，那些成为戴面具者的人保持不动，由其他人给他们戴上面具。

大约在日落时分，一位传令官召集"公牛"的会员们在一个大帐篷中集合，鼓声阵阵，催促他们快点赶来。在中央有一只装有泥巴的大吊桶，所有那些要装扮成牛的人用这些泥巴涂抹他们的脸和身体来模仿在泥中打滚的野牛。他们用野牛皮的脚环来装饰他们的腿，并穿戴上其他华丽的服饰。戴面具的人用白色的黏土来涂头发和头饰上的角。当乐师敲响鼓的时候，游行开始了。首领走在前面，紧随其后的是普通会员，同时有六七名甚至多达十名鼓手断后。一名男子端着一个大容器，里面装有水，将它捧向会员们。这些会员们装出羞怯的样子，支棱着他们的"尾巴"，腾跃着、喷着鼻息跑开了。那些在战争中下马徒步而战的人享有戴野牛尾巴的特权，"尾巴"直挺挺地竖起来，这些人冲着他们的会友喷着鼻息，迫使他们后退。戴面具的人模仿疯狂的野牛，喷着鼻息冲向人群，吓唬女人们和孩子们。观看的男孩子们有时用削尖的木棒去戳那些"公牛"，好让他们像真牛那样跳跃起来、喷鼻息。这些舞蹈者有时双足跳起，有时单足轮换着跳起。那些"注定一死"的人走近那个容器，像牛那样低吼、喝水、舔水、将水抖落。一些女人也参与歌唱，舌头发出啧啧声来称赞这些勇士，这些勇士用"蹄"刨着地走开了。一次，"捣烂肉"（Pounded-meat）喝了水，不愿意走开；其他人也来喝水，而他踢腾着将他们击退回去，直到一位官员一拳打中了他，这时他才快步跑开了。表演之后，"捣烂肉"上马说道："无论何时，只要你们畏惧反击敌人或者犹豫不决，我都会勇往直前。如果你们撤退了，我会下马，徒步而战。"所有的报道人都一致同意，喝水象征着发誓绝不逃跑。一些人说，端水的是一位为了这个目的被挑选出的女人——据"坐着的麋鹿"说，她应该是一位**贞洁的**女人。

在那种场合中，"公牛"的会员们拿着盾、长矛和枪，他们中有一些人戴着战盔。勇士们讲述着他们的功绩并表演出来，一位棒击者会当着围观的人的面数他的棒击次数，而那些在战争中负伤的人则做出被击中的样子。很多人放枪。"火鼬"尽管不是会员，但在那样的场合下他被允许叙述自己的一些功绩。"独角"甚至坚持说，除了"狐狸"或"木块"成员外，任何人都可以自由地加入"公牛"，但这似乎是不可能的。大概只有勇士才有权参加公开的表演。

热舞者和"疯狗"

大约在 1875 年，乌鸦人从希达察人那里吸收了两个特点——热舞（bātawe´ disu´a）和"疯狗"（mi`cgye warā´axe）。后者也被称为"长疯狗"（mi`cgye warā´axe ha´tskite），以便将它与另一个同名的会区分开来（见边码 331 页）。

热舞与其他平原部落的奥马哈（Omaha）或草舞（Grass dance）一致，但是表演它的乌鸦人组织的起源和相互关系依旧不清楚。尤其是在 1910 年，除了年纪最大的人以外，所有的男人都属于与这种表演相关的四个会之一。有圆木墙的舞蹈房大体上类似于村庄部落的土帐篷，但是在房子顶上有一个带窗户的矮尖塔，这是这四个会共同的特点。在房子里面，男人们根据他们的从属关系分成四部分坐开。这表明他们可能曾经有相当于"木块"那样古老的会的**分会**。另一方面，帐篷草的"大耳孔"（a'panō´pise）和"夜晚热舞者"（ō´tsiac bātawe´）——尽管不是在普赖尔——在某种程度上将对方视为竞争对手，就像"木块"和"狐狸"那样。此外，这两个会有裹着水獭皮的直权杖和钩状权杖；而另外两个团体"最后热舞者"[bātawe´ hā´ake，也叫作"有许多钱的热舞者"（Hot-dancers-with-plenty-of-money）] 和"达科他"（nakō´ta）[1]，它们的标志并没有任何与众不同之处。乌鸦人称"达科他"是由他们自己创建的，其余的则是源于希达察人。起先，还有一个"白天热舞者"（Day Hot Dancers），但是它被"最后热舞者"和"达科他"两个会取代了。"最后热舞者"的绰号源于他们曾经给一个公共基金提供过最大的一笔捐款；还有一次，他们在舞蹈房挂起了一整圈的红色法兰绒，把它分给了女人们。

207

---

1 此处的"达科他"是乌鸦人的一个近代的会，不同于与其同名的达科他印第安人。——译注

希达察人过去常常**购买**与他们的会相关的特权，这样当他们把必需的标志带给乌鸦人后，希达察人自然得到了丰厚的报酬——大约六百匹马外加作为添头的财物。这种购买的观念之所以影响到乌鸦人，还要从一名乌鸦人会员说起。这个人曾拜访了姐妹部落并学会了热舞的歌曲，这些歌曲也受到其他乌鸦人的喜爱。在这名会员的指导下，他们在一个冬天举行表演，但是却没有适宜的装备。在春天，乌鸦人派信使到希达察人那儿，让他们带来标志，秋天的时候，希达察人到了。

乌鸦人表明他们把希达察的购买观念与他们自由入会的思想结合在一起了。实际上，对于乌鸦人来说，在**宗教**特权方面的购买观念并不陌生（见边码 248 页）。在那种情况下，卖方成了买方的"父亲"。这种观念也适用于热舞的特殊标志：一位官员可能通过将标志交给他的继承人来"接收"他，并以此接受总价值约一百美元的礼物；而如果只是作为普通会员加入，就不牵扯正式接收或付费的问题。理想的会员（有慷慨大方口碑的人，这个人可能会因此宴请他们的会友）会被邀请加入，甚至会得到丰厚的礼物——贿赂他们离开一个热舞团体而加入另一个。下面的一个例子则沿袭了更为典型的"狐狸"和"木块"的古老模式。"狼躺下"（Wolf-lies-down）是"最后热舞者"的一名会员。当他去世时，他的会劝诱他的弟弟"远处的鸟"（Bird-far-away）来替代他的位置，而当时"远处的鸟"是"大耳孔"的一名会员。

这四个近代的会大体上是互利性的组织。假如任何一个人不得不在他的农场土地上完成一定量的工作，那么他所有的会友都会来帮助他。当一个人设法加入某个烟草会时，他的会友们会帮助他缴纳那一大笔接收费用。1910 年 7 月，一位"夜晚热舞者"的会员被接收进烟草会。他所有的"夜晚热舞者"会友都列队站在烟草帐篷的外面，他们依次走近一位作为接收者的女人，递给她二十五美分的硬币或者那个数目左右的硬币。第二年，一个小男孩被接收进烟草会。他的父亲是"最后热舞者"的一名会员，因此"灰牛"和其他属于那个会的人捐献了费用。这些会有时还举行宴会，1910 年我曾参加过一个，它是在上述烟草会接收仪式的间歇进行的。所有"夜晚热舞者"会员都聚集在一个会员的帐篷中，两位分发者公平合理地分发满满一大箱水果，给所有的客人刚好相等的一份。唯一到场的女人是这位主人的妻子。

"嘴里的孩子"列出了以下的官员：两位首领、两位鼓手、四位持鹤形权杖的人（图 13c）、八位系着羽毛"裙撑"的官员［这种"裙撑"被描写平原部落草舞的作者称为乌鸦佩带（Crow-belt）］、两位传令官、两位填烟斗者、一位有特权演唱结束歌曲的人、四位女歌手、两位鞭打者、两位戴战盔的人、两位有长棍子的人（棍子从上到下都饰有羽毛）、一位扛着一根棍子的人（这根棍子呈叉状，缠着珠子，在一端有一张头皮）、一位举旗的官员（旗悬在一根杆子上），还有一个人的脖子上围着一张红狐狸皮。拿着叉状棍子的官员在分配食物前跳舞，并将他的棍子蘸在盛有狗肉的桶中，然后四位勇士舔干净棍子，于是这位官员吩咐所有其他人开始吃饭。在表演结束时，一位曾在战斗中负伤的系乌鸦佩带的官员率先走出去。持鹤形权杖的人将要用权杖来击打敌人。

据"灰牛"讲，起初只有四位系着羽毛"裙撑"的官员，但是后来他们的人数翻了一番，至少在帐篷草地区是这样。他指出有两名戴战盔的人（可能是首领）、一位有一根尖尖的仪式权杖的人、一位传令官、一位鞭打者、一位持烟斗的人、一位鼓手、一位打着美国国旗的人。首领决定什么时候开始举行舞会，并发给每个人一匹马。在游行中，任何人只要愿意，都可以送出他的马。在这个游行之后，他们会进入舞蹈房。每个人都会吃一点狗肉。过了一定时间之后，门关上了，只有一位从前被敌人射中的人允许离开。如果有那样的一个人带头，其余的人才可以跟着；否则，他们就会被罚款。当有生理需要的时候，首领会准予离开。

1910年7月的一个下午，在临近黄昏时，我看见一队盛装打扮的人正走过一个个帐篷，在每一个帐篷的前面都插上一根棍子。他们正在为一场热舞宴会征用食物——这种风俗叫作"tsī'rukape"，是照搬达科他人的。这个风俗与在当地人词汇中恰巧同名的"牛的主人"完全没有关系（见边码204页）。

还有一次，这四个会所有的成员都被召集到一起参与一个舞蹈。四位指挥官，每个会一位，他们负责惩罚那些慢慢吞吞的人，这些人或者付罚金或者被扔进小溪中。的确有人遭受到这种惩罚。我当时的翻译是一位懒怠拖拉的人，但是我成功地用一件小礼物平息了官员们的怒气。

热舞表演给我印象尤其深刻的是会员们的慷慨大方，他们将各种各样的财物送给年老和贫穷的部落成员或者外来的拜访者。我看见女人们背着赠送给她们和她们丈夫的大堆毯子蹒跚地走开了。一些人骑着马径直到了舞蹈房，最后他们在那里把马送掉了。我曾经看见一个人分掉他所有的衣服，脱得只剩下一块遮羞布，站在大庭广众之下。以前"扔掉"妻子也发生在这种场合（见边码 57 页）。

"责骂熊"描述了开场时表演的仪式。他所描述的官员体制不同于已经引用的那些报道人的描述。在跳舞前的一个晚上，一名会员连续击鼓三次或四次，其余的人只是唱歌。然后，第一位鼓手会站起身说道："明天让我们举行一场舞会。"那两位首领总是坐在后排的中央，他们吩咐传令官挑选两个人，这两个人将要为仪式杀死、做熟两只狗。同样的，这位传令官也要召集十位官员为所有人做饭，而十位男人——他们并非正式的官员——将把各种纺织品摆成一圈，并为了这种场合借出他们所能出借的财物。传令官这样宣布："我将宣布明天这场舞要跳四次。如果有任何人进来得比我晚的话，下一次我就要让他准备狗（作为惩罚）。"

第二天清晨，天刚破晓，传令官就起来了，并召集十位男人挂起布、准备帐篷。他们照办了，在中央插上了一根长长的帐篷柱子，上面飘扬着一面旗帜。传令官第二次喊道："洗澡、梳头！"他第三次喊道："涂饰自己，并穿上你们最好的衣服！"他第四次喊道："去将要跳舞的场地！"在最后一次宣布之后，他仍旧留在门外待上好一会，然后才走进帐篷。

用在这种场合的鼓有一张鹿皮或马皮的鼓面。这只鼓被认为是神圣的，起初只有两位特殊的官员才被允许触摸它。他们中的一位举着一个用作标志的鼓槌，它装饰有羽毛和缎带。传令官拥有惩罚普通会员的权力，但这两名鼓手除外。鼓手击鼓四次以后，歌手们围坐在鼓的周围，他们直到此时才被允许敲鼓。跳舞的人走进来，将他们的标志悬挂在帐篷的柱子上——两条鞭子、八个乌鸦佩带（羽毛"裙撑"）、两只野牛角头饰（头饰上面插有鹰的翎毛并且在前面饰有鼬皮）。

乐师所唱的第一首歌是官员们取下标志的信号，但是首先他们得绕着柱子跳三圈舞，把礼物交给任何一个他们中意的人。第二首歌是为首领唱的，他也照其他官员那样做。第三首歌是专门为传令官唱的，第四首是为鼓手，第五首是为鼓槌的拥有者。这些人中的每一位都站起来跳舞。四个女人被要求参加演唱，也有一首歌是为她们唱的，不过，她们不跳舞，只是分发礼物。下一首歌是为所有的官员唱的，他们站起身，跳舞，送出财物。接下去，首领让传令官宣布普通会员们就要跳舞了。那两位拿鞭子的人现在站在跳舞场地的两端，用鞭子抽打那些不跳舞的人；然而，如果他们把任何一个人打出血的话，他们就得用一匹马来补偿这个人。

杀狗的人将盛有狗肉的吊桶放在入口附近，穿羽毛"裙撑"的人坐了下来，他们中的一位坐在其他穿羽毛"裙撑"的人前面。一首歌唱了四遍，穿"裙撑"的人只是随着歌曲摇摆身体。唱到最后一首歌时，他们站了起来，向后跳舞，最后伸出手去够他们的"裙撑"。在结束时，他们做一个向上的动作。同一首歌他们跳四遍，然后束好他们的"裙撑"，跳着舞走到狗肉所在的一侧。他们面朝狗肉跳三次，最后一次他们经过了狗肉。后面的人拾起那只吊桶，提起它转四圈，然后把它放下。在穿"裙撑"的人前面，有一位男子端着一个盘子，另一个"向肉跳舞的人"跳舞，并且把狗肉放在盘子里。然后这位跳舞者和端盘子的人每人各拿一只狗头，把它们放在两个不同的地方。他们每个人都分别担任这两组穿"裙撑"的人（每组四个人）的首领；每个人都挑选四位有名的勇士，他们不会动食物，而只是坐在那里。

现在，食物的分配者首先服务入选的男人和官员们，接下去是其他人。鼓敲响的时候，他们开始了。每人都得到一份，但是当时大家还是不能吃。有一个人，即"喂饭的人"，拿着一根尖木棍，这根木棍带有珠饰，在把手末端悬垂着鹰的尾翎。在完成他的任务之后，端盘子的人拿着盘子回到他的座位上，他是第一个吃的人。接下去是喂饭的人，他随着他的歌声摇摆身体三次，在第四首歌时起身跳舞。在快要结束时，鼓声停住了，他也一下子停下来，把他的木棍指向北方。当鼓声又响起来的时候，他又开始像先前那样跳起来。在舞蹈结束的时候，他把他的棍子指向西方。第三次他朝北跳，最后来到中央把他的棍子指向东方。这样他绕着圆圈移动，每首歌他移动圆周的四分之一。他径直朝狗肉走去，用棍子在狗肉上做了一个动作，弄下来一小块并刺到他的棍子上，将它指向四个方向，然后把它递给端盘子的人吃。接下去，他又弄下来一小块给另一位跳舞者。然后他弄下来了更多的小块并递给那两位首领，就这样继续下去，直到服务完所有的官员。如果他们中的任何一个在前一天的晚上发生性交的话，这个人就不会把食物送进嘴里。喂饭的人把这个人带到场地的中央，人们拍着手嘲笑他。引入热舞的时候，那些男人甚至都不穿羽毛"裙撑"而只是在手里拿着它。那位端盘子的人站起身，走到八位入选者面前，说道："我已经把这些

212

人带到这儿了，他们因某某功绩而出名。正是因为这个原因，我才给他们吃了狗肉。现在你们都可以吃了。"然后会员们都吃了起来。

宴会结束后，这八位勇士将狗的头骨放下，冲着骨头跳舞，表演他们在战斗中实际扮演的角色。然后他们全都站成一排，每人轮流历数他们的功绩。当首领想停住舞蹈时，他们向人群致谢，人们回应，这个仪式到此结束。一位穿羽毛"裙撑"的人享有把人们带出跳舞帐篷的特权。这个人在门旁放一条毯子，他冲着毯子跳四次舞，拾起那条毯子，在跳第四次时走了出去。

首席舞者任期大约一年，但是偶尔任期会稍长一点。任期结束时要召集一个全体官员的会议，然后有人会宣布："现在我要放弃我们的标志，你们其他人也要这样做。"在下一次舞会上，两位系乌鸦佩带的人被任命挑选新的任职者。普通会员们事先对此一无所知。然后所有的官员都放下他们的标志以及与他们职位相关的其他东西。

吃狗肉是热舞仪式必不可少的部分，仪式的创造者也将其传给乌鸦人和希达察人。因此，尽管乌鸦人通常是讨厌狗肉的，但是在那种场合下，乌鸦人有时也会吃狗肉。不过，我了解到，即便如此，热舞者有时还是会用其他肉来替代狗肉，比如鸡肉。

这个仪式还没有完全被废弃。1931年夏，在我刚从保留地出发后不久，这个仪式在哈丁市举行，它是为了向乌鸦人的（白人）律师表示敬意。詹姆斯·卡彭特这样给我写道："他们要接纳他（bici''tse-wiak，字面意思为'我们要让他出生'）。按照热舞的接纳方式，他们接纳了他。我看到了这个仪式，它好极了。他们举

行了那个肉仪式（iruˊke iˊaxtak）。他们以这种古老的方式进行接
纳。有八个人吃了狗头，我是其中之一。人数超过了一百，可能
达两百人。他们唱着仪式歌曲让人们吃饭。他们刺穿肉，把肉送
到他的唇边，他们把在舞蹈中使用的标志给了我们的律师。'现在
你成为我们中的一员，不要忘记我们。(kan dī bareˊ hawaˊk, bareˊ
karāˊxtasa)'他们说道……他们让'铁项链'（Iron-necklace）给
他起了一个名字。'铁项链'把这位白人带到了里面，给他起名为
'星首领'（Star-chief）。他们表演了几遍这个舞蹈，然后他们停住
了。随后我们享受了一顿无与伦比的美餐。"

　　"疯狗"与热舞大约是在同一时间由同一来源引入的，自然首
先到达"河乌鸦"，一些报道人甚至不正确地认为"疯狗"只存在
于"河乌鸦"。实际上，这个会在"河乌鸦"和"主体"这两个群
体中有所差异，因为"主体"介入了"木块"和"狐狸"的劫妻
环节。

　　"疯狗"由年轻人组成，但是他们常常担任保安，甚至享有恪
尽职守的口碑。按照通常的方式，在春季时选出官员。他们的成员
人数可能在各地有所不同，因为与其他人的说法形成对比，一位
叫"独树"的"河乌鸦"将普通会员的人数定在了大约二十五名男
子，他只提到了一位首领和一位断后的人。他说那位首领戴着一顶
鹿皮帽子，上面有磨光的鹿角，帽子的后面装饰有鼬皮。他必须冲
锋陷阵而且永远不能退却。那名断后的官员戴着一条红色的法兰绒
绶带，有珠饰，如果乌鸦人逃跑的话，他必须下马抵抗敌军。"熊

起床"说所有的会员都有一个球形或环形的皮响铃（图 13a），他还区分出一位舞蹈指挥、四位佩戴绶带的人和四位戴着有角帽子的官员。据"老狗"讲，有两位**或**四位佩戴绶带的人；而另一位报道人说除了四位佩戴绶带的人以外，还有一对首领和一对断后的人。最后，除了上述的这些以外，"坐着的麋鹿"又列举了两位鞭打者和两位"勇士"。普通会员用黑色、浅红色以及白色的黏土来涂饰。声名显赫的"勇士"身着鼬皮衣，其余的人也是相似的打扮。

"灰牛"生动的报告很好地道出了"主体"对于"疯狗"的改变：

214

"'主体'中所有还没有加入热舞者的男人都去'许多棒击'的帐篷组建'疯狗'。我也入了会。'狐狸'和'木块'已经停止了劫妻。我们在春天聚会，制作长长的、有缝隙的绶带，那两位官员每人一条。我们在发酵粉罐子上打孔，把珠子放在里面，做成了响铃。这个舞蹈与热舞相似。在曲终时，所有的会员都站起身摇动他们的响铃，那上面的鹰的翎毛产生非常好的效果。那些想要在战斗中辅佐两位'注定一死'的官员的人抓住他们绶带的拖地部分。跳完舞后，晚上我们都集合在一起，在营地里到处走着，在那里我们有时会受到邀请参加帐篷里举行的某个宴会。

"一天晚上，我们正在这样游行，热舞者也像我们一样游行。我们听见了挑战的声音'hu, hu, hu! '，第二天偷妻就要开始了。'许多棒击'说道：'我们要先发制人，我们要直接抓住一些女人。'他商议了这件事，我们上马前进，两人合骑一匹马。他在'熊爪'（Bear-claw）的帐篷那儿下了马，向里面窥探，看见主人的妻子正独自待在帐篷里。他说道:'过来,我想娶你。'她拿着她的毯子出来了。'许多棒击'吩咐她骑在他的同伴的后面。'疯狗'会员们欢呼道:'已经有一个来了!'他们开始唱歌,他们是那么兴高采烈,连帐篷都摇晃了起来。俘虏被看作是把她抢走的人的妻子,所以'许多棒击'的姐妹们拿给了她一件麋鹿牙礼装。她的脸被涂成黄色,横贯的红色条纹象征着'许多棒击'发动的棒击次数。男人们说道:'全都结束了,让我们出去跳舞吧!'因为我的战绩,我被允许骑马,而其他人都步行。有人告诉我,如果我愿意的话我可以把我的同伴带在我的后面。在穿上貂皮衣后,我那样做了,在队伍中领头。'粒子眼皮'(Granulated-eyelids)一次在战争中下马将另一位乌鸦人带在他的后面,因此他被选出来,将那位抢来的女人驮在他的马背上。他骑着马,不走在游行队列中,而是走在一侧,为了醒目。我也拥有那种特权。围观的人群发出赞叹的欢呼声。

"一位'疯狗'会员的妻子在观看这个表演时被热舞者抓住了。'疯狗'们不想回家以免眼睁睁地看着他们的妻子被掳走。我们能够听见热舞者们欢声一片。"

第十章

战争

215

正如我们已经看到的，社会地位和首领的地位取决于其军事才能，这是获得声望的唯一途径。一个人的价值虽然也取决于其他品质，如慷慨大方、讲故事的才能、作为一名医生的成功，但是一位男子分得的财产主要是他在奇袭中所缴获的战利品。任何成就——尽管它们可能会受到重视——仅仅是一些虚饰，不能替代声望的实质：一位男人作为勇士的记录。我知道至少一位老派的乌鸦人智慧超人，但凡乌鸦人重视这种才能的话，他的智慧一定可以使他出类拔萃，但是他在人们中间却微不足道。实际上，人们不断警告我提防他的谎话，尽管他对于部落生活的描述与那些被广泛认可的报道人的描述完全吻合。问题的关键仅仅在于他在战争中没有获得荣誉，而在公开历数他的功绩的时候，他总是试图粉饰这个缺憾。

战争不只是某一个社会等级甚至不只是男性的主要关注点，而是所有人的关注点，从出生直到死亡都是如此。女孩子和男孩子的名字都是根据某一位著名男子的功绩起的。女人们戴着头皮跳舞，丈夫的功绩让她们引以为荣，她们公开展示这位男人的盾或者武器。女人对于被杀害的儿子的哀悼能最有效地策动一次惩罚性的征讨。有人还回忆起一位女子奔赴战场。实际上，我的一位女报道人

"麝鼠"宣称她成功地棒击了敌人，并割下了一名派岗人的头皮，因此赢得了颂歌。

战争最显著的特征是战争和宗教的结合。太阳舞作为对于复仇的祈祷自然充满了军事的意味，而这种意味在烟草仪式中也几乎一样突出，虽然后者的公开只是为了大众的繁荣兴旺。更为重要的是，每一项军事任务在理论上都是被梦中或神示中的启示所激发的。因为一生中的成功在相当大的程度上是指军事荣耀，所以战功便成为祈祷的主要内容。

然而，军事荣誉却是被严格界定的。"ackya´pe"和"araxtsi´"这两个同义词用来指代四种标准的英勇行为，一名男子达成它们中的任何一种，都会成为"获得荣誉的人"（araxtsi´wice）。触摸到敌人——无论他是否被伤害——算作是严格意义上的"棒击"，即"dā´kce"。有可能四名男子都会对同一名敌人棒击，但是荣誉会随着棒击顺序而降低。在任何战役中，只有一名男子会被列为第一次棒击的发动者；换句话说，其余的第一次击中了其他敌人的人，不会被认为是第一次棒击的发动者。在短兵相接的遭遇战中夺走一张弓或者一杆枪是第二种荣誉。第三种荣誉是盗走一匹马，这匹马是被拴在敌营中的，因此必须砍断绳子放开马，这叫作"砍某物"（bāpa´ckyua）。成为烟斗的主人（ī´ptse-ake`）或者奇袭的策划者（akdu´xigyutsgye）是第四种荣誉，它可以被累积计数直至当事人获得首领的地位。首领（见边码5页）就是指一名男子获得了这四种功绩每一种中的至少一件。

1910年，帐篷草的两位居民"法物乌鸦"和"灰牛"被认为获得了那样的荣誉。在普赖尔也有几位，其中包括"钟石"和"许多棒击"。尽管"许多棒击"无疑有令人羡慕的纪录并且被美国政府认可为乌鸦人的**首领**，但是大多数报道人认为在当时健在的男人中"钟石"是最了不起的。用"灰牛"的话来说，"钟石"是名副其实的第一（kambasāʹkāce）——在每一种的计数上都超过了其他所有人。他已经缴获了五支枪，砍断绳索放走了至少两匹拴着的马，有六次毫无争议的棒击，不下十一次领导作战队伍。"灰牛"的勇敢博得了普遍的尊敬，据称在每一类别下的功绩有三件。"山坡"（Hillside）没有达到做首领的标准，只是因为敌人又追回了一匹他已经砍断放开的马，而"平头女人"则仅仅差了一次棒击。

这四种荣誉类别是否等量齐观还是一个悬而未决的问题。"蓝珠子"（Blue-bead）认为指挥者的地位和严格意义上的棒击更为重要。"灰牛"笼统地说，所有的荣誉都大致在同一水平；不过，他还是把"许多棒击"排在"钟石"的后面，尽管"许多棒击"有七次棒击（"钟石"是六次）和砍断绳索放走四匹马（"钟石"是大约三次）的纪录。不知不觉中，他格外强调"钟石"所多出来的两次领导作战队伍的功绩。

不管是否得到了名义上的承认，每一项新功绩都会为个人增光添彩。即使这个人没有达到成为首领的标准，但是领导一次成功的奇袭或者是出征猎取头皮还是可以使他具备成为一名传令官的资格，处于仅次于首领的地位。

每一项功绩都象征性地体现在立功者的服装上，但是配饰多少有些变化。据"黄眉毛"说，一位棒击者的鹿皮鞋在后跟处带有狼

217

的尾巴；一位缴获了枪的人将他的上衣装饰上貂皮；一支带来战利品的队伍，他们的首领在护腿的边缘用貂皮或头皮来做装饰。据"灰牛"讲，一位指挥有权用毛发装饰他的鹿皮鞋和上衣，而一位缴获了枪的人或者棒击者可能只是用这种方式来装饰他的上衣。

在战争最激烈的时候，对于两名战士中究竟是谁先击中头一次棒击可能会意见不一。这种情况有时会诉诸神裁法或者是立誓言，这被称为"战争荣誉相互争议"（ackya´p-bats-ā´pasū`a）。每一位竞争者都拿着一把刀，把它放在嘴里，对准太阳，然后说出下面这段套话："是我击中的敌人。太阳神，当你俯视时，你看见是我击中了他。从此以后，当我遇见敌人时，祝愿我轻而易举地再次战胜他。"另外的一套措辞是："我击中了棒击，你看见了我。愿这位撒谎的人在冬天来临前死去。"有一种程序是，人们将一些瘦肉穿在一支箭上，他们将这支箭放在一副很久以前的、变干了的野牛头骨上，野牛角的尖端被染成红色。每个竞争对手轮流举起这支箭，他的右手食指指向箭头，用他的嘴唇去碰这些肉，并且许下誓言。如果两个人都通过了测试，那么人们无法立刻判定这场官司孰是孰非；但是如果在这个检验之后，某种不幸降临到他们中一个人的身上，那么这个人就会被认作是立虚假誓言的人，然后他的对手就会理所应当地要求这个被争夺的荣誉归自己。

这"四大"功绩以外的功绩也被认为是值得嘉奖的，人们在公开的场合一一历数，并把它们描绘在功绩者的袍子上、他帐篷的通风口的隔板上，或者极少的情况下是在他的帐篷苫布上。1910 年，"露出一条鱼"（Shows-a-fish）的小木屋里面的帆布内层上就绘有这样的装饰。在一件我从"猛冲"那里买来的袍子上，靠近上部的烟斗象征穿这件袍子的人作为指挥官的地位。头的外形和向上卷起的一绺头发代表着肖松尼人，简单的轮廓代表着达科他人，马蹄印暗示着捕获了马。在这件袍子的另一部分，表现的是一位侦察员正向敌营走去，返回到一堆野牛粪旁（见边码 220 页）。这件袍子的其他部分还描绘着像这样的细节：一位骑在马上的英雄棒击了两名敌人，他赶上并击中了一个敌人，以及他正在赶走肖松尼人的马匹。

218

在盛大的聚会上，男人们总是郑重其事地一一列举他们的功绩。1907 年，"没有胫骨"给了我下面这个他自己的单子，他每数一项，就在地上画一条线：

> 我缴获了一支枪。
>
> 我缴获了一张弓。
>
> 我领导了一支作战队伍，杀死了一名敌人。
>
> 我被击中了。
>
> 我杀死了一匹马。
>
> 我击毙了一个人。
>
> 我带回家十匹马。
>
> 我作战大约五十次。
>
> 达科他人在袭击我时，我击毙了他们中的一个。

每公开陈述完其中一项，在场的乐师就会敲一下鼓。

取下一张头皮是杀死敌人的证据，但是并不被列为特别值得注意的功绩。"在历数他的功绩的时候，你永远不会听到乌鸦人吹嘘他的头皮。"一位报道人这样告诉我说。一些男人用一个箍将这个战利品撑开，用刀刮掉头皮上的肉，并用木炭将干头皮涂黑，然后把它高高地挑在一根长棍子的头上。

对于战争的训练从孩提时代就开始了。除了运动类游戏外，男孩子们还计算狩猎时的棒击数，他们让女孩子们戴着代替头皮的狼或郊狼的毛跳舞，而"锤子"的会员尤其刻意模仿成人的军事会（见边码 38、202 页）。

不过，一位雄心勃勃的少年不会满足于这些模仿，而是会想方设法寻找机会和奇袭团一起出发。一谈到战争，就连较老的一代，那些原本无心去管年轻人闲事的老人们也变得爱说教起来。"年老是罪孽，年轻人死在战斗中是件好事"这句话概括了他们教育经的要点。在原住民传说中，年轻人受到箴言或榜样的鼓舞而赢得声誉的故事一次次地反复出现。在一个故事中，一位英俊的年轻人在家里游手好闲，而他的同龄人则出外抗击敌人。最后他的父亲被儿子的碌碌无为激怒了，忍无可忍，投入火中，自己受了伤，以此来激励这个不上进的儿子出征奇袭。当一位年轻人真的从一次奇袭中返回后，他在他的同伴面前盛气凌人，嘲笑那些躲在家里的人好比女人。"你算不上是一个男孩子，""灰牛"过去常常对"鸟尾响铃"（Bird-tail-rattles）说，"你的阴户是蓝色的。"

男孩子的初次征程并不容易，因为他成了恶作剧的笑柄。男人们可能会把他打发到他们的一位会员那儿去剃一张野牛皮。可在得知这个消息时，那位会员却告诉这个男孩子他已经把野牛吃了个精光，而让他再去这个作战队伍中的另一位成员那儿。就这样，这个新手被打发得东奔西跑、到处碰壁。而且，年轻人必须做卑贱的工作：他们被派去找水，而没有人指点他们该到哪儿去找；他们还得带着肉。为了减轻他们的负重，据说他们会怂恿他们的长辈们狼吞虎咽地吃掉一些肉。

当然，有时整个队伍会面对故军的大部队，但是最为典型的军事行动类型是奇袭（du′xia），领导者组织一支小的队伍，这位领导即所谓的"奇袭计划者"或者"烟斗的主人"。他的冒险是纯粹个人的冒险，绝对不受首领或议事会的指挥。实际上，当首领认为奇袭是失策的时候，他会命令保安禁止任何队伍离开营地。对于一支队伍来说，批准是必不可少的，但是这种批准完全来自超自然力量。这位组织者梦到他的冒险计划或者看见了一个神示，这个神示详细地表明了要去的地点、要奇袭的部落，甚至是战利品的种类——乃至马皮的颜色——或者是要杀死的人的样态，比方说一位失去了拇指的夏延人。假如没有得到那样的神示，一位想要成为指挥的人就会请求一位拥有战争法物的有名望的人，并遵循这位导师的指导——就像依据梦一样。一位没有经验的指挥可能不会成功地召集起大队人马，因为总会有多疑的人怀疑他神示的力量。即便他的法物很强，它们也有一些严格的限制，比如，在某些情况下，任何人都不允许从拿着指挥者神圣包的人的右侧（或左侧）经过。不管是在多么无意的情况下打破了这个规矩，可怕的灾难都会降临到整个部队。

名誉是所有的战争不言而喻的目标。除此之外，还有两个主要的动机——一个是渴求战利品，主要是得到马匹，另一个是渴望复仇。尽管这些推动力随个人的性情和具体情况而变化，可能会是两种动机的混合，但我们还是可以把马队奇袭从旨在棒击和屠杀的征讨中区分出来——这是"平背"提出的一种分类。他把这两者区别开来，前者的典型是针对派岗人的行动，而后者则是以达科他人为目标。

奇袭者最大的特色是他们徒步出发，因此需要充足的步行装备。"我让人给我做了鹿皮鞋"是一句惯用语，表示为一支作战队伍做好了准备。通常情况下，每个参加者牵着一条狗，带着他的鹿皮鞋和一只小桶，后来还有绳子，用来拴盗来的马。紧随指挥的是侦察员（ak'tsī′te），他们是最重要的成员，其人数随队伍的规模而变化，每个人都扛着一张狼皮作为标志并模仿狼的嚎叫，所以有时人们用"狼"来代指他们。在预备集合时，他们唱着侦察歌曲，比如："我要带回马，我要带一些回来。"在唱完歌后，会掀起一片呼喊声。队伍常常在日落甚至天黑以后出发。他们用树枝、树皮和树叶搭起简易的防风物（acta'tse′）作为掩体。在适宜的时间，指挥派出侦察员去侦察敌人。当其他人还在梦乡中时，他们却在攀登一座座山丘，不吃不喝，直到他们发现营地为止。然后，他们返回来，发出狼似的嚎叫来通知人们，这种归来叫作"batsī′kya-raku`a"。当接近队伍的时候，他们挥舞着枪表示他们已经真的发现了什么。如今[1]，接下去是一个特有的仪式。他们的战友准备好一堆野牛粪，他们唱着歌，围着它站成半圆形。然后侦察员的首领过来了，踢翻了这堆野牛粪。指挥要他们的报告，侦察员回答："敌军在那边。"现在他们终于被允许吃肉了。

做最后准备的时刻已经来临，每一位勇士都将一个圣物系在他的身体上，并根据和它们有关的规矩来涂饰他们的脸。这位指挥铺开一层东西以便把**他**的法物放在上面。他冲着敌军的营地吹口哨或者唱歌，可能会说："有那么多马已经给了我。"一个人被挑选出来领头，他们接近了营地。指挥让他的人集合起来，他绕着他们走，并对着太阳神祈祷："如果我的全部人马都能平安归来，还带着许多马，我就给您建一个汗屋。"然后，他派出一两个人去营地尽量将所有的马都赶出来。如果对战利品满意的话，他就决定踏上归程。他们的归途长短有所不同。典型的情况是他们会全速奔跑一整夜，第二天白天以及第二天晚上也是如此；随后的一天他们放松下来，设法杀死一头野牛，饱餐一顿；当接近他们自己营地的时候，他们放枪，骑着被缴获的马绕着营地奔跑。

从严格的理论上讲，指挥可以要求得到所有的战利品；然而实际上，他会大方地和他的手下人一起分享，以免被指责为贪得无厌。在游行中，侦察员在背上扛着狼皮唱着庆贺歌曲。晚上，整个队伍都集中在指挥的帐篷中；年轻女人来到这里，坐在他们的后面。大家唱侦察歌，在那以后女人们得到了一些为这种场合准备的

1　指作者写作当时。——编者注

布丁，并带回了家。

"没有胫骨"这样描述了他的一次奇袭，这个描述中不具有典型性的情节只有一处，即它一开始讲的是战士们是骑在马上出发的：

> 防御工事在哪里，我们就在哪里扎营。我在那里下令给我做好了鹿皮鞋。这天早晨当他们准备好后，我牵来了我的栗色宝马，给马装上了马鞍。我出发了，带着我的法物——就是那边的那个（他用手指着）。我骑马走了，到了我的战友那儿，我们俩人一道离开了。年轻人不断地追上我们，直到我们总共有了十二个人。我们前进着。晚上，我们在一条树木覆盖的小河床上躺下，睡在那里过夜。第二天早晨，我们吃过饭，年轻人牵来了马，我们系上马鞍又出发了。那一定是正值一年中的这个时节。我们爬上了一座山，看见了一些野牛。年轻人去追赶那些野牛并杀死了一头非常肥壮的。我们到达了那里，所有的人都下了马开始屠宰。屠宰完之后，我们留下肉然后骑马离开了。我们宿营在一个树木覆盖的干河谷中。我们下了马，他们扎好营地。我们生起了一堆篝火，他们做肉，我们吃了起来。然后我们吃饱了，喝了水，又抽了烟。这之后，我们睡下了。第二天早晨，我们吃过饭，年轻人牵来了马，我们系上了马鞍，骑马离开了。然后在一个树木覆盖的干河谷中我们扎下了营地。我们建好了营地，他们

做肉，我们吃了起来。[1]做完了这些以后，我们抽烟。抽完烟之后，我们睡下了。第二天早晨，他们生起了一堆篝火，我们吃了饭。吃完以后，他们牵来了马，我们系上了马鞍，骑马出发了。我们爬上了一座山，那儿有许多许多的野牛。年轻人追赶它们并杀死了三头肥壮的野牛。我们到了那儿，下了马，拿出刀子，开始屠宰。当屠宰完毕之后，我们把肉驮在马上出发了。我们在一个干河谷停了下来。年轻人离开了，他们担任侦察员，通知我们他们发现了什么。他们来了，他们到了我们这儿。"事情怎么样？"我问。"在那边是'砍头的人'（Head-cutters，属于达科他人）的帐篷。"他们说。"好吧，我们开始进攻他们。"我说。然后，我爬上了一座山观察。营地中的人已经杀死了野牛，他们背上扛着重重的肉正往家里走。我看见了这些，我回来了，我到达了我的队伍那儿。我点燃了野牛粪，拿出了我的法物。然后我冲着营地唱歌。晚上，我们骑马夜行，我们一路飞奔疾驰，到达营地。我们在营地的边上停了下来。我派两名年轻人去营地，他们带回来了许多马。我拿了一块很好的鹿皮，然后我说："让我们快逃吧。"我们带着许多马逃走了。我们跑了一夜，直到天亮。我们来到了一条小河，奋力游过小河。大家冻得要死。我们渡过了小河，然后天色大亮了。那一天，我们一直跑到

---

1 "没有胫骨"作为一名指挥，当然无须做饭——尽管他和大家一起吃。——原书注

天黑，晚上我们还在继续奔跑。当我们游过小河时我们还
带着很多马，可它们中有不少跑回去了，但是我带着三十
四到达了营地。营地在一条小溪的旁边。有好多好多的
肉。我们就这样回来了。

　　跟随那样的队伍绝不是一次愉快的征程。一路马不停蹄地奔
逃，正如他们突发奇想的有趣抱怨"屁股都快要磨破了"。如果他
们是按照通常方式步行出发的话，有时不能从敌人那儿得到足够的
马，不是每个人都能得到坐骑，因此一些人就不得不走回来，这样
极易被追兵赶上杀死。还有一次，一支乌鸦人的队伍成功地劫获了
派岗人的马匹，可是却遭遇了暴风雪，在风雪中几乎全军覆没。

　　"灰牛"一次去了肖松尼人的地界，有五天他的队伍没有吃的。
当他们最后看见了野牛时，所有的队员都虚弱极了，甚至不得不靠
拐杖来支撑身体。当一个人被派出去杀野牛时，另一个人向太阳神
祈祷："如果他杀死了野牛，我们就都会献给您一块我们的皮肤。"
那个人成功了，划开了野牛的腹部，他用手捧着血喝了。"我们在
血里洗了野牛的内脏，先吃了它们。我们把野牛其余的部分拿到了
附近的一条小溪那儿，一直吃到我们都饱了为止。我们躺下来，拿
肉当枕头睡在那上面。那天晚上我们的肚子很疼，把我们吃进去的
东西全都吐了出来。一位老人告诉我们说那是因为我们躺在肉上。
所以，从此以后，我们把肉放在我们的旁边，这样就不再呕吐了。"

　　在那样的奇袭中，如果砍断绳索放开一匹拴在桩子上的马，一
位男人可能会赢得荣誉；一些意外的收获可能会带给他其他能得到

223

正式认可的功绩。然而通常来说，狭义上的唯一功绩是属于这位指挥的，尽管在不太严格的意义上，每一次新的奇袭都有助于提升男人的荣誉。如果一位首领出发去劫马，但是又决定采取其他一些行动，他的那些不太有冒险精神的部下就可能会反对。比如，在"双尾"的故事中，在一次成功的奇袭之后，这位英雄提议消灭一个敌对的营地；可是他的哥哥却争辩道："既然我们已经带来了马，我觉得那已经足够了。你别做得太过分了。"

然而——通常在同部落中的男人被杀害以后——为了赢得荣誉和杀敌，人们会**特意**组织起队伍。"灰牛"所讲述的一次这样的出征很具有代表性。他从一位法师那里得到了他的战争法物，这位法师也曾指导过"山坡"和"平头女人"。这两个人从他们的指导者那里得到的是箭，而"灰牛"与这两个人不同的是，他得到的则是从一位被敌人杀害的著名乌鸦人勇士尸体上拔下来的一颗牙齿。这三位男人都得到了其他一些类似的东西。因为最初购买这颗牙齿的人非常成功，所以"灰牛"用十匹马买下了它，从此他也交上了好运，积累起一群马，多达七十到九十匹。

一天，"灰牛"坐在他的这位指导者旁边，当时一位老妇人正在为她的儿子服丧，她把一个烟斗放在了他的面前。这位法师告诉他点上烟斗抽烟。"我那样做了，然后把烟斗递给了他。这个帐篷中挤满了人，烟斗在这圈人中传递。我还不知道在外面的老妇人已经叫人在一匹马上驮满了礼物。我的'父亲'给了我一条带条纹的毯子，又让他的妻子将剩余的财物分发了。那位老妇人递给我马缰绳。我的'父亲'这样对她说：'嗯，你已经把烟斗给了我的儿子，

我很生（敌人）的气。'他又跟我说了一阵话，我逐字逐句地把
'父亲'对我所说的话大声告诉了她：'老妇人，明天我要盖一个汗
屋，明天晚上我就动手。'第二天，我盖了一个汗屋。在开始前我
招呼那位老妇人，又告诉她说第二天早晨我就要上路了，在那之后
的八天里，她要把木炭研磨成粉，混上油脂，留意着我。

"六天之后，派岗人的大部队看见了我们，偷走了我们没有拴
在桩子上的马。我们紧追不舍，发现了四名派岗人，杀死了他们，
除了两匹外，夺回了我们所有的马，然后我们往回走。当我们刚出
发时，我们走得非常慢，但是回家时我们尽量加快速度。八天的期
限眼看就要到了，我离开了我的队伍以便及时赶回家中。那位老妇
人正在营地边上等着我。她开始哭了起来，问我有没有带回来战利
品。我告诉她，我杀死了四名敌人。这下她止住了眼泪去准备木
炭，因为队伍中其他人就快要到了。她又哭了起来，想知道更详细
的情况，但是我大步跑去向我的'父亲'汇报，他正和出征的人在
一起。

"在营地的中央，他们站成了一个圈，出征队伍的男人们已经
开始他们的'长舞'（bāha′tsgye disu′a）。然后每位勇士把人们请到
各自的帐篷里，向他们讲述战争队伍的故事。在这种场合下，是由
一位棒击者的'a′sa′ke'（即他父亲的一位同氏族男人）来颂扬这
位勇士，而那位男人则收到礼物作为报酬，礼物基本上是由勇士自
己的氏族捐献的。

"他们等待着一个良辰吉日。然后有一位传令官宣布举行盛大
的庆贺。为了这种场合，最出色的歌手被重新召集起来。每位棒击

224

者都把他的法物放在他妻子的头上，并让妻子拿着他的武器。指挥把法物系在棒击者妻子的背上或者系在一根长棍子上，这位妻子将举着这根长棍子。整个营地的人都出来观看。如果一个男人有两个完全一样的法物，那么他和他妻子便每人拿着一个。指挥的妻子和棒击者们的妻子站在中央，她们跳舞一直跳到晚上，这才停了下来；但是那些哀悼者们，他们的脸涂成了黑色，则要一直跳到第二天早晨。老人们又带领棒击者们四下里走动。

"第二天早晨，在太阳出来之前，人们偷偷地走进勇士们的帐篷里，扯掉他们的毯子，即使他们也许正和妻子躺在一起。然后这些男人们打扮起来和哀悼者们一起跳舞。指挥叫棒击者们为那些被叫醒的人准备吃的。营地里一片忙乱，人们去观看表演。歌声又响了起来，颂扬那些棒击者。哀悼者们一直跳到了中午。"

勇士们总是用涂黑脸来象征杀死敌人，以至"有着一副黑脸"变成了"凯旋"的习惯用语。这也正是当"灰牛"回到他的同伴那儿时，同伴脸上涂着木炭的意思。他们显然也遵照另一个习俗，即杀死一头野牛，把它的血放入一个瘤胃中来装饰他们的衣服。野牛的血与两种木炭在热水中混合搅拌。首先，男人们用浸湿的泥涂擦他们的袍子，然后几位赫赫有名的男人在列举他们自己的功绩以后，在每件袍子上画上第一棒击的符号。虽然可能有四个人都数到了对同一个敌人的棒击，但是荣誉按顺序递减，袍子的涂饰也相应地有变化：第一位缴获了一杆枪的人和第一位棒击的人，他们的袍子或上衣被完全涂成了黑色，第二个和第三个人的衣服只有一半被涂黑，而第四个人则只有上衣的袖子被涂黑。那些有名的人也会教给会员们其他的装饰，比如马蹄印、平行的条纹，还有四至六个大致勾勒出的人形（无论他们实际击中了多少名敌人）。这样穿好盛装之后，这支队伍向营地进发。最后一晚，他们在离营地很近的地方过夜。第二天早晨，一旦到了射程以内，他们就开始放枪，发出特有的声音。当他们来到营地边上时，他们派击中棒击的人去为每位勇士拿来一面鼓。同时女人们举起挑着头皮的棍子已经做好准备，她们在勇士们的前面，跳着舞进入了营地。

凯旋被称为"ara′tsiwe"——显然无论是乌鸦人击中了棒击还是盗来了马匹都算得上凯旋。不过，一次成功的奇袭或许还不足以"让女人们跳舞"。假如这些勇士们已经杀死了敌人，他们会在返回后的一两个夜晚涂饰他们的脸，列队走过营地；给队伍断后的是指挥，还有一位传令官跟在指挥的后面。传令官高声喊道："喂，女人们，你们所有人都穿上漂亮的衣服去烟斗的主人的帐篷，今晚我们要在那里开宴会。"于是在游行之后，人们全都去了那里。女人们鱼贯而入，在她们选中的勇士背后坐下。她们唱起了侦察歌和头皮歌，每个人都拿着她最喜爱的袍子和战斧站到门旁边一个显眼的位置开始跳舞。那位传令官坐在门的旁边，叫第一个棒击者的名字；在这个人答应以后，传令官让他在一只桶里装上女人们带来的樱桃甜点，把它递给他的妻子。第一位侦察到敌人的人被允许先挑选任何他喜欢的食物，把它递给自己的妻子，然后再招待其他到场的女人。两位侦察员都是自己先吃，然后再招待其他男人。在每个人都吃过了炖浆果和其他食物之后，年长的男人们让女人们把吃剩下的东西带回家，然后回来表演"击打帐篷"（ac-ditu′a）。

226

为了这个表演，男孩子们砍来柳木杆子，把它们靠在帐篷上，然后排好队，等着女人们回来。一位传令官喊道："解开你们的马，把它们牵得远些，那些小伙子们要来击打帐篷了！"队伍中的歌手们敲着鼓，其余的人都拿着柳木杆子，姑娘们也是如此，每一个男人都有一位姑娘跟着。在一片得胜的歌曲和鼓声中，大家都朝指挥的帐篷冲过去，敲打着它，一些男人还放了枪。这一片嘈杂声震耳欲聋，马受了惊，狂奔了出去。到目前为止，这些歌曲并没有歌词，可是在击打帐篷之后，他们唱出了这样的句子："最近我离开了，我已经归来，亲吻我吧。"然后他们向营地的中央走去，他们在那里跳起了舞。男人们用毯子包住他们的女伴，大家都用猫头鹰舞的步式转着圈（见边码 93 页）左右移动着。通常人们要击打五六个帐篷。杀死敌人后的庆祝活动要持续一天一夜。

向返回的勇士们唱颂歌（māʹtsikarūʹa）是这个庆祝活动突出的特点。首先是这个男人的父系氏族的男人和父亲的姐妹，他们是他的公开致颂词者，领着他在营地中转。他们喊着他的名字，唱着颂歌，这些颂歌源自梦境。歌词与值得奖励的功绩之间并没有明显的联系。"灰牛"和"法物乌鸦"都提供了下面的样本："我要接纳你做我的'祖母'（dīʹwasaʻkāʹm bāʹwiky）。"歌手会收到礼物作为报酬。一些歌曲有时会在出征时由首领或者这支队伍中的老成员来唱。1910 年，年老的乌鸦人仍旧唱着颂歌向年轻人表示敬意，这些年轻人已经送给了他们其他贵重的礼物。"灰牛"卖了他的颂歌，得到的报酬是一匹马。

然而，并非所有的作战队伍都有幸运的结局。有一个传说提到了最优秀的几种指挥，"那些从没有损兵折将的"（ak'-tsicē´rēte）要优先于"那些常常带回马的"和"那些常常杀死敌人的"。如果队伍中的一名成员被杀死了，他的同伴们不会立刻进入营地，而是派出一位送信的人，他从某个高的地方放一枪。当人们朝那边张望的时候，他挥舞着一条毯子表明他来自哪个方向。随后大家都明白发生了什么以及那位不走运的指挥是谁。每有一个人被杀害，那位送信的人举毯子的高度都比前一次更低，然后把它抛向一侧。他并没有接近营地，而是坐了下来。一些男人被派去向他了解这场不幸的细节。营地开始哀悼，而那支队伍驻留在山上，哀悼十天。在此期间，他们不从杯子里喝水，而是由其他人给他们水喝。然后他们又出发了，但仍旧不进入营地。如果在第二次出征中他们盗来了马，他们的悲伤就停止了。可是失去亲人的家庭却要一直哀悼，直到有敌人被杀死为止。

这种观念在平原印第安人中根深蒂固：如果可能避免的话，就要力争本部落的人一个也不损失。因此，为了战略利益而牺牲人员与乌鸦人的观念是格格不入的。当然也有蛮勇的战士冒着生命危险只是为了显示匹夫之勇，而其他人不顾危险则是因为他们笃信超自然力量的保护能够使他们刀枪不入。尽管从理论上说，长寿为人所不齿，而在战斗中光荣牺牲则被人们视为理想的归宿（见边码218页），但是实际上，在普通人中却盛行着更为平庸的观点。因此，在平原印第安人的传说中反复出现一个惊心动魄的场面：孤身战斗的亡命之徒阻拦甚至击溃十来个敌人。不过也经常有乌鸦人的祈求者希望轻易地、安全地、安然无恙地杀死敌人（i´tsikyāta）。

乌鸦人为什么要作战呢？当然不是出于一种无法控制的好勇斗狠的天性。在乌鸦部落内部，打架斗殴是件不光彩的事，我也曾听到过他们对白人间的争吵表示反感的评论。敌人当然是攻击的对象，尽管存在要"消灭他们"的虚张声势的叫嚣，但我却清楚，乌鸦人并没有采取将达科他人或夏延人从他们的领土上驱逐出去的一致行动。一些无关紧要的军事行动便足以满足戏闹的冲动甚至是复仇的欲望，也更与反对损失任何本部落人员的思想相吻合。

毫无疑问，军事行动的导火索各种各样，因人因情况而异。虽然存在着功利主义的动机，但绝对不是支配性的。对于平原部落来说，得到马是战争最"实惠"的目的，而乌鸦人更看重砍断绳索放开一匹拴在桩子上的马的行为，而非偷十来匹自由游荡的马。人们一旦得到马后用来干什么呢？"灰牛"得到了七十到九十匹，几匹快马是用来追野牛的，几匹是用来骑的，几匹是用来驮东西的，这些原本已经绰绰有余了。乌鸦人与中亚的土耳其人不同，做梦也想不到要挤马奶或者是吃马肉，一大群马纯粹只是为了炫耀。主人可能会送给妻子二十匹马，而不是区区五匹马；他可能会不断地送礼物给他父系氏族的亲属，假如他想让大家对他赞不绝口的话。

另外，虽然杀死敌人是有功的，但使用棒击棍子击打会被算作是更大的功劳——哪怕只是最轻微的一下。显然他们的想法主要不是减少敌军的数量而是表演一个"绝活"，按照奇思异想的规则进行一个游戏。英勇无畏的确会得到人们的钦佩，比如乌鸦人转身去营救一位丧失战斗力的同部落人（见边码190页）；然而就如同贞洁的品质一样，对于那种勇敢，大家是给予赞扬而不是争相效仿。

这里再一次向人类与生俱来的弱点做了让步：在军事会中，即使是"注定一死"的官员们也只是在一个时间段内恪守他们的誓言；而那些名副其实的"疯狗"（见边码 241 页），他们自觉自愿地只求一死，但是如果那一个时间段结束时他们正巧逃脱的话，他们也就免除了义务。

缴获的拴在桩子上的马匹的数量是晋升首领的标准，这种习俗当然是对于英勇无畏的褒奖。尽管"山坡"立下了这样的功绩但是并没有得分，因为敌人又夺回了他的战利品。另一方面，第一个**触到**敌人的人要比杀死敌人的人更胜一筹，占上风的是敏捷迅速而不是技巧或勇猛。同样的，在交战中第一个击中敌人的人并不见得比另外一个击中了第五击乃至第十击的人更勇敢，尽管击中第一击的人抢了头功。在一个可能是真实事件的历史故事中，一位出类拔萃的勇士"玩他的脸"同一位没有经验的少年把一位正在敌营边上放松的夏延人吓了一跳。他们紧紧追赶这名敌人。这位率真的少年勇敢地冲入了营地中央，以为在那里他可以击中棒击；而老谋深算的"玩他的脸"却已经轻松击中了就在近处的一个敌人。"玩他的脸"宣布他得到了最高的荣誉，语调里带着嘲讽。

棒击实际上是用一种约定俗成的方式来解释的，它常常与真正的勇敢之类的并没有任何关系。有一次"牛舌"作为侦察员被派到一个达科他人营地，他发现了一个女人正在小便，就杀死了她——这也就足够了。还有一个故事讲的是一支乌鸦人的队伍耐心地埋伏着，等待有什么人离开达科他人营地，但是等了半天也没有等来。最后，其中一位拥有法力的人唱起了颂歌，用他的烟斗做了一个动

229

作，在地上画了一个人像，然后把烟斗放在上面。很快一位没有带武器的达科他人冲了出来，骑着马向大山里奔去。"我们向营地的方向追赶这个人并杀死了他"——第一个接触到他身体的人自然获得头功。这样就有充分的理由举行隆重的庆祝："我们起劲地跳着舞"，"祖母的刀"告诉我说。还有一次，"平背"扬扬得意地谈到他在一个敌营附近杀死了四名印第安女人。"'法物乌鸦'是首领，""平背"说，"可是他不如我。"这只是个玩笑。"法物乌鸦"是"平背"的一位姻亲兄弟，所以在战争方面拿他来开玩笑是可以的，尽管在性方面是不允许的（见边码 29 页）。尽管是句玩笑话，可是仍旧掩饰不住这位说话者深信真正地立下了战功的是他。

对于战俘的处理根据情况而不同，但常常同我们所说的豪侠精神形成鲜明的对比。被俘女人的命运的确常常是比较简单的，她们嫁给乌鸦男人，只是承担女性通常的责任。男俘虏特别是男孩子，也可以被饶恕，但是他们原本属于外来者这一点会被记住。在太阳舞的某些任务中，这样的"dāʹtse"（敌对部落的俘虏）被认为是必不可少的（见边码 312 页）。可是当因损兵折将或对手负隅顽抗而满腔怒火时，他们难免会折磨俘虏。伦纳德这位老商人讲起了一场乌鸦人同黑脚印第安人的战争。黑脚印第安人在一座山的峭壁顶端用圆木、灌木和石头修筑了矮防护墙，他们在那里英勇地抵御了很长时间。乌鸦人最后赢得胜利，他们先是残酷地折磨了毫无反抗能力的受伤敌兵，然后屠杀了他们，两天之后又把尸体乱打乱砍了一气。接着，伦纳德注意到乌鸦人杀害了这些黑脚印第安人中的一个抢劫者，他的脖子被吊在一棵树上，然后乌鸦男人们向他射击，女人们则用尖尖的棍子刺他。在更近的时期，勒弗尔治也记录了乌鸦人肢解死去的敌人，他们还用一根绳子套在尸体的脖子上拖着尸体到处转。

乌鸦人的战争心理是一个古怪的混合体——残忍、虚荣、贪婪、蛮勇、拘泥于形式主义以及拥有惊人的勇气。

有时乌鸦人会面临着重大的遭遇战，尽管这种情况并不常见。在一个准历史性质的故事中详细地描述了此种情况。这个描述强调了准备的步骤，尽管它无疑经过了一些润色以产生文学化的效果，但是对于了解战争心理，它仍不失为一份极其珍贵的资料，其中引用的演说尤其具有启发意义。

在这场战斗之前，由"脚抖"带领的一小队人马已经从"主体"分离了出去，这支人马几乎被夏延人打得全军覆没。乌鸦人悲恸地哀悼他们，那位被杀指挥的亲属们尤其痛苦。首领"脓疮肚子"（Sore-belly，即前文的"烂肚子"）被他们的哭声打动了。夏延人的主营地恰巧就在附近，"脓疮肚子"暗示愿意指挥进攻讨伐敌人。这些哀悼者于是拿给他一支神圣烟斗。在接受这支烟斗后，"脓疮肚子"上了马，对着整个营地慷慨激昂地说道："当我去绝食（祈求幻象）的时候，我在什么地方都睡过。我心里想着'如果我得到幻象，我的乌鸦人，我的子民就不会再受苦了；无论我在哪里，**我**都会保护他们'。那就是为什么我睡在不同的地方。我不吃东西，我口渴难忍，我为了我的乌鸦人而流泪……现在'头发中散发着恶臭的人'[1] 正在折磨我们的人民，他正在使他们中的一些人以泪洗面，他正在让他们遭受不幸。我对这个人已经忍无可忍。虽然还不到反抗他的时候，但是我马上就要出发……那边的那个夏延人以为只有他一个人堪称勇敢，他让我可怜的（被俘虏的）人们坐在那里，水（从挂在门附近的瘤胃袋中）滴落到他们的身上。他毒打他们，他杀死他们寻乐。好了，现在这一切都该结束了。年轻人，

231 喝足水，稀释你们的血液。我们要向那个人挑战。当男人们相遇的时候，他们要拼个你死我活。不是他杀死我们，就是我们杀死他，我们要做一个决断……"

　　当他讲完这一番话后，他回到自己的帐篷，召唤来"好传令官"（Good-herald）做他的传令官，那是一位非常勇敢的人，他的身体上满是疤痕。在一起抽过烟之后，"脓疮肚子"说："嗯，这一天终于到了，在记忆中我还从来没有经历过这样的一天。我的男子汉的刚毅、我的幻象、我的痛哭——这些现在我都有了。是的，我已经做好了准备。到外边去吧，你的乌鸦人想听你说点什么。好吧，让他们听点什么。"那时是在夜里。第二天早晨天刚一亮，"好传令官"就起来去向大家传达命令：

　　　　受苦受难的乌鸦人，起床吧！喝足水，稀释你们的血液。起床吧！女人们，做饭，给你们的年轻人吃的东西。"狐狸"们，在那边的帐篷里早饭已经准备好了，起来吧，

1　出言不恭地指那位夏延首领。——原书注

游一下泳，然后去那边吧。"木块"们，在那边的帐篷里早饭已经准备好了，它们正等着你们呢，起来吧，游一下泳，你们所有的人都去那儿吃早饭吧！"大狗"们，在那个帐篷里早饭已经准备好了，去那里，到那儿吃早饭吧！可怜的乌鸦人，不管你在做什么都快点吧！一个人在不断地奴役你们。你们那些被俘虏的亲属一定正在朝着这个方向望眼欲穿。"是他们吗？是他们来救我们了吗？"他们这样日思夜想着。到结束的时间了！没有什么会永远存在，就连大树也是如此，虽然根深叶茂，但也有一天会倒下。你们不像大树，你们没有根，你们的脚底只刚刚擦过地面。瞧他（敌人）的样子，就好像只有他一个人是勇敢的。他毒打你们受苦的亲属寻欢，他杀死他们取乐。现在到了该结束的时候了。我们要向他挑战。当男人们相遇的时候，他们互相要拼个你死我活。不是他杀死我们，就是**我们杀死他**，该见分晓了。

接下去，"好传令官"向这三个军事会下达命令，指定了几个被选出的男人骑上马，而其他的大队人马则是步行。营地的中央垒起了一堆石头。这位传令官现在向人们大致地介绍作为他们主要战士的骑兵。以下这段描述为引用：

然后"狐狸"们出来了，向前进发，当他们快到石头那儿的时候，鼓声隆隆。他们在那堆石头旁停了下来。哀

悼者们来了。"好传令官"喊道："嘿，嘿，嘿！"他牵着
（"狐狸"的）"小白野牛"（Young-white-buffalo）的马缰绳，
把他从人群那里领走，把他带到了（营地的）中央……他
拍着"小白野牛"的胸。"可怜的乌鸦人，你们的保护人
在这里，好好地看着他！当我们还很小的时候，陌生的孩
子们来打我们，然后他们跑掉了；我们的哥哥会追赶他们
替我们报仇，比如像'小白野牛'。乌鸦人们，无论敌人
在哪里虐待你们，这位'小白野牛'就是替你们报仇雪恨
的人，他是你们的保护人。看着他，可怜的乌鸦人，就是
现在，他要代表你们去折磨他们（夏延人）。这就是我想
让你们听的。"他让"小白野牛"离开了。接下去，他牵
着"小脊背"（Small-back）的马缰绳，把他带到营地中
央，说道："这儿的这个人叫作'小脊背'，看着他。"他
拍着"小脊背"的胸。"明天，当你们遭遇夏延人的时候，
他们中的一个会下马乱杀一气，'小脊背'不会害怕他。
他马上会从他侧面猛击，会夺走他的枪，带走它。这个视
自己为危险人物的夏延人再也**不会**给我们造成危险了，化
险为夷的人就是'小脊背'……"他让"小脊背"离开
了。接下去他又带过来"经过女人"（Passes-women）。"明
天他要做些什么。乌鸦人，在你们所有的财富中，他是最
珍贵的。看着他吧。"

现在"大狗"走过来了，他们的鼓声隆隆。他们来到
了这堆（石头）那儿。哀悼者们来了。"好传令官"来了，

他牵着"想要死"（Wants-to-die）的马把他带到了营地中央。"这个人叫作'想要死'，看着他！不幸的乌鸦人，他是你们的保护人。明天当你们遇到敌人的时候，他会在敌人中奔跑。他们只不过是肉体凡身，他们还等什么呢？他们会仓皇逃命。"然后"想要死"（对这位传令官）说道："我的哥哥，请安静一下，我要为你们唱一首歌。""好传令官"大喊道："不幸的乌鸦人，这位'想要死'刚刚说话了。我要告诉你们他说的是什么。别动，请安静。他说他要为我们唱歌，那就是他说的话。""想要死"一边骑着马转圈，一边唱着歌。老年人立刻开始唱起了颂歌。"快点儿唱吧，'想要死'！"他们说。同时，女人们欢呼起来，歌声响成了一片。他（"想要死"）停下来不唱了。"我有几句话要说，我要告诉你们一点事。即便我堵在子弹上，他们也不可能射中我。在山的那边没有一个人能像我这样（刀枪不入）。在所有的人中，在这片大地上，我是唯一的一个。这就是我想让你们听的话。"……然后"双脸"来了。"好传令官"牵着"双脸"的马，把他带到了这一圈人的中央。"不幸的乌鸦人，你们的保护人就在这儿，看着他！"他拍着"双脸"的胸。"这就是他。假设有一棵树枝粗大的树横在湍急的水流中，树根朝着上游，树枝朝着下游。因为它非常重，所以它不会被冲走。因为水流得很急，小的浮木和漂流物在遮蔽物的另一面打转，它们没有被冲走而是缠绕在了一起。这位'双脸'就是你们要投奔的遮蔽者。明天，无论他们在哪里追赶我们，'双脸'都会下马，他会站在保护我们的方向，我们会在那里聚在一起，他会掩护住你们……""双脸"说："嘿，别说话！我要让他们听得见我的话。分娩的女人挂着一根挖掘用的棍子，当她们尖叫的时候，我们以为她们已经生下了孩子，可是过了好长一段时间，孩子仍旧没有降生。（我不会像那样拖拖拉拉）我想要参加你们的战斗，我迫不及待。那么，也许由于某种原因，我可能会在战争之前死去，因为人们可能会意外地在枪下丧生，我也可能由于其他的偶然事故而死去。看在我的分上，以你爱你孩子的名义，'脓疮肚子'，请就在这一天去战场。我想要见识见识那个人，他以为他是唯一称得上是男子汉的人。我想要刺穿他追随者的腹部……"当他说完了以后，"好传令官"回答说："'双脸'，我要告诉你'脓疮肚子'对你说的这些话以及对你的问题的想法。当我们的悼念结束以后，我们会好好考虑考虑，我会告诉你我们的看法，他说。那就是'脓疮肚子'所说的。"

然后"木块"们来了，鼓声隆隆……"好传令官"出来说话了。他牵着"玩他的脸"的马来到了这一圈人的中间。"亲爱的乌鸦人，这儿的这个人名叫'玩他的脸'，请看着他。对于所谓的死，他毫不畏惧，他从来就没有感到过（那种畏惧）。他是我们所拥有的一个奇人。明天或者大约在那时，他会从我们中间消失。当这个疯狂的人加入战斗的时候，他会被杀死。你们自己将被撕成碎片，那些碎片将会散落在那里。"

到了这时，"玩他的脸"依照传统对围观的女人们讲话。他夸夸其谈地吹嘘着他的男子汉气概，通过对比让所有其他男人显得低劣无能。然后，他转向那位首领，也请求"脓疮肚子"立即进攻敌人。"好传令官"替首领回答，吩咐大家都回家，好好地享受生命直到次日：

> 我的话不是代表我个人说的，当我告诉你们什么的时候，那话是"脓疮肚子"的意思。今天回家去，准备吃的东西，做你们最爱吃的东西，让你们的年轻人吃这些东西。喂，所有的小伙子们，所有的姑娘们！请听好了。首先，我对你们这些姑娘们讲。明天或者是明天左右，你们就将再也看不见这里差不多一半的小伙子们了。今天晚上不要再紧紧地盯着你们的丈夫，让他们尽情地放纵。不要斥责他们，不管他们做什么都不要注意。好吧，小伙子，现在该轮到你们了。过了明天，你们中的半数我就再也见不到了。如果你们是体面的男人，今天就让你们的妻子穿上她们最漂亮的衣服。你们所有的乌鸦人都穿上自己最好的衣服，吃最好的东西，以最和蔼的态度说话。姑娘们，你们想见你们的爱人；小伙子们，你们也一样。公开地彼此见面吧。让我们乌鸦人谁也不伤害谁。好吧，就是这

234

些，这些就是"脓疮肚子"的话……

于是人们按照传令官的话去做。过了一会，他又发布了新的命令：一些小伙子们要平整出一小片土地，其他人把气味芬芳的三齿蒿拿到这里。"脓疮肚子"本人堆起了比一个人还要高的野牛粪堆。他要去问卜。他穿上了小野牛皮的袍子，他的整个身体涂成了黑色，大部分脸也涂成了黑色，背上背着一只大大的盾。他慢慢地走到了这堆野牛粪前，在中途坐下来四次，每一次都唱一首歌。到最后一次，他坐在这堆野牛粪的下面。他叫来"好传令官"，让他坐在自己的后面。"那么，""脓疮肚子"说，"我要唱四遍，然后我要爬上这个野牛粪堆……当我唱最后一遍时，你们男人要拍嘴唇（表示欢呼），你们女人要欢呼。你们所有男人要一遍遍地这样拍嘴唇！如果我没能登到这堆野牛粪顶上的话，我们就不去；如果我到了的话，我们就去。"他说。在他唱第四遍歌的时候，男人们拍着他们的嘴唇，女人们大声地欢呼着。然后，"脓疮肚子"爬上了粪堆，他每只手各拿着一只鸟的翅膀，模仿飞翔的样子。他还没爬到顶上就筋疲力尽。当他眼看就要到了顶上的时候，他放下他手里的翅膀，拿起他的盾。"看啊，当我唱第四遍时，我要让我的盾滚下去。然后男人们，继续拍你们的嘴唇；老人们，请唱起颂歌；女人们，大声地欢呼，弄出很大的声响。当我扔出这只盾的时候，如果有画的一面着地，我们就不能去（进攻夏延人）；如果有画的一面冲上，我们就去。"他唱着歌把他的盾扔了出去，盾滚了下去。男人们拍着他们的嘴唇，唱起了颂歌，女人们发出欢呼并夹杂着响亮的喧哗。那只盾从一边翻滚到另一边。然后有画的一面冲上。

"脓疮肚子"站起身来唱起了一首颂歌："ā hahé！我亲爱的乌鸦人，hahé！你们看见他们了吗？当我扔下我的盾时，敌人尸横遍野。在我目力所及的地方，你们中没有一个人被杀死。"乌鸦人没有动静，他们不相信他的话。他们正在盘算着："我们就要遇到许多敌人了，怎么可能我们中没有一个人丧生呢？"他们离开了，"脓疮肚子"打头，他警告人们不要射小鸟。当他们前进的时候，一只草地鹨飞过来，从一位名叫"喜欢老妇人"（Likes-the-old-women）的人脸旁掠过。她很生气，把这只鸟打死了。"'脓疮肚子'，我刚刚杀死了一只小鸟。"她说。"脓疮肚子"说："我命令过你们不要那样做，但是你却杀死了它，我也是无计可施。"

"脓疮肚子"现在说明了他的计划。他要派几个干练的小伙子把夏延人引入埋伏。有两个河床，他在这两个河床很长一段的范围内都派了人。在河床交汇的地方，有一座大山。他们引诱敌人的圈套是让干河谷里一个人也没有，使敌人被引入这个中间地带。军队的主力看见夏延人来了。"脓疮肚子"要他们藏好，直到敌人靠近这座山，他们再出其不意地切断夏延人的队尾和大篷车的联系。然后藏在河床里的乌鸦人突然冲上来进攻敌人，敌人试图撤退。"就像是起了一阵旋风，尘土和烟雾铺天盖地，直到尘土落定了，还能够听到枪声。""双脸""想要死""玩他的脸""经过女人"都在进攻敌人。乌鸦人在追赶夏延人，他们一边追赶一边杀死敌人。

那些夏延人的首领叫作"斑纹麋鹿"（Striped-elk）。他责骂他的部下，因为他们没有服从他不许追击乌鸦人小部队的警告。乌鸦人从远处看见了"斑纹麋鹿",并辨认出了他。因为"斑纹麋鹿"虐待乌鸦人俘虏,乌鸦人对他恨之入骨,比如流传着这样一个故事:一位乌鸦女人被迫爬上了一棵高高的棉白杨树,后来这棵树被砍断了。一位乌鸦人"坐在地中央"(Sits-in-the-middle-of-the-ground)拍打身体两侧,产生了神奇的子弹和火药,随后向这位夏延人首领开枪。尽管超过了老式枪的射程,但"斑纹麋鹿"还是被击中了。在乌鸦人的拍唇声中,"斑纹麋鹿"骑在马上摇摇欲坠,跌倒在地。他的同伴们四散奔逃。乌鸦人追上了他,取下了他的头皮,缴获了他的马。他们把"斑纹麋鹿"浑身上下打得满是窟窿,还把他的头颅碾成了碎片。

"脓疮肚子"说:"够了,让我们住手吧。"其他人还想追赶那些逃跑的夏延人:"这是我们得到的第一个机会,让我们马上去吧,掳走他们的孩子、他们的妻子、他们的马匹,还有他们的财产。"但是"脓疮肚子"坚持认为他们应该罢手。"我们杀死了多少人?"他们问道。他们转回身开始清点,一直数到了一百。然后有个人说:"好吧,停止吧,(再继续的话)太危险了。"他们清点的被杀死的人还不到总数的一半。然后所有的人都聚在了一起。"啊,我们的人中好像没有一个人被杀死。"那位杀死了草地鹨的老妇人的弟弟不见了;他们不清楚他是不是被杀死了。其他人中没有一个牺牲的,只有一些人和一些马受了伤。"他们回到营地,兴高采烈,他们已经报了仇。他们唱起歌,他们跳起舞。"

第十一章

宗教

在危急关头，一位非洲黑人会找来一位占卜者，这位占卜者掷下他神圣的骰子，并借助神秘的占卜知识来解释这一掷：问卜者的某某祖先动怒了，因此必须宰杀许多头牛才能平息他的愤怒。乌鸦人没有占卜体系，从来不崇拜他们的祖先，也不进行充满血腥气的祭祀。当万般无奈时，印第安人总是试图面对面地见到神。一个无需神职人员作为中介的神示显然是医治人类百病的灵丹妙药，是尘世利益的可靠保证。这种神示可能是未经寻求、从天而降的赐福，但这种情况仅仅是侥幸；因此，乌鸦人通过传统方式设法获得超自然的力量顾怜，以此争取得到神示。对于任何大灾大难、对于任何难以抵制的强烈欲望，乌鸦人都有一个自动的反应：去寻求神示。每一位乌鸦人，一旦遭受命运的打击，在耻辱中饱受痛苦，或者是苦于壮志未酬，都会动身去寻找神示。随便举几个例子：被一位目空一切的美人拒绝的神话英雄立刻去了远离人烟的一块岩石那儿，得到了一位神灵的保佑，成为一位伟大的人物。另一位追求者遇到了一只麋鹿，麋鹿教给他如何对所有女人施魔法，因此那位高傲的少女现在反而完全陷入对于这位昔日被她遗弃的情人无法自拔的激情中。当一位残忍的首领欺侮一位孤儿的时候，这位可怜的男孩子立刻通知他的亲属："我的哥哥们，给我鹿皮鞋，给我箭，我要去寻找神示。不要为我担心，有一天我会回来的。"一只熊可怜他，助他转败为胜。还有一次，当一位乌鸦人在一次氏族争斗中被杀死的时候，他的兄弟立刻启程，并相继得到了一只熊、一只长耳大野兔和一只鹰的保佑，返回来杀死了凶手。一位神话中的赌徒不但赌输了他的财产而且连妻子也搭了进去，他去寻找超自然的力量。由于一只白头鹰的恩赐，他丢失的东西又都失而复得了。最后还有，一位富有的欺凌弱小的人嘲笑一位孤儿的贫穷，这位孤儿到山中去讨回公道。他得到了几位神灵的帮助，打败了敌人，得胜归来。

正如成功源于神示，反之，失败则是由于他们缺乏神示。"所有有神示的人，""小臀部"告诉我说，"都是富裕的。我是受穷的命，我没有神示。"然而，所有的男人都需要某种程度的生活安全保障，所以至少"小臀部"还能求助于梦。作为烟草会的一名会员（见边码 274 页），他过去常常梦见他分会的名祖，听烟草歌曲，学习这些歌曲。"它们中的一些，"他说，"我觉得很神圣。当我听到一首歌之后立刻就交上好运，我便会觉得这首歌是神圣的。"这段话有双重的重要性。在原住民语言中，"bacī′ri"这个词有"神示"和"梦"两个意思，但是印第安人不会将日常的梦与神示搞混。只有那些在本质上激发好运或被证明是好运先兆的梦才或多或少地等同于神示。同样非常典型的是，"小臀部"对于此类经历持实用主义观点。对于做梦者和他的部落两方面来说，最高的检验标准是神示是否"起作用"。作为顽固的经验主义者，乌鸦人清楚并非每一位宣称得到超自然力量保佑的人都可以获得显著的成功。这里有几

238

种解释：或者是下凡的神灵不够强大，或者是被保护人轻慢了神灵的命令，再或者是某种存在可能恶意地欺骗了求神者。"有时，神示中所讲的样样都是假的；或许是另外一种动物调了包。"可是没有办法事先识破那种阴谋诡计："这只有从以后发生的事中才能发现。"

这种观点导致了一种非常坚定的折中主义。1887 年，"包起他的尾巴"领导了一次反对政府起义，这次起义失败了。"包起他的尾巴"通过展示他的神奇能力，赢得一小帮追随者：一位格罗斯文特人看过他把手指指向太阳就得到涂饰脸的颜料。"包起他的尾巴"只挥了一下剑，松树便被拦腰砍断了，这是"麝鼠"在现场亲眼所见；然而当"包起他的尾巴"想要砍倒那些士兵时，为什么他却失败了呢？"他的神示只有一半是真的，在某种程度上，他被愚弄了。"还有一个原因："他的神示在春天打雷时才会成真，可是他却一直等到了秋天。"

在每一代中都有力量超群的男人——"法师"或者是"batse′maxpe′"（"maxpe′"意为"神圣的、神秘的"）；不过，他们的名望基于能够证明他们名副其实的**证据**之上。达普伊克是一位伟大的医生，因为他曾救治了生命垂危的病人。"许多手指"（Plenty-fingers）是"法物乌鸦"父亲的同代人，人们常常回忆起他。这不仅是因为他宣称得到了熊的启示，而且他凭借这个启示创造了奇迹。在仲冬，他能种出芜菁和唐棣；他能够将树皮变成干肉；还有一个本事是刀枪不入，当被射中时，他只要往手上吐唾沫，立即就能痊愈。此外，"灰牛"信服"想活下来"（Wants-to-live）也是因为眼见为实。一天晚上，这两个人想要抽烟，但是却没有必要的东西。"想活下来"要了一些树皮，在空中摇了摇，就弄出来了一些烟草，"灰牛"抽了这种烟草。还有一次，这同一位奇迹的创造者将泥巴团成四个球，它们变成珠子，装饰在"灰牛"戴着的项链上。

有时萨满（shaman）公开展示他们的力量。"灰牛"看到过一场竞赛，双方互相打赌一比高低。一位法师站起身说，他能够用手把他所有的对手都打倒在一边。他的对手们开始唱歌激他，向他挑战；而他在门和火的旁边跳舞，用一只胳膊做了个动作，似乎要推他们，他们所有人便都倒向了一边。观众一片欢呼。随后对方的一位男人站起身，绕着篝火跑了四圈，发出像猫头鹰那样的叫声，然后消失了。"我们不知道他是怎么上去的，但是我们听见他从帐篷顶上发出像猫头鹰那样的叫声。"无论那种情形是由于戏法、催眠术、串通一气做手脚或者是别的什么，聪慧的印第安人能够在表面上接受它们，并将其作为超自然力量保佑的证据。

一旦有了个人的神示便万事俱全，年轻人伴随着这种坚定的信仰成长，无须长辈敦促，他们就会自己去寻找神示。从著名的同辈人以及神话英雄的故事中，他们了解到这是使他们出人头地的途径。在以后的生活中，驱使一个人去寻找超自然力量援助的通常是一些特殊的原因，比如说复仇的欲望，担心一个生病的孩子，等等。无论是哪种情况，乌鸦人都遵循着一套已经完全确立的规范。

他非常可能出发去一座人迹罕至的山峰，在那里不吃不喝、号啕痛哭。在乌鸦语中，这项冒险事业叫"biricī′sam"，意思是"不喝水"。到了晚上，这位寻找神的人几乎是赤身裸体，他用一件野牛袍子盖在身上，平躺在地，面朝东方。他休息的地方用石头圈了起来。他破晓时分起来，面朝东方坐下。太阳一升起，他便马上将他的左手食指放在一根棍子上，并砍下一个指节。他将指节放在一块野牛粪上，将它举向太阳神，他冲着太阳神这样念诵道："父亲的族人，您看看我吧，我这个可怜人。这是我身体的一部分，我把它交给您，您吃掉它吧。赐给我一些好的东西。让我长寿，愿我拥有一匹马，愿我缴获一杆枪，愿我击中一次棒击，让我成为一名首领，让我毫不费力地交上好运。"下面他再引用传说中的一段话："他的食指血流如注。当太阳升得更高些的时候，他晕了过去。血从他的身上渗了出来。那一天，他躺在那里失去知觉直到晚上。当天气凉下来的时候，他起来了。那天夜里他冻得要命，怎么也睡不着。一连三个晚上，他什么神示也没有发现。第四天晚上，他冻得要命，怎么也睡不着，直到过了半夜，他这才睡着。"在睡梦中，他被带进了一个帐篷，在那里他得到了恩赐。

切去一个指节是一种非常普遍的自我禁欲苦修的方式，1907年我所遇到的大多数老人都这样落了残疾。当然，他们中的一些是因为悼念仪式（见边码68页）。不过，一名男子可能宁愿选择其他的方式苦修。在接受磨炼的前夜，他可能把一根分叉的棍子插在一座山上。第二天早晨，他和一位老人一起去那里，老人将代表他祈祷。指导者将白色的黏土涂在这位绝食者的身上，召唤太阳神，并刺破受监护者的胸部或背部。通过这个刺孔，他把寻找幻象的人拴在了分叉的棍子上，然后就回家了；而年轻人开始绕着棍子跑。他跑累时可以坐下，然后再接着跑。有些人的肉绽开了，其他人则没有。然后，在晚上，那位老人回来了，割开干了的肉的边缘，与另一位祈祷者展示给太阳神看，而后再一次离开了。这位寻找幻象的人睡在那里过夜，然后就可能会得到一个神示。有时一位绝食者会再次割掉自己的一块肉，可能是马蹄形，这样他就可能拥有马。

当"平狗"的背部被刺穿时，一匹马被绑在他的一侧，一顶战盔被绑在他的另一侧。快到晚上时，这匹马口渴了，烦躁地乱动起来，猛扯着"平狗"的肌肤。"平狗"抽出扦子，松开了马。这一番折腾弄得他筋疲力尽，他睡着了，活像个死人。这时一个男人向他走来，说道："好了，你会活很长时间。你现在很穷，可是你将成为一个举足轻重的人物。我会让你长寿。"带着一种地道的经验主义的态度，"平狗"补充说："如今当人们提到我时，都称我是一位老人，然后我就想起了上面这番话。"

"山坡"的方法更是与众不同：他的哥哥刺穿他背上的两个地方，系上了一副野牛头骨。"山坡"在营地外一整天都拖着这副野牛头骨，尽管人们都能看到他。"我一大清早就开始了，一整天都拖着那副头骨走啊走啊。太阳西沉时，我太虚弱了，再也不能拖下去了。我拖着它到了山里，我的哥哥把它砍了下来，我把这副头骨当枕头睡在上面。天正下着大雨。在我睡觉时我听到一个男人说：'等等，可怜的人，你现在要吃东西了！'那人长着野牛蹄子。在普赖尔那边，我看见一大群人，那个男人是领头。当我睡觉的时候，一只野牛走过来舔着我。他的头发是灰色的，这表明我会一直活到老年；他是领头，这表明我将成为我们的首领。当那只野牛舔着我时，打起了响鼻……我做了一张野牛皮来象征我的梦。当我拖着那副野牛头骨时，我绝食了。这只野牛是我真正的下凡神灵，他将自己变成一个人。还有一次，我拖着的是一副头骨。"

在太阳舞中（见边码 298 页），仪式的立誓人和相当多的志愿者都当众绝食。立誓人设法使自己进入一种神志恍惚的状态，但这对于普通的神示来说并不必要。与在太阳舞中所达到的程度相对的是，有一种躺在耕耘过的烟草园旁的风俗（见边码 238 页），它既避免采用过于紧张、艰苦的方法，又能求得一个适度的结果；这种风俗可能会催生新的烟草歌曲或者预示着一个大丰收的梦境。

尽管启示通常需要去寻找，但是在乌鸦人的民间故事中未经请求的幻象也屡见不鲜，这些幻象及时地将一位危在旦夕的英雄营救出来。宇宙的隐匿处似乎寓居着好心肠的神灵，他们总是守护着不幸的凡人，把人们从危险的境遇中解救出来。当一位残酷的继父将一个男孩扔下悬崖时，一个突出的岩架会拦住这位跌落下去的受难者。他挂在那儿的一棵松树上，直到一个叫"大铁"（Big-iron）的人可怜他，派出了四只大角羊把男孩接了下来。"大铁"把他自己的名字给了这个男孩子，并赐予他非凡的力量。在另一个故事中，一位年轻的妻子蒙受冤屈失明了，变成了残疾人，她被丈夫赶了出去，但是却得到了她丈夫弟弟的照顾和帮助。当死亡似乎即将降临到他们两个人的身上时，一只鹿和一只猫头鹰为她治疗，而一位神秘的陌生人给她丈夫的那位富于同情心的弟弟食物，并向他演示如何杀死野牛："那也是你要做的。我在很久以前就可怜你，但从没有接近过你。我是一条蛇。"在第三个传说中，一位逃亡者在暴风雪中快要冻死了，他爬进了一具仍有余温的野牛畜体中。这只野牛打着响鼻，保证逃亡者会一直活到变成牙齿全都掉光的老头。还有一个例子，一对恋人被一位暴虐的首领赶出了营地。在他们就快要饿死的时候，他们得到了一位好心的小矮人的帮助。当小矮人将这个男人带到他的家里时，一位女人责备他营救得太迟缓："'快些把我的儿子带来。'我这么说过，你动手晚了，他们差点儿没死掉。"

并非所有的超自然神灵都体贴周到、和蔼可亲。有一些神灵抱怨他们不得不认识到人类的灾难和不幸，这干扰了他们。当一位超自然的姑娘把她保护的人带回家的时候，她的父亲有点恼火，因为他的生活常规被打破了。"你不该这么做，"他斥责道，"我们在这里平静地生活，可现在你却带回来这么一个人！"但是他的妻子立刻反驳说："那很好，她把他带回来是件好事。"

那些在紧要关头的经历并非全都是传说。"独树"告诉我，当他还是少年时，参加了一支作战队伍。他所有的长辈都被杀死了，其余的人逃跑了，而他自己突然遭到了大雷雨的袭击。当他在找避雨的地方时，一只白色的大鸟从云层中俯冲下来，眼睛里发出闪电般的光芒。冰雹砸下来，有人的拳头那么大，但是它们在"独树"和鹰待着的地方空出来了整整的一圈。这只鸟说："我住在高高的天空，我要收养你。"这只鸟又一次来到他的身边说道："无论你需要什么，我们都会为你办到。我是高空的雷霆。"从那以后"独树"总是戴着一条大白珠子项链，象征着冰雹；他还随身携带着一只兀鹰的头。他的一部分权力是唤来雨或冰雹以及停止一场风暴。当"矮牛"（Short-bull）得罪了他时，"独树"宣布："今年夏天，你的死期就快要到了。"他的敌人"矮牛"被闪电击中，不过死里逃生。

一个圆满的神示**可能**不仅是未经寻求就得到的，而且无须经受苦难和禁欲苦行。然而，这些是意外的收获，它变幻莫测，始料不及。"一只蓝珠子"相当伪善地对于他的好运气沾沾自喜："其他人不得不折磨他们自己，我却从来没有割伤过自己。我身上唯一的疤痕是那些战争中的箭伤。"当他还是男孩时，他就梦到一位乌鸦人骑在一匹褐色的马上。骑手的脸涂成了红色，他身穿一件鹿皮上衣，一边肩头系着一根捕鸡鹰[1]的羽毛。一个声音说："现在捕鸡鹰首领正从那里来。""一只蓝珠子"被警告不准吃带血的肉，从那以后，他再也没有碰过那种肉。当他去打仗的时候，他会在背上系一根鹰的羽毛，唱着那位鸟人教给他的歌。在那之前，他一直贫困潦倒、无足轻重；然而在得到神示以后，他击中了三名敌人，变成了一位出名的人物。

野牛和蛇、捕鸡鹰和雷鸟、小矮人和神秘老者或许就是这样帮助他们同情的凡人的。一位下凡的神灵先是以人的样子出现，但是后来会现出原形；或者更准确地说是以他的动物化身出现；再或者，他所教的歌曲会一五一十地道出他的底细，这种本来面目也可以用声音来宣布。"独树"未经寻求而意外地得到了雷霆的幻象，除此之外，他还通过有意的绝食见到了七星。先是有一个人坐在他的旁边，给他食物，可是有一个声音警告他，说那食物是人肉。有什么东西在"独树"的脑袋后面耳语，说这位下凡的神灵是星宿。当这位神秘的人起身的时候，"独树"看见七星垂挂在他梳着的长

---

1 捕鸡鹰（chicken-hawk）：主要指鸡鹰、纹腹鹰、红尾鵟这三类捕食禽类的鹰。——译注

辫子的后面。

　　大约有六十份报告谈到了诸如此类的奇遇，无论是传说还是真实的，它们引发出一些重要的事实和问题。存在着一个终极的力量来源吗？寻找神灵的人总是谈到太阳神，并将他们的肉献给他。在一篇叙述中，这位太阳神宣布他的仆人鹰或者雷鸟到来。那么，雷鸟和其他下凡的神灵只是伟大的太阳神的使者和代表吗？如果从我们的一神论出发，这样的推论似乎顺理成章，然而有关的证据几乎是完全缺乏的。虽然太阳神总是被祈求召唤，但是他几乎从未露面。在数十种关于鸟、野牛、熊以及更不常见的哺乳动物的幻象的报告中，没有任何一个暗示说，这些下凡的神灵是由更高一级的权威委派的。动物、小矮人和不可名状的东西在绝大多数情况下，都是独立自主地来施以恩惠的，他们的这种独立有时会被明确地指出来。"抓伤脸"是唯一试图把所有神秘经历都追根溯源到同一个人名下的报道人："老妇人的孙子叫所有动物帮助大地上的人，那就是为什么它们会出现在梦里。动物赐予这些印第安人以力量。"因为这位"孙子"是太阳神的儿子，这个观点就最终将所有恩赐都追溯到了太阳神一人那里，然而这显然是一种反常的立场。

　　不过，太阳神当然是乌鸦人信仰中最为突出的形象。他是求助的第一选择，像白化野牛和汗屋之类的祭品更是非他莫属。由于我必须从总体上说明印第安人的神灵信仰（见边码 251 页），我认为太阳神是古老的部落神，他在个人意识中的形象是卓越的，**除非**他被一位保护神取而代之。这时，那样的一位保护神就担当了神佑的职责，被认为是寻找幻象者的"父亲"，有时甚至正式地接收寻

244

找幻象者为"儿子"——这沿袭了所有仪式性转移的模式（见边码249页）。乌鸦人向这位熟悉的保护神寻求保护和引导——最重要的是，这是受到启示指引的。至于这位"父亲"在力量上如何能够与太阳神或者其他印第安人的守护神相抗衡，这并不是人们会自然而然留意的问题；只有发生利益冲突时，它才变得重要。这时，乌鸦人笃信他自己的保护神会对抗宇宙的其他部分——可以设想的是，太阳神本人也包括在内（见边码253页）。这种对于保护神的信念是令人惊异的。

超自然的神灵可能会代表他们凡世的"儿子"而争斗，正如阿瑞斯和雅典娜分别为了特洛伊和希腊的英雄们而对抗。在据称是发生在19世纪中叶的一场力量较量中，一位萨满开始咳嗽，吐出了超自然的虫子，虫子多得不可计数并且能进攻他的对手；而他的对手只是拍了拍身体的一侧，就从那里出来了一只小小的啄木鸟，它将虫子全都吞了下去。一个人只要对他的"父亲"信心百倍，那么即使面对最危险的其他力量他也会不屑一顾。在传说中，"大铁"（见边码241页）的生活年代比白人的到达要早十代人，他从他的超自然老人那里得到了一根棍子。一次，天空中雷声隆隆，而"大铁"却对雷神满不在乎，照样出发了。雷神一次次试着将闪电劈向他，但是却无济于事。"第四次，'大铁'拿出他的棍子假装朝闪电扔过去。于是云层全部爆炸了，只剩下了一览无余的蔚蓝天空。"

不过，这些超自然的神灵常常互相合作，就像他们在治疗失明的残疾女人时那样（见边码241页）。有时同一种属的不同神灵联合起来保佑一个人——七只鹤或七头牛、四个男人，或者一对人类夫妇。在神话中，来自鸟和兽的接力援助或许会解救处于危难中的英雄。在"双尾"的传说中出现了"位高任重"的原则。这位英雄的保护神想要为他的"孩子"得到一些额外的力量，于是他召唤一位老者："在那边有一个男人，**他**有一个孩子，他（代表他的孩子）向我祈求保佑，而现在**我要召唤他**。"

没有什么可以阻止一个人从几个彼此没有关联的超自然存在那里获得力量。"独树"除了七星外还有雷鸟作为他的保护神；神话中的"大乌鸦脸"相继被一只熊、一只兔子和一只鹿所保佑。故事的一个版本描写得妙趣横生。这位英雄走路时，一只被猛禽追赶的兔子跳进他的毯子里。这只鹰提出：如果"大乌鸦脸"交出在逃者的话，它就会接收"大乌鸦脸"。但是兔子说道："别那样做。**我**更强。从那个雪堆里取一些雪，把雪给鹰，让鹰吃**它**。"这位英雄把雪向鹰掷去。当他看那雪的时候，雪却变成了一只兔子，追兔子的鹰吃掉了它。这样，"大乌鸦脸"便得到了两只动物的力量。

赐福的特性常常与"父亲"的天赋相匹配。"独树"变成了一位呼风唤雨的人，因为雷神接收了他。一只鹿对"大乌鸦脸"说："在大地上所有脚着地的东西中，没有一样跑得比我快。凭借它，你可以在遇到麻烦时救自己的命。"类似的，"驼背狼"在遇到一头野牛以后，在战斗中动作变得又重又慢，这样一来，不管发生了什么，他都不会逃跑。

这种类型的神示与另一种类型合并到一起，而在另一种类型中，保护神不仅赐予自身种属的天赋，而且还有他的个人地位或能力。"驼背狼"的野牛见他正在为伤口担心，野牛便张开了嘴，它的嘴里没有牙齿。"你应该和我一样……你不会死，直到那之前（当你的牙齿都掉光了时）。那是我将给你的第一样东西。"同样的，那位保佑"山坡"的野牛人长着灰色的头发并率领着一大群人。"……这表明我将一直活到老。他领头，表明我将成为我们的首领。"再比如，"满嘴野牛"（Full-mouth-buffalo）返回营地时，被一只熊抓住了。"他把我举了起来，好让我看见整个大地；他让我摸他的牙齿，他连一颗牙也没有。'你可以在高高的悬崖间跳，或者想做什么就做什么，'他说，'你不会死的。当你的牙齿全都掉光，当你的头发变成白色的时候，你进入梦乡，再也不会醒来。'""法物乌鸦"的继父几乎是遇到了和这个传说一模一样的经历。"一只熊跳了起来，抓住了他。他想，这下他完了。但是那只熊却将他举了起来，并问他是否能看见天地万物。'是的。'于是这只熊说：'把你的手指放在我的嘴里。'这只熊没有牙。"如出一辙的还有，一个神话中，一位有着"石头"身体的好心小矮人将他自己刀枪不入的本领传给他所帮助的可怜人："现在，**你们的**身体是石头的了。"

　　然而，无论这位下凡的神灵是否传送他自己的力量，他通常都会用一个一目了然的象征符号来表明他个人具有什么样的天赋。"一直是牛"在帐篷中睡觉时得到了一位医生的力量。他看见一匹马拴在一根绳子上，这根绳子一直延伸到他那儿，同时听到一个人在唱歌。有人叫他医治病人。一位拿着一根烟斗杆的老人俯身站在一位躺着的病人那儿，他举着烟斗冲他吹着。病人直起身子，我的报道人看见所有的疾病都从病人的血液中出来了。"一直是牛"将那根神示中的烟斗杆拿给我看。那匹马代表着病人偿付他的治疗费用。"胳膊绕在脖子上"也同样得到了一个财富的许诺:"我梦见有个人在踢我的脚,我的四周全都是马,它们的脖子上系着绳子,绳子系在我的身体上。我听见有人说:'无论你到哪儿,你都会有马。'从那以后,我就有马了。我觉得这是狗托给我的梦。我走路的时候,有几只狗跟着我。我在一棵树下躺下来,睡着了,那几只狗躺在了我的周围,离帐篷不远。所以我觉得是他们可怜我,赐给了我马。"

有时下凡神灵的情境可以用几个词来简洁描述,包括一些仅能看到或听到的东西,还有接收的例行公事以及超自然存在的几个指示或禁忌。"灰牛"从他的"祖父"那里继承了神圣包,他带着包去绝食。"我看见一只鸟在头顶上盘旋。它俯冲下来,发着啸音飞进峡谷中。峡谷两侧都是岩石。岩石开始射向鸟,但是却无法射中它。就这样它安然无恙地出来了……直到很久以后,我才知道我是刀枪不入的。我从来没有被射中过。我保守着这个梦的秘密,因为我担心一旦我说出了梦,我就可能会被射中。一次,许多派岗人埋伏在一棵松树下,其中一个人在我们前方的一段距离……当我就要走到他那里时,他朝我射击,但是他并没有射中我……那天晚上,我做了一个梦,有人告诉我说:'你难道不知道你是刀枪不入的吗?'"

"灰牛"的同代人"抓伤脸"在哼哼哈哈地支吾一番之后,透露了下面的这个经历:他砍断了那个仪式性的指节,把它献给了老妇人的孙子,然后因失血而昏了过去。他听见有一个人在清嗓子,一匹马打着响鼻，然后一个人的声音说：

我看见男人们骑着马……我听见了小铃铛的声音。他们并不是真的男人和真的马，而是它们的幻影。一个人正骑着一匹尾巴截短了的马，他在马的四条腿上画了闪电的标记……他脑后的辫子耷拉到了地上，其余的头发剪得短短的。"我要给你看你想要看见的东西。你一直都很穷，所以我要给你想要的东西。"……在那附近生长的所有树木和东西随后都变成人，并且开始向他们射击……满天扬起烟尘，东面地平线上也是烟尘滚滚，那正是骑兵奔去的方向，在那里我听到了许多谈话声……他们来了，从我的后面经过。我听见他们叫喊着，吹着口哨。他们到了，站在我的面前。骑着那匹尾巴截短了的马的人对我说："如果你想和大地上的所有人作战，就照我的样做，那么你就能……刀枪不入。"六位骑手都朝东边进发了。骑着那匹尾巴截短了的马的人握着一支矛，这支矛就像火一样。他们像以前那样射击。这位骑手用矛将众人击倒……接着是一场大冰雹。冰雹有我的拳头那么大，击倒了正在向骑手们射击的人。我看见他们在大冰雹中骑着马奔西跑。这场风暴就是雷神，是他在帮助这六位骑手，他是由一个长翅膀的人唤来的。我出征……反击北边的一个印第安部落时，同敌人作战。我所做的和我在梦中见到的一样……我没有被射中。他们杀死了一个敌人，我首先棒击了他。

十八岁的时候，我在春天绝食，从此以后我就有了精良的快马……我祈求有一位和善、勤劳的女人，而我现在的妻子……正像那样。

据说，一个使人联想起类似经历的异本是安迪斯考普克讲述的。他的下凡神灵们的代言人催促几个神灵，让他们把力量相继给予他的"孩子"。这些下凡的神灵们变成鸟，而树则变成敌人并射掉了鸟的一些羽毛。最后一个下凡的神灵把自己变成了一只长耳鸮，他没有受伤。从此之后，这位产生幻象的人便不会被子弹所伤。

由此，幻象成为控制生活的基本方式，几乎人人都想得到幻象。不过，也有像"小臀部"那样的人，即使苦行禁欲了几次也一无所成。我们或许可以猜测，他们是不易受暗示影响的人，即使用绝食、幽居或者其他办法还是不能够取得这一资格。在我看来更多的情况是，尽管获得了某种超自然经历，但是他们的超自然经历并不能被巨大的成功所证明；所以，他们对于神示的依赖可能在一定程度上被固执的怀疑所动摇。然而人人都渴望生命的价值，因此，乌鸦人诉诸这样的观念：超自然力量是可以转让的。幻象依然是源头，但是它的利益可以通过购买或继承来转让。这些习俗与几个重要的观念密切联系在一起。

首先，羽毛、岩石或包，这些象征着赋予产生幻象者力量的东西本身是具有法力的。通过传授相关规则，拥有者可以把这种力量遗赠或传递给一位近亲，这位近亲因之成为一位受益人，而他自己无须与神灵直接接触。比如，"夜击"通过获得一份马法物而摆脱贫穷。当她把马法物拿给我看的时候，向我解释说，法物的功效还在，因为她的儿子"牛鼬"拥有许多马（她把那个法物包吊在她儿子的床上）。

这种移交的观念屡见不鲜。一个外来者，要是想买一种特别贵重的法物，起初人们拿他当作一位不受欢迎的入侵者来对待。正因如此，当"平头女人"想要获得圣箭的部分拥有权时，那位拥有第一占有权的人表示反对："你为什么这么想要圣箭呢？你和我们不沾亲带故，你完全是一个外人。"然后，说话人的哥哥"山坡"，他自己也是一位共同拥有者，出面调解："他是我死去的弟弟的同伴。他们彼此爱护，那就是为什么我想要把圣箭给他。不要再说反对的话了。"有时，一个人对一种特殊的法物垂涎三尺，他狡猾地博得主人的好感，而到这时出于当地礼节，人们再想拒绝这个人已经不可能了。比如，"夜击"还在受穷时，她发现马法物的主人需要一个新的帐篷苫布。"夜击"是一位出色的制革工，便主动提出帮助这位马法物的主人准备帐篷苫布。无论这位主人何时从追击中带回皮子，她都会鞣制。就这样，她鞣制了十五张皮子，把它们缝在一起，搭起了帐篷。这时那位主人的妻子问她想要得到什么报酬，于是"夜击"解释说，因为她的丈夫眼睛瞎了，她是个可怜人，她想得到马法物。这位妻子生气了："如果你早点告诉我的话，我就不会让你做完这些皮子了。现在可叫我怎么拒绝你呢？"她沉默了好长一段时间，最后她叫我的报道人带她的丈夫来。她告诉"夜击"夫妇，在这之前她拒绝接收任何人。但是，"既然你在这个帐篷上花了那么大力气，并且完成了它，我想了又想，我会把马法物给你的"。"夜击"补充说："因为我是用这种方法得到那个法物的，其他人都说我太狡猾了。我其实只是按照我丈夫的指点去做的，而他们却把这都算在了我的头上。"

换句话说，力量连同它的标志能够全部或部分地移交转换。应该为从幻象中受益支付报酬，这个观念是那样根深蒂固，即使儿子是从他父母那里获得一些仪式性特权，也得付给报酬。然而尽管如此，乌鸦人可以无限地扩展幻象受益人的范围。在那种情况下，产生幻象的人（或者移交者）与买主形成的仪式关系，与超自然的神灵同产生幻象的人之间的仪式关系相同：超自然的神灵接收产生幻象的人为他的"孩子"，与此同理，法物的主人也就随之成为买主的"父亲"。

每件圣物都是在幻象中揭示的，但是圣物也可以激发幻象，正如"灰牛"的情况（见边码 246 页）。"嘴里的孩子"告诉过我同样的经历。他一度一贫如洗，不得不徒步而行。他当时还不是烟草会的会员，不过他的妻子的母亲已经继承了一条烟草项链，她通过她的女儿，打发我的报道人带着那条项链去绝食。"嘴里的孩子"得到了一对老夫妻的保佑，他们保证他会被公认为富有，也会交上好运。他后来去打仗，击中了棒击，缴获了枪支，从此以后他便不再受穷了。"平头女人"的情况类似。他从箭包的主人们那里得到了一只圣箭。当他们觉得他明白了相关的规矩时，便派他独自出发了。下面引用他自己的话："我现在有了我自己的幻象。我看见的不是他们所看见的箭，而是一种长长的草。我看见草秆就像一支箭

250

那样飞射出去，我的眼睛一直跟着它，直到它落在了什么地方，然后我就会去那儿。从现在开始，一切都靠我自己。我见到了不同东西的幻象。我自己做了一根大约有 10 厘米长的带有凹槽的小棍子，因为我在幻象中见到了和这一样的东西。如果敌人偷走了我的马，我就把这个东西放在他们的踪迹上，他们便会睡过头或者被其他什么原因而耽搁了。如果是我率领作战队伍的话，我们就能够追上他们了。"

幻象中所显示的圣物——它们或者是单独出现，或者是像"包"那样聚在一起——或许被视作基本的物神。它们即使不是被制造出来的，通常也会被装饰起来（和圣石的情况差不多，见边码 261 页），或者被排列起来。人们对它们肃然起敬，并常常向它们祈求，这点是毫无疑问的。换句话说，乌鸦人将没有生命的东西人格化，并赋予它们以超自然的力量。这并不等于泛神论，因为我绝不相信他们始终在把外部世界的所有东西都神秘化。更确切地说，他们的观念是无论什么东西都存在着被引入神秘力量领域的**可能性**。因为一位下凡神灵的脑后有一根捕鸡鹰的羽毛，产生幻象的人便去寻找同样的羽毛，在作战时戴着它，向它祈祷，"一只蓝珠子"就是这样做的。但是他不能向任何其他种类的羽毛祈祷，尽管他承认其他人根据**他们**的神示，也可能去崇拜**他们**看见的任何东西。比如，某个圣箭包的主人们带着这个圣箭包加入作战队伍。引用他们中一位的原话："当我们看见敌人时，我们拿出这个圣箭包，对着它祈祷……这一年的春天，当'平头女人'快死了时，他们为他打开圣箭包并代表'平头女人'祈祷。"

据"山坡"说，七星曾将这个圣箭包给了"山坡"的兄弟，还配了一首歌。但是被祈求的、接受供物的、对"平头女人"说话的以及为他定下行事规矩的，都是这些箭。"山坡"相信，正是由于箭的力量，达科他人才没能消灭掉乌鸦人。类似的转移还出现在一个非常具有启发性的汗屋祈祷的故事中，前文从文学的角度已经引用过这个故事（见边码 115 页）。通常，汗屋被视作献给太阳神的供品，但是在这个特殊的事件中，汗屋本身是被祈祷的对象，连构成它的柳条也是如此——还不止这些，甚至包括它里面的木炭和油脂。我认为这意味着无生命的东西能够被人格化、神圣化，并通过与神秘的或使人产生敬畏感的环境相联系而被尊奉为神。其他崇拜者是否能够做出同样的引申，甚至在类似情况下，这同一个人是否会将木炭和油脂神化，这些都还不能确定。我觉得我们面对的是一时的神，它产生于刹那间的促发；尽管如此，在那一时刻它依然是真实的，并且对于我们了解乌鸦人崇拜的潜在范围仍是具有启发性的。

251

无生命物质具有的上述特点也同样适用于动物界。在原则上崇拜当地整个动物群的乌鸦人是不存在的。而那些近期的和传说中的关于幻象的描述，则表明没有一个物种被排除在可能的力量源泉之外。不仅仅是熊、野牛和鹰这些给人印象深刻的物种，连草原松鸡和乌鸫、蜥蜴和鼬甚至蚂蚁和蜜蜂在特殊的场合下都扮演着帮手的角色。换句话说，乌鸦人的世界观没有将任何东西排除在神秘力量的范围之外，但是个人意识把这种力量限定在一个相对较窄的物种选择范围内，它们能否被认同则取决于机遇。

倘若从明确的"多神信仰"角度来看，乌鸦人的宗教是悖谬的。乌鸦人的"神"不是有着明确界定的宇宙或社会功能的清晰存在。神圣的力量没有集中在几个主要的人物上，更没有集中在单一的、至高无上的统治者身上，而是弥漫于整个宇宙，并且可能在出人意料的地方突然出现。乌鸦人并非先是面对一位神，然后崇拜他；乌鸦人开始于战栗、一种对超自然存在的感觉，并将他激荡不安的情绪客体化。对于我们来说，乌鸦人对力量的精确来源的漠不关心几乎到了令人难以置信的程度。比如，正像已经提及的，"山坡"说圣箭包最初属于七星，七星把它交给了"山坡"的兄弟，然而"平头女人"通过"山坡"的调解成为圣箭包的合伙拥有人，并声称圣箭包最初属于一位黑头发白面孔的下凡女神。这里曾有一个最初的幻象，它给了一个恩惠——这个圣箭包。这个圣箭包已经证明其神力，这对于乌鸦人来说才是至关重要的。

上面的陈述大体上是正确的，尽管还需要增加一些限制性条件。在仪式和幻象经历中，某些超自然的存在反复出现，特别是晨星（经常与老妇人的孙子形象一致）、雷神（经常是鹰的形象）、野牛、熊以及各种各样的鸟；最重要的是太阳神，它几乎与拥有至高无上尊严的神等量齐观。然而尽管人们以誓言召唤太阳神（a'xace），寻找太阳神的幻象，尽管白化野牛和汗屋常常被奉献给他，尽管他偶尔扮演着比雷神那样强大无比的力量还要更胜一筹的角色，但是他所呈现出的画面却异乎寻常地扑朔迷离。他是不是等同于"上天的造物主"（bā'kukure'），即印第安人有时在祈祷中提到的那一位？可能是那样，但却不十分有把握。他是印第安人的创造者及大地的创造者吗？这又是一个问题。无论如何，上面的这些职责都被划给了"老人郊狼"；如果太阳神和"老人郊狼"是同一个的话，那么太阳神显然是创造者。"法物乌鸦"是我最虔诚和保守的报道人，在关于宇宙诞生神话的异本中涉及这一个关键点时，他总是犹豫不决。其他人则坚决不同意这种将两者合而为一的观点。"白胳膊"说，人们常常向太阳神祈祷，但不会对"老人郊狼"这样；据"一只蓝珠子"讲，"老人郊狼"是一切的创造者，相当于白人的上帝（akbā′tat-di′a，造物主），而太阳神则截然不同。

这里遇到了一个真正的两难困境。如果将"太阳神"和"老人郊狼"视为同义词，实际上就是保留了创造者这一仪式角色的最卓越形象，然而这也会使太阳神的形象粗俗化：卑贱、狡猾、淫荡，他不断地挑战最神圣的当地风俗，比如乱伦禁忌；而且从绝对力量的角度而言，这也会使太阳神降格，因为"老人郊狼"不断地上当受骗、暴露自己、丢脸出丑。我接受多数人的判断——在神话中也得到证实——太阳神不同于那位耍花招的人；但这样一来又会使太阳神的个性变得极其模糊。通常认为太阳神当然是一位仁慈、强大的超自然力量，是老妇人的孙子（晨星）的父亲，**在缺乏特定保护神的情况下**，他比其他存在更有可能成为祈求的对象；在有特定守护神出现的时候，太阳神则后退到宗教意识的背景中。引用"一只蓝珠子"所说的："我特别祈祷的唯一存在是我的羽毛。我可能在任何时候向太阳神祈祷。"也就是说，在特定的危难关头，乌鸦人可能信赖他的特殊监护[1]——他神示中的下凡神灵以及当时赐予他的法物。在不是特别紧迫或者没有特定法物的情况下，他会求助于最受普遍尊敬的部落神。乌鸦人不是哲学家而是机会主义者。他们极少纠结于一根神圣的羽毛如何在形而上层面与太阳神联系在一起之类的问题。正如已经谈到的，超自然力量常常似乎存在于天地万物，在不产生直接冲突时，好像是不计其数。其实相对而言，身份比较明确的神在面对隐匿的、不引人注目的力量时，表现得软弱无能的情况偶有发生。神话中的法师"大铁"嘲弄雷神，但是并没有受到伤害和惩罚。他的自信和力量从何而来呢？来自一位超自然的老人，而这位超自然的老人有时并不会被提及。他恩赐给了"大铁"四次生命。老妇人的孙子即太阳神的儿子战胜了大地上的一切妖魔鬼怪，但是却被一只小牛的胚胎吓得落荒而逃。对此，显而易见的解释是一物降一物！因此，一个传说将太阳神本人描述为，他会因为他的情妇倾心于一位孤儿而大动肝火，让乌鸦人挨饿；更甚的是，太阳神会**落败**，因为人类英雄魔法般地将猎物引到了营地中。简而言之，在乌鸦人的世界中不存在绝对的优势，超自然存在的信仰表现为价值转移，坚定的经验主义，就事论事并由实际效果检验。

从上述来看，宗教与道德规范显然是大相径庭。真正至关重要的社会准则，比如乱伦禁忌、豪侠准则、贞操理想，并没有得到超自然力量的认可。"老人郊狼"垂涎他的女儿，或者太阳神吃人肉，

1　特殊监护（providentia specialissima）：宗教术语，特指上帝对子民祈祷的应允，为他们解决难题，尤其是当子民危在旦夕时给予特别救助的恩典。——译注

都没有使乌鸦人产生不伦不类的感觉。当一个有希望寻找到幻象的人祈求超自然力量助他一臂之力的时候，他几乎不会强调道德的压力，而只强调其悲惨的境遇。他所祈求的并非提高道德修养，而是一些物质利益，促使他的守护神准予这些利益的是同情和怜悯。下凡的神灵固然常常会制定行为规范，但是这些规范并不考虑到社会，它们是变化多端的饮食禁忌或者仪式标志。"平头女人"的箭禁止他将任何东西扔在藏箭的帐篷中，以免他丢失财物；他永远不得烹调肚子上方的油脂，也不能从他的帐篷中扔出灰，如果违背的话就会失明。与这个观点一致，好的初衷并不能确保不产生违背规则的结果。一个人无意中吃了被禁止的食物，或者访客在他帐篷中违反了应该遵守的规则，他就不得不承受大难临头的压力。

　　乌鸦人个体在宗教生活中似乎享有绝对的自由。对于创世、宇宙论、来世，他愿意相信什么就可以相信什么；没有人强迫他崇拜这个或那个神；他显然是由他自己特定的幻象来指引的，这种幻象可以是他自己经历的，也可以是基于共鸣而感受到的。然而，实际上他并不能摆脱社会传统的潜移默化的影响，因为当仔细审视幻象这种主观体验时，我们会发现什么呢？男人们对幻象求之若渴是因为它会带来显赫的社会地位，寻求幻象是通过世代相传的技术，根据既定的用途来"出售"幻象则是为了利益；更为重要的是，就连神秘经验的细节也并非自然而然地产生的，在很大程度上，它们是同样古老的母题的再结合。如果幻象真的是独立精神世界的产物，怎么可能下凡的神灵总是接收他们最喜爱的人为"孩子"？怎么可能这些神灵通常是在等待四个晚上后才降临，并且怎么会将大体类

254

似的禁忌强加于不同的产生幻象的人呢？1887 年被杀的"包起他的尾巴"仅通过将手指指向太阳神就能够涂饰他的脸，但是在一个民间传说中，同样的力量也被赋予"双尾"。"灰牛"带着他"祖父"的法物一起绝食，看见了一只鸟在飞翔；岩石变成了敌人向那只鸟射击，但是却没有射中它。这样"灰牛"获得了刀枪不入的本事。而事实上，同样的事也降临到"抓伤脸"的头上。在后者的经历中，骑马下凡的神灵被树射击，但是却并未受伤。更为重要的是，万变不离其宗，实际上这些讲的都是同一位匿名的英雄。简言之，寻找幻象的人并没有得到个人的幻象。他得到他神示的方式乃至神示的内容都是乌鸦人社会中通行的思想观念决定的，尽管它当然经过了个人想象力和当时需要的重新塑造。

乌鸦人的宗教与全世界其他原住民信仰和习俗相比，在其他地方存在的大多数特点在乌鸦人中也同样有所表现，但是侧重点却不同。在谈及对太阳神的观点时，我已经做了详细的阐述。祖先崇拜虽然在乌鸦人中罕见，但是其他重要的宗教现象几乎都存在。比如，尽管乌鸦人没有提及地方守护神，但是他们将普赖尔小溪想象为仁慈的小矮人常常出没的地方。这条河道的当地名称是"箭溪"，邻近的地区被称为"他们射向岩石"，因为当印第安人经过时，他们会向那位小矮人供奉箭：将箭射入岩石的裂缝中。我的报道人"熊鹤"在他年轻时就曾经那样做过。再有，尽管已经讨论过鬼的角色，但是我并不是说某个确定的人在死后被神格化——当然不是作为个人或群体的祖先，而是从整体层面，作为部落的超自然存在。不过这里有一个很清楚的例子。当著名的法师"大铁"死去时，他宣布乌鸦人要在他的树葬地点放上礼物——特别是珠子——这样他便会使他们的祈祷如愿以偿。人们服从了他的命令。"大铁"的例子还说明了另一种独特的观念。他的超自然的保护神给予他四次生命，并指点他如何返老还童。因此，当他年事已高之后，他纵身投入水中，于是又变得年轻了，一直活到他的第四次生命结束。对于美洲印第安人来说，占卜被看作是不典型的，但是占卜的形式的确出现了（见边码234页）。严格意义上的物神崇拜非常活跃（见边码250页）。最后，模仿巫术是很常见的，尽管并不是非常突出。一位施展法术祈求猎物的人会摆放一副野牛头骨，野牛头骨的鼻子冲着帐篷的方向，当不再需要野牛的时候便掉转鼻子的方向。烟草舞的参加者举起他们的鼓槌，以此促进烟草的生长；太阳舞的舞蹈者涂黑他们的随身用品，以此暗示涂黑了他们的脸，而涂黑脸表示杀死了敌人。

以上就是我的一些猜想。大体说来，乌鸦人的世界观与在原始部落常见的大量典型信仰是一致的，因此，他们偶尔会有类似的观念。这些观念中的一些，比如模仿巫术，推测起来大概是古代的遗留物，但是它们一直存在于乌鸦人当中，尽管后来出现了新的认识；不过，这些观念并没有在其他领域保持支配地位。过度膨胀的个人幻象掩盖了其他信仰，并将这些信仰推至幕后，甚至侵占了美国印第安人普遍的太阳神崇拜。幻象本身无疑是非常古老的，但是对于个人幻象的片面强调、把它作为力量的源泉则是在相对较晚的时期才发展起来的，它在很大程度上改造了乌鸦人宗教的基本原理。

第十二章

仪式和节日

对我们来说完全是日常琐事的举动到了印第安人那里却往往是一种仪式，他们可能会恪守仪式礼节所要求的烦琐程序，比如作战队伍的重要例行公事、医治病人，甚至是吸烟。"灰牛"告诉我说，吸烟时正确的做法是：先将烟斗冲上举，然后指向地面，再指向世界的四个方位。在这样做的同时，他会向东、南、西、北四个基本方位的风祈祷。有一次，我让"法物乌鸦"给我看他神圣的盾。他同意了，但是并没有立即打开它。他先是弄了一些还燃着的灰烬，点燃了野胡萝卜根当作香，让香的烟气在盾上缭绕。然后他将盾举起一点，又将它放低些；接着他又将盾举了起来，比先前举得高了一点；这样重复着直到第四次，他这才将盾高高地举过头顶。只有在经过这一番准备之后，他才动手打开包在盾外面的鹿皮。

香的使用是非常典型的。1910 年，我买了一张用野牛毛填塞的鼬皮。它原来的主人是一位著名的勇士，在对抗敌人的征途中他把这张鼬皮带在身边，（在作战中）打开它，用香熏它，冲着敌营的方向举起它。各种各样的圣物都是如此。乌鸦人珍视一种奇形怪状的岩石，它叫作"bacōʹritsiʹtse"（圣石），因为它们有独特的香气——或者是茅香，或者是野胡萝卜香。1914 年，"平头女人"让我看了他的圣箭包，但一直在等到他准备好了香，又用香熏了包的每一端之后，他才让我看。

同样有特色的是"法物乌鸦"反复举起盾。"四"是一个神秘的数字。在一个创世神话故事中，三只鸟都没能从深处衔起泥，最后斑嘴巨鹛鹏成功了。"老人郊狼"称赞道："对于每一项事业，总要经历四次考验，你已经成功了。"与这一原则相符，由于重要的动作要重复表演四次，许多仪式都被拖长了；而且在处决前常常有三次假处决或者是无效审判。

当"夜击"被接受参与马舞时，她并没有立刻收下献给她的鹰头和鹰尾巴。显然，她是因为太紧张才没有收下它们，仿佛是被一种神秘的咒语阻止了："我颤抖着，担心第二次还是要失败。那个……女人让一只鹰从她的嘴里出来了（见边码 264 页），那更让我激动了。那就好像是某个人抓住了我的脖子使我窒息。第二次我又失败了。他们开始唱第三首歌了。大家都在训我。'你一直在努力得到法物，现在你有了一个机会，为什么要放弃它呢？'香第三次在那个女人的头上燃着，逼退了鹰（见边码 265 页），这给了我振作精神的时间。第四次，那个男的在门旁边坐了下来，而他的妻子独自站着。在唱第四首歌时，她吹着口哨，使那只鹰摇晃起来。我几乎动弹不得。当她走近时，我停止跳舞，抓住她的腋下，顺着她的胳膊轻轻地摩挲下去。大家都很高兴，我听到有人这样说'这个可怜的女人终于得到它了！'之类的话。"在这之后，唱了四首歌。

再举一个仪式表演的例子。乌鸦人不把发汗浴当作一种洗礼的形式，而是当作给太阳神的供品。搭建拱顶的柳条汗屋（awu'sua）

是一件郑重其事的任务；除非出于仪式性——被梦境促发，或者在某位正式得到认可的族人的指导下——否则人们不会将自己弄得汗流浃背。在过去，这主要是留给老人的工作，祈求和许愿时也会这样做。一位病人会说："如果到秋天时我好了，我就建一个汗屋。"或者一位战士在出发时会这样对太阳神慷慨陈词："父亲的族人，如果我带回一些丰厚的战利品，我就会建一个汗屋。"因此，发汗是与庄严、隆重相联系的。

在拱顶形结构的中央有一个坑是用来放岩石的，这些岩石在外面加热几个小时，然后用一根分叉的棍子放进坑中。岩石刚一放进去就足以产生巨大的热量。参加宗教仪式的人脱得只剩下遮羞布。然后，一位参加者用袍子或者毯子盖住整个柳条结构，使里面漆黑一片。首领从一个装有水的容器中盛出满满的四杯水洒到岩石上。蒸汽立即升起来，空气变得几乎难以忍受。1910年我和"法物乌鸦""独星"（One-star）以及"大量鹰"一起蒸浴。我发现空气是那样令人窒息，我受不了了，在黑暗的笼罩下悄悄地掀起一条毯子垂下来的一角，将我的鼻子探到空气中。过了一会，一位参加者移去这些毯子，让里面那些正汗流浃背的人凉快下来。现在他们中的一位祈祷："太阳神，正是为了你，我们才这样做！祝愿我们能够活到下一个冬天！"里面和外面的所有人都喊道："谢谢！愿我们一直活到那时！"遮盖物又一次盖了上去，满满的七杯水被倒在了岩石上，接下去是更多的发汗和又一次祈祷。随后是一个简短的暂停。当框架再次被盖上后，又有满满的十杯水被浇到了岩石上。然后随着最后一次暂停，"数不清的"水被一杯杯地泼了上去。又有

258

一个人说出他的心愿，毯子被猛扔到一边。那些大汗淋漓的人——他们已经用野牛尾巴抽打过自己好流出更多的汗——猛冲进附近的一条小溪，换成冬天的话，便是在雪里打着滚。

发汗、吸烟草、香的使用，以及一个动作重复做四次或者一首歌重复唱四次都被纳入印第安人恪守的礼仪，一些较简单的实例可以很好地说明这一点。

肉　节

冬天，一位梦见被提升为主人的人会在熟肉演唱（irū´k-ōce waraxu´a）中扮演主人，这是一种社会风俗和仪式风俗的结合，圣石和一只熊的形象在其中扮演着重要的角色，尽管在某种程度上不那么明显。

"坐着的麋鹿"的妻子曾经梦到这个仪式并告诉了她的丈夫，她的丈夫转天通知了客人们。每个人都要带捣碎的骨头和做熟的肉。女主人在一口大锅中煮骨头，取出油脂，并将肉完全地浸泡在水里，然后把肉仔细地收起来。天黑以后，"坐着的麋鹿"去每一位客人的帐篷那儿，在外面说道："我为你唱歌。"客人们和他们的妻子一起来，带来他们所拥有的圣石，无论是哪种。一张野牛皮在门和火之间铺开。从门的左边开始，客人们从一只手到另一只手传递他们的圣石。"坐着的麋鹿"拿起第一块，把它放在皮子上，用野胡萝卜根熏它。他用同样的方法处理所有的石头。把一个放在另

259　一个的旁边。他还用香熏一个圆形的响铃，把这个响铃交给与他相邻的人，让他唱歌。这位男人也得到了一烟斗烟草。在唱歌前，他给了"坐着的麋鹿"一件礼物。每个男人都轮流唱歌——歌曲是关于战争或者军事会或者神圣的人物。这样，响铃从一个人的手中传到另一个人的手中。无论什么时候，要是某位指挥拿到了这个响铃，火就会被熄灭，而他将收到一支特殊的烟斗；只有四个男人能够被赋予此项殊荣。在抽过烟后，这些指挥中的一个用双手拿着烟斗站起身来，"坐着的麋鹿"走到他那儿抓住烟斗。指挥说道："我梦到你和你的全家会交上好运，迎来又一年。"主人回答"感谢！"（ahō！）然后坐了下来。在最后一个人唱过后，响铃被传回主人，主人将它传给相邻的人，这个人是带有熊法物的人。现在到了分配大块肉的时间，肉被分成大小不同的四个等级。现在拿着响铃的人唱一首熊的歌，他面朝着肉，冲着肉伸出一只手，掌心朝下，他在客人之间分配食物，每人都得到四种不同大小的肉。圣石被交还给各自的主人，然后所有人都回家了。

　　在开始唱歌前，每位客人都给某位父亲的兄弟（a′sa'ke）或者父亲的姐妹（isbāxi′a）送财物——这当然也可能意味着只是父系氏族的一名成员，前面已经描述过这是乌鸦人的一种基本习惯。在一场由"麝鼠"安排的宴会上，一位男人站起来，他的妻子已经把她的孩子带来了，他宣布说："这个孩子已经把一匹马交给了他的'a′sa'ke'。"类似的，一位战争指挥，他的儿子到场了，指挥宣布说："这个男孩子已经给了他父亲的同族人六美元。"当火熄灭了的时候，他还给自己的一位"a′sa'ke"一杆枪和一条火药袋，并说道:"我送出这些,因为我想唱歌。"下一位指挥说:"看看外边是不是有马被带来了。"他们发现那有一匹马,于是这位指挥说道:"我把它送给我的'a′sa'ke'。我想让大家都别动,这样我就可以唱歌了。"其他的客人送给他们的父系亲属战盔、钱、毯子、护腿以及食物。作为回报,这些人可能得到他父系亲属们的干肉饼。

因为妻子和丈夫都送出礼物,主人或女主人也同样从所有客人那里得到礼物,所以肉节成为一个大范围的财产转移的场合。

最具特色的是把已婚夫妇作为一个整体的观念。"坐着的麋鹿"发出邀请,是因为他的**妻子**做了一个梦;客人们带来了他们的妻子,每位妻子都坐在丈夫的后面,并负有同丈夫一起唱歌的责任。如果她没有尽责,她的戏谑亲属便会立即问道:"怎么回事?难道她是个哑巴(irī′se)不成?"那个有熊法物、摇响铃的人唱歌时,他的妻子也陪着他一起唱。

神秘数字是显而易见的:有四位指挥和四种肉块,女主人有时有四位助手,四块野牛粪被放在香和皮子之间,响铃在香上摇四次,最后摇响铃的人对着肉唱四首歌。

邀请的礼节很有趣。做梦的人先发给每位客人一根红色的木棍。当肉准备好后,他或她再次走到每位客人前,重复着这句套话:"我为你唱歌。"表示感谢是适宜的,固定的祈祷词是客人和主人会一起看见那一年中的某某季节。在这一轮,所有的棍子都被收集起来,转移到帐篷中。每到一位客人,便从这一捆中抽出一根棍子。他们会等候来得晚的人,但是不能到场的人可能会送给主人礼物,而这个人则会得到回礼的干肉饼。

甚至点烟草的职责也被仪式化了，这个职责通常是由一位指挥的儿子来担当。当烟斗空了以后，点烟者递出它说道："拿着你们的烟斗。"两个男人随后握住它，烟斗的主人先是用左手从点烟者的肩膀一直向下捋到他的手，然后将烟斗取走，而此时点烟者祈祷他们会一直活到某个季节。分配食物（在部分情况下是点烟者的职责）也同样遵循一种惯例：分配者手臂交叉，如此一来，分配者右侧接食物的人拿到的是分配者左手递出的食物，反之亦然。

战争心理比"坐着的麋鹿"在概括性描述中所暗示的要突出得多。指挥所唱的歌曲中蕴含了军事背景：它们属于他的会或者属于某支作战队伍，作用是展示战利品或者杀死敌军的战绩；或者他可能在神示中听到了这些歌曲，比如说侦察歌。指挥和主人中的一个——特别是当他们得到了一匹马作为礼物，由此得到激励的情况——可能会赞扬那些到场者的功绩。当主人再一次把圣石放下的时候，他可能会投入地做一种备受喜爱的印第安人手势：拿起分叉的棍子，把棍子指向敌对部落的方向说"我用棍子戳他们的眼睛"（ictuʹa wapaxaʹxiky）。在太阳舞中，有一位贞洁的女人将她的分叉的棍子指向主要的柱子，以此表达相似的想法，不过在这种情况下，该行为与仪式的总体目标，即祈祷复仇相关。然而，在乌鸦人的表演中，渲染如此正义的情感从来不会显得出格。

那么圣石的情况如何呢？它们的形状通常暗示着动物身体的某一部分，可能最常指的是头。圣石很可能是菊石[1]。它们是被偶然发

---

1 菊石（ammonite）：已灭绝的菊石目海洋动物的螺旋形、扁平的化石外壳。菊石目动物大量存在于中生代。——译注

现的（有时是凭它们散发出的气味），并能立刻示意人们是否有必要弄到野胡萝卜香或者茅香。在一个传说中，一位外出绝食的男孩子在夜里发现了一道光，在经历了一番困难后，他发现黑色的圣石就是光源。他把它带回家中，挂在他的枕头上方，弄来茅香做香，把它放在了一个容器中。

在历史上，"法物乌鸦"的母亲有一个相似的幻象。她和她的丈夫闹别扭，晚上她哭着四处游荡，这时她突然看见有什么东西在发光。她到了那个地点，原来是块圣石。她把它拿起来说道："谢天谢地！我这个可怜人，这下可好了。"这块石头说："回家吧，你不会再受穷了。"她把石头揣在衣服里。那一晚当她睡觉的时候，那块石头唱道："有好多的野牛，这里有好多好多，你还有什么好担心的呢？嫁给'看牛的生殖器'（Looks-at-a-bull's-phallus），你能吃饱肚子。无论何时，只有当你们之中的一个去世的时候，那剩下的一个才会与你分离。""多谢了！"她说道。"次日晚上，他会进来，胳膊里抱着孩子，他会把你带回去的。""真谢谢了！"她的丈夫果真带着他们的儿子回来了。她把那块石头拿给他看并使他梦到了各种各样的事。这块石头跟他说话，告诉他如何率领一支作战队伍，如何引诱猎物。有段时间里所有的人都忍饥挨饿，"看牛的生殖器"做了野牛蹄印，唱着他的祈祷歌，摇着他的响铃。第二天早晨，乌鸦人所见之处全都是野牛。这个法物因此被证明是货真价实。

"灰牛"拥有的一块小石头最初是由一个小孩子发现的，已经长到了它最初的两倍大小。大家普遍认为，圣石会像有生命的东西那样繁殖生长。当"法物乌鸦"的母亲给她的丈夫看这种法物时，她有四块石头——一块指的是鸟，一块指的是野牛，第三块指的是马，第四块指的是人。在初春时，它们的重量很轻，但是夏天时变重了；在寒冷的冬天，石头的上面会有霜，这是因为它们会呼吸。这些石头告诉"法物乌鸦"的继父，乌鸦人应该在哪里过冬才能免受饥馑。他会让一位传令官来宣布那样的指示，艰难时期就由此得以避免。这种法物同样有利于战争：主人派"法物乌鸦"和另外两个人去为他盗马，他们带回来了许多，全都是乌黑乌黑的。一次他派出了"拿回来两次"（Takes-it-back-twice），让他把圣石带在身边。不幸的是，它的一个角断了，他因此失败了。然而下一次，他缴获了一匹白马，把它送给这个法物的主人。

关于这块石头有一个独特之处：它从来不会被带到肉节上，因为它禁止"法物乌鸦"的父母和他本人吃舌头。在一场宴会上，每块圣石都要被传递，每一位客人都将它按进身体或者亲吻它。因此，要想避免这块特殊的石头被玷污，就只有不把它带到这样的熟肉聚会上。

"灰牛"让我看了他的几块圣石。其中有一块，除了当他自己做主人的时候，他从来没带到过肉节上。这块圣石呈一只骡子的蹄子形状。在发现这块石头后不久，"灰牛"便得到三头骡子连同一群马，马有一百二十匹。另一块石头的形状像一个野牛头，还有一块有角和像眼睛似的东西。他最重要的圣石是从他的继父那里继承下来的，被包在几层布中，整个放在一个信封形状的生皮袋子里。这块石头被用鹿皮严严实实地包裹起来，鹿皮上还饰有几排珠子。他告诉我，在石头的一面有天然的马蹄印的标记，在另一面，使人

联想到一个人的头，还有点像鹿。这块石头总是面朝上。通常会有
鼬皮装饰、麋鹿牙等诸如此类的供品，还有一些茅香。在同一个生
皮袋子中还有一块小石头已经长了两倍大小，不过它被视为单独的
一块圣石。"灰牛"会像这样对它祈祷："愿我能得到马匹和财物，
平安地看到来年，成功兴旺！"他将这块石头戴在脖子上时，碰到
了各种各样的好运，比如，他曾缴获一杆步枪、两匹马和一只吃野
牛的鹰。

　　自然，那样有实际功用的物件会被视如珍宝，得到精心呵护。
珠子、皮子装饰条、麋鹿牙以及诸如此类的供品被同这些法物包在
一起，并涂上河狸香油。同"法物乌鸦"和"灰牛"的最重要石
头的情况差不多，它们通常是继承的而不是从发现者那儿买来的。
"看牛的生殖器"拒绝了以获得十匹马为价码卖掉他的圣石。有时
他会打开包，让他的近亲看这块石头，但是不允许他们动它。一位
报道人描述了这样的一个风俗：在春天的第一声雷声中打开圣石。

　　我买了几块圣石，十美元一块，我没有要一块要价三十美元的
圣石。显然，就是三十美元也根本无法抵得上它在当地人信仰中的
无边法力。卖家是年轻的印第安人，他们继承了这些石头，但是对
它们的效力失去了信心。

　　显然，圣石不仅被想象为能够生长和繁殖的有机体，而且是有
力量的个体存在。它们是在类似幻象的经历中显现出来的。在"法
物乌鸦"创世神话的版本中，圣石的原型被描述为地球最古老的部
分；作为一种既有的存在，它与其他几种存在并没有借助任何从无
到有的创造行为。

263

　　将这种观念同一系列与此不存在直接关系的宗教习俗和社会习俗相结合，比如熊的造型以及向父方的亲属赠送礼物，这完全符合乌鸦人所恪守的仪式形式的特点。

第十三章

熊歌舞

正如圣石是肉节的宗教核心，"bātsira´pe"信仰则是熊歌舞（naxpitse´ icū´o disùa）的突出特征。"bātsira´pe"是居留在人身体上的一种神秘动物，或者是某种动物的一部分，再或者是一种无生命物，在一定的刺激下产生；在大多数情况下，必须迫使它返回，否则它的主人就会有不幸临头，立刻神志恍惚。人们通常用香熏使他苏醒过来。也有其他一些例外情况：比如，如果"水獭首领"（Otter-chief）不进入一种恍惚的状态和像熊那样行动，就不能吃樱桃，然而他在这样做时，并不会展示出熊身体的任何一部分。我听说一位老妇人会偶尔弄一些贝壳碎片，并将其送给乌鸦人做耳饰，而且不再收回。不过，开头所描述的现象更具有典型性。那是一百多年前马克西米利安在密苏里部落中记录的。他了解到，许多曼丹人和希达察人身体里藏着活的动物。有一位印第安人有时能感觉到一只野牛犊在他身体里面踢腾。马克西米利安亲眼看到一位希达察妇女"跳舞时，一只玉米棒子从她的身体中出来了"，在做了一番处理后，它又回去了。

我无法准确地知道乌鸦人是如何想象这一现象的。据一位报道人说，他们不相信一整只动物寄居在一个人的身体内而且只显露出一部分；他们也不相信如果让一条尾巴重新进入人体，这位表演者能把尾巴缩得非常小。这听起来似乎是合理的，但是与马克西米利安来自曼丹报道人及其他乌鸦人的资料很不一致。1875年贝尔登在他撰写的文章中，将乌鸦人的整个疾病理论都建筑在"bātsira′pe"观念的基础上。他猜测，所有人体内都有尾巴，当这些尾巴"出差错"的时候，它们的主人就会生病；反之亦然，任何感冒、发烧或其他病痛都源于这条尾巴受到的伤害。这当然是不准确的（见边码 61 页），我们会发现绝不可能所有的"bātsira′pe"都是尾巴。不过贝尔登对于他**所见**情景的描述还是具有参考价值的，下面是一段引文：

"一天，几位嬉戏打闹的乌鸦女孩子出现在我住的地方，她们中的一个开玩笑，胳肢另一个女孩子，而那女孩受不了任何人动她的腋下。可怜的女孩疯狂地尖叫着，滚来滚去，而另一方则不停地戳着她的肋骨，直到她当场晕了过去。然后巴萨彻（Basache）惊慌失措地把她扶了起来，招呼我赶快把茅香拿来，因为女孩子的尾巴要从她喉咙中出来了，这会使她窒息而死。我拿来茅香，巴萨彻的手边放着许多茅香。他点燃了一些，有一个人扶住那位昏迷的女孩子，让她伏在茅香上，而另一个人则将一条披肩扔在她的头上。不久，她便醒了过来……"

一个人是如何得到"bātsira′pe"的呢？据"灰牛"讲，如果一个人将法物放在头发中的话，"bātsira′pe"就会进入他的身体；或者如果他拉着野牛头自我折磨的话，"bātsira′pe"就会从他的身体里面生长出来。大多数乌鸦人只是简单地把"bātsira′pe"看作是特

265

殊形式幻象的结果。在产生这种幻象的人中，我发现"麝鼠"说得最清楚，尽管作为报道人，她的几个报告中存在着不一致的地方。一对老夫妻正式介绍她加入烟草会的鼬分会，还给了她一个标志；他们后来从她那儿拿走了这个标志，这让她非常伤心，便去山上绝食。一片乌云压过来了，于是她躲在一处岩石下，躺在那里睡着了。一只鼬出现了，踩在她的脖子上，进入她的胃里。她听见鼬使足了力气发出哨音。这只鼬说："这就是我们想要给你的。"它给了她一个哨子，还唱了这样一首歌："鼬要出来了，我要让烟草出来。"鼬警告她，不要让任何人撞到她的肾部，因为一旦这种事情发生了的话，她便会神志恍惚。这就是为什么其他人都尊敬她、不撞到她的原因。从此以后，"麝鼠"控制了鼬分会。她宣称，正是由于她，鼬分会才有了名气。

　　这种经历也出现在烟草会的其他分会中。比如，"蚊子"（Mosquito）经"麝鼠"父亲的介绍加入了烟草会，他创立或者说是改建了一个分会，因为在梦中，"黄烟草"（Yellow-tobacco）进入了他的身体。它会时不时地从他的身体中暂时出来。另外两名印第安人证明了熊歌表演中的同样法力。再如，一个男人正式介绍"火鼬"入会，这个人曾到处流浪着哀悼一位死去的兄弟。他发现了一窝蛋，其中的一个与众不同。他带走了这枚蛋，并梦见了它。这枚蛋由嘴进入了他的身体，从此以后，蛋总是在烟草舞唱起某首歌曲时出现。这个特点是那么引人注目，以至于这个先前叫作"狼獾"（Wolverene）的分会，在有了这枚蛋后重新起了名字。与多数"bātsira′pe"的主人不同，在这枚蛋出现的时候，这个男人并没有进入精神恍惚的状态。

　　一个人的"bātsira´pe"不止一个。"麝鼠"称她的身体里面有一匹马还有一只鼬。她有一次绝食的时候，一匹灰色的马进入她的胃里。显然，这就是为什么她能治愈排尿困难的马。她会嚼碎烟草，把它放进马嘴里。"无论何时，只要表演熊歌舞，我就不得不去现场。一次，我正在做珠饰活儿，而营地的另一处正表演着熊歌舞。我坐下来，没有注意，但是就好像有某种力量在强迫我往那儿去。我扔掉了我的毯子。我听见有个声音说：'已经有人去了。'在到那儿之前，我失去了知觉，马的尾巴从我的嘴里出来了。那时我嫁给了'坏人'（Bad-man）的父亲。人们见到这情形，都大惊失色。他们从一匹马的腿上取下了肉瘤，用它做了香，用来熏我，这才使马尾又回到我的身体中。即使是孩子们撞到我的时候，那条尾巴也会出来，因此我会在身上带一些马的肉瘤。如果带有'bātsira´pe'的人没有得到适宜的香，他们就会死的。"

　　"胳膊绕在脖子上"讲述了一个关于带有多种"bātsira´pe"的离奇故事：这里说的这个人的身体里出现了麋鹿粪、白色的黏土、黑泥、猫头鹰羽毛以及"地苔藓"的叶子；实际上，一些人补充说还有一条马尾巴，不过"胳膊绕在脖子上"并没有亲眼见到**那条**马尾巴。这位表演者不许任何人碰他，如果他们那样做的话，麋鹿粪就会从他的嘴里出来，他就会变得神志恍惚。到那时，围观的人就会点燃一些粉末，让他吸入烟气，这会使他苏醒过来。

　　展露马尾巴的人拥有许多匹马，而展露野牛尾巴的人则是治疗伤口的医生（见边码 65 页）。

"大蛇"（Big-snake）见过"bātsira´pe"的主人们从他们的嘴里搜出以下物质的一部分：长耳大野兔、蛇、马尾巴、公野牛尾巴、蛋、鹰的尾翎、两种猫头鹰、一只食雀鹰、一只乌鸦、表演者自己的牙齿。最常见的是熊的一部分身体。一位叫"大量熊"（Plenty-bear）的人有露出熊牙齿的习惯，把旁观者吓一大跳。这些旁观者向后躲闪直到有人拿着香冲着"大量熊"点燃。"大蛇"的妻子常常肚子肿胀，这时血会从她的嘴里喷涌而出。他认为这是同一种现象，尽管并没有同时展露任何东西。

1910 年，"割掉耳朵"（Cut-ear）博得了声誉，他能将法兰绒从他的嘴里吐出来再卷回去。他保证说要私下里给我表演，但是在我们定的那个时间里法兰绒没能出现。

总之，"bātsira´pe"不但在熊歌舞中出现，也出现在某些烟草仪式上——违反特殊禁忌的话，还可能常常出现在变戏法的表演中。尽管贝尔登的每一个乌鸦人都有一条尾巴的观点绝对是错误的，但是在最近的每一代中都有相当数量的人相信他们自己是某种"bātsira´pe"的主人，这可能有赖于某种精神层面的特异反应；而在另一方面，即使是贝尔登的报告也表明个人受到传统模式的影响：当传统的禁忌被打破时，她昏了过去，传统的治疗方法对她有效。现在让我们看一下这种观念是如何结合进熊歌舞当中的。

这个仪式在秋天举行，因为那时正值浆果成熟，熊在山里跳舞。于是乌鸦人竖起一根棉白杨的柱子，在上面绑上一块鞣制好的熊皮。大量的干肉饼或者涂上猪油的肉丸子被拿到了那个地方。人们在柱子的周围围成一个大圈子。跳舞的人在一个帐篷中集合，盛装打扮，由一位老妇人领队，排成一列纵队，男人们跟在后面，一队人迈着整齐的步伐向那张熊皮走去。他们冲着那张熊皮跳舞，然后又朝后退。乐师们唱起了一首特定的歌——熊歌。然后所有拥有"bātsira´pe"的人都拥向那根柱子。"放跑拴在桩子上的骡子"给出引"bātsira´pe"出来的歌曲的歌词，内容如下："看看帐篷草的小溪！熊崽就在那里，它的母亲（父亲）在这儿。"

有一次，一位袍子罩在头上的人走近那张熊皮，他把脸在熊皮上蹭着，从嘴里吐出红色的颜料，又退到后面。然后人们看见一颗熊的牙齿从他嘴里冒了出来。据说这位男人曾经拖着一张绑在他背上的熊皮。几位旁观者把毯子盖在他的身上（把他推倒在地，抱住他，给他盖上毯子），用野胡萝卜香熏他，最后给了他一大堆干肉饼带回家。下一个过来的是一位女人。她并没有用那张熊皮蹭脸，但是却露出了一条野牛尾巴和白色的黏土。她并不像那位参加的男人那样疯狂。一些女人抓住了她，迫使她坐了下来，用同样的香使她苏醒过来。尾巴退了回去，她离开了。另一位老妇人用熊皮蹭脸，露出了一根棍子有羽毛的那头，她说那是一根棒击棍子，人们用茅香来为她治疗。然后前一位女人返回了，但是现在她所展露的是一匹灰马的尾巴。还有一位表演者拍打他的身体两侧，吐出了三枚鸟蛋。人们检验它们，它们是真正的蛋。人们把茅香做成香，表演者用香熏这些蛋，然后他把蛋放回嘴里吞了下去。他得到了三块干肉饼。有时会有十多人像这样表演。剩下的干肉饼都归了跳舞者和歌手。

在这种表演中，我们又注意到了一些无关紧要的问题。在保护乌鸦人的超自然力量中，熊相当频繁地出现；然而，熊并不是一个让其他超自然存在黯然失色的角色。为它举行一场仪式，这不难理解，但是令人百思不解的是为什么还需要结合 "bātsira´pe" 的主题呢？向跳舞地点行进的队伍——仅就形式而言——类似于烟草游行：带着预备好的帐篷，一位女人领出队伍，男人们断后，所有人都排成一列纵队行进至跳舞的地点。

第十四章

神圣烟斗舞

　　所有的乌鸦人都赞同"神圣烟斗"（ī´ptse waxpe`）是在相对较近的时期从希达察人传入的，柯蒂斯先生将时间认定在 1825 年。在部落意识中，它在某种程度上依然被认为是一种外来的法物，许多人惧怕拥有它，唯恐违背某些禁忌。1910 年，在整个部落中大约有二十六个人拥有它。然而，这个仪式在乌鸦人中已经占有一席之地并存续下来，所以在 1931 年 7 月我仍旧能看到一场表演，不过它是在一个圆形的遮蔽物而不是在一个大帐篷中进行的，演出质量不是很高。

　　"接收"虽然明显地与所有乌鸦人的法物相关，但是在烟斗仪式中它更是重中之重。每一位主人拥有四次成为"父亲"的权利，但是许多人极其珍视这种特权，以至于一旦接收了超过三对夫妇，他们便会谢绝接收其他人了。不同于烟草主人，烟斗主人并不把他们自己视为一个会，但是他们有时的确会应某位成员的邀请而非正式地见面，目的是举行一场宴会来纪念烟斗。在这种聚会中，大家歌唱，但是并不敲鼓。这位主人将他的烟斗插在地上，不过其他人并不会被强迫打开他们的包。

　　发起人可能是将来会成为"父亲"的人，起初他并不透露这个目的，而是会拿食物给他想接收的人。如果接受了礼物的话，拒绝他的提议就会很不吉利。这种程序的形式，包括接收一个男人，同样出现在烟草仪式的近代历史上，但是烟斗舞中的这种形式不大可能是近代烟草仪式的翻版，因为它在上密苏里部落的烟斗舞蹈中已有所记录，乌鸦人的烟斗包正源于此。这两种情况都有些蹊跷：法物的主人没有被热切的恳求者包围，而是举行了商议。我猜想，问题在于某些人不仅自夸拥有"包"的权利，而且他们"孩子"的数量也让他们引以为荣——"孩子"是他们仪式上的追随者。

然而，很可能在早些时候，"孩子"的入会基于一次誓约。一个男人，或许是他本人病了，或许他有一位患病的亲属，会立誓说如果身体能恢复，就寻求接收。因此，"俊马"（Pretty-horse）在他父亲看起来大限将至时立下了一个誓言。同样，"上面的鸟"（Bird-above）代表他的儿子立下了一个类似的誓言。如果没有人自愿在这个誓言后接收这个男孩子的话，他就又会大难临头；"上面的鸟"径直走到一位烟斗的主人那儿，解释了情况，他的儿子在当天就被接收了。当勇士们看见敌人的帐篷时，他们也会做出类似的声明。那样的人可能会宣布："如果我抓到了一只上好的被阉割的马，我就会成为一位烟斗的主人。"

一个烟斗包里面有两根烟斗杆（装饰着摆成扇形的鹰羽毛和其他的东西），还有玉米棒和茅香。这些东西包在法兰绒或者一张野牛犊皮中。这个包通常挂在室外的门上，但是在雨天会被拿进来挂在帐篷后面的柱子上。玉米棒和烟斗杆被染成了蓝色，玉米棒被想象为女性而烟斗杆则被想象为男性。一位曼丹妇女告诉我的话证实了这一点，她说，在接收仪式中，她收到了一个玉米棒而她丈夫则收到了一根烟斗杆。全部东西中还有一个红岩烟碗，但是在跳舞时要取下来以免掉落；当这位新人接受烟斗吸烟时，这个烟碗会被放上去。一位"父亲"把他自己的烟斗给了他的"孩子"，又为自己做一支新的。

"熊起床"说神圣烟斗属于太阳神，因此人们才害怕它。它的角色是和平烟斗，例如，如果一位达科他人在战争中拿着一支烟斗靠近乌鸦人，就没有人敢对这位达科他人轻举妄动。在部落内部，保安用它安抚被杀害者的亲属，但是我怀疑它并非在那种场合下唯一可用的东西。

显然，持有神圣烟斗的人享有声望，根据乌鸦人的理论，它还能带来好运。外来者以几种方式与烟斗产生联系：一位病人，可以许诺在他好转时喂养烟斗，而无须寻求被接收。在康复后，他会拜访一位有烟斗的人，而这个人会喊来其他的包主人（bundle owners），接下来会有歌唱和欢宴嬉闹。有时一位战争指挥在征战中也会携带一支烟斗，他会把敌人的一缕头发绑在烟斗上。同时，在接收时，跳舞的人并不是烟斗的主人，担当表演者的是凭技艺被选出的男人。

271

无疑，烟斗仪式最突出的特征是接收仪式。据"责骂熊"说，在一年当中的任何时期都可能举办仪式；但是另一位见证人将准备期定在冬季，将结束期定在夏季。当誓约已经众所周知之后，这位要被接收的人和他的妻子一定要受训四个晚上。在第一次见面的时候，有一场野牛舌的盛宴。每天晚上那个烟斗包都会被放在一块铺垫上，一位特殊的官员点燃茅香作为熏香，用它熏四面鼓。然后，鼓敲了起来，为四首不同的歌曲伴奏，每首歌唱四遍。在吟唱的时候，"父母"坐在被接收的夫妇旁边，轻轻地摇摆着他们的身体。在最后一个晚上，烟斗被拿了出来，有一只烟碗放在烟斗杆下面，所有到场的人都同吸一斗烟。

在接收仪式的正式环节中，要被接收的人和他的妻子衣衫褴褛，他们应当藏在某个帐篷中。有一个事先预备好的帐篷，里面是平铺的烟斗包，烟斗的主人们从这里出发，在鼓声和歌声中寻找"孩子"。在他们的前面，一个人举着烟斗跳舞为游行打头阵，其余的人全都并排走着，走在最右手的一个人背上用茅香绳吊挂着一副野牛头骨。这一群人撩起帐篷的门帘，依次在每个帐篷里寻找那位要被接收的人。乐师一唱起歌，跳舞的人就开始表演了。最后他们发现了"孩子"的帐篷。

接下去的仪式反映了北部平原印第安人典型的心理特征。无论接收的动机是什么，人们都能感觉到强烈的军事事务的基调。只有四名在敌营中棒击过的勇士才能领出那位要被接收的人。在唱完四首歌后，这些男人进来了，第一位勇士喊"hahe´！"，仿佛是真的击中了棒击，并且轻轻地拍着"孩子"的肩膀。他轻轻地扶起"孩子"，并宣布在某次出征中他进入了敌人的帐篷，同住的人还在睡梦中时，他击中了棒击。这时第二位勇士抓住了那位要被接收的人的胳膊，他可能做如下说明：他曾对一名逃跑的敌人击中了第二次棒击，并且缴获了那人的枪。然后第三位勇士抓住"孩子"的胳膊并描述在一次冲锋中达成的第一次棒击。最后一位勇士说他杀死了

某个敌人并缴获了那人的枪。在他描述完后，每一位发言人都表达
了希望那位要被接收的人日后兴旺发达的愿望。最后一名勇士牵着
他的手[1]，另有一位勇士扶着他另一侧的胳膊，两人将他领了出来。
现在这支游行队伍移至附近的接收帐篷中，此时人们停止了唱歌。
这个接收帐篷是由两个大帐篷合并而成的。在这个帐篷中，拿野牛
头骨的人站在中央，这副野牛头骨被拿下来放在几条毯子上。各种
各样的礼物都被拿进来，放在野牛头骨的下面或前面；它们被拿野
牛头骨的人据为己有——这个人通常是接收者的一位近亲。

　　现在跳舞的时间到了。"灰牛"说表演者似乎只有一位，但是
1931 年的那次有两位。他们全都穿着紧身衣，一件是黄色的，另
一件是黑色的。两个人都佩戴着"裙撑"和鹿尾的头饰，一只手举
着一个响铃，另一只手举着一根烟斗杆，在表演的某些时候将这两
样东西交叉。一位跳舞者跪下一次或两次，做一个低低弯腰的姿
势，这显然是舞蹈动作的特征。此时，烟斗杆放在一个祭坛上，在
每个动作开始时，"白胳膊"都将它们递给跳舞者。"白胳膊"是接
收者，他顺便收到四匹马作为报酬。

　　常见的可能是两个人的舞蹈，每个人都左手拿烟斗杆，右手拿
响铃，这与曼丹人和希达察人的报告一致。舞蹈者交叉所持的标志
显然是该仪式的显著特征之一。在表演中，围观的人大喊着欢呼
（伴随着拍打嘴唇的声音），以此来鼓励跳舞者。跳舞者表演了全部
的四首歌曲，然后将他们的烟斗杆放在一条新的铺垫上。他们有权

1　据另一人描述，"父亲"牵着"孩子"右手的小指，"母亲"牵着"孩子"左手的小指。——
原书注

从送给收养者的礼物中挑选四样。随后，在场的人用一个普通的烟斗吸烟。

接下来，四位勇士中的一位站起身，站在新人旁边，当众讲述一项事迹。然后，他用一把锥子去接触新人的耳朵，装作要在上面扎眼，象征一个婴儿在出生的几天后要穿耳洞（见边码 34 页）。当"上面的鸟"被接收时，他不仅被要求提供一把锥子，还要带一把屠宰刀——另有一位勇士用这把刀假装割断他的脐带，这也是一种洗礼，代表着清洁新生儿。清洁新生儿的实际做法是"父亲"在"孩子"的头上泼一点水，再用一块新布擦干，然后把新布朝门扔过去，在场的任何一个人都可以拿走它。在这个洗礼之前，新人的双颊上都画着烟斗，还要用一根玉米秆在他脸上从上到下摩擦。近亲坐在他的后面，也涂饰了一番。最后，这位"孩子"从他"父亲"那里得到了漂亮的新衣服和最好的食物，这进一步暗示着他们之间父慈子孝。

最后，接收者正式将烟斗包移交给这位新人，说道："它归你了，不再是我的了。"不过，在此之前还有庄严隆重的礼节，比如吸一口烟斗，然后用香熏再包好它。这个包系在妻子的背上，自此以后，无论营地何时迁移，她都像这样背着它。在这里，丈夫和妻子被看作是一个仪式单位。同样的夫妻一体的观念也适用于马包。当"独树"被接收时，他和他妻子被要求每人从一个神圣的口袋中选出三样东西，并一起学唱仪式歌曲。类似的，当"夜击"获得同样的法物时，丈夫和她本人都被仪式性地涂饰了。不过，因为她丈夫失明了，移交仪式中的一部分是由他年长的儿子代替完成的。

273

第十五章

烟草会

　　乌鸦人的法物中最有特色的是烟草。出于仪式需要，人们种植一种叫"*Nicotiana multivalvis*"烟草品种或者"短烟草"（ōp pu′mite，也作 i′‛tsi‛tsi`a），但它们并非古人所抽的品种。古人抽的烟草品种源于希达察人，乌鸦人称之为"高烟草"（ōp ha′tskite），植物学名是"*Nicotiana quadrivalvis*"。只有"*Nicotiana multivalvis*"才被认为是神圣的，从神秘层面说，它们被看作星星。在"法物乌鸦"版本的创世神话中，造物主（或者更确切地说是改造者）在刚露出雏形的大地上和他的同伴们到处游走着。他们看见了一个人。"看啊，那边的是一个人呀……那是天上星神中的一位。他现在下来到了这里，站在地上。快来呀，让我们看看他。"当他们走近的时候，那位星神已经变作一株植物——烟草。"还没有其他的植物长出来。"这位改造者下达了命令：乌鸦人要在春天种烟草，并且和烟草一起跳舞；烟草将成为他们的"谋生手段"、他们的支柱。太阳神亲自接收了一位正在绝食的穷苦男孩子，由此开创了烟草会。因为播种神圣的种子是一种特权，所以只有正式加入"bacu′sua"（"浸泡"；烟草）组织才能获得这种特权。

　　近来的历史表明，烟草会的进一步演变比较简单。创始人接纳新入会者，正如产生幻象的人成为新会员的仪式"父亲"，新会员渴望分享"父亲"拥有的超自然的赐福一样。不过，新来者可能会用自己的幻象来补充基本的神示，据此获准接纳更多新入会者。就这样，分会蓬勃发展起来——每一个小的分会都有各自的领导者，还拥有幻象中确定的独特歌曲和标志。尽管这些分会是用同一个表示独立的军事会的词"araxu′a'tse"来称呼的，但是我更倾向于用同一个会的分会来指它们，因为一个强有力的纽带将所有的烟草会新会员都联系在了一起。

乌鸦人无论男女都永远渴望得到神示，由此分会可能层出不穷，实际上，我得到了大约三十个分会的名字。当然，并非所有分会都同时作为完全独立的单元发挥作用。有时一个不同的名字只是表明存在一个潜在的新团体，但它还未完全将自己从母体中分离出来。比如，一些鼬分会的成员系着水獭皮带，上面带有小蹄子，发出响铃的声音。有一首特殊的歌曲供系带子的人起床和跳舞时演唱。但据其他分会的成员说，"他们就和'疯狗'一样"（见边码331 页）。名字虽然已经被叫开了，但是系带子的人仍旧属于鼬分会成员的一部分。这种情况也使人联想起"狐狸"和"木块"的分会（见边码 175、183 页）。在其他的情况下，一些分会则完全分离出去。还有一些分会人数减少，他们便与大些的分会结盟。我的报道人中年纪最大的叫"两面棒击"（Strikes-both-ways），据说大约有一百岁，他只列出了早期的五个分会——鼬分会、水獭分会、糜鹿分会、白鸟分会以及烟草分会。我们可以将其中的烟草分会合情合理地推想为母体；在其余的分会中，鼬分会和水獭分会无疑也很古老，因为它们出现在所有的报告中，他们的法物形象也很突出。幸运的是，有几个最早的组织创建于历史时期。

"法物乌鸦"告诉我说，在他年轻时，有一次外出向太阳神祈祷，献给神一个指节，然后因失血而晕倒了，不省人事。一位小伙子和一位姑娘朝他走过来说道："我们已经看见你很穷，我们来看看能为你做点什么。"他们每个人都一只手拿着一个羽毛环，另一只手拿着一个装饰有草莓的环。他们的脑后系着一个烟草"樱桃"、一颗草莓，还有一只红头啄木鸟的整个身体。那位姑娘说："我们来让他听一些事情。"这个小伙子走到了山岭的另一侧，再出现时带着一群马，他将这群马赶向"法物乌鸦"。接着那位姑娘离开了，带着马回来了，他们给他看了二十匹马。这个幻象中的人就是烟草。他们中的一个说："我已经给你看了所有这些马。我是烟草。我想要你戴着这些头部装饰加入烟草会。"这位小伙子说："看那位姑娘，她是'穿着她的礼装走'。"她的半边脸涂成了红色。她禁止"法物乌鸦"在种植烟草时带枪。过了一会，"法物乌鸦"苏醒过来。他被一名水獭分会的会员所接收。但是通过强调他自己的神示，"法物乌鸦"将这个分会改建成"草莓"（分会）。他所有的"孩子"都戴着神示中显现的那种头部装饰。

另一个最近的分会是由"大肩胛骨"（Big-shoulderblade）建立的。他兄弟死了，作为一名哀悼者他绝食了四天。他遇到了四个人，他们都戴着有角的野牛皮帽子。他们赐予了"大肩胛骨"几份祝福并保证替他复仇。当"大肩胛骨"返回时，印第安人对他的描述充满怀疑。当他奔赴战场并杀死了一名和他兄弟同岁的年轻敌人时，他成了一名首领，并组织了一次野牛舞（Buffalo dance）。后来"带领狼"（Leads-the-wolf）接纳"大肩胛骨"进了这个会的烟草分会。当轮到"大肩胛骨"接收新会员时，他为他们做了野牛帽子，就这样开创了野牛分会。

第三个报告异曲同工。当"呼吸"（Breath）成为烟草会的一名成员时，他的父亲给了他法物——一只被填充的乌鸫。"呼吸"梦见了一首关于乌鸫的歌，从那以后，他为新入会的成员做那种法物的复制品，就这样建立起一个新的分会。会员们跳舞的时候，就披着毯子模仿他们的名祖，并且把鸟皮系在他们的毯子后面。在帐篷草地区没有这个分会的首领，因此我的报道人"大肚子马"（Gros Ventre Horse）加入了鼬分会的活动。

在古代，烟草会的成员要少得多，如果是和1910年相比的话。到1910年时，社会因素已经变得非常显著了，为了入会，很多人情愿付出高昂的代价，他们那样做是被允许的。然而甚至是在初期的排外阶段，烟草会也被看作是为整个民族谋福利的，通过正式介绍加入一个秘密会的新会员和外部世界之间没有任何对抗的迹象。尽管只有那些被正式接收的人才可以种植烟草或者有实际办法获得种子，但是外来者并没有被禁止与烟草会接触。在烟草园里他们被允许搭一个微型的汗屋来祭祀太阳神。在征途中，男人们像祈祷者那样演唱在公开的烟草仪式上听到的歌曲，有时这种祈祷会获得成功。会里的每位成员都宣布他正在模仿这个会的某某成员，并许诺在交上好运时会送给那人马。曾经有一个人这样模仿"三只狼"（Three-wolves）并成功地击中了棒击。返回后，他给了"三只狼"一条毯子并为他和烟草会的成员们准备了一场宴会。通常人们害怕像这样模仿其他人，但是在作战时，这被认为是一种祈祷的形式。在丰收后，外来者有时为了得到一种烟草法物，比如说一条项链，会送给混合者（Mixer，见边码 287 页）一匹马。实际上，他们自己可能也有烟草的幻象。"牛首领"就曾经有那样的一个幻象，并将自己的长寿归功于它，尽管出于某种原因，他从来没有加入这个会。而对于其他人来说，那样的一种经历无疑会促使他设法入会的。

烟草仪式包括接收的庄严仪式以及种植和收获的仪式。

接收。在这里，正如神圣烟斗特权的移交，新入会的成员是接收者［即"父母"(akse´)］的"孩子"(dā´ke)，仪式的整个过程有时被称为"得到孩子"(dā´kbisu`a)。"他收养了我"是"mī rā´kēky"，可直译为：他使我成为他的孩子。为了表明妻子同时也被接收了，那位男人会说："他们使她伴随我一起降生"(mī ā´pa wici´´kyūk)。除了烟草仪式外，这种联系在其他场合也保持着，并且在逻辑上可以推及其他人。比如，"灰牛"已经被"他的脸上横贯着白色的条纹"(White-stripe-across-his-face)接收，而"他的脸上横贯着白色的条纹"是"钟石"的"儿子"，于是"灰牛"称"钟石"为他的"祖父"，称"钟石"的妻子为他的"祖母"。不过，称谓有时会稍微受到当事人相对年龄的影响，这种由接收所缔结的感情纽带在礼物中得到表达："灰牛"曾带给"钟石"和"钟石"的"父亲"一整只野牛的畜体（后来是一头牛的畜体），他得到了回赠的礼物。而对于接收的"女儿"，无论什么时候，只要他有的话，他都会送给她钱。

同在神圣烟斗仪式和马仪式中一样，通常丈夫和妻子一起被接收入会，并齐心协力地种植。个别的情况可能会影响这个规则，比如，离异和再婚。例如，"小臀部"和他的前妻正式加入了同一个分会，但是他的一位后妻因为失明而被谢绝接收。

按照惯例，一个人是由哪个分会进入烟草会的，他往往便会留在那个分会中。不过也有例外：一个正在衰落的分会剩下的会员可能加入另一个分会。再有，通过一份丰厚的礼物，一个渴望增加会员的分会将劝导某些人加入它的名下。这似乎有违古老的基本观念，但是却与近期劝导最先入会者的习俗一致（见下）。最后，一名男子可能会因为与他的接收者间的误解而离开分会。我了解到有两个这样的例子。不过，由于认为"父亲"与"孩子"间具有情感的纽带，这种情况并不经常发生。

在古代，寻求入会很可能作为一种惯例与某种紧急情况或者艰巨的事业相关，它们会引起人们发誓。一位孩子生病的人在孩子苏醒后会发誓让他或者这个孩子被接收。或者，当一位男人出发抗敌时，他可能会说："假如我击中了某个敌人，我就加入烟草会。"当"老妇人"病得很重时，她的父亲发誓，无论是谁治愈了她，他都会请那人接收她；"漂亮的敌人"成功了，成为她的"父亲"。不过，近来会员们经常主动带头送礼物给外来的人以劝导他们入会。这是一个相对近期的改革，或许是受到军事会模式的影响（见边码172页）。我认为这种发展变化是伴随着烟草会社会化压力的增强，也就是说通过拥有许多"孩子"而获得荣耀。顺便提一下，入会者所付的酬金会远远超过劝诱他们加入的花销。比如，"熊起床"从要接收他的人那里收到了鹿皮护腿和鹿皮鞋，而他最终付出了四匹马、许多被子，还另加了其他一些财物。

两个具体的例子说明了在 19 世纪下半叶入会的动机。当"放跑拴在桩子上的骡子"生女儿的时候，起名字的人许诺她孩子会活过童年。作为报答，父母承诺让起名字的人接收她加入烟草会。但是，这个起名字的人被杀死了，因此，起名字的人的"父亲"送给"放跑拴在桩子上的骡子"食物、衣服和毯子以便能接收她女儿。"灰牛"加入"他的脸上横贯着白色的条纹"指挥的作战队伍，并且为他缴获了一匹马，可是这位指挥拒绝接受，并说："我想接收你。"在他们返回时，他邀请我的朋友参加宴会，并重申他的心愿。"灰牛"渴望得到指挥的战争法物，于是他问道如果他同意了这个提议，他是否会得到这个法物。"他的脸上横贯着白色的条纹"答应了，就在那年的夏天接收了"灰牛"及他的妻子。这两位新会员在亲戚的帮助下以三十三匹马作为报酬，其中十匹是"灰牛"自己提供的。

在这两个例子中，接收者的态度至关重要。起名字的人会因为他的良好祝愿而得到奖赏——假如这个祝愿被证明灵验的话。而接替这个起名者的人愿意赠予更多的恩惠，当然这最后一定会以收取更高的入会费用而得到回馈。在第二个例子中，入会完全是指挥的意愿，那位指挥迫不及待地要再得到一个"孩子"，"灰牛"狡猾地利用了这一点，以得到他所觊觎的法物。

在现代，人们对于增加自己的仪式追随者的热望与早期习俗形成了鲜明的对比，后者反映在传说中以及报道人的直接陈述中。根据普遍的观点，烟草会最初仅限于几个人，而且占多数的是老人。不止一位报道人指出接收风俗上的变化，在近期即使是小孩子也被认为是有资格的。在那种情况下，乌鸦印第安人会援引一位古代乌鸦人的预言性的警句——有时也被说成是一只草原土拨鼠说给一位寻找幻象的人的话："当你们所有的人都加入烟草会时，你们就会受穷！"尽管如此，外来者们渴望加入，会员们也渴望通过接收大量的"孩子"来提高他们的地位，于是1910年有许多乌鸦人都加入了烟草会。然而不久之后，部分是由于新的情况，部分是由于印第安人事务局的阻挠，这个组织几乎逐渐消失了。

最初，候选者在冬季受训，在春季正式入会，紧随烟草种植之后。在近期，这个入会仪式被推后了，以便与政府官员所批准的7月4日的节日庆祝相协调。接收包括一个预备阶段，在这个阶段将成为养父的人私下里教导新入会的成员；几个月后，在一个半公开化的仪式上完成接纳入会。这个半公开化的仪式包括几个阶段，不过几乎没有超过二十四小时的，它的基本活动包括：接收的分会在预备帐篷中聚会；正式列队进入接收帐篷；一场汗屋仪式；由新入会者挑选法物。

候选人的准备工作要花掉一连四个冬夜。在头三个晚上，分会设宴款待候选人和他的妻子，他们被允许观看舞蹈。在最后一个晚上，"父亲"将财物发给四位不同的成员，他们每人赐予这对被接收的夫妇一首歌曲。丈夫和妻子每人得到两首，接着他们第一次与赐歌的人一起跳舞。

280

几个月后的半公开入会仪式的先决条件是要有一个"接收帐篷"（actsitu´a）。搭建接收帐篷是一项极受珍视的特权。一些分会因为缺乏"持有搭建权的人"而不得不向其他分会求助。这表明了会作为一个整体团结一致的意识。这一点也体现在其他方面，比如，接收仪式上的乐师和出席者可能会属于烟草会的**任何**一个分会，尽管报酬只归"父母"及其会友们。

接收帐篷是由十根巨大的松树树干组成的，树干顶端绑在一起，下面散开成为一个巨型的帐篷状。我所见到的接收帐篷没有被完全遮盖，阳光能够从一侧照射进来。当帐篷里面还没有人时，最显眼的是一个长方形的空地，大约 1.5 米长、0.7 米宽，这是"arā´ca"，为了方便起见，我称其为"圣坛"。随后，会员们将他们的包放在圣坛的前头，在那里插下纤细的长满叶子的小柳树枝，每位新会员一根。

这个圣坛的长边被一排弯成弓形的柳树枝围起来，在柳树枝的外围平行地放着一根同等长度的圆木。在这根圆木和柳树枝之间是四排小杜松树枝。圣坛上的牛粪用作点烟斗和熏香时的燃料。有时整个圣坛都撒满了杜松树枝。这个圣坛象征着烟草园，形成了原初的神示的一部分。在仪式后，这个圣坛要保持原封不动。圣坛通常位于帐篷的正中央。法物包被放在空地的西侧短边上。不过，一些细节会根据主人的梦而有所变化。

当举行公开表演时，候选者首先在一个预备帐篷中同他们的分会见面。在这个帐篷中，乐师占据一处，女人和围观的人占据其余的空间。在这里，会员们所涂饰的图案依照个人的幻象各异，

281

这些图案由此被认为是可以移交的特权。1911 年，在草莓分会的一场接收仪式上，"法物乌鸦"的妻子在女人们的两颊上都画了四个蓝色的点，而在她自己的脸颊上则画了一个大得多的蓝点。"灰牛"曾经送给自己母亲一匹马、一条貂皮裙子以及一些钱作为她的涂饰"专利"的报酬，之后又以四匹马的价格将它卖给了"许多棒击"。男女的样式截然不同，"灰牛"的妻子实际上是为女人们画图案。这种劳动分工是独具特色的。比如，在草莓分会上，"老狗"和"法物乌鸦"为男人涂饰，而他们的妻子则负责女人。"法物乌鸦"本人梦见过装饰的图案。

1911 年的仪式中大约有十二名鼓手在预备帐篷的后面排成了一个弧形，在一边是三位摇响铃的人和"法物乌鸦"。按照大家一致同意的观点，最初响铃是这个仪式独具特色的乐器，但是后来引入了鼓。鼓手们属于烟草会，但未必属于正在举行入会仪式的分会。他们凭借其作为乐师的技艺入选，并因其服务而获得报酬。打鼓被看作是模仿雷声。烟草包在这些乐师的前面摆成一排。当只有一名新会员被接收时，一根柳树枝被放在这一排的最右边。柳树枝上挂着一块方巾和一个小小的烟草包，它会代表这位候选人向上天的神灵祈求保护，它象征着直到柳树又新叶满枝时，候选人都会平安无事。那个小小的烟草包里面有非常稀有和珍贵的烟草种子，上面可以看见晨星的图形。到场的女人们在门的两侧排成两个弧形，一直延伸到那一排烟草包的位置。在离开帐篷前，她们全都得到了鹰羽毛扇，在那时之前，这些鹰羽毛扇一直放在一个包里。

在表演者们涂饰完以后，乐师们敲鼓；女人们拿着没有打开的法物，比如有填充物的鸭皮，轻轻地摆动着身体，但是并不离开原地。在跳过几轮舞蹈以后，那位帐篷主人的妻子在出口旁选一个地方站好，手拿一支卡特林石烟斗[1]。她头戴一顶杜松叶子的冠饰，脑后挂着一块皮子，而其他女人脑后插着一根羽毛，前发上挂着一张鼬皮。她退出时总是遵照同样的步法。乐师们会打鼓并唱一首歌。当鼓声止住时，她向前迈一步，但是又将脚收回来。接着又唱了两首歌，她还是如此行动。但是在第四首歌结束的时候，她走出了这个预备帐篷，女人们排成单列跟在她的后面；在大约 1.8 米的间隔后，跟着的是鼓手，他们清一色都是男人。1910 年，大约有二十五位女人和十五位男人。在早先，候选者总是拿着他的柳枝走着，他用一匹马换来了这根柳枝。1911 年，那位新会员——一位十二岁的女孩子，在行列的末尾骑在一匹马上，"法物乌鸦"牵着她的马。有一条规矩是在走向接收帐篷的行进途中，没有人可以抢在首领前面。但是在到达接收帐篷前，必须停四次，每停一次，都有一位不同的男人在鼓手们的伴奏下唱四首歌，而女人们都在原地跳舞。在行列停下来时唱歌被认为是一种仪式性的特权。现在表演者们全都进入了接收帐篷。鼓手们围成一个小的封闭的椭圆形在圣坛的西边坐下，摇响铃的人在他们的南面。原先在预备帐篷中的两组女人分别坐在圣坛脚下的北面和南面。

队列刚一进入接收帐篷，立即有两位著名的勇士分别进入各自的角色。他们中的一位生起一堆火，按照古代的方式，火上有一只

---

1 卡特林石烟斗（catlinite pipe）：卡特林石得名于美国画家乔治·卡特林，这是一种来自密苏里河上游地区的黏土矿物，印第安人用它来制作烟斗。——译注

吊桶，里面煮着舌头。这个男人由主人选出，他一定曾经在敌人围坐在火堆旁时杀死过敌人，此时他正在朗诵他的功绩。在以前，另一位勇士会跑到一条小溪那儿然后带着水回来，但是在近些年里，接收帐篷的附近放着一只装有水的大容器，这位勇士拿着一只小桶跑到那个大容器那儿，用小桶舀满水，然后飞奔回来向主人汇报。

1911 年，我实际目睹的是下面的情况。"法物乌鸦"站起身，讲述大约有七位达科他印第安人围坐在一个帆布帐篷的篝火旁。"法物乌鸦"一马当先，乌鸦人猛扑向达科他人并消灭了他们。描述完这些事迹后，"法物乌鸦"折断了一些细树枝，将它们扔到长方形的空地上，代表篝火。"装帽子"（Packs-the-hat）被选中扮演运水者（ak ī′cde）的角色，他获得这个资格是由于他两次棒击的功劳。他站在一些叶子上，叶子象征着平安无恙地见到来年大地又是一片新绿的希望。帐篷的主人"河岸"（Banks）和他的妻子站在"装帽子"的后面，摇摆他四次，这时"河岸"摇着响铃并唱起一首歌，这些歌通常类似颂歌而不是烟草歌。第四次当这对夫妇把"装帽子"推出帐篷时，他猛冲向有水的容器。"装帽子"返了回来，声音压得低低地向"河岸"汇报。这象征着从作战队伍归来的报告。主人打发报信的人离开，说道："结束了，走吧！"然后，他大声地宣布运水者带来的消息，众人大声地喊道："感谢！"水在接收帐篷中依次传递，老人和乐师们喝了水。

就我得到的三个不同的版本来看，运水者的报告在措辞上并不完全一致，但是表达的情感却是相同的。他们中的一个这样说："有一支作战队伍，我跟随着它。我们向敌人冲过去，杀死了敌人。我缴获了一支枪。我返回来了。当我到了你们种下烟草的地方时，烟草正是长得最多的时候，周围的苦樱桃也是最繁盛的时候。于是我向这里走来。当我到达营地时，这里没有一个人生病，你们全都在安然地收获着烟草。"

在生火和运水的情节过后，人们在接收帐篷中真正跳舞前，还有一个仪式环节，也就是到场的男会员抽烟。他们所使用的烟草并不是会使脸上长出疹子的神圣烟草（见边码 274 页）；近几十年用的是市面上的普通烟草，而在这之前，据我推测可能是希达察品种的烟草。一进入接收帐篷，这支行列领头的人就将她的卡特林石烟斗交给她的丈夫，也就是那位主人。现在点烟草者（ak´ō´para´xia）点燃了烟斗，把它传给大家。至于这位点烟草者是否一定要与主人是同一个人，报道人各执己见。不过，无论如何，这个职责是非常重要的，因为在草莓分会中烟斗是由创立者"法物乌鸦"本人亲自点燃的。点烟草的人坐在门旁，谁也不能从他的面前经过。他甚至会先于歌手得到食物，而在他之后才轮到歌手们。他和他的妻子唱第一首歌，这是对乐师们的一个暗示，他们应该立即和上曲调。根据"独树"介绍，这位点烟草者为整个仪式领头：如果他唱三首歌，随后所有歌手都要唱三首；如果他只唱两首，他们也照样唱两首，以此类推。类似地，如果他以一首鹰歌开始，女人们便拿着鹰羽毛扇子跳舞；而如果他代之以一首鼬歌，女人们则拿起鼬皮。

乐师们开始唱歌和敲鼓，所有的会员都起身跳舞，女人们是最常见的表演者。他们从来不移离原地，但是双手以一种独特的痉挛式动作交替着前举或后撤、举起或放下，手里有可能拿着法物皮、鹰羽毛扇、小柳树枝之类的东西，也有可能没拿。有几组舞蹈者轮流表演，每一组都有对应的四首一套的歌曲。他们摆动着紧握着的手，拇指冲上、小指冲下，这被认为是烟草舞的正确方式；而握紧拳头让拇指和小指位于同一水平面，则是熊歌舞的典型特征（见边码 267 页），尽管这个动作在烟草仪式中也是允许的。

理论上每人至少唱一首或两首歌，这样这个仪式会一直进行到下午晚些时候或者直到晚上。尤其必不可少的是让每一位新会员与那些曾教给他仪式歌曲的人跳舞。"灰牛"回忆起在他的接收仪式上，两位教给他歌的人和他一起跳舞，一次一个人；类似的，他的妻子也同教给她歌的人跳舞。在圣坛脚下，我曾经看到过一位男候选人在两个男人**之间**跳舞，他们非常可能是这个男人的指导者。在跳第一支舞时，这三个人全都举起小柳树枝，下一次是羽毛扇，第三次是响铃，最后他们只是摇动着他们的手。然后这位新入会的成员回到他原来坐的地方，稍后离开了接收帐篷。我看见一位新入会的姑娘同时与许多女人跳舞，一位在她的右侧，其余的在她的左侧。

除了这些必不可少的舞蹈外，还有大量其他会员的舞蹈。正午时有一次休息，部分是为了宴会，部分是为了要送给"父亲们"成堆的财物，作为入会费的一部分。在鼬分会的仪式上，我目睹了"儿子"的亲属拿来了大量的被子和其他礼物，一位年轻的女人负责这件事。因为这位新入会的人属于夜鹰分会（见边码 207 页），他的会友们全都在接收帐篷外面列队，每人为他的入会费出二十五美分。由于我有一位夜鹰分会的翻译，所以我也捐献了这微不足道的一点钱。作为回报我们得到了一箱水果，大家伙平均分配。过去在这个时候，勇敢的年轻人会将他们的木棍刺入接收帐篷里，他们可以得到扎在棍子尖上的舌头。这是一种将一个人的功绩广而告之的方式，因为只有真正勇敢的人才有权利得到舌头。这种从一个人的会中得到帮助的观念出现在夜鹰分会诞生之前：在"法物乌鸦"的接收仪式上，他的"木块"同伴同样代表他送出了财物。

在整个表演中，到接收帐篷的游行和紧接着进入接收帐篷后的戏剧化情景是这个仪式给人印象最为深刻的特点。随后的舞蹈常常较少给人严肃认真的印象，实际上表演者和围观的人沉浸在偶尔的玩笑中。

1910 年，另一个分会与鼬分会在同一天举行了接收仪式，但是它的仪式在下午早些时候结束了，可能是因为它的会员要少些。因此，他们来到了"鼬"那儿，甚至加入了他们的舞蹈，这再一次表明了所有皈依烟草会的人团结一致。大约在四点钟，一位鼬分会的老妇人对着鼓手们大声唱一首歌，然后她与一位中年男人跪在圣坛脚下，每人一只手里拿着一个响铃，另一只手里拿着一把扇子。起初他们用响铃敲打地面，同时摇着扇子；然后，他们举起响铃，仍旧跪在地上，在空中摇着响铃。这个跪着的姿势是在模仿种烟草的人在园子里劳动，敲打地面表示还没有发芽的烟草，举起响铃象征着烟草的生长。大约在五点钟，一位戴着头饰带的老妇人独自站起来演唱最后一首歌，她的一只手里拿着一把扇子。在接近尾声时，所有在场的会员都拿着小柳树枝，摇着它们，然后突然高高地扬起小柳树枝以此促使烟草生长，而乐师们也同样举起了鼓槌。这种并非一目了然的方式表现了乌鸦人对于模仿巫术的信仰。接收仪式的公开表演部分就此结束，接下去是分配食物的仪式。

汗屋仪式和选择法物。 到这时为止，新会员已经掌握了跳舞和歌唱技术，但是他依然没有任何烟草。在他接受他的法物前，他必须经历发汗。

当"小鹤"加入水獭分会时，她的丈夫"疯头"同他的第二个妻子也进入了汗屋，一道的还有其他几个资格更老的会员，总共大约有八个人。这个帐篷比平常的要大些，它盖着野牛皮，上面放着这个分会拥有的装着烟草的法物包。在通常的汗屋仪式后（见边码257页），这些法物包被摆放在汗屋附近的一块铺垫上。这之后，所有的发汗者全都走出来，在河里洗浴，然后回家。第二天，"疯头"同他的妻子们在一个帐篷中与会员们见面，法物已经被放在了后面。到那时为止，这个分会的创建者的儿子"追捕敌人"一直是接收帐篷的主人，但是由于这些新入会者所献出的马匹和礼物，他将特权移交给了"疯头"的第二位妻子。自此以后，需要接收帐篷的人都不得不向这两位妻子提出请求。由于她们的亲属帮忙付了接收费，这两位女人被赋予自己挑选法物的权利。"小鹤"由于不了解选法物的事，便让"狼"（Wolf）帮助她挑选。他选了一张水獭皮、一条法物毯子、一条水獭皮带子、某种植物和一些装有烟草种子的鹿皮包。随后，在烟草舞上，她会抓着这张水獭皮的脖子部分。1910年我买下了这张水獭皮。

就大小而言，在这些描述中所提到的"包"有迥然不同的两种。有一种是小的袋子，经常成对地绑在一起，里面直接装着种

286

子；还有一种是大的生皮或鞣制的皮袋子，它们有带子，以便在游行中扛在背上。大些的袋子常常装饰有条纹、圆圈和斑点，这些图案常常被解释为代表着种子或园子。

据"灰牛"讲，与新会员一起发汗的人是歌曲指导，新会员允许从这些歌曲指导的法物中挑选，而他的"父亲"和"祖父"则从其他会员的法物包中为他挑选。

"法物乌鸦"进一步做了几点说明：他说建造汗屋的柳树可能有十四、二十四棵，以此类推直到九十四棵，或者可能是一百棵。在他自己的接收仪式上，在向岩石上泼第二遍水之前，他的"祖父"用一种野胡萝卜根和水的混合物清洗他，并为他祈祷："我想让他成为一位老人，上天，让他一直活到成为老人。"（"嘴里的孩子"同样回忆起被"洗"过，当时是用三齿蒿从头往下擦拭全身）。

287 在揭去帐篷苫布时，这些法物包被冲着山的方向放好。当发汗者发现法物包被拿走了时，他们会鞭打自己并且每人诵读一句祈祷。等到苫布被扔到一边，发汗者进了河里，他们身上的任何疾病都会被洗掉。就他（"法物乌鸦"）自己的情况而言，他的妻子一直在准备宴会，宴会的消息由传令官公布。然后接收分会带着他们的法物包来到他的帐篷中，先是用香熏这些法物包，然后露出里面的东西。他要为每一种选中的法物付出一匹马；他还要选出一个包。他们唱三首歌，他三次假装将选出的东西放进包里，而直到唱第四首歌时，他才真的将选出的东西放进了包里。就这样，他成了水獭分会的成员（见边码 275 页），自此以后，会员们待他就如同待他们的自家人。

要付出的和入会相关的费用总额大得惊人。当"熊狼"接收"老狗"加入草莓分会时，"老狗"在亲戚们的帮助下付出了五十匹马。"熊狼"给了歌曲指导每人一匹，这些歌曲指导是他选出的，其余的马在他的会友们之间分配。似乎一匹马换一种法物是一个标准价格。

种植。为了有效率地种植，会员们得让他们的种子与水及其他成分适当地混合。这是由他们会中胜任这项职责的官员——混合者——来做的，他有权为他的服务收取费用。这个会的原住民名称"bācuˊsua"（浸泡）就是源自这道程序。整体来说，混合者可能是这个组织中最为重要的官员。通常情况下，每个会仅有的混合者大概是一对夫妇，但是鼬分会曾经有几个混合者。1911 年，草莓分会与鸭子分会共同举行了一场混合仪式。

每年烟草园的地点是由混合者来决定的。如果他们中的一位在冬天梦见烟草，他便邀请其他混合者，无论男女，参加在春天开始时举行的一场宴会。在吃完饭后，主人向每一位客人询问是否梦见了种植。然后，有些人会报告说自己梦见烟草长到多么多高，其他人会说看见了叶子、烟草刚刚冒出地面、成熟的烟草、四周有围栏的场地，或者看到了生长地点。当所有的人都说完了的时候，主人开始描述他自己的梦。倘若几位混合者都看见了同一个地点，这里便被选为当年的地点。如果没人有明确的梦，那么他们就会通过判断来确定地点。据"独树"讲，这个会的任何成员都可以参加这场聚会，在那里还要举行一次舞会。

在这次聚会到烟草种植之间，会员们收集新鲜的骨头，捣碎它们，并收集起尽可能多的油脂。混合者通常提供肉，并切碎它们。这些肉以后会送给外来者以答谢他们各种各样的服务。

适宜的混合的时间是"当苦樱桃开花时"，也就是 5 月。混合者们在同一天准备好会员们的种子，尽管这项工作是在不同帐篷中完成的。这个过程的细节因不同的幻象各异，近代的情况又必然导致进一步的变化。以前，人们将麋鹿、鹿或者野牛的粪与烟草连同几种花和根混合；近些年里，牛粪被取代了。据"漂亮尾巴"（Pretty-tail）讲，成分包括八种不同的根和花。混合者用一只木碗，里面画着一个红圈；以前用野牛角舀水，后来则换成了牛角长柄勺。"漂亮尾巴"这样描述了他的程序：摇着他的响铃，他开始唱歌，而他的妻子坐在他的旁边。在每首歌结束的时候，她做一个动作，似乎是要把长柄勺浸入一只桶里；在唱完第四首歌后，她才真的将长柄勺放了进去，并将水倒在碗里，一直到了那个画着红圈的地方。放下长柄勺，她打开了几个小的烟草包，而她的丈夫唱了四首歌。在唱到第四首时，她把一个包内的东西全都倒在碗中，然后她又放入其他的东西，最后当它们充分混合后，加入牛粪。到这时，用来盛碗里东西的牛瘤胃已经准备好了，这些东西被倒在其中一只牛瘤胃里。现在用一个大烟斗往这个牛瘤胃里吹烟，然后迅速地用筋腱绑住以保存住烟。他们有一个樱桃枝，他们把樱桃枝的一端削尖，而另一端弯成钩状。他们将樱桃枝涂成红色，然后把现在胀得鼓鼓的牛瘤胃绑在弯曲的一端。他们也用同样的方法来处理其他几个牛瘤胃。然后，他们在两个帐篷柱之间拉上一条绳子，将樱桃枝绑在上面。这些活儿要花掉整整一天的工夫。入夜时分，会员们开始在混合者的帐篷里跳舞，跳整整一个通宵。最后，他们都回家了。

第二天，这些会员们向烟草园的地点出发了，有时他们是在整个营地的人的陪同下。不过，首先是每个分会的会员单独见面，他们的混合者为会员们涂饰，会员们全都穿上了最好的衣服。女人们的胳膊上挂着毯子，背上扛着大大的烟草袋子。大家全都站起来，乐师们吟唱某首歌曲。到这时为止，一位女人带着一个特殊的法物，站到前面很远的地方，离其他会员大约有 45 米甚至 274 米远。她被称为"领头的人"（akbasā́nde），但是为了把她与预备帐篷外面的真正首领区别开来，我称她为"法物携带者"。许多人将她的官职视为这个会中最为重要的。通常认为，这种职位属于一对夫妻，但常常是妻子走在队伍的最前头。

由于保留地之间相隔一段距离，每个地区自然都有独特的仪式和"法物携带者"，因此差异产生了，甚至法物本身也有所区别。在早期，它包括一张水獭皮和一些相关的标志，这种传统在普赖尔依然存续着。但是在帐篷草地区，"法物乌鸦"有一个关于鹤的幻象，大约是 1895 年，在其所在地区的烟草游行中，他成功地用鹤取代了水獭皮。大约在同一时期，大角羊地区用烟斗代替了水獭皮，因为拥有水獭皮特权的女人去世了。在保留地的某个地区，一位男性混合者供职两次。预先准备的法物常常由几部分组成，这几部分由特定的成员带来，比如，从前，皮是由那位"法物携带者"来携带的，而一位水獭分会的老人戴着一顶白羽毛的冠饰，另一位老人的是一个装有草地鹨的烟草袋，他的头部也同样有用草地鹨做的装饰。皮、冠饰和鸟被认为是一种法物。同样，在普赖尔，"法物携带者"的丈夫戴着一条麋鹿皮的头饰带，后面装饰着羽毛，手里拿着一把鹰羽毛扇。谁也不允许走在"法物携带者"的前面，他们设有看守以防人们违反这项规矩。除此之外，保安团中的一个人骑马跟在队列的后面，武装着长长的棍子，以防外来者接近游行的人。

乐师在"法物携带者"所属分会的预备帐篷中演唱了四首歌曲。接着，领队者（有时至少也要是"接收帐篷的主人"）在帐篷里面绕了一圈之后，再把这伙人带到外面，女人们走在前面。这个分会的男人们加入进来，所有人都站成一横排，男人们带着鼓站在女人们的右侧。在这些男人们的右侧是第二个分会的女人们，以此类推，直到这个会所有的成员全都并排站在一起。但是，据另一个人描述，女人们都站到一块，而男人们则在女人们的右侧站到一块，不过两群人都按分会分开。

队伍向烟草园的方向进发，但是只走了很短的距离。每个人都在那里坐下来，女人们将包放在身前，男人们在后面坐成一排。这时，"法物携带者"向前走大约 36 米，将一根棍子插入地下，并把她的法物放在棍子的两个分叉之间。然后她往后走。在那里她唱一首歌，乐师们开始跟着唱起来，所有的会员们都在原地跳舞，包括那位"法物携带者"。作为"法物携带者"的丈夫，"漂亮尾巴"现在会填满一支烟斗，将它依次递给每一位男人。起初，大家都推辞，因为据西姆斯先生了解，接受烟斗意味着可能会为了烟草的生长而牺牲自己的生命：如果烟草歉收的话，抽烟者一定会大难临头。然而，最后有一位男人接受了烟斗，抽一口烟，再将烟斗递给另一位男人。现在，女人们扛起她们的袋子，男人们拿起他们的鼓。抽烟者和他的妻子站在女人们的前面，面朝领队者。"漂亮尾巴"走近领队者，告诉她有一个男人已经接受了烟斗并准备唱歌。这位抽烟者先是以低低的声音演唱，把他的曲调教给乐师们，然后乐师们在鼓点的伴奏下大声地唱着，而女人们则跳起了舞。在唱完四首歌后，队伍继续游行。通常要停四次，每停一次都有相似的表演。据"灰牛"讲，每一次烟斗都被递给不同的混合者，混合者吸烟，然后把它递给他的会友，并公布他的梦——他看到了下一个季节的什么什么，或者是烟草的长势——然后他唱四首歌。

　　在停第四次的时候，队列距烟草园大概有 91 米远——一些人说是 274 米——而那位"法物携带者"在距烟草园 15 米远的地方。她会叫她的一个"孩子"将法物从她的背上卸下来，但她不会回过头去看。现在要进行一场赛跑，目的地是烟草园。在混合者们唱最后一首歌之前，每人选出一位飞毛腿，让那个人带着她的烟草袋子飞奔。"法物携带者"用红色的颜料来装饰马的身体两侧，并让一位著名的男人骑上马。在最后一首歌结束的时候，这位骑手和那些飞毛腿们都朝烟草园猛冲过去。混合者们已经事先在那里插上棍子，并告诉赛跑者们哪一根棍子是他们的目标。根据乌鸦人的信仰，只要在这场赛跑中获胜，那一季他都会拥有好运，在过去，人们认为他肯定达成那一年的第一次棒击。一位赛跑者有时会拔起一根棍子，以此宣布他缴获了一支枪。每一位赛跑者都把自己的包放在一条毯子上，再用另一条毯子盖住它。接下来，这个会的会员们

291

继续向烟草园的地点进发。混合者们在烟草园的一侧铺开一条毯子，用来存放法物。

二十年前，这个场地是通过犁耕来准备的，但是更古老的方法是烧荒。会员们和外来者拿来斧子、锄头和其他工具，清除所有的杂草，平整地面，露出地表，再将干草和小树枝撒在上面。一位有鹰法物的人——未必是一名会员——要对着土地唱歌。在他唱第四首歌之后，人们点燃草。这位歌唱者双手各拿一把羽毛扇子，扇着火。当草燃尽的时候，人们拿来长满叶子的树枝，用它们清扫那块地方。混合者送给所有干这个活的帮手们干肉饼。在烟草园的外面，人们开始做饭、吃饭，然后草皮被清走了，堆在被烧过地面的边缘，形成一圈像围栏似的东西。场地相对的两个方向上插着两根棍子，棍子之间拉着一根绳子，用以标出分配给一个人的地块。每位混合者清点自己分会的会员人数，然后以此划分他的那一片地。一些人梦见过这片地特定的部分，他们会在那里种植，以便达到最高产量。

我所见到的烟草园全都属于同一种类型。1910 年，我非常仔细地观察了帐篷草的一个烟草园。它坐落在一个山脚下，包括两个围场，一个供播种在完成主要种植后剩余的种子，它的面积要小于在主要地区分配给单个分会的土地。大一些的围场呈长方形，大约54 米长、5 米宽。这个围场再分成六块供几个分会使用，有时相邻的地块由纵贯烟草园的几排平行的拱形小柳枝隔开。围起烟草园的栅栏非常简陋，树枝和树干被乱七八糟地堆放在一起。在栅栏内，每块地再被进一步划分，每个分会中的每对夫妇得到两垄。有时用纵向摆开的小石头分出这些垄。每对夫妇都用他们的挖掘棍子作为一种财产标记，放在分给他们的那一垄地的任意一端附近，不过通常是在这个长方形的东侧。这些棍子是樱桃木的，它们有几处不同之处：一根比其余的都要长，一根有一个钩状的把手，还有一根的顶端绑着一根小柳树枝，尽管多数的棍子都被涂成了红色，但有一根却没有涂色，只是树皮被剥掉了。剥掉树皮也有几种不同的方式：一根棍子顶端的树皮没有被剥去，另一根的树皮一直留到了中部。另外，一些人将种子袋系在他们的棍子上，其他人系的是草环或杜松树叶编成的环。"灰牛"认为，这些标记不单纯是记号：它们的依据是幻象，能够促进烟草的生长。

在第四个分会的地块中，在那排樱桃木棍子外侧非常接近栅栏的地方，我看见了一个微型的汗屋框架，它由相交的两根弧形的柳条再穿插上其他五根柳条构成，它的直径是 45 至 53 厘米，高约 20 至 22 厘米。火的灰烬还隐约可见。在相对的一侧也发现了类似的结构。这些小汗屋被看作是供奉给烟草的，也就是说促进烟草的生长。在汗屋中还燃着野胡萝卜香。每个分会都搭起他们的微型汉屋，因具体幻象的不同，在细节上有所区别。

分配好烟草园之后，有一个与接收仪式的运水极其相似的情节。在烟草园中，每位混合者都挑选一位著名的勇士站在他的前面。这个混合者抓住这个男人的背，唱四首歌，每唱完一首都稍稍推他一下。到第四首时，这位勇士沿着与烟草园短边平行的方向跑过烟草园，然后再跑回来。他用低低的声音汇报说：他已经去了战场，击中了棒击，然后在归途中去了烟草园，在那里，他看到了好多好多的烟草、浆果和野牛。这位混合者朗声重复着他的话，随后大家一起祈祷烟草和食物充足。

293   接下去，混合者拿着一根尖尖的棍子，唱四首歌，每首歌唱罢，都假装把棍子刺向地面，直到第四首歌唱完的时候，他才真的刺了下去，弄出了一个5厘米深的洞。播种就此揭开了序幕。女人们跳着舞，把她们的棍子指向地面。在唱完四首歌后，她们戳一个洞，然后每个人都沿着自己那一份地向后倒着走。她们的丈夫跟着她们，向前走着，把种子丢在那些洞里。当做完这些后，女人们在烟草园的另一头排成一排。每位混合者都坐在他自己的那份地和他分会的对面，唱四首歌，女人们和着歌曲跳舞。然后，普通成员回家了，但是混合者夫妇们留下来发出更多的法物。他们摇着响铃，唱着歌。最后，他们也回家了。大家在那个晚上跳舞。在过去，在转天的早晨或者至少是在不久的将来，接着会有一个接收仪式。

在种植之后，一个习俗是躺在烟草园中以获得幻象。烟草歌曲尤其可能会以这种方式出现。"灰牛"曾经那样躺了三天三夜，他最后看见了一个男人。这个男人握着手，但没有紧握。当他把手轻轻地放到前面时，他唱着一首歌的第一句。在唱第二句时，他触到"灰牛"的身体。歌词是这样的："我是烟草，我的全身都是烟草。""灰牛"发现他的烟草长得好极了，并将此归功于他的歌曲。别的人问他是否看见了什么，他便把他的幻象告诉了这些人。然后大家说道："谢天谢地！我们肯定会大丰收！"1911年，在跳舞时"灰牛"用的依然是这首歌。

1914年，在其他人播种的时候"不混杂"的妻子和"平狗"

都在服丧期，他们正在绝食；但是当其他人都离开后，他们进入烟草园寻求幻象。"平狗"被赐予烟草大丰收的承诺。

在播种和收获之间，要遵守很多规矩。抽烟的时候，这个会的成员们要拿着他们的烟斗向外和向上移动，当种子收集起来以后，这个风俗便停止了。他们不烧草，扇火的人和分会的会友们不允许任何人在各自的帐篷中移动木柴。有很多种食物这个会的成员不能吃，比如牛的睾丸和野芹菜，以防烟草受到伤害。当烟草已经长出来后，由于同样的原因，击球游戏被禁止了。另一方面，在播种后第一个吃幼鹿肉的人将会大丰收。在此期间，会员们更加频繁地跳舞以促使烟草更快地生长，但是这些歌曲唱的是烟草会本身——而不是鼬分会、水獭分会等等——否则就会歉收。

人们在烟草园中将进行四次正式的巡回视察。在播种四天后，"法物携带者"的丈夫回到烟草园，有时是在他妻子的陪伴下，常常有一位第一次巡视烟草的首领或者伟大勇士陪同。据"胳膊绕在脖子上"说，当这一帮人接近烟草园的时候，有经验的侦察员们就被派出去。他们侦察，高声呼叫着返回，就仿佛真的身处战争奇袭中。侦察员们汇报给其余的人烟草长势很好。返回营地时，这位视察者向混合者们报告了情况，混合者们随即唱起庆祝的歌曲。几天以后，向烟草园行进的队伍做第二次停歇时，会有一个男子唱歌，这个人要去视察烟草园，并进行大同小异的汇报，紧接着的是同样的程序。十二或十四天以后，第三个视察者上路了，可能会发现烟草苗已经长了大约 5 厘米高。二十到四十天之后，第四个人出发了，报告烟草长得很好。每位视察者返回时，都会举行一场烟草舞。

这个程序显然并非一成不变。播种和几次视察的时间间隔可能最常见的是四天、七天、十天和十四天，但是"熊鹤"说，他在烟草园仪式的十七天后去视察，连续的两次视察都是间隔十七天。在第四次视察时，"熊起床"解释说，一位混合者同他所有的会友一起去了烟草园。在吃完饭后，他在烟草园中生起一堆火，燃起野胡萝卜香。然后，人们开始拔他们分到的那块地上的烟草。稍后，这位混合者会再次视察这个地方并通知将要来拔烟草的会员们。

起初，收获烟草是以四件礼物的代价从混合者那里买来的一项仪式特权，那些没有被准予这项特权的人会让他们的"父母"为他们收获。近年来，几乎所有的成员都有权"收回"他们的烟草。

收获的季节是"当樱桃成熟时"。1910 年 7 月 12 日，我和另外六个人在烟草园中参加了那一年的第一次收获，这些人全都属于鸭子分会。他们不是用拇指指甲而是用一个小木片去掉了烟草籽的壳。1913 年 8 月 25 日，我观察到的另一条规矩是不许用手指指向烟草，应以木棍取而代之。同样的禁忌也适用于星星，星神被认同为烟草。在采烟草籽前，收获者们用野胡萝卜根涂擦他们的手和脚（见下）。

"熊鹤"提到要在烟草园中收获四次，这似乎很有道理。不过不管怎样，应该会有几次收获，因为烟草并非全都是同时成熟的。每次在采籽前，会员们都在那块地上唱歌，返回营地后再按分会分开跳舞。如果有会员没有和其他成员一起收获，混合者就会将他们的种子封在单独的袋子中，将这些袋子分别送给烟草的主人，主人用礼物作为报酬。在这个季节的最后一次收获之后，人们搭起一个接收帐篷，在那里进行一场舞会。表演者在地上蹭手，要不就是蹭他们的脸。如果被他们的手碰到的话，就容易发痒、生疮和起丘疹。在跳完舞后，他们唱一首特殊的歌，然后跳舞的人向家里跑去，据说第一个到家的人会得到好运。人们把烟草秆和叶子拔出来，切细，混上肉和普通的烟草，再扔到一条小溪中。"灰牛"不知道为什么要这样做，不过他认为既然在播种前烟草已经与水混合，所以这样做便是自然而然的了。

结论。以上讲了这么多，所有这些都说明了什么呢？乌鸦人坚信，为了确保人们长此以往的幸福安宁，种植烟草是必要的。他们一致将烟草认同为星神。根据不同的说法，烟草要么是在总体上代表星星，要么是特别代表晨星，要么是一颗特殊的"星星"的"凡身"，即星星的**对等物**；再或者至少是星星们赐予寻找幻象的人的。那么我们面对的是一种星宿崇拜吗？似乎事实材料就到此为止了。乌鸦人中没有任何对于天体现象的描绘，没有一贯的对于星星的祈求。尽管会提到它们，比如不许用手指星星的禁忌，但这只是偶尔的，甚至是有意地试图与原初神话所断言的内容挂上钩。乌鸦人的仪式没有对天体给予更突出的地位，这一点尤其引人注目。因为最为流行的有关乌鸦英雄的神话中，正是老妇人的孙子，即太阳神的儿子，在制伏了世界上的妖魔鬼怪后变成了一颗星星。似乎再没有什么比一场与星星明确相关的仪式更戏剧化地表现他功绩的方法了，然而乌鸦人却从来没有产生过这样的想法。

那么，烟草会仪式的实质是什么呢？本质上，它只不过是乌鸦人所具有的常规"法物"观念和相关仪式技巧的结合和精致化。烟草是一种特殊的"法物"，即一种特殊的超自然的给予，具有其独

296

特的规定，其中有积极的也有消极的。正如必须把圣石包裹起来，并用装饰物来呵护，人们也必须种植烟草。与其他神圣的物品相仿，它会赐福信仰者并可能通过接收来传递。同其他圣物的情况一样，接收和精细化扮演着同样的角色。当"法物乌鸦"把他的草莓幻象与烟草会初期的水獭分会联系起来的时候，他完全遵循着一个传统的模式。比如，同样是在幻象的准予下，"平头女人"在圣箭包中加了一个有凹口的木棍。一个分会的创建者像战争包的主人那样，配备了许多勇士，或者像神圣烟斗的主人那样接收三个"孩子"，所有这些都是异曲同工。由于某种原因，烟草渐渐开始与乌鸦人的想象契合，以至于有不计其数的独特神示与烟草崇拜融为一体。将一个人的仪式收养人数量限制在四人的禁令被解除了。创建一个有不同分支的大型团体，即烟草会及其分会，正需要具备以上这些要素。别的要素在其他仪式中也完全一样：动作重复四的倍数、丈夫与妻子合作、汗屋、关于棒击的叙述，这些都是老一套的仪式惯例，它们在肉节、烟斗仪式和太阳舞上也同样突出。一些有熊歌节的分会都有"bātsirā´pe"[1]的出现和收回，还有正式的列队游行，我们将在太阳舞中更加明确地看到这一点。在这里，我们也可以注意到模仿巫术的行为，本章中这种巫术旨在促进烟草的生长。这种模仿巫术虽然不如在太阳舞中那样一目了然，但偶尔有足够清晰的体现。简而言之，烟草仪式并不像是一个统一的结构，而更像是取自部落传统"保留节目"中的一系列随意联系在一起的片段。

1　此处应指第十三章中提到的"bātsirá´pe"。——编者注

第十六章

太阳舞

就外部活动而言，"乌鸦太阳舞"（acki´cirua）与其他平原部落中相仿的舞蹈类似，但它也有别具一格的特点。这个仪式的原住民名称"acki´cirua"并没有给出表明其重要性的线索：它指的是一个微型的帐篷，就像是孩子们在玩耍时搭建的。当然有些人将它解释为指一个微缩的太阳神的帐篷，但这种解释并没有更清楚。太阳神是乌鸦人至高无上的神，因此至关重要，他出现在许多宗教场合中；然而，就整体而言，太阳舞并不能被看成是一个太阳崇拜仪式。

在本质上，乌鸦人的太阳舞是复仇的祈祷。一个男人抑制住亲属被杀害的痛苦，诉诸太阳舞这种最艰难但最有效的得到幻象的方式；借助于幻象，他可以向进犯的部落报仇雪恨。因为过于艰难，只有非凡的哀悼者才能承担这个责任，所以表演不是定期的，可能会事隔好几年才有一次，这与其他部落的太阳舞形成对比。在1830年到1874年之间，两次表演的平均间隔大概是三年或四年。实际上，"小鹤"，一位大约八十岁的"河乌鸦"只记得有六次舞蹈，一位年纪更大些的老妇人认为不超过五次。显然，随着西部和平的实现，这个表演也就自动停止了。此外，因为其主要目标是杀死敌人，所以乌鸦人的这个仪式并没有固定的时间。立誓人一旦宣布他已经达到目的，这个表演便自动结束了。实际上，在一种例外的情况下，连幻象都被认为是可以缺位的：这个仪式的第一天晚上，要是在营地里发现并杀死一个敌人，大家都会感觉这就已经达到要求，舞蹈因此立即就结束了。人们对这种情况的解释是哀悼者撞上了非同一般的好运，由于一开始发生的这件事，他原本会受的罪都得以免除了。

这位立誓人叫作"吹口哨的人"（akō´oce），通常他需要一位法师的服务。这位法师叫作"akbā.e´axtsia"，拥有许多神圣玩偶（marē´wiraxbā´ke）中的一个。通过他的玩偶，主人将会使"吹口哨的人"处于一种神志恍惚的状态，在这种状态中他会看见一位被杀死的敌人。法师就这样成了仪式的主人。他和他的被监护人即"吹口哨的人"是仅有的必不可少的演员，他们的仪式构成了整个纪念活动的核心，我们甚至可以说其余的人仅仅是陪衬。不过，这样就会忽视**当地人**观念的一个基本方面。对于乌鸦人来说，太阳舞肯定**不是**一个为个人申冤的场合，而是一种公开展示和表演，整个部落的人或者作为表演者或者作为围观的人，全都参加进来。至少有几种独特的心理状态与之相关，以下将为大家说明。

一位正在计划太阳舞仪式的哀悼者不会立刻或直接宣布他的意图，而是对给他剪头发的人说："在我的头上留一点头发，这样我就能把一根羽毛绑在上面。""拿着尾巴"就是像这样发誓搭起帐篷的，这个帐篷成为最后的举办乌鸦人太阳舞仪式的帐篷之一。这位剪头发的人公布了这个消息，于是人们知道了这里将会有一场太

298

阳舞。接着，传令官在某个时间会宣布一次大型的野牛打猎。然后，"吹口哨的人"派他遇见的第一个人去请首领来。到这时，哀悼者因为只吃很少的食物已经憔悴、瘦弱不堪了，他说道："在这次打猎中，我想让你把所有的舌头都保留下来，什么舌头也不要给孩子，我全要。"说这话时，他压根不看首领。这是宣布他的意图的又一种方式。首领立刻通过传令官发布一道相应的命令："留下所有的舌头，否则他将要砍脚踝！"这位"吹口哨的人"的名字并没有被提及。在首领拜访之后，"吹口哨的人"不再回避了，当晚返回了营地。

收集牛舌和选择仪式的主持人。这个仪式需要以牛舌作为给提供特殊服务的部落成员的酬劳，同时也是为了在仪式期间的每个中午款待所有人。"大阴影"（Big-shade）作为"吹口哨的人"直到第六天才得到一个幻象，到那时，供应的舌头已经被一扫而光。在临结束时，他不得不用干肉来款待客人。一次单独的打猎并不总能获得预期数量的舌头，有些人预计的舌头数量多达一千条；有些报道人则显然是受到神秘数字的影响，认为合适的狩猎次数是四次。无论在哪种情况下，舌头都由两名或者两名以上的官员收集起来并驮在马上，然后卸到一个特殊的帐篷中，那时有两位老人唱着欢乐的歌曲。在这个帐篷中"吹口哨的人"的亲属将舌头每十只为一组扎在一起，舌头就这样被拿出来，再由将它们驮来的那些马运走。收集舌头的官员们在著名勇士们的帐篷中卸下这些舌头，勇士们的妻子把舌头在她们最好的毯子上摆开。一些人说，"吹口哨的人"哀悼的亲属被杀害时的出征同伴们也会到场。据"熊鹤"讲，"玩偶主人"和"吹口哨的人"也一同加入收集舌头的征程。"玩偶主人"的脸涂成黑色，摇着响铃，唱着庆祝的歌曲。其他的资料则提出，直到收集舌头之后"玩偶主人"才被挑选出来，尽管这是在把舌头重新分配给著名的勇士之前。

但是在早期，情况可能是这样："吹口哨的人"得带着一支填满的直杆烟斗走近一位"玩偶主人"，让对方吸烟斗。接下烟斗就意味着主人接受了仪式的报酬，并成为"吹口哨的人"的"父亲"。"儿子"可能当场试图买下这个玩偶包；但是持有玩偶包的主人极少会同意，只有在价格高昂的情况下他才会答应。

"熊鹤"回忆起六个那样的玩偶包，"小鹤"只记起四个，即"褶子脸"（Wrinkled-face）、"双尾"、伊阿卡克（Iáʹkac）以及"流浪的老人"（Wandering-old-man）拥有的那些。有几位乌鸦人提到了一个玩偶包，它是依据一个假的神示制作的，"灰牛"作为见证人证实了它所带来的可怕后果。在一次使用这个玩偶包的表演上，所有从敌人那里缴获来的枪都被摆成了一个圈。尽管这些枪全都应该是没有装弹药的，但一支枪却突然走火了，子弹先是擦过了那副野牛头骨（见边码 308 页），然后击毙了"吹口哨的人"的妻子。由此，印第安人推断这个玩偶不是真的。不过，暂且不论这种伪造的法物，就是前面提到的几个玩偶包的法力也并不相同。据帐篷草地区的所有报道人以及其他大多数人说，"褶子脸"所拥有的玩偶包不仅胜过其他的玩偶包，而且胜过其他所有的乌鸦法物。它曾经是"小儿子"（Little-son）在哀悼一位死去的兄弟时从神示中得到的，他将这个玩偶传给了他兄弟，他兄弟又把它传给了阿克库克

(Ake´kuc)。从那时起，它又被传给了阿克库克的兄弟"褶子脸"。
300 "褶子脸"去世后，他的遗孀"漂亮的敌人"拥有了它，并把一个
价值低些的复制品与她的丈夫埋在了一起。这个特殊的玩偶不应该
由女人掌管，因此，"漂亮的敌人"仅仅是它的保管人。老人们有
时来到她的帐篷，要求看看这个法物。他们亲自打开它，大概是要
叨念着向它祈祷。当一位年长的乌鸦人听说"漂亮的敌人"擅自为
我打开了它时，他立刻就预言她或者她的一些亲属会因违反这个禁
忌而死。无疑，这个规矩让"漂亮的敌人"心烦意乱，以至竟然提
出将她的这个没用的劳什子卖给我，而直到给我看的那一天，她还
从来没有敢打开过。她起初提出让我付四百美元，以当地人的观点
来看，这个价格并不过分，但是却远远超出了我的能力。几周后，
她要价八十美元卖掉了它。当把这个玩偶包拿到我的小房间时，她
显然是心神不宁，唯恐其他的印第安人今后会发现这桩交易。她自
己把这个玩偶藏在了我的房间中最难被人接触到的地方。

　　因为这种情况下的禁忌，加之"漂亮的敌人"执意保守秘密，
这妨碍了我询问其他印第安人，所以能够得到的关于这个玩偶包
的资料非常少。除了用于太阳舞以外，只有当勇士们出发作战时
才会用到它，勇士们会将它打开，然后向它祈祷。整套法物被装入
一个生皮袋子，袋子上画着三角形的图案。它现在存放在美国自然
历史博物馆中。这个玩偶的下半部分蒙着一块野牛皮，有毛的一面
朝里；眼睛和嘴粗略地用黑色标示出来，头上顶着大量的羽毛。几
个成直角交叉的十字形被解释为晨星图案，这在 1910 年已经不大
常见了。"漂亮的敌人"不知道填充物是什么，但是据另一位乌鸦

人说，那样的玩偶通常是用茅香和白色松针来填充的。玩偶的头发像女人的那样从中间分开。除了玩偶本身以外，这个法物包里还装有许多附带的东西：有三条臭鼬皮、几条肯定是象征着"吹口哨的人"的踝环，还有一条戴上后能引发神志恍惚的项链（见边码 325页）。有两个生皮肖像，其中的一个据说是绑在"吹口哨的人"的头发上。在两个肖像的头上，有粗略标示出的眼睛和嘴，被一个三角形的没有腿的身体鲜明地衬托出来；一个成直角交叉的十字形，在一小块逐渐收窄的生皮上半部分显得很突出。这个玩偶包里还包括两块带珠饰且垂挂着羽毛的小板子、一只安在一个包裹着的柄上的猫头鹰、几束羽毛，另外还有头发。

　　我还有机会见到了另一种玩偶，它是属于"尖角"的。这是"尖角"从他兄弟那里继承下来的，他兄弟是最初寻找幻象的人。在哀悼另一位被敌人杀害的兄弟四天之后，这位寻找幻象者听到从山里传来敲鼓的声音。有人在大喊："大家伙，进来呀！这里将有一场太阳舞！"一些人出来了，将哀悼者带到里面，让他看了这个舞蹈。因此他成了一位法师，后来按他的说明制作了他的玩偶。假使在 1910 年还有敌人的话，"尖角"觉得他仍旧有权表演太阳舞。他的玩偶比"褶子脸"的要小得多，长几乎不超过 12 厘米；上面画着小小的圆圈代表眼睛，嘴和鼻子被标示出来。玩偶的身体是三角形，腰上系着一条带子。胸上有一个用蓝绿色珠子镶出的呈直角的十字形，象征着晨星。脖子被一条鼬皮完全包起来，后背附着贝壳和皮条。猫头鹰的羽毛几乎完全掩盖住了整个玩偶。这个玩偶本来是要用一条绞股的绳子悬挂起来，这条绳子附近绑着一个小袋子，里面装着烟草。这个玩偶是用草药和根的各个部分以及烟草籽来填充的。这个玩偶包也装有辅助的配件，比如一只野牛皮做的球形大响铃。玩偶包的长方形袋子中央画着一个大圆圈，由对称的斜线与两侧（一边一个）小些的圆圈相连。侧面的圆圈代表人，但是"尖角"不能解释中央的那个大圆圈。"许多棒击"认为它可能代表着一个帐篷。

显然，所有这些玩偶都可以代表男人们祈祷征途上的好运。据"遍地是鸟"讲，那样的一名北美印第安勇士会付给主人钱，"玩偶主人"随后解开他的包做一个比他玩偶小些的仿制品。这个小玩偶将被绑在一个小的柳枝做的环上，再用茅香做成的香来熏它，将它挂在这位印第安勇士的脖子上。如果勇士成功了的话，他就会给法师一匹马并交回这个玩偶。但是在四次以后，他便只给主人一匹马，并且留下了玩偶。这完全符合一位年轻人在获得**任何**战争法物保佑时所遵循的程序（见边码 223 页）。

每个玩偶包都有自己的历史和独特的规矩。有一个包据说是给一位女人的神示。实际上，这个玩偶进入了她的身体，她在临死时才把玩偶取了出来。然而作为一个女人，她没有资格搭建太阳舞帐篷。她于是做了四个玩偶，她的儿子继承了它们。在他之后，他的一位兄弟又将其中一个传给他儿子"来自上面的熊"。尽管他的两位前辈曾指导过太阳舞，但是"来自上面的熊"却从来没有行使过这样做的权利。在他妻子死后，他将这个玩偶同她的尸体埋在了一起。在那之前，他常常将玩偶放在他的帐篷外面，只要乌鸦人在同一个地点宿营，那么任何一个人都不能动它。当他梦见有人碰了那个玩偶的话，第二天早晨，他就会取下玩偶，用雪松叶子熏它。他把这个玩偶包放在一条毯子上，解开它，只露出玩偶的头和肩膀，用淡黄色和红色涂饰它的脸。如果其他人要求看这个法物的话，也遵循着同样的程序。

据"尖角"讲，太阳舞的创始人是伊阿卡克。一次他绝食了五六天，然后他看见了太阳舞帐篷。这个帐篷非常大，里面放着这个玩偶。当伊阿卡克瘦弱不堪、嘴唇疼肿地返回时，他告诉人们，任何在晚上来营地的敌人必死无疑。一次，有一个敌人被发现坐在帐篷里没有带武器，乌鸦人杀死了他，剥去了他的头皮，庆祝他的死。无论何时，每当有人因为一位亲属的死而希望举行太阳舞时，他都会来到伊阿卡克那儿。伊阿卡克原本普通的帐篷被涂饰了一番以象征太阳舞帐篷，正像他在他的幻象中所见到的：上半个部分被涂成了黑色，四条条纹一直延伸到地上——门的两边各有一条，东侧和西侧各有一条。

最后，"遍地是鸟"将法物玩偶的发明者说成是安迪斯考普克（"跳四次舞"？），这个人在神话中因其战功和刀枪不入而闻名。他在一座高山上绝食，一只小鸟对他讲了一番话，告诉他朝西边的一座高山看。这座山名叫"I´axuxpec"（兽皮刮肉工具）。在那里他看见了七个男人，在他们前面的是一位女人，她穿着一件麋鹿皮的袍子，一只玩偶举在她的脸前。她的几位同伴正在敲鼓，鼓上画着臭鼬的图案。安迪斯考普克能够清楚地听到他们的歌曲，他学唱这些歌。安迪斯考普克迅速环顾四周，当他转过脸来时，他的那些下凡的神灵站在离他更近了些的地方，那是一座高山的山顶。又

303

过了一会，他又把脸转过去。当他再转过脸来时，他们正在一个悬崖峭壁的顶上移动，这处峭壁位于帕克城和阿布萨罗卡两个地点之间。当他再一次把脸转过去时，他再也没有看到什么，直到他听到从他休息的地方的下方发出的声响，这些下凡的神灵全都出现在了那里。

这些人中的女人是月亮神，她正站在前面，手里拿着玩偶，玩偶包在鹿皮袋子里。这些人中的一位对其余的人说："我们住在那么远的地方，千里迢迢地来看这个男孩子（这位英雄），我们累坏了。"他们又开始唱起歌来。在唱完第一首歌的时候，这个玩偶的头突然一下子自己冒了出来；当唱第二首歌的时候，月亮神冲这个男孩子摇动玩偶包，向后退着，然后玩偶又露出得更多些，直到露出了它的胳膊；在第三首歌唱完的时候，玩偶露出了它的腰；在唱完第四首歌以后，这位女人先向前走，然后向后，于是那只玩偶完全露了出来，样子是长耳鸮，它落在了这位月亮神的头上。这位寻找幻象的人直挺挺地仰卧着，那只长耳鸮落在他的胸上。突然，一个男人装上子弹，顶上枪膛，他朝男孩子走去，唱了一首歌。月亮神对这只鸟说："喂，小长耳鸮，这个男人要向你开枪，你必须制作你的法物。"长耳鸮立了起来，拍打着翅膀。那个男人离得越来越近，向鸟开了枪。这只鸟进入他的胸膛，开始从里面发出猫头鹰的叫声。安迪斯考普克朝东北方看过去，在山谷中他看见了一个"太阳舞帐篷"。八位下凡的神灵站起身，唱着歌、敲着鼓。他们朝那个帐篷走去，中途暂停了四次，每停一次都唱起歌。在第四首歌之后，他们进去了。安迪斯考普克朝帐篷里面望去，看见那个玩偶被系在北面的一棵雪松上，一位"吹口哨的人"平躺在树下。这七个男人又唱了四首歌。月亮神朝"吹口哨的人"走过去，抓住了他的双手，每唱一首歌，就将他稍稍地拉起来一些，又将他放回原地；直到唱第四首歌时，她才完全把他拉了起来。然后，月亮神朝那只玩偶走了过去，把它给了那位"吹口哨的人"。"吹口哨的人"双手握着玩偶。过了一会，他将玩偶放回了原来的地方。他们冲着这个法物玩偶又唱又跳。法物玩偶就是这样被发现的。凡是想举行太阳舞的人都请安迪斯考普克来指导。玩偶代表月亮神，幻象中的帐篷就是太阳神的帐篷。[1]

304

　　然后，一个传统的玩偶包的主人被"吹口哨的人"挑选出来成为他的"父亲"，于是随后的所有程序开始自然而然地由这位"父亲"来主持。这些程序简直是难以计数：必须选择仪式的地点；全班人马分四个阶段向那个地点进发；在"吹口哨的人"的帐篷中要进行预备仪式；必须得搭建起太阳舞帐篷，还得用经过仪式挑选出的和砍伐下的树木做成帐篷的柱子，并用经过仪式得到的牛皮来系这些柱子。关于这些活动的相对顺序，报道人的陈述各异，我在这里遵循"熊鹤"的叙述。

　　预备帐篷。在收集起舌头以后，"吹口哨的人"的帐篷地面上铺满了杜松叶子，在帐篷后面，一张三齿蒿叶片铺成的小床准备好了。帐篷一准备好，"吹口哨的人"就从左边进入帐篷，走近了这张床。"玩偶主人"跟在后面，他在"吹口哨的人"的右侧坐了下

1　这七个男人有可能象征着昴星团或者是北斗七星，但是叙述者并没有确切地这样说。——原书注

来，而未经邀请的老人们在"吹口哨的人"的左侧坐了下来，但是并没有靠近"吹口哨的人"。他们问"吹口哨的人"想要跳多少天舞，"吹口哨的人"会告诉他们他希望的日程，尽管这实际上取决于他神志恍惚的时间。然后，"吹口哨的人"对他的"父亲"说："今天晚上为我唱歌，我会为你跳舞。""玩偶主人"沉思了一会，然后答应会那样做，于是回到了他自己的帐篷。在帐篷中"玩偶主人"向妻子要鞣制过的鹿皮。她走了出去，弄来了一块，按照她丈夫的命令，将鹿皮拿给了一位贞洁的女人，这位女人将成为制作衣服的人。女人接受了鹿皮，将鹿皮拿到了"玩偶主人"的帐篷中。在帐篷里，"玩偶主人"先用香熏这块鹿皮，然后再熏他自己，再接着是这位贞洁女人的身体和手。他还用香熏了一把刀子，在三次假装割之后，他真的割开了皮子。贞洁的女裁缝用这张皮子做成了一条侧面有接缝的短裙。"拿死人"（Takes-the-dead）在年轻时曾担任过这个职责。她没有用筋腱而是用鹿皮线，在开始缝制前要先假装试四次。"父亲"熏完这件成衣，将它包好，收藏起来。然后，他派妻子去找一件没穿过的袍子。这件袍子他也用香熏过，放好了。

"玩偶主人"现在说："我去见我'儿子'，看看他是不是有法物，能不能得到一些法物。"他去了"吹口哨的人"那里。"玩偶主人"坐在他仪式中的位置，抽着烟斗默不作声，直到"吹口哨的人"问他是怎么回事。"玩偶主人"叫他去取鹰的尾翎，然后这位"父亲"立即回家了。他的"儿子"从亲戚那里得到了鹰的尾翎，亲戚们愿意免费送给他羽毛，因为他们对于"吹口哨的人"充满了同情。他们派一个人去将鹰的尾翎交给"玩偶主人"。"玩偶主人"让这个送东西的人去召唤某位男人,因为在仪式期间,"玩偶主人"具有发号施令的权力。当这个被叫来的男人出现以后,"玩偶主人"告诉他命令五六位众所周知的出色女工为舌头帐篷砍树枝和树叶。当这些准备好后,一位传令官宣布,把在打猎后要分配给著名勇士的舌头带到这个舌头帐篷。

在为"吹口哨的人"制作的物品中有一双朴素的鹿皮鞋,由一个男人的妻子来缝制,这位男人曾经杀死敌人并揭去其头皮。这双鹿皮鞋被用木炭涂黑以此表示杀死了敌人,一撮野牛毛被缝在上面象征着敌人的头皮。

第一次预备表演的一切都准备就绪后,最出色的歌手被召集来,其中包括两位女人。"玩偶主人"拿来一杯白色的黏土,他的妻子走了进来,两个人并排坐下。"玩偶主人"走近他的"儿子"时,手边带着其他一些基本用品,即杜松叶子、一个口哨、一个响铃、两根羽毛、一条臭鼬皮的项饰、短裙和袍子。没有人靠近"吹口哨的人"和"玩偶主人"夫妇。从准备工作的一开始,"吹口哨的人"就被要求远离任何女人。"玩偶主人"拿了一些黏土,摇着响铃,唱起这个仪式的第一首歌。一旦听到这首歌,所有的人就立即跑过来观看"吹口哨的人"的帐篷中的表演,帐篷的门被猛地推开。

在"玩偶主人"的座位前面有一个坑,里面有燃烧的野牛粪。他的妻子将一些杜松叶子放在火上,她和她丈夫每唱完四首歌曲中的一首都熏杜松叶子香。在唱完最后一首歌后,"玩偶主人"慢慢

306 地提起短裙，似乎那短裙是一件不禁碰的东西，用香熏它，然后把
它放下来。"玩偶主人"重复同样的歌曲和动作，然后他轻轻地拉
着他"儿子"的大拇指将他拉起来。"吹口哨的人"身上只有一块
破布片，他把他的左脚放在牛粪上熏，然后把脚蹬进了短裙中。一
位在帐篷中的传令官叫人们静下来听着。"玩偶主人"的妻子轻轻
地把短裙提到合适的位置，用一条皮绳子系住它，将短裙的上半部
分挽进去，而她丈夫则注视着他消瘦的"儿子"。乐师们放下烟斗
准备唱歌。"玩偶主人"要了最好的鼓。当鼓手将鼓递给"玩偶主
人"时，他尽量不经过"吹口哨的人"，而是舍近求远地绕经门口。
"玩偶主人"的妻子把更多的杜松叶子撒在牛粪上，在火上将那只
鼓来来回回地翻转着，而她丈夫则唱着歌。最后，鼓被还给了乐
师，他退后几步回到了他原来的座位上。"玩偶主人"熏着他的响
铃，低声唱着；直到唱到第四首，这时他才大声地唱了起来，所有
的歌手都加入进来。

现在"玩偶主人"准备为这位"吹口哨的人"涂饰。在唱第一
首歌时，"玩偶主人"熏自己的手，举着双手靠近他"儿子"的头，
他将手慢慢地放低，直到这首歌结束时，他的手触到了地面。在唱
第二和第三首歌时，他重复同样的**动作**，但是在这之后他将他的手
浸在白色的黏土中。在唱第四首歌时，他把黏土从头到脚涂在"吹
口哨的人"的身上。他接着画他"儿子"的背，然后是他身体的左
右两侧。更确切地说，他只是在演示这些动作，而实际上是他妻子
将白色的黏土涂满"吹口哨的人"的全身。同样的歌一遍遍地重
复。当他的妻子干完以后，"玩偶主人"在"吹口哨的人"的胸上

画了一个十字，在他的背上又画了一个，都象征着晨星。他用手指从"儿子"的眼睛往下画出闪电图案，代表哀悼者的眼泪，并在他的前额画上同样的标记来表示太阳神的涂饰方式。他在臭鼬皮中间弄出一个狭长的裂缝，用香熏它，然后用白色的黏土涂饰它，再然后将它绕在"吹口哨的人"的身体右侧，然后是他的脖子，最后绕在他的身体左侧。没有人可以从"吹口哨的人"的前面经过，甚至连"玩偶主人"在把这块臭鼬皮放在他的身上时，也得走到"吹口哨的人"的身后。接着他把一根羽毛系在他的"儿子"的头上，在系的过程中白色的黏土被蹭掉了的地方又被重新涂上黏土。他往后站，直愣愣地盯着"吹口哨的人"。他在一根羽毛上涂了白色的黏土，把它系在这位"吹口哨的人"右手的小手指上，继续后退，又直愣愣地盯着他好长一段时间。接下来，他在"吹口哨的人"左手的小手指上系了一根羽毛。在整个仪式过程中，鼓手们一直唱着他们的颂歌。

　　"玩偶主人"的妻子现在把杜松叶子扔进了火里，熏一双已经准备好了的鹿皮鞋。在这个阶段，"吹口哨的人"听任摆布，"玩偶主人"的妻子先给他穿上了左脚的鹿皮鞋，接着又穿上了右脚的鹿皮鞋。她的丈夫熏了一件袍子，在三首歌结束的时候分别三次假装要把袍子放下去，在第四首歌结束时，他真的放了下去。他握住他"儿子"的胳膊，让他坐了下来，用袍子的前襟围在他的身体上，因为"吹口哨的人"不允许碰它，所以"玩偶主人"的妻子替他把袍子调整好。"玩偶主人"接下去用香熏口哨，把白色的黏土放在口哨上，在他的"儿子"前面跪下。在四首歌的间隙把哨子放

307

进他自己的嘴里，面对着"吹口哨的人"吹它，保持跪着的姿势跳舞。"吹口哨的人"张开嘴接哨子，"父亲"把哨子从自己的嘴里取出来，但是有三次，他只是装作把哨子放在"儿子"的嘴里，第四次"吹口哨的人"得到哨子，在鼓手四首歌的伴奏下模仿指导者开始跳起舞来。他把口哨从嘴里拿出来，摇着它，然后"父亲"拿过哨子，把它绕在蹲在那儿的"吹口哨的人"的脖子上。

乐师们不再唱了，他们分四次抽完了烟斗。现在四位著名的勇士从门的两边进来，全都为徒步奇袭做好准备，一直站在那里。他们每个人都将一根绳子和一捆鹿皮鞋系在带子上，狼皮是侦察的标志，但是禁止带枪。乐师们一直等到他们中的两个女人唱起这首歌：

> 女战友，唱我的歌，我的家在这里。

所有的鼓手都跟着唱了起来，而那些勇士们却喊叫起来，拍着他们的嘴和女人们调情。在这首歌唱了四遍之后，离"吹口哨的人"两侧最近的两位勇士说："好吧，开始吧，就像我去参战时做的那样。"于是每个人都讲述起自己捕获的马或者其他没有争议的荣誉。每讲述一件功绩就敲一下鼓。当八个人都讲述完他们的事迹后，他们离开了。乐师们又抽了一次烟，然后继续唱歌。"玩偶主人"在假装做了三次之后，把那根羽毛从他"儿子"的头上拿走，先是放了下来，等他的妻子把杜松叶子扔在火上以后，他在火上熏这根羽毛然后又把它放下。他同样取下了臭鼬皮、小手指上的羽毛、口哨，最后是所有的鹿皮鞋，不过没有脱掉短裙。乐师们继续唱歌。"玩偶主人"说："把给他盖的东西拿进来。"然后两捆三齿蒿和雪松被拿了进来，"玩偶主人"分别用它们做了一张床和一个枕头。他抓住"吹口哨的人"让他坐下，轻轻地让他平躺，把他的胳膊放下，掌心冲上。有三次他假装用袍子盖住这位哀悼者，然后他真的那样做了。"吹口哨的人"一整夜都得保持着仰面躺在那儿的姿势，脚冲着火堆。现在，"玩偶主人"命令带进来一只公野牛，意思是指一副有角的头骨，他把它放在靠近"吹口哨的人"头部的地方，冲着同一个方向。

所有的歌手都出去了，留下"玩偶主人"夫妇商量太阳舞帐篷的最佳地点，可能是在4.8千米开外。当他们做出决定后，主人让他的妻子叫传令官，传令官奉命通知营地。接下来，夫妇二人决定"大狗""泥手"或者其他的军事会是不是要担任保安。传令官也公布了这件事，让这些军事会找地方搭起木头堆作为太阳舞帐篷地点的标记。这个木头堆大约高4.5米。保安等在那里，在这个会的指挥下，一帮人都来到这里，在木头堆周围扎下营地。"吹口哨的人"的帐篷和舌头帐篷被移到一起，它们不在外围而是在里面靠近中心的地方。舌头帐篷有点像夏天的遮棚。"吹口哨的人"的帐篷冲着木头堆。

现在预备帐篷中的表演要重复三个晚上。

为帐篷寻找基本材料。 在搭建起帐篷之前，乌鸦人必须弄到合适的柱子和两张牛皮，他们要把柱子的顶部扎在一起。根据人们的描述，寻找这些东西的先后顺序不尽相同，我依照的是"熊鹤"的说法，他把狩猎公野牛排在前面。

在第四次预演之后，"玩偶主人"要琢磨野牛所在位置。在他从某种超自然力量那里获得一种灵感后，他还要考虑最优秀的乌鸦人神射手和最好的屠夫是谁。他对猎手说："注意了！明天天亮时起床，选一匹快马驮你到那儿，还要有一匹追赶野牛的快马。从你的箭袋中取两支箭，你必须一箭射死一头公野牛。杀一只六龄、七龄、八龄、九龄或十龄的野牛，但是不能小于六龄。"这是一项艰巨的任务，因为必须在日出前射中公野牛，并且要一箭就射死它；因为皮子上必须只有一个孔，所以箭还不能射穿身体。神射手之一"尖角"告诉我说，如果他的箭射穿了一头野牛的话，他立即就放弃它，再去寻找另一头。"玩偶主人"对屠夫说："把你的刀磨得快快的，骑上一匹马，另一匹用来驮东西。不要吃这头公野牛的任何一部分，哪怕是最小的一片。不要尝它，因为它属于太阳神，他会一直看着，从上面俯视你们。"这两个人都得到了两根羽毛和一条绳子。"玩偶主人"对神射手说："当你射第一头公野牛的时候，让它死掉。当你射第二头的时候，在它倒在地上之前，你必须在它的尾巴上绑一根羽毛，另一根羽毛绑在它的两角之间。"这位屠夫将要用同样的方法来处理第一头公野牛。这项任务异常危险，一位报道人谈到在这种征程中他一次又一次地被受伤的公野牛逼得仓皇逃跑。

按照指示，这支队伍出发了。野牛一断气，屠夫就仔细地切开每头公野牛，但是速度极快；除了舌头和鼻软骨以外的头部、蹄子、脊椎都被扔掉了，剩下的部分被拿到营地里，皮子被扔到神射手的马上，肉放在驮马上。在回家的路上，这位神射手在前面骑着马，把他的刀子和武器交给了那位屠夫，他自己不携带任何利器。据另一位访谈者讲，在寻找公野牛时有**两支**互相竞争的队伍，双方都试图抢在另一支的前面先返回营地。

在准备好通常的狼皮标志和白色的黏土后，由"玩偶主人"任命的最好的侦察员出发了。他们刚一看见返回的人马，便涂饰自己，返回营地，像狼那样嗥叫着，就仿佛是真的在巡逻侦察，他们径直走到营地中央有四根柱子的遮棚里，猎手们要把肉放在那里。接着是一片骚动，人们走出来，唱起歌，向他们打听看见了什么。侦察员们汇报说杀死了一名敌人或者至少是看见了一名毫无防备的敌人，于是大家全都兴高采烈，他们呼喊着。当侦察员出现在营地边缘的时候，人们可能会冲上前去，就像是在对待敌人一样：发起棒击并缴获武器，同时说着他们的功绩，比如"喂，我击中了一个敌人"。

当"尖角"作为神射手返回时，一位法师在那里静静地等着他。这位法师的脸涂成了黑色，戴着杜松叶子的头饰带，拿着一个生皮响铃。法师一看见"尖角"，立即开始唱歌。当"尖角"骑到更近些的地方时，法师抓住他的马笼头，将他领到"吹口哨的人"的帐篷中。"吹口哨的人"现在脖子上戴着骨头口哨，全身都涂着白色的黏土。只有当"尖角"的一位父系族人来帮助时，他才能下马。这位父系族人让"尖角"进了帐篷，他在那里看见了"吹口哨的人"和"玩偶主人"——当时的"玩偶主人"是伊阿卡克（见边码302页）。"玩偶主人"问他都做了什么。"尖角"回答说："我看

310

见两个敌人过去了。他们没有看见我。我跑上去杀死了一个人，另一个逃跑了。"接着，他们让他用一个烟斗吸烟，然后"尖角"回家了。

根据其他的报告，"玩偶主人"自己走近猎手们，他拿着响铃，脸涂成了黑色。所有的枪、箭和刀都必须从主人会见返回队伍的地点拿走。"吹口哨的人"在他的帐篷中面对着猎手们，门被突然推开，全营地的人都列队来观看，但是留下了一条自由出入的过道。在猎手们汇报之后，"玩偶主人"唱起一首欢庆的歌，把猎手和屠夫领到"吹口哨的人"那儿。狗不允许走在主人的前面。入口外面的两块地上铺着杜松叶子。几位有福气的勇士将骑手从马上扶下来，让他们踩在这条杜松叶子"地毯"上。他们被安排坐在袍子上。肉和皮子被卸下来，在室内的叶子上摆开。一些人过来察看被带来的野牛的各个部分，如果他们发现什么也不缺，并且皮上只有一个孔时，一位传令官便会叫来老头和老妇人，在外面围坐成一个圈。两位幸运的首领被挑选出来切割内脏，而另外两个人将肉切成片。内脏和骨髓分给了老头们，肉分给了老妇人们。现在一个人抓住第一张牛皮的脖子，另一个人抓住尾巴，有毛的一面冲下，将它这样抬进"吹口哨的人"的帐篷中。另一张牛皮被放在上面，有毛的一面冲上。在每张牛皮上浇水，然后把牛皮折叠后收起，保留尽可能多的水。一大块捣碎的木炭同牛皮放在了一起。白天，老人们会进来和这位"吹口哨的人"以及他的"父亲"一起抽烟。

"玩偶主人"现在宣布："明天我们要去砍帐篷柱子。"一位传令官于是吩咐人们第二天尽早起来，一位有福气的战士和一位保安被派出去探察最适宜的树木。这些树木中的第一棵通常是一棵棉白杨，其余的或者同样是棉白杨，或者是松树——这是依据"玩偶主人"的神示。第二天一大早，传令官唤醒整个营地的人，他命令小伙子们去牵来他们的马，用上他们最好的鞍褥，命令姑娘们涂饰并穿上她们最漂亮的衣服。

"玩偶主人"将一根柳条弯成一个环，有十二根柳条交织穿插在这个环上，每根柳条的顶端都有一根涂成黑色的鹰羽。他把他的玩偶固定在环的中央，它象征着太阳神的脸。他站在"吹口哨的人"的旁边，而"吹口哨的人"面对着"玩偶主人"的妻子。"玩偶主人"举起环中的玩偶对妻子说："我正举着这个玩偶。唱起快乐的歌曲吧，然后把舌头放进一个吊桶里。当你回来时，我们就开始。"她唱了四遍这首歌，把舌头放进了吊桶中。一块真正的头皮被系在她用来做饭的叉状棍子上。她派人去找来新鲜的柳枝，柳枝被削尖了，涂成了黑色。

当"玩偶主人"的妻子返回时，寻找帐篷柱子的队伍出发了，"吹口哨的人"拿着玩偶远远地走在前面，跟在他后面的是"玩偶主人"夫妇，然后是歌手和保安。队伍的最后是四位女人，她们拿着尽可能多的刚刚做好的舌头。一位保安走在前头，指出树的地点。"吹口哨的人"在那里停了下来，面朝东。带着舌头的女人们放下她们带的东西，并为玩偶搭起了一个小小的遮棚，这个遮棚也朝东。"吹口哨的人"坐在遮棚底下。有半数保安仍留在后面，不允许任何人离树太近；另一方面，他们让除了病人和年老体弱的人以外的所有人都朝那个地点走去。最后，断后的人通知前面的保

312　安，然后一位传令官宣布所有的人都到了，大家都不要动。

　　重要的是选一个绝对贞洁的女人作为给树刻凹痕的人（akī′tsia-ō′waxe），她被丈夫买下而结婚，并且一直谨慎地坚守着贞洁。然而，即使是有资格的女人也有可能推辞，因为如果接受了这个职务，一旦守寡的话，她们便失去了再婚的权利。由于这个原因，我的报道人"拿死人"起初似乎推辞掉了，虽说在屡次诱惑面前，她依然忠贞不渝。然而当她的儿子"没有马"危在旦夕时，她立下誓言，倘若她的儿子恢复过来的话，她便会做给树刻凹痕的人。她的儿子好转了，"拿死人"履行了她的誓言，同时祈祷她的丈夫健康长寿。从此以后，她备受尊重，并且在分配食物时得到第一份。

　　"拿死人"告诉我说，"吹口哨的人"带领着"玩偶主人"和志愿绝食的人选出给树刻凹痕的人。然而，根据"熊鹤"所言，"玩偶主人"命令保安把给树刻凹痕的人带到自己那里，不过保安们首先得到了最好的舌头。这些保安中的一个在其余保安的跟随下，将舌头带给一位据称是无可挑剔的女人，把这个珍馐美味送给了她。倘若这个女人只是徒有虚名，实际上她并非完美无瑕的话，她就会公开承认她的过失。因为接受这个职责便等同于立下了誓言，而虚假的誓言会给整个营地带来晦气。由于不贞洁而谢绝的惯用语是"我的鹿皮鞋上有一个洞"（masa'pe′ hupi′ky）。柯蒂斯先生听说，一位接受这个职责的女人将被领着走过营地，任何一位有不利于她的证据的小伙子都会对她提出异议。还有一个例子，一位自称贞洁的女人不光彩地被解了职，并且从此以后一直受到她的戏谑亲属的嘲笑。柏克沃尔斯在很早以前的描述中也表明有一个诸如此类的检验。给树刻凹痕的人将这个舌头递给她的丈夫，这位丈夫以他的妻子为荣。她被带到了"吹口哨的人"那里，后者同"玩偶主人"夫妇一直待在遮棚里。

还必须选出其他两个职位：一个是"伯达奇"，另一个是来自致使"吹口哨的人"服丧的部落的一名俘虏，他们都得到了一个舌头作为酬劳。在这个阶段，"伯达奇"们藏了起来，但是最后保安会发现他们并带来一个。在整个欢庆活动中，他会因羞涩而遮住脸。现在传令官宣布万事俱备，大家伙都要走上前来。

这三位特殊的官员站在树旁，刻凹痕的人拿着一把石锤和一只分叉的麋鹿角，角的一端涂黑，另一端削得尖尖的。她面朝西，那位俘虏面朝东，而"伯达奇"面朝北。"玩偶主人"夫妇站在贞洁的女人后面，"玩偶主人"抓住她的肩，唱着歌，同时摇着响铃。在歌曲结束时，他推了给树刻凹痕的女人一下，她的角碰到了树上，她装作用石锤将角楔进去，这样做时她会在心里想："我要把它戳进他的眼睛。"——"他"指的是敌人（见边码 260 页）。俘虏和"伯达奇"做着类似的假动作，而围观的人们都在喊叫着。在围观的人们变得越来越兴奋时，主人唱起了他的第二首歌，男人们准备向那棵树开火。给树刻凹痕的人再次装作将角楔入树中。在唱完第四首歌后，她用角轻轻敲打着树——但并没有将它楔进去；"伯达奇"用一把斧子敲树，俘虏绕着树画了一个黑色的圆圈，这位俘虏事先往他（或她）的手上涂了油脂，并且用木炭将它们涂黑。然后，俘虏和刻凹痕的人都退后，"伯达奇"开始砍倒这棵树。这象征着太阳舞的结果是敌人被杀死了，于是所有的人都高呼着向那棵

313

树开枪，小伙子们用他们的棒击棍子击打那棵树。"伯达奇"的工作完成后，他就溜走了。

据"熊鹤"讲，第一棵树不用于要搭建的结构上，而是留在它倒下的地方。无论如何，其他的柱子都被姑娘们砍下了，而且没有举行仪式。姑娘们和她们的爱人双双骑着马将二十根圆木拖回营地，这些圆木在营地中被摆成一排。保安们密切地注视着人群，因为现在年轻勇士们正试图跑掉，而要从他们中选出坐在圆木上的人。这是由于先选出的四位——据其他人说是所有这二十位——承诺永远不会从敌人那里退却。因此，小伙子们才仓皇逃跑，但是会被保安或者"吹口哨的人"的亲属追赶，这些人都骑着快马。当被抓住时，逃亡者会哭喊四次，有时还会抵抗，但是如果有必要的话他们会被揪住头发硬拖进来。"吹口哨的人"全身都涂成了白色，穿着一件袍子，他正等着这些逃亡的人。当骑手将他们带进来时，他走近他们，用他的环去碰这些被抓回来的人，这些人的反抗便立刻被平息了。每个人只是发出痛苦的喊叫，在一根圆木的边上坐下来。他们也会得到舌头。头四位由"吹口哨的人"给他们涂饰脸，他用玩偶从头到脚地拂过他们，一位传令官立即宣布了这件事。据我得到的最好的一份报告，其他人不会受到那样的对待——这些人入选是凭借财富而不是勇敢。

所有跨坐在圆木上的人的亲属都在这些小伙子们的前面放下礼物，它们是诸如袍子或珠饰细工之类的财物以及象征着马匹的小树枝。所有这些都到了"玩偶主人"的手里，不过他在将心仪的东西据为己有以后，会把剩下的分配给帮助表演的人。

现在小伙子们和姑娘们双双骑着马将柱子拖到了帐篷的地点。第一位解开圆木的人有权领队去寻找苦帐篷的柳枝。姑娘们又一次与男人们双双上马，这些姑娘们是实际砍柳枝的人。这种出征有两次，然后军事会在两侧行进，无论他们在哪里会合，他们都把柳树枝绕着柱子摆成一圈。到了入夜时分，大家都回家了。晚上，这个会的成员与几位姑娘四处走动，在各个帐篷前唱歌。

舌头被交回了舌头帐篷，"吹口哨的人"回到他自己的帐篷。人们尽量不从风吹来的那一边经过他，正在月经期的女人们也避开他。现在他已经有好几天不吃不喝了，身体极为虚弱。"玩偶主人"在很大程度上也是禁食的，但并没有完全绝食，他也一样憔悴不堪。来走访的人在这个帐篷出出进进，但是最后都离去了，只剩下了"吹口哨的人"及"玩偶主人"夫妇。"玩偶主人"向他的"儿子"传达命令，但是声音低极了，不让其他人听到他们的对话。只有这两个人被允许吸直烟斗，实际上，"吹口哨的人"不许摸任何一个直烟斗，而"玩偶主人"只有在外面时才可以。这位女人让她的丈夫宣布帐篷将在第二天搭起来。"玩偶主人"在那副野牛头骨的后面栽下了一棵雪松，将玩偶箍绑在上面，他又得到了一副野牛头骨——这两个头骨在一起表示被神射手杀死的两头野牛。最后，"玩偶主人"脱下他"儿子"的仪式服装，用香熏他。然后，"玩偶主人"和他的妻子离开了。

搭建帐篷。黎明时分，传令官叫醒了人们，因为马上就要搭建帐篷了。小伙子们跨在马背上，他们邀请姑娘们坐在他们的后面一起去取木柴。当他们把木柴敛在一起后，保安从返回的这群人中选

315

一位贞洁的女人作首领，但这位女人未必是买来的妻子。假如她接受的话，她就会收下送给她的舌头，把舌头交给她的丈夫，加入由男人们和女人们集合起来的队伍。在那里，她被放在一匹马上，将木柴拿在她的马鞍前。她于是成了"第一位去取木柴的人"（akbiri´t basā`nde）。她由一位有声望的年轻人领着，这位年轻人是由保安挑选出来的，他也因他的服务而得到一个舌头。这些人排成一列纵队，在营地里面转圈行进，然后径直朝帐篷的地点走去，他们把木柴放在那里堆成一大堆。

有一些细节上的出入。因为据"红眼"讲，首领是徒步而行，牵着最勇敢的勇士的马。然而，女人的贞洁是必不可少的，如果是一位不贞洁的女人供职，某位男人就会喊道："她的鹿皮鞋上有一个洞！"或者"你疯了，你干过什么什么事！"

接下去，男人们被命令去取外侧的帐篷柱子，也就是那些与调节走烟口相关的。他们将柱子成对捆在一起，然后将三根主要的帐篷柱子放在一起，把它们放在标记地点的柴堆上，而其他的柱子和柳枝被放在地上。

"玩偶主人"熏了两张皮子，在唱完四首歌后，又用木炭将它们涂成了黑色。他也用木炭来涂饰"吹口哨的人"，"吹口哨的人"现在被安排坐在他帐篷前面的杜松叶子上。"吹口哨的人"的一位女性亲属拿来一把锋利的刀子、一块磨石和一把锄头。"玩偶主人"把它们拿过来，磨那把刀，把它涂成了黑色。他把自己的下巴、前额和脸颊都涂成了黑色，戴上了一顶雪松的冠饰，穿着像"吹口哨的人"那样的鹿皮鞋。黑色照例意味着复仇。当保安将头三（或四）根柱子用一束柳枝绑在一起时，大家都在旁边观看。

一位掠取马匹的著名战士被派出去砍柳枝，柳枝大约60厘米长。另两位同样有声望的人被选出来讲述他们的事迹，他们削尖柳枝的梢，而那位女人用木炭来涂柳枝。在她唱完四遍歌后，开始割皮子。杜松叶子已经为"玩偶主人"准备好了，他的脚踩在哪里，哪里就会铺上杜松叶子。他向四个方位做手势，然后在皮子的前腿处砍了一刀，重复他的动作，又在后腿处砍了一刀，然后开始处理第一张皮子的另一面，对第二张皮子也进行类似的处理。他先弄清楚需要用多少根钉子将这两张皮子固定在一起，然后在两张皮子的边缘打上必需的孔。一群勇士拿着这两张皮子，在一根帐篷柱子下面蹲，但是并不触地。他们使两张皮子都头朝东，再用钉子穿过外围的孔以便将两张皮子固定在一起。现在其他的皮子被浸在水里并割成条，它们将被系在帐篷柱子上，那些志愿受折磨的人将吊在上面摇荡。

这三根——也有人说是四根——主要柱子的一端被抬起来，放在做标记的柴堆上，它们的交叉部分被用柳枝包裹起来。然后柱子的顶端被按进孔里，皮子被卷在一起，以便柱子能够穿过好几次；削尖的钉子穿透皮子，将它们固定在一起。这些皮子连同包裹着的柳树枝和杜松叶子象征着巢。接下去的一步是保安让一个有鸟法物的人坐在巢里。这个人裹在一件袍子里，袍子上别着一根翅羽，他根据他的幻象来涂饰脸，将他的圣物绑在脑后。他每只手拿着一把鹰羽扇，开始在自己的帐篷中发出鸟一般的哨音。然后他停四次，每停一次都唱一首歌，他朝那个地点走去。保安不允许任何人抢先

走在他的前面，哪怕是一条狗都不行。如果听见狗叫，他就会立刻
返回帐篷。他模仿一只鸟的动作，朝柱子走去，这些柱子蹭过皮
子。他又开始唱起歌来。在唱完第四首后，他走向柱子，拍打着他
的"翅膀"，坐在或者跪在巢里。大家都喊叫着。借助于两根绑在
一起的帐篷柱子，主要的帐篷柱子被稍稍举了起来，然后又被放下
来一点。那位鸟人发出哨音。柱子被抬起来又放下，这样重复了三
次，最后柱子被举到了一个适宜的高度。然后这位鸟人站了起来，
先是面朝西，然后朝北、朝东、朝南。洞挖好了，柱子的粗头被放
进洞里。那位鸟人继续模仿一只飞翔的大鸟，当主要的柱子升到一
定位置时他举起它们。借助于同样的成对绑在一起的帐篷柱子，其
余的帐篷柱子被举了起来，似乎是要将巢压下去，但是他设法避开
了。人们扔给他一条绳子，他将主要的柱子和辅助的柱子绑在一
起。下面的人们现在用柳枝和灌木枝子盖住帐篷，这些柳枝和灌木
枝子是由年轻人的特派队找来的。他们将柳枝绑在柱子之间，从地
面一直绑到齐胸高，在这个位置留一个空间，以便外来者能看到里
面。从此开始，遮盖物一直延伸到顶部。在刮风的日子，遮蔽物下
面的部分用布来代替，有时候上面的部分用的是生皮。

那个木柴堆被移走了。鸟人以最快的速度滑到地上然后跑回了
家。他有权从跨坐在圆木上的人的亲属留下的一堆东西中选出四
样。在离开前，他会宣布一个让大家都感到很安心的幻象，诸如：
"我看见一个人被杀死了，在大草原上不远的地方，我看见一个人
躺在那里，已经死了。"

不同于他们邻族的建筑结构，乌鸦人的"太阳舞帐篷"是一个

形似烟草会接收帐篷的大型帐篷，但比烟草会接收帐篷要大得多
（图 14）。

保安现在通知人们已经到了没有火焰的舞会（birā´retarisu`a）
的时间，大家都疾步赶到帐中。据"熊鹤"讲，晨星在太阳神的准
许下首创了这个表演。这个表演的要点是几个作战队伍进入帐篷，
目的是试图在这个还没有完全竣工的建筑结构中看到幻象。每一支
队伍都单独进来，由一位侦察员带队，一位指挥断后，这位指挥的
烟斗上绑着一张头皮。在抬升柱子即将结束的时候，这些表演者们
做好了准备；现在伴随着坐在帐篷中的乐师们的歌声和鼓声，表演
者们走出了指挥的帐篷。姑娘们拍打着她们的嘴，其他的人喊道：
"现在指挥要来了！"

勇士们跑向帐篷，中途停了四次。一些人拖着绳子，其他人扛
着鞭子，所有人的一举一动都仿佛身处战争。第一队人进来了，转
向右边，转着圈盯着那个巢以期获得幻象，然后面朝门的方向，即
东面。这之后，那位指挥可能会宣布他什么也没有看见，或者他看
见了一位死去的达科他人，等等。然后他和他的部下就出去了以免
撞上下一队人。他们会飞奔回家，换上一身衣服，然后又飞奔回来
看下一队人。可能会有多达十队人一队接一队地相继进入太阳舞帐
篷，这样要花掉几个小时的时间。最后大家都离开了，乐师们暂时
移席至"吹口哨的人"的帐篷中，他们在那里整整唱上一个通宵。
没有人可以进入太阳舞帐篷。一位传令官走遍营地命令所有人第二
天要一大早就起床，因为还有一件事情要做。那天晚上，"吹口哨
的人"几乎是筋疲力尽，尽管他至此所受的罪还只不过是他命运中

318

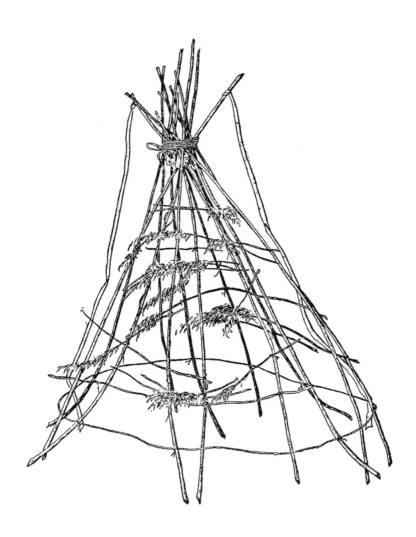

图 14

太阳舞帐篷的模型

的一小部分。

最后的准备活动是为"吹口哨的人"的床涂上白色的黏土。保安让所有的姑娘都打扮起来，再一次集合，然后男人们在她们当中挑选伙伴。现在保安拿出一个舌头，把它献给一位忠诚的男人，即一位从来没有对他妻子之外的女人轻浮过的**男人**——特别是从来没有调戏过他妻子的姐妹或者从来没有试图摸过女人的私处（见边码28页）。违反了这些规矩的人，无论是谁都会用这样一句常说的话来为自己开脱："我在我的鹿皮鞋上弄了一个洞。"如果一位骗子接受了礼物的话，女人们就会将不利于他的证据公之于众，比如"他摸过我的胸！他的鹿皮鞋没有鞋底，别选他！"

最后人们找到了一位合格的男人来带队。他在一个合适的地点拾起一些白色的黏土，但是他先这样说道："因为我从来没有做过那种事，我想杀死敌人过过瘾。"然后，他将黏土放在一块布里，其他人也照着他的样子做。在返回时，他牵着长得最漂亮的女人的马，以便所有的人都能看见他们。他和这位女人每人得到一个舌头。他将黏土放下，堆成一大堆放在帐篷后部"吹口哨的人"的床边。保安走了进来，一位男人讲述着功绩，他曾经与一支俘虏了敌人的作战队伍同行。然后保安平整"吹口哨的人"床周围的长方形地带，将黏土堆放在那里，样子像一座小小的山脊。

完成。当保安处理黏土时，出色的歌手们已经被叫进"吹口哨的人"的帐篷里。"吹口哨的人"暂时留在那里，身上的涂饰同第一个预备日的仪式上的涂饰一样，戴着他的臭鼬皮标志，羽毛绑在他单独的一绺头发和他的小手指上。但是几件神圣的东西被人从他的帐篷拿到了太阳舞帐篷中——两个男人扛着雪松，另两个人扛着野牛头骨，主人夫妇跟在后面。丈夫调整柱子和床后面的头骨，并在火堆撒上木炭，而他的妻子把从野牛脖子上取下来的一些脂肪拿了进来，并把涂上油脂的木炭放在那棵雪松底下。这对夫妇一回来，他们就同歌手们唱起一首歌；"吹口哨的人"和着歌曲跳起舞来，吹着绕在他脖子上的鹰骨口哨，举着那个有玩偶的环。所有的人排成两列看着"吹口哨的人"退场，但他们为队列留出了一条通道。"吹口哨的人"朝门一步步走去，在第一首歌结束的时候把手里的环猛地向前推，但随后又一步步地退了回来。在第二首歌结束的时候，他将环往外举以便多露出些羽毛，还有他的头和胸。在第四首歌结束的时候，他走出去了，走了一小段路，歌手们跟在他的后面。他停在那里跳起了舞，眼睛注视着玩偶。他继续走着，在他到达太阳舞帐篷门口之前停了四次。进门以后，他将羽毛放在他的前面，走向雪松，主人夫妇跟在后面。丈夫拿着那个环，将它绑在那棵雪松上，调整这个玩偶的位置，以便当"吹口哨的人"站起来时，玩偶和他的脸在同一个水平高度上。乐师们从右边进入，围成一个圆圈。"吹口哨的人"刚一进来，旁观的人便跑进太阳舞帐篷观看仪式。男人们让女人们靠着围栏，他们从后面抱着女人。

在中央一块长方形的空地上，火生了起来，一直在那里燃烧着。照看火的人来自那位被杀害的乌鸦人的作战队伍。在火上，一只吊桶从横木上吊下来，横木的两端分别固定在两根柱子上。厨师们将舌头拿进来做熟。他们戴着杜松叶子的头饰带，扛着涂成黑色的叉形棍子，棍子用头皮做装饰。自此以后，这成了他们每天的任务。或者在当天晚上，或者在次日，杰出的年轻人会将削尖的棍子刺入太阳舞帐篷来要舌头。如果他们真的是战功赫赫，那些里面的人就会在棍子尖上戳一个舌头或者——遇到特别突出的情况时——两个舌头。勇士将他的奖赏挑到外面，送给他的爱人。

一些报道人谈到，当第一天晚上还在做着饭的时候，一出哑剧上演了。有名望的男人们根据他们的法物来涂饰自己；而他们的妻子涂成红色，扛着装有缴获来的战利品的包裹，把弓和枪放在勇士们的前面。这些男人有权从任何一边进入，但是第一个进来的人是由右边进入的。每位指挥选出几个男人来扮演他的部下，同时选出其他的一些来扮演敌人。这样，他们进行一系列的表演来演示各自的功绩。在"熊鹤"的描述中，这些模拟的战斗出现在仪式的稍后阶段；而"红眼"则说他们仅仅讲述事迹。据他所说，在帐篷中时，勇士们只能朝左走。他还回忆起了一个例子：一个违反了这个规定的人受到了训斥，他们还用一根带树叶的枝条抽打他的脸。

大约与此同时，一个最壮观的辅助表演开始了。那些渴望获得幻象的男人将他们的身体全都涂成白色，把他们自己的胸或肩膀吊在那二十根帐篷柱子上。因为想要寻找幻象的人太多，一根柱子上会绑着两根绳子，或者这些自虐的人在外面竖起分叉的柱子，让自己吊在上面。还有另一种描述：有的男人用一根叉状的扦子刺穿脊背，这个扦子上绑着多达七副野牛头骨，他们要在营地中拖着这些头骨到处走，直到脊背被扯得皮开肉绽。所有这些受苦者都得到了法师和其他著名人物的帮助。比如，一位著名人物会首先讲述自己的事迹，并补充说："这个人也想那样。"然后刺破被保护者的胸膛。这些自我折磨的人从早晨开始行动，到晚上才被释放，然后每个人都退到一个小小的棚子里，棚子有四根柱子支撑，上面盖着树枝和树叶。根据一位报道人所讲述的，他们最后会宣布自己得到的赐福是什么样的。

"吹口哨的人"没有受那样的折磨。直到他进入太阳舞帐篷前，他的禁食并不严格；但是从那以后，他既不准吃任何东西也不能喝一点水。自虐者和看守火的人也得遵守这个禁令。

有名望的男人们进来后，舌头已经准备好了，乐师们唱第一首歌："水烟草是你们的帐篷柱子，敲起你们的鼓来！"然后"玩偶主人"拿起一支口哨，开始跳舞。在歌曲结束的时候，他把那个口哨放到了"吹口哨的人"的嘴里。"吹口哨的人"现在开始在他的黏土床上跳舞，尘土飞溅，而他目不转睛地盯着玩偶。在敲第一下鼓的时候，这些自虐者，无论是在太阳舞帐篷里面还是外面，开始绕着他们的柱子转。第一首歌要唱四遍。在这之后，著名的男子先是一个接一个地模仿出自己的功绩，再返回原地，在那里逐一口头描述这些功绩。轮到下一个人时，这首歌会唱八遍，接下来的也是如此。头一天晚上的表演者很可能不会超过六个，至少肯定不会达到十个。

当所有的功绩都被讲述完以后，"玩偶主人"敲着他的响铃并演唱一首歌曲，乐师们跟着一起唱。"玩偶主人"站在"吹口哨的人"的身后，他缓缓地、仪式性地、一板一眼地去掉他的衣服和标志，将口哨、项饰和头上的羽毛系在玩偶上，然后将他自己的响铃系在雪松上。与此同时，"吹口哨的人"继续站在那里，面朝着那个玩偶。"玩偶主人"从"吹口哨的人"的小指上取下了羽毛，抓住他的拇指使他躺到床上；"玩偶主人"用一件袍子将"吹口哨的人"盖住，一直盖到了脖子。在床脚下有一个坑用来放木炭，杜松的针叶散出缭绕的烟气。"吹口哨的人"睡着了，围观的人们离开了。除了绝食的人以外，其他任何人不准待在太阳舞帐篷附近。自虐者的亲戚们用杜松和芬芳的三齿蒿来为他们铺床。"玩偶主人"夫妇也回家了，并命令一位传令官在黎明前叫醒营地里的人。

第二天一大早，传令官喊道："我们的朋友已经躺得很久了！起来吃东西吧！"随后，姑娘和小伙子们都穿上他们最好的衣服，涂饰一番；乐师们在吃过早饭后径直朝太阳舞帐篷走去，开始唱歌。"玩偶主人"还待在家里，洗浴、休息或者给他的妻子梳头。准备好后，他慢慢地朝太阳舞帐篷走去，途中停下来向周围看看，最后同他妻子在一片鼓声中缓缓地坐了下来。当人们看见他要开始时，便全都拥向帐篷，好不错过表演的任何部分。

白色的黏土、芬芳的三齿蒿以及杜松叶子都已经准备好了。黏土浸泡在水中，然后主人的妻子将它放在她丈夫的前面，此时这位丈夫正在抽放在"吹口哨的人"旁边的一根直烟斗。她用一个野牛肩胛骨铲起野牛粪，把野牛粪放在床下的坑中并在那里生起了一堆火，点燃杜松针叶用来当作香。中央的大火堆已经熄灭了，但是看守火堆的人在主人来之前又重新生起了火。"玩偶主人"把一些杜松枝放在"吹口哨的人"脚下，用香熏他的手，同时唱着一首歌。在三次假装脱去"吹口哨的人"的袍子后，"玩偶主人"用香熏这件袍子，像前一天一样将它放在那里。然后，他脱去了"吹口哨的人"右脚和左脚上的鹿皮鞋，也把它们像以前原样那样放在那里。"玩偶主人"抓住"吹口哨的人"的拇指，把他拉了起来。"吹口哨的人"试着活动了一下他的腿，由于虚弱而险些跌倒，不过"玩偶主人"扶住了他。"玩偶主人"踩在了杜松针叶上，转过身面朝在一个杯子里准备好的白色的黏土。现在这位"玩偶主人"照例遵守动作重复四的倍数次的惯例，将他的手伸进那个杯子里，从头到脚地涂抹"吹口哨的人"的身体，在他的前胸和后背各打上一个十字形，系上羽毛。他在"吹口哨的人"的旁边跳着舞，嘴里衔着一只口哨。这时"吹口哨的人"静静地站着，然后主人将口哨放进了他的嘴里。鼓声止住了，从人群中传来兴奋的喊叫："他要跳舞了！"

323

现在一些著名的男人走了进来，他们的人数不固定，但都以适当的方式涂饰着。那些在右边的人假装对在左边的人发动了一场战争，一方代表乌鸦人，另一方代表敌人。"玩偶主人"坐了下来，抽着烟。乐师们正在唱一首歌，女人们也同他们一起唱了起来，这首歌是重复在预备帐篷中所唱的第一首歌，而"吹口哨的人"只是动了动他的手和上半身。两位负责舌头的女人开始烹饪舌头。她们戴着杜松的冠饰，身穿一件用春天出生的野牛犊的皮子做成的短裙，有毛的一面冲外。

起先"吹口哨的人"慢慢地跳着舞；在唱第二首歌的时候，他跳得稍稍快了一点；在唱第三首歌的时候，他的脚后跟开始移动。歌词是这样的——虽然时态上是过去时，但目的是预见将来——"你为之跳舞的已经降临了！"第四首歌刚一开始，"吹口哨的人"便尽可能狂热地跳了起来。他并没有特意吹口哨，口哨的声音是伴随着他的喘息声自然而然地发出的。歌手们继续唱着直到他们筋疲力尽，同时他们停止了敲鼓。此时那场假装的战斗也停了下来。有三四位勇士讲述着他们的功绩，每讲一件战绩，乐师们便敲一下鼓。战士们继续着他们的表演，他们开枪射击，根本不在意那位"吹口哨的人"。在他们表演之后，他们父亲的同氏族人唱起了欢乐之歌。因为他们所做的这些，他们得到了马匹。

整整一天，鼓声只停下来了四次。在第二个或第三个间歇时，"吹口哨的人"的亲属把送给"玩偶主人"的礼物都堆放在一起，并将送给他的马留在外面。人们在唱完第三首歌后抽烟。只要歌声一起，"吹口哨的人"就得跳舞。当唱到第四首时他已经极度疲劳，乐师们会设法让他休息一会；可是女人们想把他耗得筋疲力尽，她们又重新从第一首歌开始了，迫使他继续跳下去。歌曲重复了二十次。此时"吹口哨的人"已经累得不行了，这样便会进入神志恍惚的状态。据一位报道人说，这时"吹口哨的人"就好像是一位疯狂的人（warā′axe），而据另一位报道人讲，他好像是一位喝醉了的人（kā′xutsēky）。玩偶似乎就在他的双目之间，他往后退着，喘着气，而人们喊道："别管他！别动他！""玩偶主人"等着看"吹口哨的人"会倒向哪一边，然后在他身体上方旋转着响铃直到喘息声平息下来，最后把"吹口哨的人"拖回到床上。

这是整个太阳舞的高潮，这个高潮绝非总是在进入太阳舞帐篷后的次日就能达到的。尽管在"一匹马"（One-horse）的印象里，最长的时间是三天两夜，但是据说"大影子"（Big-shadow）作为"吹口哨的人"时，一直等到第六天时才有了神示。而另一方面，

受伊阿卡克（见边码 302 页）监护的一位"吹口哨的人"就很幸
运，在仪式的头天晚上便见到一位派岗人被杀死了。这被认为是最
不可思议的事，伊阿卡克因之成为一流的"玩偶主人"。要是没有
这样从天而降的好运的话，"吹口哨的人"就不得不一直受罪，直
到他的神示出现为止。"脖子上有白点"（White-spot-on-his-neck）
饿得要命，过度的炎热使他筋疲力尽，仅仅在帐篷中待了一个晚上
后，他便一把扯掉了身上的各种仪式性物件并将其冲进水里。他本
该耐心地等待幻象，因为他所使用的玩偶是我从"漂亮的敌人"那
里买来的、鼎鼎有名的那个，它还从来没有失败过。因此，每一位
乌鸦人都预感到了不祥。当他们正在向大角羊地区进发时，遭遇了
达科他人，有十一名小伙子和一位女人丧生。这个损失一般被归罪
于"脖子上有白点"在太阳舞上的怯懦。倘若使用并非真正得自神
示的玩偶，不幸同样也会降临（见边码 299 页）。

最后一个阶段的情形千差万别。一些"吹口哨的人"是在他们
筋疲力尽倒下去的时候产生幻象的，而其他人明显是在回家的当
晚，在这种情况下很难弄清楚是什么使他们停止舞蹈的。有的人先
是在太阳舞帐篷中得到了神示，后来是在家里。"吹口哨的人"并
不立即描述他的幻象，而是满足地说道："我觉得事情会很顺利的，
我会报仇的。"大多数"吹口哨的人"是在动身讨伐仇敌前公布他
们的幻象，等到敌人被杀死之后才公布的情况相对少见。

在我做田野调查时，没有找到还健在的"吹口哨的人"，但是
玩偶所赐予的力量却被许多见证人所证实。所有围观的人都会同时
看到"吹口哨的人"和玩偶。无论何时，只要勇士对于自己的功绩

有不实之词时，那个玩偶都会眨眼睛。"我们看着它，""熊起床"
说道，"当我们看着它时，它变了样。"当"吹口哨的人"在玩偶面
前跳前跳后时，玩偶让他看见了被杀死的敌人。一些人在玩偶的前
面看见了一具被揭去了头皮的敌人尸体。一位报道人陈述说，"吹
口哨的人"直接向玩偶祈祷，他说道："我真是可怜，我在帐篷中
受罪，所以请让我不久之后就杀死敌人吧。"

在以上的描述中，一个假设是神志恍惚的状态会自动出现。然
而，有时"吹口哨的人"的亲属会付钱给"玩偶主人"以引导出这
种状态，尽管他们偶尔会认为最好的方法是延长绝食的时间，因此
会推迟采取上面这一步。当诱导精神恍惚状态时，这位"玩偶主
人"拿着一个响铃，用雪松的针叶做成香，让"吹口哨的人"用香
熏自己。"玩偶主人"坐在那根悬挂着玩偶的柱子底下，命令"吹
口哨的人"注视着玩偶，而他自己摇着柱子，盯着"吹口哨的人"。
"吹口哨的人"现在开始伴随着他的指导者吟唱的赞美歌跳起舞来，
他目不转睛地盯着玩偶。过了一会，他看见玩偶的脸变黑了，并向
他保证他会在某一个时期、某种情况下杀死一名敌人。突然，"吹
口哨的人"停止跳舞，昏厥着倒了下去，他的眼睛还死死地盯着
玩偶。

当得到了幻象以后，在帐篷中的每个人都会得到一个舌头，所
有的人包括自虐者们在内都回家了。"玩偶主人"一直抽着烟，直
到人们全都走光了，他才放下烟斗，去掉"吹口哨的人"的各种仪
式标志，用香一样一样地熏它们。在熏完袍子后，"玩偶主人"把
它给"吹口哨的人"穿上。"吹口哨的人"回家了，有时需要亲属

325

帮忙，因为他的身体太虚弱了。送给"玩偶主人"的礼物被拿到他的帐篷中，在那里分配。"玩偶主人"将玩偶从那个环上取下来拿到他的帐篷里。后来，"吹口哨的人"的一位亲属进来了，他拿走了那个环，在某个露天的地方将它供给太阳神（可能是在太阳舞帐篷柱子的顶端）。帐篷被丢弃在原地，它耸立在那里，任凭风吹日晒。

在"吹口哨的人"产生幻象前就解脱的自虐者一直等到仪式结束才会碰触他们的绳子。其余的人由他们的几位指导者放开。他们中的每一位都要先陈述他的一件功绩。小男孩们取下绳子，绳子的主人们把绳子拿回家。

随着仪式的结束，"玩偶主人"独揽大权的状况便告终了。营地的首领重新恢复了控制权。人们向敌人进发，拭目以待幻象的显灵。

326　　**结论**。太阳舞在乌鸦人的仪式中非常突出，它既是最重大的仪式，也是最兼收并蓄的一个。然而，这种统一并非基于对某个特定超自然存在的崇拜。当然太阳神是被反复提及的，可是多数的仪式表演与他无关。将那些原本不协调的要素结合为一体的是凌驾于一切之上的复仇观念，这个观念自始至终支配着行动。实现这一目的的主要手段是玩偶，它具有诱发适当神示类型的法力。不过，几乎所有的人都在致力于将世间万物与这个目标联系在一起：于是才会无休无止地将脸甚至是将物品涂黑，于是才屡屡提到成功的战争行动，于是战争的指挥才不遗余力地寻求幻象，于是才会在帐篷柱子那里、在侦察返回时清点棒击次数。每个人似乎都盼望冒犯他们的部落得到应有的惩罚。仪式上一连串活动带来的反复暗示或回想与仪式渴求的目标相得益彰，这一切构成了一种隐晦的模仿巫术，融入了太阳舞。

第十七章

世界观

　　　乌鸦人生活在一个有限的领域内。大河（Great River）流经其北部和东部，他们的亲属希达察人与农业伙伴曼丹和阿里卡拉人一道生活在这片土地上。但是在遥远的南方，印第安人出于务实的目的开始种植玉米而不再打猎；人们住在石屋中，制作绘染的陶器，纺织棉织物；他们有着各种稀奇古怪的节日，包括嘴里叼着蛇跳舞——对于乌鸦人来说，这些完全是匪夷所思的。1916 年，我曾向几位上了年纪的来自帐篷草的人简要地描述了我在霍皮人[1]中的见闻。他们听得津津有味，但是却丝毫没有产生与这些古怪的同族人沾亲带故的感觉，就如同我是在讲述一个月亮上的部落。也没有任何乌鸦人能猜想到在不列颠哥伦比亚省的海岸上生活着他们民族的成员，那些人划着 12 米长的独木舟，建造结实的木房子，认同鲜明的社会等级差别。乌鸦人的地界在北部平原（Northern Plains），与他们毗邻的只有几个边缘的依附部落，像"穿鼻子"（Pierced Noses，属于内兹佩尔塞人）和"坏帐篷"（Bad Lodges，属于肖松尼人）。

1　霍皮人（Hopi）：主要生活在美国亚利桑那州东北部的印第安村庄居民。——译注

　　在这方圆数百千米以内，白种人到来之前的乌鸦人在无枪也无马的条件下设法维生。那是一种悲惨的生活。"这些原始人，"曼瑞特（Marett）博士说，"生活在死亡的边缘。"古代传说中反复出现这个主题："从前乌鸦人迁移着营地，他们四处游荡寻找食物。""老人郊狼"永远被刻画为这种形象：到处流浪，忍饥挨饿，"寻找吃的东西"。但是寻找和找到还是两回事。曾经有多少次，在神出鬼没的大型猎物躲开时，一伙人仅能靠兔子充饥，他们面临着饥饿的威胁。不过，即使在情况好时，寻找食物也不是件轻松的活计：独行的猎手会被野牛撞伤；如果是部落打猎，除非他们有最佳的配合才不会失败；一群忙忙碌碌采集浆果的女人会受到熊的惊吓，或者会被敌人劫走；即使是颇具规模的一群男人，也很可能会发现他们置身于夏延人或达科他人的更强大的军队包围之中。

　　真正悲惨的是残疾人或孤儿的境遇。我听说有一位弱视的人，他的妻子采挖根茎，还会尾随在营地的后面捡拾其他人不屑一顾的食物。更让人身临其境的传说是关于两个举目无亲的男孩子："无论营地何时迁移，他们都跟在后面。当营地安扎下来时，他们为自己搭起一个遮蔽的棚子，那就是**他们**住的地方。只要肉类充足时，他们便捡拾剩下的并晒干它们。当营地迁移时，他们拾起被丢弃的鹿皮鞋，他们会把其中最好的部分缝到一起，然后穿在脚上。""双尾"和他的兄弟也是像这样维持生计的（见边码 158 页）。

　　时而发生的紧急情况会让人面临严酷的选择。对于一位残疾的部落成员，他的伙伴们是应该冒着危险保护他，还是应该放弃他任其听天由命呢？"在牛的上面"（On-top-of-the-bull）参加队伍去作

328

战，胫骨中箭骨折。他的朋友们将他拖进树林中商量该怎么办。但是面对当时的情况，这位英雄的态度却非常客观："你们最好别管我，你们帮不了我，你们最好回家。"于是他们搭起了一个棚子，在一个瘤胃囊中盛上了水，给他拾来了木柴，将他们能省出的食物都留在了那里。我的报道人"黄眉毛"的母亲的兄弟"小棉尾兔"（Young-cottontail）几乎再现了传说中的这个情节。当他是一位十八岁的小伙子时，他参加了由"眨巴眼"（Twitching-eyes）组织的一次奇袭。一支箭射入了他的膝盖，取不出来了；他的膝部肿了起来——"还没有见过这种事"。他的伙伴们束手无策，"小棉尾兔"极力劝说他们放弃他。于是伙伴们给他搭了一个棚子，放了些野牛肉和水囊，然后他们离开了。

不过在这两个例子中，人类的精神都超越了自我保护的强烈欲望。"在牛的上面"的战友中有他的亲弟弟。当这位少年走出了一小段距离之后，他放声恸哭起来："如果我在哥哥还活着的时候放弃了他，我会永远也忘不了。我不走，我要和他待在一起。"于是他回去照料他的哥哥，打猎物给他吃。事情还不仅止于此，当这伙人回家后，"在牛的上面"的爱人知晓了他的困境，决定营救他。一位勇士告诉她路线，但是并没有怎么给她鼓劲："如果你没有冻死，也没有被杀死，你可能会到达他那儿。"她带着吃的东西悄悄地走了，穿过一条又一条冰封的河流，终于找到了她的爱人，把食物给了他。然而，还有一个考验在等待着她。那位弟弟看见一伙敌人朝他们走来，哥哥命令他的爱人藏起来。她回答说："我远道来看你，现在我要和你死在一起。"但是绝处逢生的是敌人转向了另一个方向，营救成功了。历史上的其他事件也包含着同样的奉献行为。当"小棉尾兔"的伙伴们已经走出了一段距离后，他们哭着返回，要带他一起走。"小棉尾兔"又一次命令他们别管他，保全他们自己的性命要紧。当他的伙伴们回营地后，"小棉尾兔"的父亲弄清了他的下落，立即带着一支营救的队伍出发了。"'他情况怎么样了？我想知道。他还活着吗？'他说着，哭着离开了。"他们到达了那位英雄那儿，将他安全地带了回来。

诸如此类的故事说明，在没有家长制国家来保护它的臣民的情况下，社会纽带意味着什么。在大自然力量的主宰下，个人不过是蝼蚁。一个人可能会是神射手，然而当没有猎物可打时，他便得依靠他妻子的干肉饼维生，这些干肉饼是他妻子储备起来以防万一的。即使是追赶猎物，也是结伴打猎最为有效。他的袍子和护腿是由他妻子或者女亲属们制作的；就连他的箭也不是由他自己而是由技术高超的工匠来做的。如果他想扬名，一名独来独往的奇袭者哪里会有什么机会呢？即使是一支组织良好的队伍，在从人数占优势的敌人那里逃跑时也会全军覆没或者陷入险境。危险无处不在，这意味着但凡想要求生，孤身一人是行不通的，而是要和伙伴一道，得到家庭和氏族的保护，处于一个会的怀抱中。这就是为什么举目无亲的人是被遗弃的人、是蒙受耻辱的代表、是肆虐成性的同族人的施暴对象，他们只能寄望于仁慈的超自然神灵的怜悯。

不过，有一件让人颇感惊异的事。就算遭受自然力量的打击、置身于敌人的包围之中，乌鸦人依旧努力从生存中寻找他的一份快乐。如果问起一位传统的乌鸦印第安人，他是喜欢现代安宁的生活还是喜欢他的年轻时代时，他会漠视所有眼下的优越条件而宁愿再回味一下那段猎捕野牛的岁月。如果说当时有忍饥挨饿的时候，但也有野牛舌头——它堪称一切尘世菜肴中的上品；如果说你有可能会被杀死，可是你也可以借机赢得荣誉。而如今，乌鸦人能有什么盼头呢？难道要卷入与白人农场主们不平等的竞争吗？难道他的姐妹一心只求为边疆城镇洗洗衣服吗？在古老的体制下，他可能会受折磨，但是乌鸦人有他自己的灵魂。他具有以某种方式历练出的属于自己的准则，这使他们不至于沦落到像动物那样为了生存而残酷地争斗。因此，尽管他们的性生活粗野，但是依然发展出了对于纯洁无瑕的崇敬。为了生存而天天争斗的、无情的自我中心主义也可能会转变为自我牺牲。当人们一旦超越了一成不变、有时还伴随尔虞我诈的争名夺利，就会傲然蔑视无情的命运。

我们已经发现印第安人矛盾重重，这一点在勇敢这个问题上表现得最为明显。一方面，高龄者会受到谴责，在年轻时独自死去会成为一个人一生命运的理想归宿；但是另一方面，我们会发现时时保持谨慎才似乎是勇猛的精髓。在传说故事中不止一个人活到了"太老了，以至于无论何时只要他动一动，他的肉就会裂开"的年纪。幻象如实地反映出他们内心隐藏的渴望，一次次地引发出对于长寿的热切憧憬。"山坡"的保护神出现时有着灰白的头发，预示着这位寻找幻象的人会活到高龄；一头野牛张开他无牙的嘴向"驼背狼"表明他到牙齿脱落之前无须担心死亡。诸如此类。因此，最常见的祈祷生命的形式是一直活到某个时期。另外，勇士在出发奇袭前**可能**会占卜：如果他看见自己的形象是脸上布满皱纹还带着野牛和獾的血，便是万事大吉；如果他看见自己被剥去头皮或者血迹斑斑，等待他的便会是凶险。但是"灰牛"承认，年富力强的人害怕使用这样的占卜；而当他的"祖父"看见自己白发苍苍、满脸皱纹的样子**以后**却变得异常勇敢。

但是正如在每一代中都有这样的女人——她们不屈服于肉欲的诱惑，获得在太阳舞中为树刻凹痕的资格——在每一代中也同样有这样的男人，对于他们而言传统的理想不只是在舞蹈中唱着歌词空洞的歌曲来打动年轻的姑娘："我不想变老……我想毫无畏惧……我想做些什么以求一死。"一位名叫"骑着一匹白马沿河岸而下"（Rides-a-white-horse-down-a-bank）的人这样说。他四次参加作战队伍，还为自己挖过一个洞，当敌人围住这个洞的时候，他跳了出来将他们赶得节节后退。在"木块"举行的一次舞会上，他叫一个人领着自己绕着营地走，这个人宣布说："如果有哪位年轻姑娘想要这个男人做心上人的话，她们赶紧行动吧，他不想长命百岁。"这位小伙子将自己涂上白色，骑上他的白马，蒙住马的眼睛，让马从一个陡峭的石崖上跳了下去，人和马双双粉身碎骨。

像这样的厌生司空见惯，已经形成了一个固定的模式。一个对于活下去失去兴趣的人变成了"渴望死的疯狗"（micgye-warā´axe-akcēwī´a），他戴着绶带及其他做标志的装饰，拿着一只响铃，当他骑马绕营地奔跑时还会手舞足蹈，唱着独特的歌曲。他"说着反话"（irī´-watbakarā`），即他所说的和他的本意相反，并希望其他人也以相应的方式跟他讲话。最重要的是他发誓要蛮勇。这一点和他的其他特点一样，都符合军事会的模式。但是在军事会中官员们只是必须坚守阵地，而只求一死的"疯狗"则会不顾一切地冲向敌人以便在某个时期内被杀死。每当这样的一位"疯狗"驰骋过营地时，年长的女人们都会冲着他狂呼，年轻的姑娘们则会在晚上对他百般温存。然而"疯狗"自己的亲属自然是试图劝阻他，对于他决意一死哀伤不已。"你为什么要那样做呢？""斑点兔子"的母亲问道："你是境遇最好的小伙子之一……你是有史以来最幸运的人之一……总是那么快乐。"但是"斑点兔子"厌倦了生活，因为他不能忘怀他父亲的死。"小棉尾兔"的姐妹也同样劝阻"小棉尾兔"："你这样做可不好。即便你没有什么好的理由但就是想一死了之，这儿有那么多的敌人，如果你无所畏惧的话，你不需要费什么劲儿就会被杀死。如果男人变成'疯狗'而没有被杀死，他们反而会成为笑柄……他们会被说成是废物。"报告内容接下去是："'小棉尾兔'并没有答应'是'，他一言不发。但是在这之后隔了一段时间的某个晚上，当人们都去睡觉后，他出来了，喊叫着，唱着'疯狗'的歌曲。他的姐妹们大哭大喊，但是她们无能为力。""小棉尾兔"这样做也是事出有因：他膝盖上受的伤从来没有完全康复（见边码 328 页）。"每当年轻人徒步奇袭或打猎的时候，无论他们做什么事，'小棉尾兔'都只能一瘸一拐，心生忌妒。"

332 如果日复一日，他们的愿望依然没有实现的话，这些人就会变得不安起来，当"斑点兔子"收到作为礼物的李子时，他说："我在初春就成了'疯狗'，没想过我会活这么久；可今天我还在吃李子。"而"小棉尾兔"抱怨说："据我看来，我们永远也不会碰上敌人。"但是他就像在他之前的"斑点兔子"一样最后如愿以偿了。

一次，乌鸦人遇到在战壕中负隅顽抗的敌人。"小棉尾兔"说："我还正想着不会见到敌人了……我看见在那边有一些。我正盼着呢。"他冲上前去，击毙了达科他人，随后他自己也被杀死了。那天晚上大雨倾盆，他的尸体横在水中直到黎明。然后，乌鸦人将尸体挂在"小棉尾兔"的马上。"后来，他们把'小棉尾兔'带回家，他们伤心地把他带回营地。所有的乌鸦人，整个营地都在哭泣。他们把他放在一个尸架上，他们把一根帐篷柱子戳入地里，把他的绶带绑在那根柱子上面，又把他的鼓和响铃绑在那根柱子上面。它们在高处被微风吹拂着。然后人们继续迁移，但却少了'小棉尾兔'。"

对于"疯狗"的敬意可能并不单纯是出于对于一意孤行的匹夫之勇的敬佩。置生命于不顾的人会最大限度地消灭敌人，这是必然的结果。他不仅仅是勇猛的典范，而且至少潜在地成为这个部落的力量源泉。不过，这种大无畏的利他主义的道德标准以另外一种更为鲜明的形式体现了出来。有这样的一种人，他们甘愿挺身而出营救逃跑的乌鸦同族人，因此获得了荣誉（见边码190页）。一位失去了孩子的母亲会四处奔走恸哭，哀求勇士们为她报仇："达科他人杀死了我的……孩子，谁会为我杀死他们中的一个？"勇士的指导者会用这样的话鼓励他："一个孩子已经被杀害了，一位女人请求你帮助，那就是为什么我想让你伸出援手。"前文引述的传令官的话（见边码231页）同样表达了对于饱受残酷首领羞辱的可怜俘虏们所投注的深切的同情，他们望眼欲穿地等待着一位可能的救世主。

上面的描述还包含着一个非凡的人类写照，它淋漓尽致地展示了同一个人身上的人性的脆弱和伟大，而这一点在为受压迫的部落

亲属而牺牲的赤胆忠心与寻求从严酷的现实中解脱的"疯狗"精神
这两者的结合中达到极致。传令官会把一些年轻的勇士公开引见给
整个部落，他们将作为战士参与即将到来的战斗，"双脸"就是其
中之一。但是在人群散去以后，"双脸"疑虑重重，备受煎熬。下
面引用"黄眉毛"的讲述：

333

> 然后这一天，"双脸"无所事事，他脱掉衣服，他紧
> 张、局促不安，他无论干什么都不顺。他心烦意乱的原因
> 是战争将至，他感到紧张，不管是由于渴望还是由于恐
> 惧，无论是什么，那是他心烦意乱的原因。他抽着烟，他
> 坐起来，他躺下，他起来洗澡，他回来到处闲逛，然后他
> 坐了下来。他有一位哥哥叫作"鹿项链"（Deer-necklace），
> "双脸"派人去找他。"鹿项链"来了，他走了进来。"坐
> 在那儿吧。"刚进来的"鹿项链"问道："嗯，你为什么叫
> 我来呢？""唉，我现在心烦意乱，因为这个我才找你。
> 现在我盼着做三件事：我想唱一首圣歌，我想唱一首'大
> 狗'的歌，还有我想哭。为什么会是这样？""双脸"问
> 道。这个人回答说："你就要参加战斗了，你的法物很紧
> 张，那就是原因，等着吧！"他煮了野胡萝卜根……将它
> 与一点白色的黏土混合在一起。他（"双脸"）拿着它……
> 吞下去了。"就这样了，我现在要走了。""鹿项链"出去
> 了，他走了。
>
> "双脸"浑身燥热，他开始出汗。他的马一直站着。

"我一直心烦意乱，但是我应该实现我的目标。"他说着走了出去。他牵来他的马，给马做了记号，带上他的法物，涂饰了自己。他骑上马出去了，在营地圈子里面号啕大哭：

"我过去常常想，自从出生以来我经历了太多的痛苦。原来是有什么东西早已经为我做好了准备。我很难过，但是我没有料到今天所有的痛苦都达到了顶点。我能想象，我家的女人们是多么可怜。'被俘虏的乌鸦人过的是什么样的生活呢？'她们一直在这样思忖着。我那些可怜的、亲爱的、同住在一起的人，我不幸的亲人。敌人让他们坐在湿淋淋的水里，他一直在虐待他们。敌人觉得他们的人是唯一勇敢的人。我想知道怎么才能让他也受受苦呢？

"天上的神，如果有谁知道正在发生的一切，今天就偿还我所受的痛苦吧。地里的神，如果有谁知道正在发生的一切，就偿还我所受的痛苦吧。那位造物者，无论他是谁，现在我已经活够了。请准予我去死吧，我的痛苦太多了。尽管孩子们胆小无辜，但是据说他们死得悲惨。尽管女人们胆小无辜，你却让她们死得那么悲惨。我不想长命百岁，如果我长命百岁的话，我就会承受太多的痛苦。我不想承受痛苦！"

"他痛哭起来，"故事这样继续下去，"那些听到他哭声的人也全都泪流满面。"

334

到这里，我们已经达到了乌鸦人精神的最高境界。这位英雄以一种毅然决然的姿态从俗世的财物前转身离去，这些财物在乌鸦人的祈祷中曾经是那么引人注目；至于荣誉，他甚至都没考虑到，他想到的只是在敌营中受苦的亲属。他饱受不幸的创伤，回顾起来这种痛苦似乎从幼年起便一直伴随着他，他只想从他所受的折磨中解脱出来。还徘徊和犹豫什么呢？大地和天空是永恒的，而人类必有一死。老年是一种折磨，而在战斗中死去则是一种福分。

附录一　资料

据我所知，对乌鸦人生活的唯一整体描述是在爱德华·S. 柯
蒂斯（Edward S. Curtis）先生的《北美印第安人》（*The North American Indian*，1909 年）第四卷中。这是一本出色的著作，尽管它不是由人类学专家撰写的精确度很高的作品，面向的也不是人类学专家。书中对于太阳舞的描述尤其值得一提。遗憾的是，这本书的华丽装帧使它不易被广泛传阅。

至于其他的作者，以下的内容可供参考，我同时对其特点做一些说明。

伯克沃尔斯，詹姆斯·P.（Beckwourth，James P. ）参见邦纳，T. D.（Bonner，T. D. ）。

贝尔登，G. P.（Belden，G. P. ）参见布里斯宾，詹姆斯·S.（Brisbin，James S. ）。

Boller, Henry A. *Among the Indians; Eight Years in the Far West 1858-1866; Embracing Sketches of Montana and Salt Lake.* Philadelphia, 1868.

Bonner, T. D. *The Life and Adventures of James P. Beckwourth, Mountaineer, Scout, and Pioneer, and Chief of the Crow Nation of*

Indians. London, 1856 (republished by Alfred Knopf, New York, 1931).

无论混血儿柏克沃尔斯是不是首领，他毕竟在乌鸦人中生活了很长时间，尽管在陈述他自己的事迹时表现得像个"吹牛大王"，但是他对 19 世纪 20 年代和 30 年代乌鸦人的物质生活状况进行了大量的修正。他提出了一些社会习俗，诸如姻亲家长的禁忌、会之间的竞争、保安的控制力量。"烂肚子"被塑造为首领，他的盾牌占卜成为一个有趣的细节（见本书边码 234 页）。有时，这些记录的真实性是很有说服力的，比如当一位少女保证要嫁给柏克沃尔斯时，她说："等到松树叶子变黄的时候。"这种表达现在仍然很流行。这本书在乌鸦人的宗教方面不尽如人意。尽管柏克沃尔斯不断地提到神圣烟草的种植并尝试描述了太阳舞，但是他显然并不十分清楚这些都是关于什么的。不过，太阳舞仪式中的叙述棒击、模仿战争以及贞洁的女人所扮演的角色等都被记录下来了。

Brisbin, James S. *Belden, the White Chief; or, Twelve Years among the Wild Indians of the Plains. From the Diaries and Manuscripts of George P. Belden, the Adventurous White Chief, Soldier, Hunter, Trapper, and Guide*. Cincinnati and Chicago, 1875.

书中对于各种各样的平原部落做了表面上的总体描述，也包括关于乌鸦人的一些有价值的细节。最重要的是贝尔登关于乌鸦人中出现 batsira´pe 现象的解释（见本书边码 264 页）。

Campbell, W. S. "The Tipis of the Crow Indians", *American Anthropologist*, vol. 29, p. 87, 1927.

这是一个出色而翔实的描述。

Catlin, George. *Illustrations of the Manners, Customs, and Conditions of the North American Indians*. 2 vols. London, 1848（也见后来的版本）。

可以从这部著作中收集到几处有价值的陈述，主要是关于乌鸦人的物质生活方面。

Clark, W. P. *The Indian Sign Language*. Philadelphia, 1885.

这部有趣的书（第 135 至 136 页）对太阳舞做了非常简要但基本正确的描述。

Culin, Stewart. *Games of the North American Indians*. (24th Annual Report, Bureau of American Ethnology) Washington, 1907.

这部标准的专论详细地描述了乌鸦人的游戏。

勒弗尔治，托马斯·H. 参见马奎斯，托马斯·H.。

Leonard, Zenas. *Adventures of Zenas Leonard, Fur Trader and Trapper, 1831-1836*. (Edited by W. F. Wagner) Cleveland, 1904.

该作品令人信服地阐明了乌鸦人勇士们之间的竞争，它涉及一些非常有趣的关于部落统治的陈述，尽管这些陈述并不完全令人信服。伦纳德描述了亲眼所见的战争，以及丧葬习俗、打猎方法和其他日常生活的场景。

Linderman, Frank. (a) *America: the Life Story of a Great Indian*. New York, 1930.

作为一位常年居住在边疆城镇的人，作者在书中记录了首领"许多棒击"的主要事迹。尽管林德曼先生没有阅读过其他人撰写的书籍，比如关于乌鸦人烟草特性的作品，但是他却给出了一套生

337

动而且在许多方面都很准确的描述。他对早期作者们对于战争和社会习俗的描述做了补充，并且与他们形成对比的是，他适当地强调了乌鸦人生活中的宗教方面。在一些最好的资料里，他谈到了幻象和治疗伤口。

(b) *Old Man Coyote*. New York, 1931.

这部故事集绝非仅仅关于书名中的这位英雄，它介绍了一些乌鸦故事的有价值的版本，还包括了一些新故事。尽管由于翻译过于灵活，以至于不能用于研究故事风格，但是它们补充了我们对于情节以及讲故事者的不同个人风格的认知。

(c) *Red Mother*. New York, 1932.

这本书补充了（a），它是一位乌鸦人**女性**的回忆。它记述了很多在"许多棒击"的书中以及其他资料中没有出现的细节。

Lowie, Robert H. (a)"Social Life of the Crow Indians"(*Anthropological Papers*, American Museum of Natural History, vol. IX, pp. 179-248). New York, 1912.

(b)"Notes on the Social Organization and Customs of the Mandan, Hidatsa, and Crow Indians"(ibid. vol. XXI, pp. 53-99, 1917).

后者纠正了混杂在早期关于亲属制度描述中的一些严重错误，并对此重新做了阐述，同时也对社会风俗进行了一些补充。

(c)"The Material Culture of the Crow Indians"(ibid., vol. XXI, pp. 205-268, 1922).

(d)"Crow Indian Art"(ibid., vol. XXI, pp. 271-322, 1922).

这两篇论文都不够完善。不过，它们对于讨论的主题提出了一些见解并且展示了大量的图片。

(e) "Military Societies of the Crow Indians" (ibid., vol. XI, pp. 145-217, 1913).

(f) "The Religion of the Crow Indians" (ibid., vol. XXV, pp. 311-444, 1922).

(g) "The Tobacco Society of the Crow Indians" (ibid., vol. XXI, pp. 103-200, 1919).

(h) "The Sun Dance of the Crow Indians" (ibid., vol. XVI, pp. 1-50, 1915). ³³⁸

(i) "Minor Ceremonies of the Crow Indians" (ibid., vol. XXI, pp. 325-365, 1924).

(j) "Myths and Traditions of the Crow Indians" (ibid., vol. XXV, pp. 1-308, 1918).

（f）对宗教的讨论主要是从主观的角度，接下来的三篇论文主要是关于仪式，尽管也包括对于幻象的描述。神话集（j）尽管不完善，但却具有代表性，它们中的一些先是用乌鸦人的语言记录的，但遗憾的是其余的都是用英语来记录的。1931 年，我收集到了另外一些故事，都是用乌鸦语记录的，本书展现的四个故事来自这后一次的收获。

(k) "A Crow Text, with Grammatical Notes" (*University of California Publications in American Archaeology and Ethnology*, vol. 29, pp. 155-175, 1930.)

据我所知，这是第一本试图说明乌鸦语的一些语法特点的出

版物。不过，上面提到的几种出版物也含有乌鸦语的原文，比如
（e）。

Marquis, Thomas B. *Memoirs of a White Crow Indian* (Thomas H.
Leforge). 1918.

马奎斯（Marquis）博士感兴趣的主要是西北印第安人的历史，
他记录了一个娶印第安女人做妻子的白人对于 19 世纪后五十年的
回忆。勒弗尔治同这个部落的亲密接触使他对于日常社会风俗的
描述具有很高的价值。比如，对妻子母亲的禁忌，在社会关系上对
于姻亲兄弟妻子的限制，等等。还有许多是关于战争的，与柏克沃
尔斯的早期描述相得益彰，或者说对其提供了补充。在宗教方面，
他的叙述则不尽如人意，尽管其中一些细节具有一定的价值。他谈
及了预言家"包起他的尾巴"（见本书边码 238 页）。

Maximilian, Prinz zu Wied-Neuwied. *Reise in das innere
NordAmerica in den Jahren 1832 bis 1934*. Coblenz, 1839-1841. 2 vols.
and Atlas.

这位王子是一位出色的观察家，尽管他与乌鸦人接触的时间非
常短，但是他记录下一些重要的资料，甚至包括社会制度和宗教
（见本书《导言》）。

Morgan, Lewis H. (a) *Systems of Consanguinity and Affinity of the
Human Family (Smithsonian Contributions to Knowledge*, vol. XVII).
Washington, 1871.

(b) *Ancient Society, or Researches in the Lines of Human Progress
from Savagery through Barbarism to Civilization*. New York, 1878.

这些较早的著作全面地记录了乌鸦人的亲属称谓，尽管在语音层面存在着不足，实际上却比我自己在这方面的首次尝试（见上文）要好得多，因为它清晰地说明了某人的堂兄弟姊妹（表兄弟姊妹）与这个人的高几辈或低几辈的亲属都被视为同辈，这个事实起初我没有注意到。摩尔根在后一本著作中重复使用了这些资料，并正确地认定了乌鸦人是母系氏族制度。这个结论曾经受到了斯万通（Swanton）的怀疑，但是我在 1907 年和 1910 至 1912 年间的田野调查中充分地证实了这个结论。正如我所料想的，摩尔根的氏族名单与我的吻合。总之，虽然他与乌鸦人的接触时间较短，他在乌鸦人中的工作却是非常值得赞扬的。

Simms, S. C. (a) "Cultivation of Medicine Tobacco by the Crows" (*American Anthropologist*, vol. 6, pp. 331-335, 1904).

(b) *Traditions of the Crows* (Field Museum, Publication 85, vol. Ⅱ). Chicago, 1903.

芝加哥菲尔德博物馆的现任馆长西姆斯先生大约在三十年前为这家博物馆收藏了一套出色的乌鸦人野牛皮盾。他也做过人类学民族志的考察，提到了乌鸦人的起誓方式，等等（*American Anthropologist*, 1903, p. 733）。他对于烟草仪式的描述比较简略——它是一个初步的报告，但却很准确。传说是用英语记录的，它们出自一人之口，这是乌鸦人神话的首次出版。他的收集工作并不完善，不过却收入了一些最具有代表性的故事的几个版本，其中还有一些很难被发现的故事。

附录二　氏族名称

　　氏族名称清单（见边码 9 页）在一定程度上可以看作是标准的，不过我也记录下额外的一些名字。比如，几位报道人提出在我的第一对名字中再加上 ci′pte'tse（或者 ci′'te′'tse）意思是"像回弹的箭的声音"，使其变成一组三个。这肯定是一个非常普遍的名字，因为摩尔根在 60 年代就找到了这个名字，在大约一百三十年前，刘易斯和克拉克将它记录为"Ship-tah-cha"；但是我的一位最权威的报道人认为这只是他自己的氏族"厚帐篷"的一个绰号。

　　对于"疼唇帐篷"，几位乌鸦人增添了"坏护腿"（isā′tskaw`ia）氏族，但是他们被认为和"嘴里的油脂"是同一个氏族。与此类似，也有人增添了"泥水的饮者"（biricī′cie），但是另一位报道人辩解说它是"疼唇"的同义词。一位印第安人提到的"小烟斗"（icī′ptsiatse，字面意思是"他们的烟斗很小"）也包括在这一氏族联盟中。

　　对于我的第三个氏族联盟所包括的三个氏族，一些人还提出了其他称号，比如"大肚子男人"（ē′risā′watse）和"他们的马是劣等的"（isā′cgye xawī′ky），但是据可靠的见证人说，它们只不过分别是"不射击他们带来了猎物"和"系在一个结中"的同义词。另外"不混杂"（ī´cirē`te）这个名字显然与"不射击他们带来了猎物"是可以互换的，因为"独树"和"大牛"将自己划归为"不混杂"，他们把另外一个名字"不射击他们带来了猎物"作为氏族名称告诉了科林斯先生。

对于第四个联盟，"胳膊绕在脖子上"增添了"他们撇去水"（biripā´xua）作为"坏战争荣誉"的同义词。一对老夫妇给这个氏族联盟添加了"毛茸茸的腿"（hurī´wice），可是其他人从来没有提到过这个名字。

在第五个联盟中，一些人加进了"漂亮的草原土拨鼠"（tsi'pa-wāi´itse）、"吃鹿者"（ū´ux akdū´ce）和"不看帐篷"（acbatsī´rice），最后一个名字也被放在第六组。

最后两个联盟的问题很大：在我的"标准"单子中，这一对结盟的氏族名字是否仅仅表示有两个不同名字的同一个氏族？我的一些最具权威的报道人也对此莫衷一是。比如，"没有耳朵帐篷"（aca'parē´te）有时被认为是一个单独的氏族，有时则被认为等同于派岗氏族；类似的，一些人认为"残忍的帐篷"（acbā´ta'te）是一个单独的氏族，而"胳膊绕在脖子上"则将其等同于派岗氏族，这两个名称的氏族都与"背信弃义帐篷"结盟。"他们吃了他们自己的鼻涕"（i'pi´skurū´ce）情况相同，既被解释为一个单独氏族的名字，又被认为是派岗氏族的旧称。

在开列我的标准单子时，我部分是根据最有资格的见证人的说法，部分是依靠独立的婚姻调查——在这个过程中，我记录下了每对夫妇的氏族联系。除了我列出的十三个名字以外，这个记录中只包含另外两个名字"不混杂"与"漂亮的草原土拨鼠",这在上文已经做了说明。在决定哪两个名字不是同义词时,我同样也是根据这个调查。比如当"疼唇帐篷"的一位上了年纪的、守旧的妇人不容置疑地提到她嫁给了来自"嘴里的油脂"的人时,她显然是将这两个氏族一分为二。我的这个单子可能只是较为准确地反映 19 世纪后五十年的情况。我不怀疑,在这之前的时期可能存在着其他一些氏族,但是后来都消失了。在某些情况下,两个不同的氏族融合在一起,它们的名字有可能还都保留在记忆中,但是人们并不认为这些名字曾经代表了两个不同的团体。不过,通常补充的名字似乎只是我的名单上那些名称的同义词。

词汇表

阿拉帕霍人（Arapaho）：阿尔冈昆人（Algonkian）的一个平原部落，初遇他们时这些人居住在科罗拉多东部和怀俄明东南部。

阿里卡拉人（Arikara）：卡多人（Caddoan）的一个半定居的部落，居住在上密苏里，靠近曼丹人和希达察人，在语言上是波尼人的近亲。

阿西尼玻音人（Assiniboine）：政治上独立的达科他人的北部分支，与位于加拿大西部和蒙大拿最北端的克里人来往密切。

棒击（coup）：一种战争功绩，用手或者其他手里握着的东西触到敌人，源于法语中表示突然击打的单词。

包（bundle）：见"法物包"（medicine bundle）。

达科他人（Dakota）：苏人的分支，包括西达科他人〔提顿人（Teton）〕，他们自然与乌鸦人有密切往来。

法物（medicine）：可以是任何超自然物，因此"法师"（medicine-man）等同于萨满（shaman）。

法物包（medicine bundle）：一件或一套东西，当不用时包在包裹里面；与基于神示的仪式有关，通常具有明确的规范。

干河谷（coulée）：两岸倾斜的溪流河床（即使水流干涸）。源自法语的美国西部词汇。

干肉饼（pemmican）：捣烂、切片、晾干的肉，混有融化的油脂，有时还有干果。

格罗斯文特人（Gros Ventre）：阿尔冈昆人的一支平原部落，阿拉帕霍人的一个北部分支，后来与黑脚人关系密切。这个名称有时也被用于指与众不同的希达察人，但是在科学意义上已经不再这样使用了。

寡妇与其亡夫的兄弟结婚（levirate）：一位男人续娶兄弟（或相当于兄弟的同氏族男子）的遗孀。

汗屋（sweat-lodge）：一个小型的圆顶帐篷，覆盖着皮子。往滚烫的岩石上浇上水时，汗屋里面的人暴露在蒸汽中。

黑脚人（Blackfoot）：阿尔冈昆人中三个关系密切的部落组成的一个联盟，居住在艾伯塔南部和蒙大拿西北。

曼丹人（Mandan）：上密苏里（现在的北达科他地区）的一支半定居的苏人部落，在文化上非常接近其近邻希达察人，而二者在语言上的联系不十分紧密。

内兹佩尔塞人（Nez Percé）：萨哈泼丁人（Sahaptin）的部落。刘易斯和克拉克在爱达荷西部及相邻地区发现了这个部落。

派岗人（Piegan）：黑脚人同盟的三个部落之一，不要与乌鸦人的派岗氏族混淆。派岗人的居住地是在蒙大拿西北和艾伯塔南部。

萨满（shaman）：通过幻象、听觉或妖魔附体的方式与超自然的世界直接接触的人；指"法师"。这个词源自西伯利亚。

生皮囊（parfleche）：一个长方形的盒子，常常带有绘着图案的口盖，最初的设计目的是贮藏干肉。

氏族（clan）：由出生后根据部落的世系规则继承父母任何一方的从属关系的人组成的社会组织。例如，乌鸦氏族是母系的，因为孩子属于其母亲的氏族；而奥马哈氏族则是父系的，因为所有的孩子都属于其父亲的氏族。

手戏（hand-game）：丘林（Culin）在美国西北部的八十一个部落中发现的赌博游戏，其特点是猜哪只手里藏着东西。手里抓着的东西常常是成对的骨筒，游戏的目标通常是指出这一对中没有记号的那个。

苏人（Sioux）：达科他印第安人的俗称。

苏语系（Siouan）：一个大的语系，其使用者包括主要的平原印第安人部落，比如达科他人、阿西尼玻音人、乌鸦人、希达察人、曼丹人、奥马哈人。此外，苏语系还包括在墨西哥湾的分支［比洛克西语（Biloxi）和奥福语（Ofo）］以及在大西洋的分支［图特洛语（Tutelo）和卡托巴语（Catawba）］。

拖车（travois）：一种平原印第安人的运输工具，最初是拖在一条狗的背后，后来是拖在马的背后。将两根棍子的前头绑在动物的身体上，尾端拖在地上，在两根棍子之间相连的是一个能运送东西的框架。

外婚制（exogamy）：必须与自己的群体以外的人，特别是自己氏族以外的人结婚的规则。

希达察人（Hidatsa）：苏人的一支半定居部落，居住在上密苏里，位于现在的北达科他，是乌鸦人最近的亲族。

夏延人（Cheyenne）：阿尔冈昆人的一支游牧平原部落，刘易斯和克拉克在达科他南部的黑山（Black Hills）发现了他们，但是他们最初定居在明尼苏达。

肖松尼人（Shoshone）：属于肖松尼或乌特－阿兹特克人（Uto-Aztecan）的部落，以单独的一个群体占据着部分爱达荷、怀俄明以及邻近地区。类似乌特人，他们在表面上是平原印第安人，本质上却属于盆地文化。

修整工具（beaming tool）：一种用于修整皮子的工具，带有两个把手。

雪蛇（snow-snake）：一种游戏，使用标枪向雪上、冰上或向空中投掷，看谁投得远。丘林将其区分为三种：长长的、磨光的棒子，可以在地表滑动；骨制的滑行物，在上面有一块骨头或角，粘有两根羽毛，用于在冰面上滑行；还有一种标枪，尖端有时是羽毛的，但更常见的是角的，它们会在滑动或者撞到地面及其他障碍物时被反弹到空中。

野牛粪（chips）：兽粪，尤其指野牛粪。

一夫多妻（polygyny）：一位男人有两个或两个以上的妻子，与一妻多夫（polyandry）相反。这两个术语都包含在多配偶制（polygamy）的范畴中。

乌特人（Ute）：属于肖松尼人或乌特－阿兹特克人的部落，曾经占据科罗拉多的中部和西部地区以及犹他州东部。在文化上，他们基本属于大盆地部族，但表面上接受了平原地区的特点。

帐篷（tipi）：也写作"teepee"，用皮子覆盖的圆锥状帐篷。该名称源自达科他人的苏语"ti"（指居住）和"tipi"（指住处）。

图书在版编目（CIP）数据

乌鸦印第安人 / （美）罗伯特·H.路威著；（美）丽·
王·布莱克，（美）弗雷德·布莱克译 . -- 广州：广东
人民出版社，2024. 12. -- ISBN 978-7-218-18012-0

Ⅰ . K708

中国国家版本馆 CIP 数据核字第 20244J6Q18 号

本书以美国内布拉斯加大学出版社 1983 年版为底本译出。

WUYAYINDI'ANREN

乌鸦印第安人

［美］罗伯特·H.路威　著
［美］丽·王·布莱克　［美］弗雷德·布莱克　译　　　　　　版权所有　翻印必究

出 版 人：肖风华

责任编辑：廖智聪　刘志凌
特约编辑：章　石
责任校对：李伟为
装帧设计：刘弋捷
责任技编：吴彦斌
营销编辑：喵吉诃德　常同同　小　飞

出版发行：广东人民出版社
地　　址：广州市越秀区大沙头四马路 10 号（邮政编码：510199）
电　　话：（020）85716809（总编室）
传　　真：（020）83289585
网　　址：http://www.gdpph.com
印　　刷：广东信源文化科技有限公司
开　　本：889mm×1260mm　1/32
印　　张：16.625　**字　数：**300 千
版　　次：2024 年 12 月第 1 版
印　　次：2024 年 12 月第 1 次印刷
定　　价：98.00 元

如发现印装质量问题，影响阅读，请与出版社（020-85716849）联系调换。
售书热线：020-87716172